工程管理专业专升本系列教材

工 程 经 济 学

本系列教材编审委员会组织编写

刘亚臣　　主编

赵兴仁　　主审

中国建筑工业出版社

图书在版编目（CIP）数据

工程经济学/刘亚臣主编．—北京：中国建筑工业出版社，
2007
（工程管理专业专升本系列教材）
ISBN 978-7-112-08905-5

Ⅰ．工…　Ⅱ．刘…　Ⅲ．工程经济学-高等学校-教材
Ⅳ．F40

中国版本图书馆 CIP 数据核字（2007）第 065529 号

工程管理专业专升本系列教材

工程经济学

本系列教材编审委员会组织编写

刘亚臣　主编

赵兴仁　主审

*

中国建筑工业出版社出版、发行（北京西郊百万庄）

各地新华书店、建筑书店经销

北京密云红光制版公司制版

北京建筑工业印刷厂印刷

*

开本：787×1092毫米　1/16　印张：21　字数：510千字

2007年7月第一版　2014年6月第五次印刷

定价：**36.00**元

ISBN 978-7-112-08905-5

(21643)

本书系统介绍了工程经济学的基本原理和基本方法及其在工程项目管理决策中的应用。主要内容包括绪论、可行性研究与建设项目规划、建设项目现金流量和资金的时间价值、建设项目投资估算与融资分析、项目财务评价、项目的国民经济、社会和环境评价、投资项目方案比较和优化、风险管理与风险决策、综合评价与建设项目后评价等。

本书可作为高校工程管理专业的教材使用，也可供从事工程管理工作的技术人员参考。

*　　*　　*

责任编辑　朱首明　牛　松
责任设计　赵明霞
责任校对　王雪竹　张　虹

工程管理专业专升本系列教材编审委员会

主　任　邹定祺

副主任　张丽霞　刘凤菊

秘　书　李晓壮

编　委　（按姓氏笔画排序）

　　　　　于贵凡　王中德　孔　黎　朱首明　刘　迪

　　　　　刘亚臣　李建峰　李慧民　杨　锐　吴立文

　　　　　张国兴　陈剑中　陈起俊　周亚范　赵兴仁

　　　　　徐友全　桑培东　傅鸿源　赛云秀

序

随着经济和社会的发展，成人高等教育在改革的大潮中也实现了自身的快速发展，无论是办学规模、层次、体系，还是办学效果和质量都实现了历史性跨越。在构建终身教育体系，建设学习型社会中发挥着重要的作用。

成人高等教育作为我国高等教育的重要组成部分，已确立了它不可替代的地位。成人高等教育在教学模式、课程设置、教材建设上要自成体系，独具特色，才能体现成人高等教育的特点。而长期以来，成人高等教育和普通高等教育混用教材现象突出，不适应成人高等教育改革和发展的大趋势。尤其是当前成人高等教育已进入调整时期，教材建设显得尤为重要。

建筑业是国民经济的支柱产业，就业容量大，产业关联度高，全社会50%以上的固定资产投资要通过建筑业才能形成新的生产能力或使用价值，建筑业增加值约占国内生产总值的7%。今后五年，我国建筑业总量将会持续稳定增长，我国加入WTO过渡期即将结束，建筑业面临国际市场的巨大竞争，对人才需求进一步增大。对此，大力发展成人高等教育，提高从业人员素质，是建筑行业持续健康发展的迫切需要。

为提高工程管理专业专升本人才培养水平，中国建设教育协会成人与高职教育委员普通高校分会组织编写了工程管理专业专升本系列教材，教材突出"成人教育"和"专升本"特点，内容和体系注意专科知识和本科知识的过渡，理论知识以够用为度，以掌握原理、方法、技能为原则，主要结合工程实际，突出成人教育的特点，力求方便自学。

本系列教材共六本，即《工程项目管理》、《工程项目风险分析与管理》、《建设工程监理概论》、《工程项目招标投标》、《工程管理信息系统》、《工程经济学》，分别由西安建筑科技大学、山东建筑大学、沈阳建筑大学、河北建筑工程学院牵头主编。

各学校在使用过程中有何意见和建议，可与我们或中国建筑工业出版社联系。

中国建设教育协会成人与高职教育委员会

前　言

　　工程经济学是适应现代化大生产和投资决策科学化的客观要求而产生的一门研究工程投资项目经济技术评价原理与方法的新学科。随着我国改革开放的不断深入，投资主体和投资渠道日益多元化，银行及信贷机构已基本商业化，经济的发展带动建设规模不断扩大，外商投资以及引进项目大量增加，在这种新形势下，如何优化资源配置，提高决策水平和投资效益，是当前经济建设中日益突出的问题。工程经济学课程也成为注册造价工程师、注册咨询工程师、注册建造师等相关执业资格考试的重点考察内容。

　　工程管理人才培养规格要求面对两大问题：一是工程技术方面的问题，一是经济分析方面的问题。要求我们培养的人才既有坚实的技术基础，又有促进经济发展的应用才能。工程经济是介于两者之间的边缘学科，属于经营科学的范畴。该课程对于学生适应市场经济发展和投资决策科学化的要求具有重要的作用。本教材的特点一是以建设项目业主方的项目评价为主线，以理论与实践相结合的方式，用简明精炼和深入浅出的文字，系统阐述建设项目综合评价的基本理论，综合和概括我国建设项目综合评价的方法和技术；二是从工程管理实践出发，对工程经济学涉及的内容进行合理取舍整合，既保持知识系统化，又在整体结构和内容上有别于传统的技术经济学和其他工程经济学教材。重在使学生掌握应用性知识和技能，突出了基本理论和方法在工程实践中的应用。

　　本书的写作过程中，贯穿了如下的原则：第一，坚持理论联系实际的原则。密切结合我国经济建设的需要，论述工程项目技术经济评价的原理与方法，并紧密结合国家发改委和建设部公布的《建设项目经济评价参数与方法》（第三版），在概念、公式、符号上尽量与之统一，因此应用面较广，适应性较强；第二，重视工程经济的理论研究。由于我国工程经济领域研究工作起步较晚，理论基础较为薄弱，因此在写作过程中，注重了有关基本理论和概念的阐述，以提高我们对工程经济学科的理论认识；第三，注意知识的可操作性。工程经济是一门应用性很强的学科，学习的目的在于应用，本书从这一目的出发，在内容和工程实例方面，注重了实用性和可操作性。

　　本书由沈阳建筑大学刘亚臣教授主编，南京工业大学赵兴仁教授主审；南京工业大学的申玲、沈阳建筑大学的常春光和河北建筑工程学院的胡绍兰任副主编。本书由主编提出总体框架、章节大纲和写作设想，并统撰定稿。各章初稿写作分工如下：第1章，刘亚臣、张沈生（沈阳建筑大学）；第2章，战松（沈阳建筑大学）；第3章，常春光、刘迪（沈阳建筑大学）；第4章，申玲（南京工业大学）；第5章，常春光（沈阳建筑大学）、胡绍兰（河北建筑工程学院）；第6章，刘宁、刘亚臣（沈阳建筑大学）；第 7 章，刘亚臣、常春光（沈阳建筑大学）；第 8 章，常春光、刘亚臣（沈阳建筑大学）；第 9 章，孔凡文（沈阳建筑大学）。此外，李宁（沈阳市城乡建设委员会）参加了第 1 章和第 8 章的写作；王静（沈阳建筑大学）协助主编进行了最后的统稿工作。

本书在写作过程中，得到了中国建设教育协会的大力支持，并借鉴了国内外许多专家学者的工程经济专业科学研究成果及文献资料，在此一并向他们表示衷心的感谢。

由于作者水平有限，错误或纰漏在所难免，热忱希望广大读者批评指正。

目　　录

第1章 绪 论

学习要点：通过本章的学习，应掌握技术和经济的概念；熟悉技术和经济的关系；了解工程经济的研究对象和特点；了解工程经济分析的理论基础；熟悉工程经济分析的基本原则；掌握工程经济分析的一般步骤。本章学习的主要目的是对工程经济学有初步认识，并侧重于对基本概念和研究方法的理解与把握。

1.1 工程经济学概述

1.1.1 技术与经济

1. 技术的概念

技术一词几乎是人人皆知，并常常将其与科学视为一体。我们说"科学技术是生产力"表达的就是这一内涵。但严格说来，"科学"和"技术"是有着根本区别的，科学是人们对客观规律的认识和总结，而技术是人们改造自然的手段和方法。因此，有人说：科学是认识和发现，技术是创造和发明。

迄今为止，人们对技术的理解也不尽相同。归纳起来有如下几种表述。

（1）技术是在生产和生活领域中，运用各种科学所揭示的客观规律，进行各种生产和非生产活动的技能，以及根据科学原理改造自然的一切方法。具体表现为产品（或结构、系统及过程）开发、设计和制造所采用的方法、措施、技巧，运用劳动工具（包括机械设备等）正确有效地使用劳动对象和保护资源与环境，对其进行有目的的加工改造，更好地改造世界，为人类造福。

（2）技术泛指依照自然科学基本原理和生产实践经验发展而成的一切操作方法和技能。不仅包括相应的生产工具和其他物质设备，还包括生产的工艺过程或作业程序方法。

（3）技术包括劳动者的劳动技能、劳动工具和劳动对象三部分，缺一不可。这实际上是认为技术就等同于生产力。

由于人们对技术的概念在理解上有差异，工程经济研究的对象就不同。我们是在下述意义上使用"技术"这一概念的：技术不仅包括生产活动和生活活动的技术，还包括管理方法、决策方法、计划方法、组织方法、交换方法、推销方法、流通方法等，一句话，技术存在于所有领域。

技术一般包括自然技术和社会技术两方面。自然技术是根据生产实践和自然科学原理而发展形成的各种工艺操作方法、技能和相应的生产工具及其他物质装备。社会技术是指组织生产及流通等的技术。我们说：技术存在于所有领域，正是指由这两部分组成的技术。在这个意义上，我们说技术是变革物质代谢过程的手段，是科学与生产联系的纽带，是改造自然、变革自然的手段和方法。

技术发展的标志基本表现在两个方面：一方面是能够创造原有技术所不能创造的产品或劳务，比如宇航技术、海洋技术、微电子技术、新材料、新能源等；另一方面是同样不能忽视的，即用更少的人力、物力和时间，创造出相同的产品或劳务。

2. 经济的概念

现代汉语中使用的"经济"一词，是 19 世纪后半叶，由日本学者从英语"economy"翻译而来的，如无特殊说明，一般不包括汉语中"经邦济世"、"经国济民"治理国家，拯救庶民的意思。

经济是个多义词，大体有如下四方面的含义：

（1）经济是指生产关系。经济是人类社会发展到一定阶段的社会经济制度，是生产关系的总和，是政治和思想意识等上层建筑赖以树立起来的基础。

（2）经济是指一国国民经济的总称，或指国民经济的各部门。如工业经济、农业经济、运输经济等。

（3）经济是指社会生产和再生产。即指物质资料的生产、交换、分配、消费的现象和过程。

（4）经济是指节约或节省。

由于工程经济所研究的主要是人、财、物、时间等资源的节约和有效利用，以及技术经济决策所涉及的经济问题，因此，我们在本书中基本上使用上述第三和第四两种含义。

3. 技术和经济的关系

技术和经济的关系十分密切，有些情况下甚至不可分割。要发展经济，必须进行劳动和生产，必须采用一定的技术手段，而任何技术手段的运用，都必须消耗或占用人力、物力、财力等资源。所以，在人类社会进行物质生产活动中，经济离不开技术，技术也离不开经济，二者相互促进又相互制约，是始终并存的两个方面。经济发展是技术进步的动力和方向，而技术进步是推动经济发展，提高经济效益的重要条件和手段，经济发展离不开技术进步。社会物质文化需要的增长，国民经济的发展，都必须依靠技术的进步和应用。

在现代社会中，技术已经广泛地渗透在生产力的各个要素之中，丰富其内容，改变其结构甚至性质，迅速提高其水平，不断地促进生产力的革命性变革。技术的作用主要体现在如下几方面。

（1）技术进步引起劳动资料的变革。劳动资料是人类劳动经验、技能和社会科学技术知识的结晶。劳动资料水平是技术进步的显示器。随着技术进步，劳动资料的性质、结构、功能等都发生着巨大变革。比如，以往机器系统只包括工具机、传动机和动力机三部分，现在则增加了控制机部分，这是由于信息论、控制技术及计算机技术等进步的结果，使机器系统的结构发生了质变。事实上，电子计算机的广泛应用，已经实现了对生产过程进行精确调整和自动控制，对全部生产设备运行状况进行监控，从而为实现整个企业和企业体系的生产自动化奠定了基础。机器人技术的长足进展和具体应用，进一步扩展了人类劳动的职能和范围，把人们从危险、繁重、重复的劳动中解放出来，以便有更多的时间从事创造性劳动。今天，计算机辅助设计、计算机辅助制造、计算机辅助检测、计算机辅助工程程序等，在生产领域大面积推广，已经使生产自动化达到了相当高的水平。

（2）技术进步引起劳动对象的变革。在人类社会的发展过程中，劳动对象随着技术进步不断地发生着变革。古代生产主要依赖自然界秉赋的天然资源。而利用现代技术手段，不仅增加了有用物的品种和数量，开拓了许多新的用途，还可以把以往作为废料丢弃的东西重新投回到物质循环中去加以利用。现代材料科学技术的发展，不仅使人们对天然资源的开发利用更加充分有效，而且研制出了新型人造材料、合成材料和复合材料。由于量子化学、结构化学和固体物理学的发展，人们对材料结构与性能的研究，已经深入到了原子、电子等微观层次，为阐明微观结构与宏观性能的关系提供了理论依据和手段。

（3）技术进步促进劳动者素质的变革。马克思说，劳动过程就是"劳动者利用物的、机械的、物理的和化学的属性，以便把这些物当作发挥力量的手段，依照自己的目的作用于其他物"的过程。因此，劳动是一种有目的、有意识的活动。劳动过程中，劳动者既要发挥自己的体力，又必须掌握一定的科学知识、劳动经验和生产技术，发挥自己的智力。随着生产技术水平的提高，劳动中智力支出的比重不断加大，随着生产过程中智力投入的增加，劳动的性质、内容也不断发生着变化。今天，对劳动者文化素养、技术知识水平提出了越来越高的要求，促使劳动和知识技能的结合发展到新水平。

（4）技术进步促进组织与管理的变革。组织与管理是由分工和协作的发展而产生的集体生产力。现代社会化大生产其规模之大，涉及部门和机器设备之多，以及各部门之间分工与协作的复杂程度都是空前的。因此，组织管理的科学化，成为生产发展的重要因素。要实现高效、优化的组织管理，必须有科学的管理理论、方法和手段。管理科学的发展为此奠定了理论基础，而电子计算机技术的广泛应用，为组织管理建立了信息网络，可以对生产活动的诸要素、组织管理的任务和组织管理的目标等三大类信息进行数字化编码，并进行加工处理，为管理决策提供科学依据。这就会进一步提高管理的自动化水平，减少管理层次，改善管理条件，加快决策速度，节约人、财、物，提高劳动生产率。

（5）技术进步促进社会经济发展。迄今为止，人类社会发生了三次世界性的重大技术革命，导致生产手段和生产方法的重大变革，促进了新产业部门的建立和经济水平的提高，有力地推动了生产的发展和社会进步。第一次世界性的技术革命发生在 18 世纪 60 年代，首先从英国开始，以蒸汽机的广泛使用为主要标志。1807 年发明了轮船，1814 年发明了火车，使交通运输业得到了长足的进步，大大促进了当时许多国家的工业和商业发展。第二次世界性的技术革命发生在 19 世纪70 年代到 20 世纪初，是以电力作为新能源应用于生产开始。电动机单独驱动使机器的结构简化，设备布置方便，并有利于工业的合理分布。在这一时期，内燃机技术逐渐成熟，相继出现了汽油机和柴油机。在内燃机技术基础上，20 世纪建立了汽车工业、拖拉机工业、航空工业等一批新兴产业。第三次世界性技术革命是从 20 世纪 40 年代开始，以原子能技术、电子计算机和空间技术的发展为标志。当前，全世界范围内正面临着新的技术革命，被称为"第四次产业革命"、"第三次浪潮"，是指信息技术、遗传工程、新型材料、海洋工程等方面的重大突破，这些也必将大大推动社会生产力的发展，也会对生产组织和社会生活等方面带来巨大影响。

在技术和经济的关系中，经济占据支配地位。技术进步是为经济发展服务的，技术是人类进行生产斗争和改善生活的手段，它的产生就具有明显的经济目的。因此，任何一种技术，在推广应用时首先要考虑其经济效果问题。一般情况下，技术的发展会带来经济效果的提高，技术的不断发展过程也正是其经济效果不断提高的过程。随着技术的进步，人类能够用越来越少的人力、物力和时间消耗获得越来越多的产品和劳务。在这个意义上，技术和经济是统一的，技术的先进性和其经济合理性是相一致的。绝大多数先进技术大都具有较高的经济效果，恰恰是较高的经济效果才决定了其先进性。但是，有时技术缺少社会条件的经济适应性，与经济又是相矛盾、相对立的。例如，有的技术在发达国家的社会综合条件下是先进的，但在发展中国家，由于电力、运输、原料质量，特别是技术管理水平与技术工人的操作水平等与新技术不协调、不适应，而使新技术发挥不出应有的经济效果。此外，也有的技术，本身不算很先进，但在一定条件下采用时，经济效益却不错。这是因为任何技术的应用都必然受到当地、当时具体自然条件和社会条件的约束。条件不同，技术带来的经济效果也就不同。随着条件的变化，技术的经济效果也会发生变化，原来经济效果不好的技术会变得较好，原来经济效果好的技术可以发展为更好或变得不好。工程经济的主要任务，就是研究技术和经济之间的合理关系，找出它们协调发展的规律，促进技术进步和提高经济效果。

1.1.2 工程经济学的研究对象和特点

1. 工程经济学的研究对象

工程经济学作为一门新兴学科得到了很大发展，但是，对于工程经济学的研究对象却存在着不同的认识。归纳起来主要有以下几种观点：一是工程经济学是研究技术方案、技术政策、技术规划、技术措施等经济效果的学科，通过经济效果的计算以求找到最好的技术方案。二是工程经济学是研究技术与经济关系以达到技术与经济的最佳结合的学科。三是工程经济学是研究生产、建设中各种技术经济问题的学科。四是工程经济学是研究技术因素与经济因素的最佳结合的学科。

我们认为，工程经济学是研究技术与经济关系以及工程技术经济活动规律的科学，是利用经济学的理论和分析方法，研究如何有效地在各种技术之间配置资源，寻求技术和经济最佳结合的新兴科学。依此，工程经济学的研究内容主要包括如下几方面：

（1）可行性研究与建设项目规划

研究和分析方案的可行性。如可行性研究的内容与方法、项目规划与选址、项目建设方案设计等。

（2）建设项目的投资估算与融资分析

随着社会主义市场经济体制的建立，建设项目资金来源多元化已成为必然。因此，要研究在市场经济体制下，如何建立筹资主体和筹资机制，怎样分析各种筹资方式的成本和风险等问题。具体包括建设项目投资估算、资金的筹措、融资结构与资本成本等内容。

（3）投资方案选择

投资项目往往具有多个方案，分析多个方案之间的关系，进行多方案选择是工程经济学研究的重要内容。包括方案比较与优化方法、方案的相互关系与资金约束、投资方案的选择等。

（4）项目财务评价

研究项目对各投资主体的贡献，从企业财务角度分析项目的可行性。包括项目财务评价的内容与方法、项目财务效果评价指标等。

（5）项目的国民经济、社会与环境评价

研究项目对国民经济和社会的贡献，评价项目对环境的影响。从国民经济和社会角度分析项目的可行性，从环境的角度分析项目的可行性。

（6）风险和不确定性分析

任何一项经济活动，由于各种不确定性因素的影响，会使期望的目标与实际状况发生差异，可能会造成经济损失。为此，需要识别和估计风险，进行不确定性分析。具体包括不确定性分析、投资风险及其控制和风险管理工具等内容。

（7）建设项目后评估

项目后评估是在项目建成后，衡量和分析项目的实际情况与预测情况的差距，为提高项目投资效益提出对策措施。因此，需要研究怎样进行建设项目后评估，以及应采用什么样的方法和指标。

2. 工程经济的特点

工程经济是技术和经济相结合的综合性的边缘学科。因此，它具有边缘学科的特点，即一门学科采用另一门学科的理论与方法，或一门学科的内容同另一门学科的内容有机地结合而成的新学科。工程经济必须以自然规律为基础，但不同于技术学科研究自然规律本身，又不同于其他经济学科研究经济规律本身，而是以经济学科作为理论指导和方法论。工程经济的任务不是创造和发明新技术，而是对成熟的技术和新技术进行经济性分析、比较和评价，从经济的角度为技术的采用和发展提供决策依据。工程经济也不去研究经济规律，它是在尊重客观规律的前提下，对技术方案的经济效果进行分析和评价。

工程经济具有如下特点：

（1）工程经济强调的是技术可行基础上的经济分析。工程经济的研究内容是在技术上可行的条件确定后，即在技术可行性研究的基础上，进行经济合理性的研究与论证工作。工程经济不包括应由工程技术学研究解决的技术可行性的分析论证内容，而是为技术可行性提供经济依据，并为改进技术方案提供符合社会采纳条件的改进方案的途径。

（2）技术的经济分析和评价与所处的客观环境关系密切。技术方案的择优过程必须受到包括自然环境和社会环境的客观条件制约，工程经济是研究技术在某种特定的社会经济环境下的效果的科学，是把技术问题放在社会的政治、经济与自然环境的大系统中加以综合分析、综合评价的科学。因此，工程经济的特点之一是系统的综合评价。

（3）工程经济是对新技术可行性方案的未来"差异"进行经济效果分析比较的科学。工程经济的着眼点，除研究各方案可行性与合理性之外，还要放在各方案之间的经济效果差别上，把各方案中相等的因素在具体分析中略去，以简化分析和计算。

（4）工程经济所讨论的经济效果问题几乎都和"未来"有关。着眼于"未来"，也就是对技术政策、技术措施制定后，或技术方案被采纳后，将要带来的经济效果进行计算、分析与比较。工程经济关心的不是某方案已经花费了多少代价，不考虑过去发生的，在今后的决策过程中已无法控制的用去的那一部分费用多少，而只考虑从现在起为获得同样使用效用的各种机会或方案的经济效果。既然工程经济讨论的是各方案未来的经济效果问题，那就意味着它们含有"不确定性因素"与"随机因素"的预测与估计，这将关系到技术效果评价的结果。因此，工程经济是建立在预测基础上的科学。

综上所述，工程经济具有很强的技术和经济的综合性、技术与环境的系统性、方案差异的对比性、对未来的预测性以及方案的择优性等特点。

1.1.3 工程经济学的产生与发展

1. 工程经济学的形成

工程经济学（Engineering Economics）是以工程技术为主体，以技术—经济系统为核心，研究如何有效利用工程技术资源，促进经济增长的科学。它不研究工程技术原理与应用本身，也不研究影响经济效果的各种因素，而是研究各种工程技术方案的经济效果。

工程经济学是应用工程学和经济学的综合知识，研究工程项目的投资问题和生产过程中的工程经济问题，主要内容有：项目的投资决策，企业规模的研究，技术设备的选择、使用与更新，成本分析与控制，产品、工艺的经济效益的分析与预测，工程项目的选择与评价以及复杂经济环境对工程项目经济性的影响等。目前，工程经济学已发展到使用敏感性分析、风险分析、不确定性分析和无形价值分析等新的阶段，其最终目的是确定有限资源的正确选择和合理使用，挑选行动的最佳过程。

从学科归属上看，工程经济学既不属于社会科学（经济学科），又不属于自然科学。工程经济学立足于经济，研究技术方案，已成为一门独立的综合性学科。

工程经济学的历史渊源则可追溯到 1887 年威灵顿（n. M. Wellington）的《铁路布局的经济理论》（The Economic Theory of Railway Location）一书的出版。它是第一部工程经济学的著作。当时，美国正进行大规模的铁路建设，其投资超过了其他所有工业固定资产的投资，耗资极大，但铁路投资回收却很慢。作为一名建筑工程师，威灵顿经过研究发现：铁路线路的选择是一个含有许多可行性方案的工程项目，然而，许多铁路工程师在选线时，只考虑了技术上的可行性，很少注意铁路工程所需要的投资和将来可能带来的经济收益，几乎完全忽视了在收益和营运费用上对各方案加以比较，这也正是铁路建成后投资回收慢的原因所在。威灵顿首次将成本分析方法应用于铁路的最佳长度和路线的曲率选择问题，并提出了工程利息的概念，开创了工程领域中的经济评价工作。他在书中指出：因布局的错误"可以使为数众多的镐、铲和机车干着徒劳无益的活"。什么是工程经济呢？他在《铁路布局的经济理论》一书中，对工程经济下了第一个简明的定义："一门少花钱多办事的艺术。"

自威灵顿以后，很多工程经济学家进一步作了大量的研究工作。20 世纪初，斯坦福大学教授菲什（J. C. L. Fish）运用数学方法对工程的投资效益进行了分析，出版了第一部直接冠以《工程经济学》（《Engineering Economics》，1915 年第一版，1923 年第二版）名称的著述。他将投资模型与证券市场联系起来，分析内容包括投资、利率、初始费用与运营费用、商业组织与商业统计、估价与预测、工程报告等。与此同时，戈尔德曼（O. B. Goldman）教授在其《财务工程学》一书中提出了决定相对价值的复利模型。不仅如此，他还颇有见地地指出："有一种奇怪而遗憾的现象，就是许多作者在他们的工程著作中，没有或很少考虑成本问题。实际上，工程师的最基本的责任是考虑成本，以便取得真正的经济效益，即赢得最大可能数量的货币，获得最佳的财务效率。"同时他提出了复利的计算方法。

然而真正使工程经济学成为一门系统化科学的学者则是格兰特（Eugeng. Grant）教授。他在 1930 年发表了被誉为工程经济学经典之作的《工程经济原理》（1976 年出了第六版，这本书作为教材在美国被上百所大学所引用，此外，还被广大工程技术人员用作参考书）。格兰特教授不仅在该书中剖析了古典工程经济的局限性，而且以复利计算为基础，讨论了判别因子和短期评价的重要性以及资本长期投资的一般比较，首创了工程经济的评价理论和原则。他的许多理论贡献获得了社会公认，被誉为工程经济学之父。

2. 工程经济学的发展

第二次世界大战之后，工程经济学受凯恩斯主义经济理论的影响，研究内容从单纯的工程费用效益分析扩大到市场供求和投资分配领域，从而取得重大进展。这当然与两门和工程经济学密切相关的学科的重大发展有关。这两门学科，一是 1951 年由乔尔·迪安（Joel Dean）教授开创的新应用经济学——《管理经济学》；在凯恩斯经济理论的基础上，迪安进一步分析了市场供求状况对企业有限投资分配的影响。迪安指出："时间具有经济价值，所以近期的货币要比远期的货币更有价值。"银行要向存款者支付利息，向借款者索取利息，正是由于这个道理。当我们对一项工程进行经济评价时，总要遇到不同时期、不同数量的货币支出和货币收入的各种方案。要比较这些方案，必须将资金的时间价值计入投资收益率之中。具体方法有很多，如年值法、现值法、将来值法、内部收益率法、外部收益率法等。但是不论哪种方法都表明，经济收益尽可能提前，资金投入尽可能靠后，是获得好的经济效果的基本思路。

另一门学科是战前就已存在，但 20 世纪 50 年代发生了重要变化的公司理财学（企业财务管理学）。二者对研究公司的资产投资，把计算现金流的现值方法应用到资本支出的分析上，起了重要作用。更重大的转折发生于 1961 年，因为乔尔·迪安教授的《资本预算》一书不仅发展了现金流量的贴现方法，而且开创了资本限额分配的现代分析方法。

1978 年，布西（L. E. Bussey）的著作《工业投资项目的经济分析》一书出版。在这本著作中，布西引用了大量的文献资料，全面系统地总结了工程项目的资金筹集、经济评价、优化决策以及项目的风险和不确定性分析等。

1982 年，里格斯（J. L. Riggs）的《工程经济学》出版。该书内容丰富新颖，论述严谨，系统地阐述了货币的时间价值、时间的货币价值、货币理论、经济决策和风险以及不确定性等工程经济学的内容，把工程经济学的学科水平向前推进了一大步。

20 世纪 60 年代以来，工程经济学（包括公司理财学）研究主要集中在风险投资、决策敏感性分析和市场不确定性因素分析等三个方面。主要代表人物是美国的德加莫、卡纳达和塔奎因教授。而提供投资分析和公司理财一般理论基础和方法的则是四位先后获诺贝尔奖的大经济学家——莫迪里安尼（Franco Modigliani）、马克维茨（Harry Markowitz）、夏普（William Sharpe）和米勒（MertonMiller）。德加莫教授偏重于研究工程企业的经济决策分析，他的《工程经济》（1968 年）一书以投资形态和决策方案的比较研究，开辟了工程经济学对经济计划和公用事业的应用研究途径。卡纳达教授的理论重视外在经济因素和风险性投资分析，代表作为《工程经济学》（1980 年）。塔奎因教授等人的理论则强调投资方案的选择与比较，他们提出的各种经济评价原则（如利润、成本与服务年限的评价原则，盈亏平衡原则和债务报酬率分析等）成为美国工程经济学教材中的主要理论。美国俄勒冈州立大学工业和通用工程系主任 J·L·里格斯教授（曾任世界生产力科学联合会主席）1982 年出版的《工程经济学》可为其代表作。该书内容丰富新颖，论述严谨，系统地阐明了货币的时间价值、时间的货币价值、货币管理，经济决策和风险与不确定性等工程经济学的内容。他把工程经济学的学科水平向前推进了一大步。近代工程经济学的发展侧重于用概率统计方法进行风险性、不确定性的新方法研究，以及对非经济因素的研究。

在日本与工程经济学相近学科被称之为"经济性工学"、"经济性分析"，是第二次世界大战后出现，并在 20 世纪 50～60 年代逐渐发展和完善起来的一门新兴学科，其研究内容和工程经济基本相似。日本的"经济性工学"主要是对企业的经济性问题，对变动费用、平均费用、固定费用进行分析，对新设备选择的经济性问题，企业现有设备利用的经济性问题，工程项目评价的经济效果问题进行研究。还有一些像投资分析、盈亏分析、敏感性分析等内容，也属于"经济性工学"研究的范围。日本对这个学科也很重视，各个企业、公司都需要这方面的人才。如日本《经济性分析》这本书，从 1979 年出版，到 1982 年已连续再版八次，《经济性工学》再版了十多次。

在英国与工程经济学相近的学科称为"业绩分析"，它主要是研究企业经营活动中的投资、贷款、用户、职工、供应、管理等问题。比如对资源利用的分析、对管理的分析、对产品的潜在需要、未来收益的分析等，都是"业绩分析"的重要内容。

法国类似工程经济学的学科叫"经济计算"，它相当于西方的工程项目评价。

3. 我国工程经济学的引介和应用

在我国，工程经济学（我国多称为技术经济学）作为一门独立的学科，产生于 20 世纪 50 年代末期～60 年代初期。为什么在这一时期产生了这门学科？有国内方面的原因，也有国际方面的原因，它既是经济学科发展的必然结果，也有国际上各个边缘学科、交叉学科发展的影响。第一个五年计划之后，我国在国民经济建设中，出现了一些失误，特别在经济建设当中流行的只算政治账、不算经济账，只强调政治、而忽视经济效果的做法使我们国家在经济上蒙受了很大的损失。在经济理论界，从 20 世纪 50 年代末期开始了经济效果问题的讨论。第一个五年计划期间，我国各个方面都搞得不错，经济效果比较好，这时理应总结经验、发展这种有利形势。但是在成绩面前，一些人头脑膨胀，违背客观规律，用主观愿望代替客观规律，结果导致中国经济上的一次大倒退。为吸取教训，经济理论界开始讨论在社会主义条件下要不要讲求经济效果这样一个问题，当时著名的经济学家孙冶方、于光远和其他许多学者先后发表了大量文章，指出在经济建设中要讲求经济效果，要重视经济效果问题的研究。

这一时期国外交叉科学和边缘科学的发展是很快的，特别是管理学科在 20 世纪 50 年代、20 世纪 60 年代的发展更是突飞猛进。这对我国工程经济学的产生起了一定的促进作用。当时西方国家的工程经济，特别是工程项目的评价方法越来越多，评价工作也越作越细。比如日本的经济性工学、经济性分析的发展；法国的经济计算的完善、改进前苏联和东欧的部门工程经济的进一步发展与完善；英国的业绩分析的普及等。

工程经济学的发展在我国可归纳为以下三个阶段：

第一阶段，20 世纪 50 年代末期，20 世纪 60 年代初期，属创建时期，也是第一个兴旺时期，1963 年还列入全国的科学发展规划。这一时期属于经济分析方法与经济效果学阶段，经济分析方法开始应用于工程技术中，并在工程建设和许多领域得到广泛应用，是发展较快的时期。

第二阶段，是"文化大革命"时期，这一时期工程经济学被否定，工程经济研究机构被撤销。这一时期是工程经济研究被摧残的阶段，属于停滞、涣散阶段。

第三阶段，是改革开放之后，工程经济研究又活跃起来，开始了工程经济的讨论。1978 年成立了中国技术经济研究会，从那以后，工程经济研究在全国的发展越来越快，与国民经济发展的关系十分密切。国务院于 1981 年批准成立技术经济研究中心。中心的成立，标志我国工程经济学的发展进入了一个新的阶段。这一时期，各省市部门的技术经济研究会相继成立，各高等院校工程经济课程也逐渐恢复，而且不断发展。化工、机械工业、能源、水利、农业、林业、冶金等部门都成立了相应的机构。从全国的发展看，工程经济这门学科正处于方兴未艾阶段。该时期工程经济学的原理和方法在经济建设的项目评价中得到系统、广泛的应用；学科体系、理论与方法、性质与对象的研究不断深入，形成了较完整的学科体系，属于蓬勃发展阶段。

　　4. 现代工程经济学的发展

　　一些专家认为工程经济学从 20 世纪 70 年代至今一直强调了资本投资决策的内容，与突飞猛进的经济学相比处于相对停滞的状况。这期间，企业正经历着从传统的规模经济、标准化和重复件生产的经营观念和以高产低差异的国内市场产品获得竞争优势的方式，转变为将资本、技术、信息、能源和时间集成为人力和自然资源一体化系统，以低成本、高质量、低产多差异的国际市场产品获取竞争优势的经营思路。企业为了从单一占有国内市场转变为同时占有国际市场，突出了对"先进制造技术"（AMT）的资本和非资本投资的关注，工程经济在企业战略投资问题上愈来愈起着重要的作用。在先进制造技术中与投资评估问题有关的内容有：1) 投资与企业战略的关系和组织；2) 投资评估法和非财务盈利；3) 成本管理系统中的成本信息和财务指标；4) 在先进制造技术中企业所得税的影响；5) 风险决策分析；6) 管理政策、管理手段和管理信息系统。

　　沙利文（W. G. Sullivan）对 1985 年到 1989 年的 108 个工程经济项目的应用状况作了调查分析，根据产品寿命周期按"方法论和技术"分类统计得到一种锥体结构分布。

　　传统的项目重点放在优化分析和决策上。但是由于企业今后重点是生存策略，因此新项目应用应该是倒锥体结构。

　　沙利文提出今后 25 年中工程经济学的发展趋势应为：

　　1) 用那些财务和非财务指标来正确地判断企业生存竞争的战略投资。

　　2) 由于产品的更新换代加快，怎样更好地用工程经济学的原理和方法解决工程项目的寿命周期问题。

　　3) 成本管理系统能否正确地衡量与项目规模、范围、实验、技术和复杂性有关的费用；该系统在方案的概念设计和初步设计中能否通过改进资源分配来减少成本。

　　4) 在多变的市场中，怎样进行再投资决策以保持项目在市场中的优势。

　　近十来年，为了适应经济全球化的要求，工程经济学理论出现了宏观经济研究的新趋势，逐渐改变了过去单一重微观经济分析，着眼于部门的经济管理和经济效果分析而转向宏观的社会效益分析，着重于资源的合理分配，投资、投资决策和风险的研究以及国家的经济制度和政策、环境保护和可持续发展等宏观经济问题。

1.2　工程经济分析的理论基础

　　工程经济虽然是一门新兴学科，但也有其坚实的理论基础。

1.2.1　边际效用理论和边际生产力理论

　　亚当·斯密在 1776 年出版的《国富论》中，研究了生产增长率的原因，说明分工能够提高劳动生产率和增加国民财富，阐述了分工、交换、货币、价值和价格问题，研究了资本的特点，说明了资本积累对经济发展的重要性。

19世纪70年代，英国的杰文斯、奥地利的门格尔和法国的瓦尔格各自独立地发现了边际效用递减原理，这一原理后来被称为"边际革命"。这一理论指出："效用"是价值的源泉，是形成商品价值的必要条件，但效用必须和物品的"稀缺性"相结合，才构成商品价值形成的充足条件。因此，价值的成立有赖于效用性和稀缺性相结合，价值是以稀少性为前提的。价值量将以物品的稀缺程度为转移，物品愈稀缺，价值愈高；反之，则价值越低。商品的价值量，不决定于它的总效用或平均效用，而是决定于它的边际效用。随着消费量的增加，边际效用递减。在平衡点上，边际效用为零；超过了平衡点，则边际效用为负。

伴随着边际效用理论的产生，19世纪末又出现了边际生产力理论。美国经济学家克拉克在他1899年出版的《财富的分配》一书中正式提出了这个概念。他最早把经济状态分为"静态"与"动态"，在研究方法上分为"静态分析"和"动态分析"两种。他论述了在充分自由竞争的静态环境里，存在着依照劳动和资本各自对生产的实际贡献，即依照各自的"边际生产力"来决定其收入的"分配的自然规律"。当资本投入量不变而投入的劳动量不断增加时，劳动的每个增加单位所增加的产量（产值）依次递减，最后增加一单位劳动所增加的产量（产值）就决定工资多寡，这就是"劳动的边际生产力"。同样，资本的边际生产力决定利息的高低。

英国经济学家阿弗里德·马歇尔于1890年出版了《经济学原理》，确立了他的"价值理论"。这一理论是在自由竞争的前提下，以"均衡价格论"为其核心，运用边际增量分析和局部均衡分析。

这些理论为工程经济分析投入与产出的关系、生产活动的评价准则和经济分析方法等提供了重要的理论基础。

1.2.2 产权经济理论

产权经济理论诞生于20世纪初，成熟于20世纪60年代，其创始者是1991年诺贝尔经济学奖获得者罗纳德·科斯。1937年11月，科斯在美国《经济学》杂志发表了"企业的本质"一文。1960年10月，他又在美国《法学与经济学》杂志发表了"社会成本问题"一文。这两篇代表作有两个意义：一是表明产权经济理论已从一种思想和观点，发展成一门新的经济学科——产权经济学；二是表明产权经济理论发展的两个阶段，第一阶段是20世纪30年代对微观经济理论的批判，指出在市场机制运行中存在摩擦，即存在交易成本，第二阶段是20世纪50年代末至20世纪60年代中期对产权作用的认识。所以，"交易成本"是产权经济理论的基础，"科斯定理"是产权经济理论的核心。

产权经济理论认为，微观经济理论存在三个根本性缺陷。

（1）企业存在本身是微观经济理论假设的前提，即先假设企业的存在，再研究企业的行为。至于企业存在的本质原因、企业规模大小、企业内部组织结构、企业与市场的边界等取决于什么因素，都不是微观经济理论的研究对象。

（2）微观经济理论的竞争性理论模型假定：在私有制条件下，人们之间的交易不存在摩擦，因而交易成本不存在。但事实上，在私有制条件下，同样存在产权交易界定含混的可能性和现实性。微观经济理论忽视了产权问题会成为资源有效配置的障碍。

（3）微观经济理论以追求个体效用的最大化为其核心思想，将市场简单地看作一种工具，从而出现两个不可克服的障碍：一是个体效用之间无法比较；二是在追求社会效用最大化过程中，需将个体效用转化为统一的社会效用，却没有一个统一的尺度。

针对上述缺陷，产权经济理论把产权作为资源配置过程的核心，提出：

（1）个体在追求效用最大化过程中，产权问题成为制约效用的一个基本变量。

（2）产权问题影响成本函数。如果产权交易界区不清，交易成本大于零，个体追求效用最大化的过程不可能达到社会效用最大化。

（3）传统的效用和利润最大化分析不切实际。求极值问题的实质是产权被界定和转让问题，效用与效用的获得不过是市场运动（产权交易）的结果。

（4）企业和市场是实现资源有效配置的两种组织制度。所不同的是企业制度通过内部的权威关系（即管理的交易）实现资源有效配置；市场制度是通过价格机制（即产权的买卖交易）实现资源有效配置。

综上所述，产权经济理论的应用主要表现在以下八个方面：

（1）用于私有产权条件下，资源配置过程中外部效益问题的分析；

（2）用于产权结构与企业经济行为关系的分析；

（3）用于企业组织管理体制分析和比较；

（4）用于企业的规模及其与市场的边界关系分析；

（5）用于跨国公司的国际投资理论的分析；

（6）用于技术转让中的交易成本分析；

（7）用于社会化分工与交易成本关系的分析；

（8）用于国家的经济增长分析。

因此，产权经济理论是社会主义市场经济条件下，工程经济的重要理论基础。

1.2.3 科学技术发展及其作用的理论

历史上科学家们关于科学技术发展及其作用的理论，为工程经济不断发展提供了理论支持。

人类学家在研究人类起源时就得出结论：人类诞生之日，就是创造工具之时，也就开始了发明、使用和发展技术。英国科学家弗·培根在 17 世纪初就提出了技术的重要意义。他认为，人们生活的改善，生产的发展，直接因素不是哲学，而是技术，是"机械技术上的发明"。他最早指出：技术是生产力要素，是社会进步的动力。他提出："知识就是力量。"他特别重视科学理论与实际需要的结合，提倡学者与工人相结合。培根的这些思想，对 17 世纪科学技术发展起了重大推动作用，而且长期影响着人们对科技进步、科技革命的认识。

18 世纪，法国社会科学家狄德罗、孟德斯鸠、伏尔泰、卢梭和达兰贝尔等人被称为欧洲思想启蒙运动的先驱。狄德罗编辑出版了对法国社会进步和世界科技发展有重大影响的《百科全书》，进一步明确了技术在文明中的重要地位。他不仅把技术作为向自然界斗争的武器，还认为掌握技术的工人是革命阶级的主要依靠力量。

前苏联学者康德拉季耶夫在 1928 年出版的《大经济循环》一书中提出"长波理论"，即资本主义经济每一次循环都有上升和下降两个阶段，每个周期约为 50 年左右，故称为"长波"。他把资本的价值构成和技术构成联系起来考虑，认为技术的更新与固定资本的更新有密切联系，对技术更新在经济周期中的作用给予了充分的评价。

奥地利经济学家熊彼特的"创新理论"和"经济周期理论"对世界经济理论和科技发展都产生了很大影响。按照熊彼特的理论，"创新"就是"建立一种新的生产函数"，即实现生产要素和生产条件的一种新组合，包括引进新产品，引进新的生产方法，开辟新市场，控制原材料的新供应来源，实现企业的新组织等。经济发展就是整个社会不断实现这种"新组合"。他的"经济周期理论"进一步认为：一种"创新"通过扩散，刺激了大规模的投资，引起了高涨；一旦投资机会消失，便转入了衰退。由于"创新"的引进不是连续平稳的，而是时高时低的，因而就导致了经济波动和经济周期。他把经济周期划分为三种，即"长波"（康德拉季耶夫周期），50 年左右；"中波"（尤格拉周期），10 年左右；"短波"（基饮周期），40 个月左右。熊彼特对技术发展所引起的"创新"的重大作用，以及由"创新"引起的社会生产过程、组织方式、管理方式的变化，作了比较充分的论述。他是较早地把技术进步视作经济发展的最主要因素，并把它放在最重要位置的学者。

罗斯托的"经济增长阶段论"、贝尔的"后工业社会论"、托夫勒的"第三次浪潮论"等，都对现代科学技术与经济、社会发展的关系及其变化趋势作了论述。所有这些理论，对于工程经济的研究与发展具有重要的理论意义。

1.3 工程经济分析的基本原则、方法和步骤

1.3.1 工程项目经济评价的基本原则

对工程项目的技术方案进行分析、比较和评价，是工程经济学的中心内容。利用工程经济学的方法，分析一项投资项目产生的经济效果，还要系统、全面地分析、研究其社会、技术、环境及资源等多方面的因素，结合社会对该项目的要求，论证得出最佳方案，付诸实施，以期取得良好的效益。由于现代科学技术的迅速发展以及管理方法、管理手段的日臻完善，在考虑一个项目时，往往有多种方案可供选择。各方案由于所要考虑、解决的问题重点不同，有时会带来诸多技术、经济、资源、环境及社会等方面的问题。如何确定这些问题所带来的影响，并有针对性地考察各个不确定性因素以及项目本身所带来的各种风险，就需要对项目及方案进行科学的评价，以便为决策提供依据，选择效果最好的方案，有效地降低投入、提高产出、增加效益、减少风险，科学评价对工农业生产及科学研

究等均具有重大意义。

在工程经济学中，对工程项目或技术方案评价的原则通常有技术与经济相结合的原则、定量分析与定性分析相结合的原则、财务分析与国民经济分析相结合的原则以及可比性原则，这些原则分别从不同的角度对项目或方案进行考评，待最后综合后便可得到项目或方案的较全面的评价结果。

1. 技术与经济相结合的原则

工程经济学是研究技术和经济相互关系的科学，其目的是根据社会生产的实际以及技术与经济的发展水平，研究、探求、寻找使技术与经济相互促进，协调发展的途径。所以，我们在讨论、评价工程项目或技术方案时，应当遵循技术与经济相结合的原则。

技术是经济发展的重要手段，技术进步是推动经济前进的强大动力，人类几千年的文明史证明了这一点。同时，技术也是在一定的经济条件下产生和发展的，技术的进步要受经济情况和条件的制约，经济上的需求是推动技术发展的动力。技术与经济这种相互依赖、相互促进、相辅相成的关系，构成了我们考虑与评价技术方案的原则之一，而经济效益评价又是我们决定方案取舍的依据。在评价方案的技术问题时，既要考虑方案技术的宏观影响，使技术对国民经济和社会经济发展起到促进作用，又应考虑到方案技术的微观影响，使得采用的技术能有效地结合本部门、本单位的具体实际，发挥出该项技术的最大潜能，创造出该技术的最大价值。同时，又要注意避免贪大求洋，盲目追求所谓"最先进的技术"。当然，也要注意不能一味强调现有实际，而不善于引进、采纳现代高新技术，无法利用现有条件去最大程度地发挥优势，创造价值。另外，在考核项目或方案的技术问题时，还要注意其经济能力和影响，不要因具体部门采纳的技术给全局性的经济问题带来诸如资源、环保等方面的负面影响。

所以，在应用工程经济学的理论来评价工程项目或技术方案时，既要评价其技术能力、技术意义，也要评价其经济特性、经济价值，将二者结合起来，寻找符合国家政策、符合产业发展方向且又能给企业带来发展的项目或方案，使之最大限度地创造效益，促进技术进步及资源、环保等工作的共同发展。

2. 定性分析与定量分析相结合的原则

定性分析与定量分析是对项目或方案进行经济效益分析评价的两种方法。所谓定性分析是评价人员依据国家的法律法规、国家产业发展布局及发展方向针对该项目对国家发展所起作用和该项目发展趋势等进行评价。定性分析是一种在占有一定资料、掌握相应政策的基础上，根据决策人员的经验、直觉、学识、逻辑推理能力等以主观判断为基础进行评价的方法，评价尺度往往是给项目打分或确定指数。这是从总体上进行的一种笼统的评价方法，属于经验型决策。

定量分析则是以对项目各方面的计算结果为依据进行评价的方法。它以对项目进行的客观、具体的分析而得出的各项经济效益指标为尺度，通过对"成果"与"消耗"、"产出"与"投入"等的分析，对项目进行评价。定量分析以科学为依据，不仅使各种评价更加精确，减少了分析中的直觉成分，使得分析评价更加科学化，还可以在定量分析中发现研究对象的实质和规律，尤其是对评价中不易掌握的一些不确定因素和风险因素，均用可以量化的指标对其作出判断，利于决策。定量分析因其评价具体、客观、针对性强、可信程度高，在实际中被普遍应用，既可用于事前评价，也可用于事中评价和事后评价，是进行经济效益评价的重要方法。

定量分析以其科学、准确的特点得到了广泛的应用，更由于现代应用数学及计算机技术使得定量分析规范且易行。但在实际项目或方案中，由于有些经济问题的复杂性，有些内容无法用数量表达。在这些情况下，定性分析还是十分必要的。因此，在实际分析评价中，应善于将定性与定量分析方法结合起来，发挥各自在分析上的优势，互相补充，使分析结果科学、准确，使决策人员对项目总体有一个比较全面的了解。

3. 财务分析与国民经济分析相结合的原则

项目的财务分析是指根据国家现行的财务制度和价格体系，从投资主体（全部投资者和直接投资者）的角度考察项目给投资者带来的经济效益的分析方法。项目的国民经济分析则是指按照社会资源合理配置和有效利用的原则，从国家整体的角度来考察项目的效益和费用的分析计算，其目的是充分利用有限的资源，促进国民经济持续稳定地发展。

项目的财务分析和国民经济分析都是项目的盈利性分析，但各自所代表的利益主体不同，使得两种分析方法的目的、任务和作用等也有所不同。财务分析是微观经济效益分析，它是站在企业（投资者）的立场上进行的，而国民经济分析是宏观经济效益分析，它是站在国家或全社会的角度进行分析的。

对于企业（投资者）来讲，投资项目的目的是希望从项目的实施中获得回报，取得效益。这样，企业就必须本着获得利益的原则对项目进行财务分析，计算项目直接发生的财务效益和费用，编制财务分析报表，计算评价指标，关注项目各年的资金收支平衡情况和资产债务结构以及债务清偿能力，以便对项目自身的盈利水平和生存能力作出评价。财务分析是以企业净收益最大为目标的。

国民经济分析则是从国民经济的角度对投资项目的经济效果作出评价。一般情况下，投资项目对整个国民经济的影响不仅仅表现在项目自身的财务效果上，还可能会对国民经济其他部门和单位或是对国家资源、环境等造成影响，必须通过项目的国民经济分析来具体考核项目的整体经济效果。

从以上内容可以看出，项目的财务分析和国民经济分析都是用来评价投资项目的，但其出发点是不同的。财务分析是从投资者或项目本身的角度出发进行分析，只考虑可以直接用货币量度量的效果。国民经济分析则是从整个国家和社会的角度出发进行分析，除了考虑直接的、能以货币量度量的效果外，还要考虑间接的、不能以货币量度量的效果；除了考虑项目的内部效果外，还要考虑外部效果。对于国家来讲，资源的配置及获取效益的大小应从国家利益出发追求其合理性，当财务分析与国民经济分析结果产生不一致时，应以国民经济分析的结果为主。一般来说，财务分析与国民经济分析结论均可行的项目，应予通过；国民经济分析结论不可行而财务分析可行的项目应予否定。对于一些国计民生的项目，国民经济分析结论可行，但财务分析的结果如不可行，通常要重新考虑方案，或必要时向有关主管部门建议或申请采取相应的经济优惠措施，使得投资项目具有财务上的生存能力，既要满足人民群众生产、生活的必需，又不给国家造成严重的经济负担。

所以，在评价投资项目的经济效益时，必须将项目的财务分析与国民经济分析结合起来考虑，既要符合国家发展的需要，使资源合理配置并充分发挥效能，又尽量使项目能够有较好的经济效益，具有相应的财务生存能力，为今后进一步的发展打下良好的基础。

4. 可比性原则

工程经济学研究的核心内容就是寻求项目或技术方案的最佳经济效果。因此，在分析中，我们既要对某方案的各项指标进行研究，以确定其经济效益的大小，也要把该方案与其他方案进行比较评价，以便从所有的方案中找出具有最佳经济效果者，这便是比较问题。方案比较是工程经济学中十分重要的内容，可比性原则是进行工程经济分析时所应遵循的重要原则之一。通常，方案比较可从满足需要上的可比、劳动耗费上的可比、价格指标上的可比和时间因素上的可比四个方面着手进行。

（1）满足需要上的可比

任何一个项目或方案实施的主要目的都是为了满足一定的社会需求，不同项目或方案在满足相同的社会需求的前提下也能进行比较。

1）产品品种可比。产品品种是指企业在计划期内应生产的产品品种的名称、规格和数目，反映企业在计划期内在品种方面满足社会需要的情况。

对技术方案进行经济比较时，为符合产品品种可比的要求，可采用下列方法进行调整：

①为达到同样的使用性能，对不同的品种可采用折算系数进行折算。例如，对品种规格不一的同类产品，选其中一种为代表产品，将其他规格的产品按照规定的某种参数折算为代表产品。

②可按费用的多余支出或节约来调整，然后再进行比较。

2）产量可比。这里的产量是指项目或技术方案满足社会需要的产品的数量。例如，煤炭和天然气在化学成分和物理性质等方面差异较大，但却都可以作为原料生产合成氨，在满足社会生产合成氨的需要上，它们的作用是相同的，在这里它们可比。不同项目或技术方案的产量或完成的工作量的可比是指其净产量或净完成工作量、净出力之间的可比，而不是其额定产量或工作量、出力的可比。由于各项目或技术方案往往具有不同的技术特性和条件，在实施过程中又会带来相关的损耗和费用。

3）质量可比。质量不同，满足程度也将不同，所以要参加比较的方案必须在质量上可比。所谓质量可比是指不同项目或技术方案的产品质量相同时，直接比较各项相关指标；质量不同时，则需经过修正计算后才能比较。在实际中，由于有些产品的质量很难用数字准确描述，即是所谓的"软指标"，而有些项目或技术方案的产品质量会有所不同，有时对不同的社会需求会有很大的差异。因此，在进行比较时就要进行修正或折算。

而对诸如美观、舒适、方便、清洁、味道等难以定量的质量功能指标，分析时可采用评分法进行比较。

另外，在进行满足需要的比较时，对能够满足多方面需要的方案可与满足单一需要的联合方案比较；方案规模不同时，应以规模小的方案乘以倍数与规模大的方案进行比较；对产品可能涉及其他部门或造成某些损失的方案应将该方案本身与消除其他部门损失的方案组成联合方案进行比较。

（2）消耗费用的可比

比较项目或技术方案消耗的费用，应该从项目建设到产出产品及产品消费的全过程中整个社会的消耗费用来比较，而不是以某个国民经济部门或个别环节的部分消耗进行比较，也就是说要从总的、全部消耗的观点出发来考虑。例如，建设煤矿的方案，就应该考虑建矿的消耗费用以及运输和运行等的消耗费用。但是，在项目企业内部各生产环节之间，在国民经济各部门之间，占用资金、劳动力、资源、运输能力、能源、原材料等均存在着一定的协调关系，某一部门或某一生产环节消耗费用的变化必然会引起其他相关部门或环节的变化。这种情况下进行方案比较时，可只考虑与方案有直接的、经常性联系的主要部门或环节，而略去关系不密切的部门或环节的消耗费用。

（3）时间的可比

对于投资、成本、产品质量、产量相同条件下的两个项目或方案，其投入时间不同，经济效益显然不同。而在相同的时间内，不同规模的项目或方案，其经济效益也不同。规模小的方案，建设期短，寿命周期短，投产后很快实现收益，资金回收期短，但往往需要追加投资；规模大且技术先进的方案，通常是建设期长，寿命周期长，经济效益好，但收益晚，回收期长。显然，时间因素对方案经济效益有直接的影响。比较不同项目或方案的经济效益，时间因素的可比条件应满足：

1）计算期相同。不同的方案应以相同的计算期作为比较的基础。

2）考虑货币的时间价值。发生在不同时间内的效益和费用，应根据货币的时间价值进行折算比较。

3）考虑整体效益。不同项目或方案在投入财力、物力、人力、运力及自然力和发挥经济效益的时间不同，其经济效益会有很大的差别，比较时应考虑这些对社会、环境、资源等及对本企业的总体影响。

（4）价格的可比

每一个项目或技术方案都要产出或提供服务，同时消耗物化劳动，既有产出也有投入。要描述项目或方案产出和投入的大小，以便与其他的项目或技术方案进行比较，就要考虑价格因素。价格的可比性是分析比较项目或技术方案经济效益的一个重要原则。

要使价格可比，项目或技术方案所采用的价格指标体系应该相同，这是价格可比的基础。对每个技术方案，无论是消耗品还是产品，均应按其相应的品目价格计算投入或产出。理论上讲，产品的价格与价值是一致的，现实中，却时有背离的情况。所以，在比较价格时，通常对产出物和投入物的价格不采用现行价格，而是按合理价格（如影子价格）来比较。这个合理价格反映了国家的最大利益和用户及消费者的正当利益，由国家主管行政部门确定。这个价格通常仅供对项目或方案进行经济效益分析时参考使用，对现行价格不产生任何意义上的影响，也不暗示其变化的趋势，只作为价格比较时的基本条件。

1.3.2　工程经济分析的基本方法

改革开放以来，工程经济分析在方法与方法论的研究方面有很大进展，使工程经济评价方法日趋完善。20 世纪 50 年代曾从国外（主要是前苏联和东欧国家）引进了工程经济论证方法、投资计算方法，20 世纪 70 年代末期又从西方引进了可行性研究方法、价值分析法、系统分析法等。目前，我国在吸收外国各种方法的同时，建立了适合我国国情的一套评价方法、指标体系。主要有：

（1）可行性分析法。这是以可行性为目标，计算分析、评价各种技术方案、工程项目、生产经营决策的经济效益和社会效益的方法。适用于对新建、改建、扩建项目一些主要问题（如市场需求、资源配置、工艺流程、企业规模、社会环境、政策导向等），从技术和经济两方面进行详细的调查研究和分析论证，从而提出该项目是否值得投资及如何投资建设的意见，为决策提供依据。

（2）系统分析法。就是以系统为对象，把要分析的内容，用概率、统筹、模拟等办法，经过分析、推理、判断、综合，建立系统分析模型，进而以最优化方法，求得系统的最佳结果。

（3）效益分析法。就是分析、评价经济效益的方法。其实质是从多个待选方案中，评选各方案的成本费用和效益价值，并加以比较，选择出最佳或较佳的方案。这种分析方法包括历史考察法、差额法、方案比较法、比率法、费用效益法、专家评分法、利润率法、投资回收期法、增量法以及综合法等。

（4）优化规划法。这是将资源按某种方式分配到各项活动，使其以某种数量表示的效果为最优。如在一组线性约束条件下，效果是几个变量的某一线性函数，则优化规划归类为线性规划；涉及多级决策过程的优化规划则属动态规划，包括非线性规划、几何规划、整数规划、大系统规划等。

（5）价值分析法。这是以产品功能为研究对象，通过对产品各项功能的分离、计量、计算、评价，寻求产品价值最大的方法。这是一种定性分析的方法，适用于产品发明、产品设计和产品改进等。

（6）决策法。这是研究理性的人类和非理性的自然之间的一种理性活动，是人类为达到某一目标而选择自己行动方案的过程。对理性者之间的决策是对策论（博弈论），如自然以不同概率可能出现多种状态，而理性的人有多种可采取的行动策略，其中可能存在一个较满意的方案。寻找这个满意方案就要用决策方法，它包括风险决策、多目标决策等。

（7）投入产出法。这是在一定的经济理论指导下，应用数学和电子计算机，研究经济系统中投入与产出关系的理论和方法。它广泛地应用于国民经济战略规划、计划、产业分析、生产函数、测定资本与能源、原材料、劳动需求量、测定生产率等。

（8）预测法。这是探索重大问题的未来趋向，提供决策者所需求信息的一种手段。根据问题的不同，使用不同的预测方法，而有不同层次的预测。目前常用的方法有专家评估法、类推法、趋势外推法、指数平滑法、自回归法、鲍克斯—詹金斯法、回归分析法和各种经济数学模型。

（9）模拟法。这是用计算机对经济活动、经济政策进行模拟，并根据模拟的经济结果调整政策与行为的方法。

（10）统筹法。这是研究工程项目或科研活动中关键路线和计划评审技术等有关问题的科学方法。例如关键路线分析对于一项工程的施工和组织管理是十分有益的。这项分析需要首先确定各项活动的顺序，将实施的成本和时间降到最低限度；其次，要鉴别哪些时间对实施每一阶段是关键性的活动，然后采取必要的步骤以保证这些工作能及时完成。

1.3.3　工程经济分析的一般步骤

任何技术方案在选定之前，都应该进行工程经济分析和评价，以便从中选出较为理想的方案。在工程经济分析时在运用好工程经济学的基本理论和方法的同时，且应树立系统观念和动态观念。

所有的技术方案，包括技术路线、技术政策、技术措施等都不是孤立存在的，它们是整个社会的技术经济系统中的一个有机组成部分。在作经济决策时，我们追求的不仅是子系统、小系统的目标，而是整个大系统的目标。

动态的观念是用发展的眼光去建立方案，评价方案。方案所处的环境是变化的，因此要用发展的眼光预测未来的效果。特别是我们的评价是事前评价，各种参数在将来的实施过程中必定会发生各种变化。项目越大，时期越长，变动的可能也越大。如果没有一套正确的预测方法和恰当的指标设置，事前的评价与实施后的效果会有很大的出入，甚至完全相反。

系统方法与动态方法要求决策者具有较广博的知识和较丰富的经验，同时也要求评价组要由各方面的专家组成，包括市场营销专家、技术专家、财务专家及法律专家等。只有发挥集体的智慧才能作出正确的评价。

工程经济分析的一般步骤如图 1-1 所示。

（1）确定目标

明确目标是工作的第一步，是建立方案的基础。目标是指在一定环境条件下，希望达到的某种结果，它不仅可以在工作中指明方向，避免在方向上的错误，而且也是衡量工作成败的评价标准。目标可分为国家目标、地区或部门目标、项目或企业目标，目标内容可以是项目规模、设备选择或技术改造等。确立一个好的目标应具备三个条件，一是有定量的标准，也就是说能计算其成果；二是可以限其时间，到何时实现目标；三是可以明确其责任。总之，目标的确定要明确、具体，在质量上、数量上、规格、时间、地点等指标上都要有具体的要求和标准。例如，投资一个项目，就要明确项目的性质，是生产性的还是服务性的，规模多大，资金来源如何，选择什么地点，最后要达到的效果等都要明确。

（2）调查研究、收集资料

根据确定的目标，进行调查研究，收集有关技术、经济、财务、市场、政策法规等资料。信息是研究的基础，因此，收集一定数量的资料是必不可少的工作。对资料的收集力求及时、可靠、准确和全面，不仅要掌握历史、总结过去，还要了解分析现状，更需要预测未来，分析未来若干年的发展趋势和变化，这是非常关键的，因为工程经济评价的对象是将要实施的方案，是将来时态，因此，如果对将来的预测错误，分析研究的结果也就不可靠，并导致错误的决策。

（3）设计各种可能方案

根据目标集思广益，尽可能收集各种可能的方案，从中筛选出所有可能的方案。从国家目标出发，兼顾企业目标，拟定工程经济分析指标，分析各方案的利弊得失以及影响工程经济效果的内外因素。

一般来说为了达到一定的目标功能，必须提出很多方案，寻找备选方案，实际上是一项创新活动。人们要求决策者能针对某一特定的问题提出"最优"的解决方法，因而决策者必须创新。其原因很简单，因为现有的一些方案可能比他所创造出来的方案要差得多。决策者的任务是要尽量考虑到各种可能方案。实际上工作中不可能列出所有可能方案，但是决不能丢掉有可能是最好的方案。方案尽可能要考虑得多，但经过粗选后正式列出的方案要少而精。

拟定方案是一个设计阶段，是一种创造性的思维劳动。拟定的方案要达到目标，必须要具有技术上的可行性和经济上的合理性，要大小适中，切合人力、财力和物力的实际，不能超越客观条件，凭主观出发，闭门造车。

（4）方案综合分析评价

列出的方案要经过系统的评价。评价的依据是政策法令与反映决策者意愿的指标体系。对方案进行评价是工程经济分析的一项重要步骤，也是工程经济分析的主要内容，这是一个关键阶段。对方案的评价目的是选优，对各种备选方案进行综合评价，全面估量，总体权衡，互相对比，从中选出一个最佳方案。

除对方案进行定性分析外，根据建立的工程经济指标，建立有关各参数变量之间的函数关系或数学模型，进行定量指标的计算，然后采用定性与定量相结合的方法，对方案进行综合评价。综合评价的正确与否，关键取决于定性分析的正确与否以及所引入的数据是否准确可靠，否则影响评价结果。通过系统评价，淘

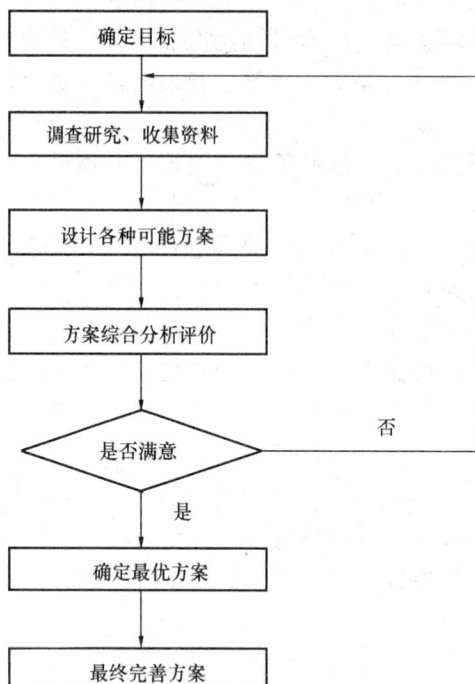

图 1-1　工程经济分析的一般步骤

汰不可行方案，保留可行方案。

（5）确定最优方案

决策的核心问题就是通过对不同方案经济效果的衡量和比较，从中选择效果最好的最优方案。根据综合评价的结果，优选出技术上先进、经济上合理的最佳方案，若方案满意，则选中最优方案，若不够满意，则检查方案、指标的合理性。

（6）最终完善方案

根据综合评价及评优的结果，在可能的条件下，进一步对优化方案采取完善措施，使方案具有更大的经济效益。

复习思考题

1. 什么是技术？什么是经济？
2. 如何理解技术和经济的关系。
3. 工程经济学的研究对象是什么？
4. 工程经济有哪些特点？
5. 工程经济分析的基本方法有哪些？
6. 试述工程经济分析的一般步骤。

第2章　可行性研究与建设项目规划

学习要点：通过本章的学习，了解可行性研究的含义和作用，了解项目规划与选址的影响因素，了解项目的类型，了解项目设计的作用，了解建设项目设计方案的依据，了解建设项目方案的比选，熟悉可行性研究的分类，掌握可行性研究的方法、程序与具体内容，掌握建设项目设计的要求。

本章学习的主要目的是能够比较清楚地掌握建设项目所必须进行的前期工作，包括建设项目的可行性研究、建设项目的规划、建设项目的选址及建设项目设计的具体内容。

2.1　可行性研究的内容与方法

2.1.1　可行性研究的含义和作用

1. 可行性研究的含义

可行性研究是计算、分析、评价各种项目、技术方案和生产经营决策的经济效果的一种科学方法，是技术经济分析论证的一种重要手段。这种方法是在运用多种学科成果的基础上形成的，通过对技术方案或建设项目各方面关系的研究分析，从而预测方案或项目所能获取的经济效果。对建设项目进行可行性研究，就是对固定资产投资的各种形式以及对设备更新的一些主要问题，从技术和经济两个方面进行调查研究，分析论证，进行方案比较，预测项目建成后可能取得的技术经济效果，并最终提出对该工程建设项目是否值得投资的意见，为投资决策者提供科学的依据。

一般来讲，通过可行性研究要解答以下几个问题：

（1）建设项目在技术上是否可行？

（2）建设项目在经济上的合理性？在财务上的盈利有多大？

（3）建设该项目需要的投资有多少？

（4）筹集投资的渠道有哪些？

（5）要建设和维持该项目的生存和发展，需要多少人力、物力资源？

（6）项目所需的建设时间有多长？

总的来说，可行性研究大体包括三个方面的研究内容，即工艺技术方面的研究；市场需求和资源条件的研究；经济财务状况的分析研究。在这三个方面的研究内容之间，有着密切的联系。其中，市场和资源是前提，技术是手段，而获得好的财务和经济效果，则是整个活动的中心和目的，全部可行性研究就是围绕这个中心进行的。

可行性研究一般都是针对一个特定的工程建设项目或技术方案而进行的，最广泛的用途是对工程建设项目进行技术经济论证。所谓工程建设项目，一般是指技术上、经济上相对独立的生产经营企业、交通运输与建筑工程以及其他服务性企业或生活用固定资产的新建、扩建、改建和修复工程。一个工程建设项目可视为一个投资单位，从技术、财务和经济上，它将区别于其他各项投资，以便于对它进行技术经济论证。

2. 可行性研究的作用

可行性研究的作用归纳起来有以下几点：

（1）可作为是否进行工程项目建设的依据，也是编制设计文件和进行项目建设准备工作的重要依据。主管部门在审查项目是否建设时，在很大程度上取决于可行性研究报告的论证结果。总之，可行性研究是投资者对项目进行决策的重要依据。

（2）可作为向银行申请贷款筹集资金的依据。银行对建设项目实行贷款，首先要严格审查项目的可行性研究报告。各大银行都设有专门的审查部门负责这项工作。银行对工程项目的经济效益、盈利状况需要进行分析，并由此判断资金借出后，在项目建成后有无偿还能力。只有在确认有能力按时归还贷款，不至承担大风险时，才会给予贷款。

（3）作为建设项目与有关部门签订各种协议和合同的依据。根据可行性研究报告内容的要求，可与有关部门签订为完成项目建设所需要的各种原材料、燃料、水电、运输以及其他各方面相互间的协议和合同，以保证项目的顺利进行。

（4）可作为向当地政府及规划部门申请建设执照的依据。

（5）可作为工程项目建设基础资料的依据。在可行性研究报告中，对工厂厂址、工艺技术方案、生产规模、交通运输、设备选型等诸多方面的问题都进行了方案比较，并经反复分析论证，寻找出最佳的解决办法，提出推荐方案。所以，可行性研究中的内容、数据可以作为项目基础资料的依据，并据此进行项目工程设计、设备加工订货以及建设前期的其他各项准备。

（6）作为科研试验、制作项目拟采用的新技术、新工艺、新设备的依据。

（7）可作为企业机构设置、招收人员、职工培训等方面工作的依据。

（8）在可行性研究中，对于合理的生产组织、工程进度都作了论证，因此，可行性研究还可作为组织施工、安排项目建设进度以及对工程质量提出要求，并进行工程质量检验的重要依据。

（9）项目建设与环境和生态有着密切的联系，因此项目建设也必须得到当地环保部门的认可，可行性研究可作为审查项目是否符合环保要求的依据。

2.1.2 可行性研究的分类

可行性研究是投资前期的主要工作内容，它一般包括以下几项工作，并相应形成几个工作阶段，也称为可行性研究的几种类型。一般来说，可行性研究有三种类型，即投资机会研究（也称投资机会鉴定）、初步可行性研究和可行性研究

（也称为详细可行性研究或最终可行性研究）。但有时将投资评价报告从可行性研究中独立出来，或者必要时增加辅助研究，这时，可行性研究就成为四种类型。或者说，可行性研究工作就可分为四个阶段。现分别介绍这几个阶段的任务和工作内容。

1. 投资机会研究

投资机会研究的主要任务是提出工程项目投资去向的建议，即在一个确定的地区和部门内，根据自然资源、市场需求、国家产业政策及国际贸易情况，通过调查、预测和分析研究，选择建设项目，识别最有利的投资机会。

投资机会研究又可分为一般机会研究和特定项目机会研究两种。究竟进行一般机会研究，还是进行特定项目机会研究，或者是两种机会研究同时开展，这要根据建设项目的特点和具体情况而定。

2. 初步可行性研究

初步可行性研究是在投资机会研究完成并被肯定之后才得以进行。由于进行详细可行性研究要耗费大量的费用和很长的时间，特别是对于一些较为复杂的工程项目，更是如此。所以，为了节省时间和费用，在可行性研究之前先进行初步可行性研究，以便进一步落实投资机会的可能性。如果在初步可行性研究阶段发现投资机会不可行，则可及早放弃，以免耗费更多的时间和费用。通过初步可行性研究需确定以下一些问题：

（1）投资机会是否确实可行？是否像在机会研究中提出的确有前景？在初步可行性研究阶段所详尽阐述的资料基础上，能否直接做出投资决定？

（2）在详细可行性研究阶段，重点应研究哪些问题？有无必要对某些问题进行专门研究或辅助研究？

（3）项目范围和未来效益是否值得通过可行性研究进行详尽分析？

（4）已掌握的资料是否足以证明这个项目不可行，或者对某个投资者或投资集团缺乏足够的吸引力？

初步可行性研究是机会研究和详细可行性研究的中间环节，它与详细可行性研究有着相同的结构。它们三者之间的主要差别在于所掌握资料的详尽程度和论证结论的准确程度。在初步可行性研究阶段，需要对技术方案的以下问题作粗略审查研究：

（1）确定市场需求情况和销售推销能力；确定项目的生产规模；

（2）各种生产要素的投入需求；

（3）厂址选择；

（4）项目设计：包括工艺和设备以及土建工程；

（5）基础、公用设施是否落实；技术和设备供应有无保证；

（6）职工来源；

（7）项目进度；

（8）财务状况：例如，投资费用、资金如何筹措、生产成本和盈利状况等。

机会研究是要确定投资的可能性，而初步可行性研究则是要将一些效益不高的项目筛选掉，剩下更有把握的方案继续进行下一步的研究。当部门或资源机会研究具有足够的项目数据，可以决定直接进入可行性研究阶段或者中止研究时，初步可行性研究也可省略。但对于一些大型项目或者比较复杂的工程项目，技术经济方面的结论不可能轻易得出，一般都需要经过初步可行性研究阶段。

在初步可行性研究阶段，对于建设项目的投资额和生产成本计算的精确度，一般误差要求控制在±20%左右，所需时间为4～6个月，所需费用为投资额的0.25%～1.5%。

3. 可行性研究

可行性研究也称为详细可行性研究或者最终可行性研究。只有在项目通过初步可行性研究并有足够根据可获得成功时，才能转入项目的详细可行性研究阶段，以便在初步可行性研究的基础上，进一步开展工作。详细可行性研究是一个关键步骤，在这一研究阶段，要求对工程项目进行深入的技术经济论证。论证项目的生产规划、建厂地区、厂址选择、生产工艺、设备、电气、厂房、机械、车间划分、土建工程、投资总额、建设时间，进行多方案的分析比较，以使生产组织合理，投资费用和生产成本降到最低程度。如果所取得的最终数据表明项目不可行，则应考虑调整生产规划和生产工艺，修改参数，重新考虑原材料等投入物，力求提出安排合理的可行项目，并将逐步改进过程，在可行性研究中加以描述。总之，这是一个互相关联、互为因果、反复研究的过程。如果全部技术方案在审查之后项目仍不可行，则应在文件中加以陈述并论证。

对于投资费用和生产成本的估计，以及项目的财务状况和盈利情况的计算，必须在明确规定项目的范围之后进行，以便使与项目有关的全部重要部分及其有关费用得以计入而不被遗漏，保证计算的准确性。

详细可行性研究的结果应该对建设项目的投资决策从技术上、经济上、商务上提供依据。所以，研究报告一般应包括以下内容：

(1) 项目的背景与历史；

(2) 建厂地区和厂址选择；

(3) 市场需求及前景预测；

(4) 所建项目的生产能力；

(5) 原材料及其他投入物的情况；

(6) 人力；

(7) 工程项目所选择的技术方案；

(8) 项目实施的时间进度；

(9) 工厂机构和管理费用；

(10) 企业财务评价和国民经济评价。

详细可行性研究这一阶段对投资估算的精确程度，其误差一般要求在±10%，有时可达±5%；其所需费用，对于小型项目，一般占总投资1.0%～3.0%，而对大型工程或复杂工程，占总投资0.2%～1.0%。

以上各类可行性研究工作都是相互关联、相互交叉的，每一步骤都起着承上启下的作用。后一个阶段的研究工作都是在前一个阶段的研究工作基础上进行的，并且前一个阶段的研究工作为后一个研究阶段提出了需要进一步深入研究的问题和方向。实际上，各阶段的工作是一个整体，但研究的过程由粗到细、由浅到深，对于方案和目标不断筛选。因此，可供选择的方案其范围越来越小，目标逐渐明确，并最终形成最佳方案，提供给投资决策作为依据。

2.1.3　可行性研究的内容

可行性研究的内容十分广泛，概括起来一般包括以下主要内容：项目的背景和历史、市场研究和生产规模的确定、原材料和技术路线的选择、厂址的选择、项目的财务规划、项目的资金筹措和债务偿还、项目的财务评价、项目的国民经济评价、比较和结论等。以上内容对一般项目来说都应包括，对于不同项目，又各有侧重点。

下面对各项内容做简要介绍：

1. 项目背景和历史

在这一项目里，主要介绍该项目与其他经济部门的关系，对工业发展的影响，说明项目成立的必要性，具体有以下几点：

（1）项目背景

介绍该项目的设想打算；列出与项目有关的各项主要参数，作为编制可行性研究报告时的指导原则，例如，产品和产品组合，工厂生产能力和厂区，产品的市场情况和原料来源，建设进度等；概述经济、工业、财政、社会以及其他有关政策；说明该项目的地位，如国际的、区域的、国家的、地区的，或者地方的等各种级别；说明本项目对国民经济部门及有关经济方面的影响等。

（2）项目历史

对这一项目，需要列出在本项目历史中发生过的重大事件、发生日期及当时情况；叙述已经进行过哪些调查研究，写明调查题目、作者和完成日期，以及从调查研究中得出的、并拟在可行性研究中采用的某些结论和决定。

（3）项目主办人或发起人

说明项目主办人或发起人的姓名、住址，是否有可能为项目提供资金以及他们在项目中所起的作用等。

2. 市场研究与生产规模的确定

市场实际需求状况和生产规模是可行性研究中首先需要进行调查研究的问题。只有对当前市场进行详细调查，掌握需求的大小和具体要求，才能估算出某种特定产品进入市场的可能性和占有程度。同时考虑本项目的生产规模、所采用的工艺、生产规划和推销策略，并对销售收入作出规划。这一阶段的主要内容是：

（1）需求和市场情况调查与预测

这里的主要任务是了解产品在当前和今后市场上的需求情况，为确定拟建工厂的生产规模提供依据。市场调查方法包括典型调查、对过去统计资料进行分析和对今后需要的变化情况进行预测。通过调查，应该提出当前市场对该种产品的需求情况和结构；在该项目经济寿命期内市场需求变化的预测；并说明该种产品在市场上的竞争能力。因为项目的生存力，在很大程度上取决于市场需求和该产品对市场的渗透能力。

在大多数情况下，项目分析的第一步就是详细估算拟建项目的产品产量、结构特征、质量和对产品的有效需求。有效需求表示在一定时期内、在一个特定市场上、以一定价格购买的某种产品的总量。市场可以有两种理解，即狭义的市场和广义的市场。从狭义上可以把市场看成是现有的和潜在的一组消费者；而广义的市场，则为消费者加上政府有关政策的影响。在实行社会主义市场经济体制的我国，市场和需求这两个概念有着极其密切的关系，在一定意义上它们是可以互换的。

（2）产品的销售预测和推销规划

在对市场需求分析的基础上，进行销售和销售收入的预测，是可行性研究的又一个重要内容。因为判断工程项目是否可行，在很大程度上取决于产品的销售情况及其收入。对于销售额和销售收入的估算，仅仅对市场和需求的数据进行详细分析是不够的，除此以外，还需要考虑工厂生产规模、生产工艺、技术水平、生产计划和销售策略等一系列因素，因此，这是一个反复计算的过程。销售收入的最终确定，只有在确定了生产工艺和工厂生产规模之后才有可能。

对于一些短线产品的建设项目，其产品实际需求超过了生产能力，这时，虽然也要进行某些推销活动，但毕竟阻力很小，其销售量常常可以与工厂的产品产量基本相等。这时，对于生产企业来说，产品定价也处于有利的地位。相反，对于某些长线产品或有代用品的产品，市场竞争激烈，需求弹性较大，情况就比较复杂，这时，就必须很好地研究市场，制定适当的销售策略。其主要内容包括：产品定价；推销策略和措施；销售组织和必须的销售费用等。

确定和预测产品的销售价格，对产品的销售量和销售收入有极大影响。特别是在市场经济的条件下，市场价格处于经常变化状态，因此，正确确定和预测价格的变化，对于企业建成后的经营状况至关重要。对于那些由企业自行定价的产品，任何价格政策都应以该产品的生产成本和市场结构为基础。从企业角度看，一种产品的适当价格就是按照一定水平能带来最大收入的那种价格。在这里，对于处于不同状态下的企业，其产品价格的制定不会完全相同。例如，对于产品垄断的企业来说，它将以能够售出的最高价作为其产品价格；而对于处于激烈竞争状态的企业来说，就必须在可能达到的最高价与产品成本之间不断调整其价格，使之既能将产品销售出去又能获得相当的利润。对于实行计划价格的产品，则需要对未来价格的调整及时作出预测。

有了合理的产品价格之后，产品要进入市场，还必须注意产品的推销工作。推销措施包括各种形式的广告、用户咨询服务等，还有许多工业产品需要销售后的服务和设施，根据用户需要及时提供简单的易耗品，以及进行保养修理等广泛的服务工作。还应在不同地区储备一定数量的备件，以供使用需要。此外，在产品推销工作中，设计和成立推销、分销系统，并考虑与此有关的必要费用，对于有效地进行产品推销工作十分重要，它将使推销工作得到保证，应该给予足够的重视。

（3）确定生产规模和制定生产规划

在对不同阶段的销售情况进行预测之后，就应着手制定详细的生产计划，也就是对在一定时期内所要达到的产量水平加以确定。这一生产水平的高低，主要取决于生产规模的大小。在一般情况下，生产初期，大多数项目都不可能达到设计能力，而是在项目投产后逐年增加，这与多方面的因素有关系，一般在 3～5 年后才能达到规定的设计能力。

3. 原材料和技术路线的选择

工业项目的产品都是以一定的原材料投入，按照一定的工艺技术来进行生产的。项目的原材料和技术路线决定了项目产品生产的形式与过程，从而基本上决定了项目产品的内在特征、外部形态、质量、生产成本等方面，以及项目的基本框架，因而对项目的成败十分关键。

(1) 原材料路线的选择

原材料费用是产品成本的重要组成部分，同时，原材料路线的选择还关系着工艺技术路线及设备选择、厂址方案选择等项目决策的其他方面。一种产品可能用不同的原材料或原材料组合来生产，每种原材料一般又具有多种用途，因此有一个合理选择的问题。项目原材料路线选择原则是：

第一，可用性。即用所选原材料生产的产品符合项目的预定要求。

第二，可供性。即项目原材料有稳定可靠的供应来源。

第三，经济性。即用所选原材料制成的产品所需投资与成本在经济上应该合算。

第四，合理性。即从国民经济角度对资源的利用是充分的，配置是合理的。

(2) 工艺技术路线的选择

工艺技术路线指产品生产的工艺技术方案或方法，是项目成败的关键所在。项目工艺技术路线的选择主要应从可靠性、先进性、适用性和经济性等方面进行考察，同时还应评价其环境影响，包括地区环境质量的目标性、可处理性及经济性三个方面的评价。此外，广义的工艺技术路线选择还应包括设备的选择。设备选择除遵照工艺技术路线选择的一般原则外，还应考虑设备的成套性及灵活性。

4. 建厂地区和厂址的选择

在对市场需求、项目的生产规模、生产规划和投入需要等作出估算以后，必须确定适于该项目建设的厂址。也就是通过对该项目建设经营与厂址周围环境的相互影响的研究，进行厂址选择。厂址选择包括选择项目的坐落地点和确定具体厂址两项内容。选择地点是指在相当广阔的范围内，在一个地区、或省、或某段河岸等范围内选择适宜的区域；然后在已选择的区域内考虑几个可供选择的厂址。

在确定工业项目地点时，应该考虑以下几个方面的因素：

(1) 国家的方针政策

在选择建厂地区时，应考虑到力求合理地配置工业，减少在工业城市建设大型工业企业的必要性；考虑到国防要求；考虑到禁止在风景区建设工厂的政策要求；还应考虑到鼓励和帮助兄弟民族地区和边远落后地区发展工业等政策。

(2) 与产、供、销的关系

在生产规模、生产工艺流程和产品方案选定之后，应该选择产、供、销最佳结合的地区作为建设地点。或者说，建厂地区应选择在那些靠近原料、燃料产地，靠近产品消费地区，又有水源、电源的方便条件，并便于运输的地区。当然，对于不同产品、不同自然经济特点的原料以及不同的生产方法，对厂区的选择标准也不完全相同。总之，在选择建厂地区时，应结合项目的具体情况进行。

（3）当地的社会、经济条件

建厂地区必须考虑到地区的基础结构和社会经济环境。基础结构主要是指该地区的能源、运输、水源、通信、工业结构的状况，因为它们对项目选址的关系很大。如果某一地区供电不足或单位电费很高，那么，对那些在生产过程中需要大量耗电的建设项目，就无法将该地区作为建厂地区来加以考虑。

5. 项目的财务规划

通过如前所述各项工作构造出较为具体的项目方案后，可着手项目的财务规划，即估计和测算反映项目建设及生产经营过程中费用与效益的基础经济数据，为项目经济评价准备数据。

（1）经济数据测算的一般原则

正确测算经济数据是项目正确决策的基础，应按照客观、系统、动态的原则进行。

（2）项目的投资估算

建设项目的总投资由项目固定资产投资和流动资金投资构成。固定资产投资估算一般采用概算指标估算法，流动资金估算可采用类比估算法或分项估算法。

（3）项目计算期与固定资产折旧

项目计算期包括建设期和生产期。建设期指项目建设过程需耗用的时间。应在合理确定各项工作所需时间和保证其相互衔接的前提下，尽量做到交叉进行，最大限度地缩短项目的总建设周期。目前广泛采用的方法有甘特图及以甘特图为基础的关键路线法（CPM）和计划评审技术（PERT）。项目的生产期既不是指项目将来实际存在的时间，也不是指项目的技术寿命，而是指从技术经济评价的要求出发所确定的一个期限。其影响因素包括国民经济发展的要求，项目的性质和实际寿命，科技进步的趋势等。除某些采掘工业受资源储量限制需确定合理开采年限外，一般工业项目可按综合折旧寿命确定。

固定资产折旧是由于固定资产在使用过程中，其价值会随着使用中的磨损而发生损耗，逐年减少，这部分损耗称为固定资产折旧。折旧计入成本后，从产品销售收入中回收，回收的这部分资金称为固定资产折旧基金。按计算的基准划分，固定资产折旧计算方法分为按时间计算和按效用计算两类。

（4）产品成本估算

工业企业产品成本由下列几项费用组成：原材料及辅助材料费；燃料和动力费；工资及工资附加费；废品损失费；车间经费；企业管理费。

根据计量范围不同，产品成本可分为车间成本、工厂成本、销售成本。根据成本计算单位不同可分为单位成本和总成本。此外，还有固定成本、变动成本、经营成本等概念。可行性研究阶段的产品成本估算一般采用分项估算法。

（5）销售收入、利润与税金估算

$$年销售收入 = 年销售量(年产量) \times 销售单价 \qquad (2-1)$$

$$销售利润 = 销售收入 - 总成本 - 销售税金 - 教育附加费$$

$$-技术转让费-营业外净支出 \tag{2-2}$$

$$税金＝税基×税率 \tag{2-3}$$

6. 项目资金筹措与债务偿还

筹措到项目所需资金是项目建设的基本条件之一，资金成本又是项目成本的一个重要组成部分。

项目的资金来源按大类分为国内资金和国外资金，其中每一大类都包含若干不同的渠道。项目的总资金成本是项目实际使用的各种资金成本的加权平均值。总资金成本最低的方案为最佳筹资方案。

债务的偿还应在履行借贷合同规定的条件下，先偿还资金成本高的债务，后偿还资金成本低的债务。能否如期偿还债务取决于项目的偿还能力。

$$年还贷能力＝年利润总额＋可还贷的折旧基金-还贷期企业留利 \tag{2-4}$$

7. 项目的财务评价

项目的取舍最终取决于项目投资的预期效益。项目的财务评价是从项目承办企业的角度对项目财务效益进行的评价，其评价结论是项目决策的重要依据。

财务评价中，项目的财务效益通过财务评价指标值来反映。按是否考虑资金的时间价值，财务评价指标分静态和动态评价指标两类。静态指标有静态投资回收期、投资利润（税）率、借款偿还期等；动态评价指标有财务净现值、财务内部收益率、财务外汇净现值等。为计算上述指标，需编制财务现金流量表、利润表、财务平衡表、外汇平衡表等基本财务报表及相应的基础财务报表。

8. 项目的国民经济评价

项目建设的最终目的是实现国民经济的真正增长。国民经济评价就是从国民经济增长目标出发评价项目的经济合理性。在项目的国民经济评价中，常用影子价格代替财务价格，以反映资源对国民经济的真实价值。

项目的国民经济评价的主要指标是经济内部收益率和经济净现值，它们是在编制经济现金流量表的基础上计算得出的。

以上介绍了可行性研究的基本内容，但对每一个具体项目，其内容则不同，根据项目的性质而有所增减和侧重。例如，对于轻纺工业项目，首先应考虑产品的销售条件；对于宾馆饭店的建设，重点应考虑客源，分析其数量和特点，以确定建设项目的规模等级等。总之，在进行可行性研究论证工作时，必须采取认真客观的态度，还要根据建设项目的特点，实事求是地进行分析。

2.1.4 可行性研究的方法

1. 可行性研究方法的基本概念

可行性研究方法是以预测为前提，以投资效果为目的，从技术上、经济上、管理上进行全面综合分析研究的方法。可行性研究的基本任务，是对新建或改建项目的主要问题，从技术经济角度进行全面的分析研究，并对其投产后的经济效果进行预测，在既定的范围内进行方案论证的选择，以便最合理地利用资源，达到预定的社会效益和经济效益。

美国是最早开始采用可行性研究方法的国家。20 世纪 30 年代，美国开始开发田纳西流域，田纳西流域开发能否成功，对当时美国经济的发展关系重大。为保证田纳西流域的合理开发和综合利用，开创了可行性研究的方法，并获得成功。第二次世界大战以后，西方工业发达国家普遍采用这一方法，广泛地应用到科学技术和经济建设领域，已逐步形成一整套行之有效的科学研究方法。可行性研究的内容很广泛，一般包括市场研究、工程建设条件研究、采用工艺技术研究、管理和施工研究、资金和成本研究、经济效益研究等内容。

我国进行可行性研究起步比较晚。改革开放以后，西方可行性研究的概念和方法逐渐引进，国家有关部门和高等院校多次举办讲习班，培训了一批骨干。同时国家经济建设主管部门对一些重大建设项目，如宝钢、石油化工引进装置、核电站、山西煤炭开发等，多次组织专家进行可行性分析和论证。我国自1981年开始正式将可行性研究列入基建程序。国务院1981年30号文件《关于加强基本建设计划管理，控制基本建设规模的若干规定》和1981年12号文件《技术引进和设备进口工作暂行条例》中明确规定所有新建、扩建的大中型项目，都要在经过反复周密的论证后，提出项目可行性研究报告。1983年国家计委颁发计资［1983］116号文件《关于建设项目进行可行性研究的试行管理办法》，其中规定，可行性研究一般采取主管部门下达计划或有关部门、建设单位同设计或咨询单位进行委托的方式。目前，可行性研究在我国已经普遍受到重视，并取得一定成效。

2. 可行性研究的方法和程序

可行性研究方法本身是相关方法的集成，主要包括战略分析、调查研究、预测技术、系统分析、模型方法和智囊技术等。

可行性研究的程序包括：接受委托书；组建研究小组；事前调查；编制研究计划；签订合同或协议；正式调查；分析研究、优化和选择方案；编制可行性研究报告。

可行性研究的过程，是一个逐步深入的过程，一般要经过机会研究、初步可行性研究和可行性研究三个步骤。机会研究的任务，主要是为建设项目投资提出建议，寻找最有利的投资机会。有许多工程项目在机会研究之后，还不能决定取舍，需要进行比较详细的可行性研究，然而这是一项既费时又费钱的工作。所以在决定要不要开展可行性研究之前，往往需要进行初步可行性研究，它是机会研究和正式可行性研究的中间环节。初步可行性研究可能出现四种结果，即：肯定，项目可以"上马"；转入正式可行性研究，进行更深入更详细的分析研究；展开专题研究，如市场考察、实验室试验、中间工厂试验等；否定，项目应该"下马"。

3. 可行性研究的要求

对于实行审批制的政府投资项目，应根据政府投资主管部门的要求，按照《建设项目经济评价方法》与《建设项目经济评价参数》执行；对于实行核准制和备案制的企业投资项目，可根据核准机关或备案机关以及投资者的要求，选用建设项目经济评价的方法和相应的参数。

建设项目经济评价包括财务评价（也称财务分析）和国民经济评价（也称经济分析）。

建设项目经济评价内容的选择，应根据项目性质、项目目标、项目投资者、项目财务主体以及项目对经济与社会的影响程度等具体情况确定。对于费用效益计算比较简单，建设期和运营期比较短，不涉及进出口平衡等的一般项目，如果财务评价的结论能够满足投资决策需要，可不进行国民经济评价；对于关系公共利益、国家安全和市场不能有效配置资源的经济和社会发展的项目，除应进行财务评价外，还应进行国民经济评价；对于特别重大的建设项目尚应辅以区域经济与宏观经济影响分析方法进行国民经济评价。

建设项目经济评价的深度，应根据项目决策工作不同阶段的要求确定。建设项目可行性研究阶段的经济评价，应系统分析、计算项目的效益和费用，通过多方案经济比选推荐最佳方案。对项目建设的必要性、财务可行性、项目规划、机会研究、项目建议书阶段的经济评价可适当简化。

建设项目的经济评价，对于财务评价结论和国民经济评价结论都可行的建设项目，可予以通过；反之应予否定。对于国民经济评价结论不可行的项目，一般应予否定；对于关系公共利益、国家安全和市场不能有效配置资源的经济和社会发展的项目，如果国民经济评价结论可行，但财务评价结论不可行，应重新考虑方案，必要时可提出经济优惠措施的建议，使项目具有财务生存能力。

建设项目经济评价参数的测定，应遵循同期性、有效性、谨慎性和准确性的原则，并应结合项目所在地区、归属行业以及项目自身特点，进行定期测算、动态调整、适时发布。

国民经济评价中采用的社会折现率、影子汇率换算系数和政府投资项目财务评价中使用的财务基准收益率，由国家发展和改革委员会与建设部组织测定、发布并定期调整。

4. 可行性研究案例

广东岭澳核电站海域工程可行性研究是一个典型的咨询案例。天津市海岸带公司承接了广东岭澳核电站海域工程可行性研究项目。

广东岭澳核电站位于大亚湾西海岸的大鹏半岛东南侧，距已建成的大亚湾核电站约1km，厂区按 4×100 万 kW 机组规划，一期考虑两台100万千瓦机组，相应的海域工程包括一、二期取排水海上建筑物，厂区防护建筑物等。类似规模的核电海域工程规划研究在国内尚无先例。相邻的大亚湾核电站的海域工程是全部由法国人设计的。

该项研究要求在对自然条件充分调查研究的基础上，在大量缜密科学试验的支持下，依据有关法律、法规和规范对众多方案进行系统的综合比较研究，提出技术可行、经济合理、安全可靠、工期达标的工程建议方案。

为了完成该项可行性研究，海岸带公司专业技术人员 300 余人，进行了系统的调查分析和综合论证，历时 8 个月，以同类项目中最短的时间，完成各类咨询研究报告 8 本，近 400 万字。其主要工作内容包括：作为可行性研究基础的海上作业调查；对论证的中间和推荐主方案验证和支持的试验研究；经济技术分析和综合论证工作。针对上述工作内容，在项目执行中除采用了专业领域常规的技术手段外，还采用了高新技术手段。如在海洋地质研究调查中，采用 PS 测波作海域岩性判别；以数学模型和物理模型综合研究抛石斜坡堤抗震性能等。在整个项目动作中，计算机技术应用贯穿始终，涵盖了从计划和进度管理到数值模拟等各个方面。

通过可行性研究，海岸带公司为岭澳核电站海域工作提出了符合要求的工程技术方案，这些最终推出的方案是在对大量方案进行综合论证比较和优化后形成的，现已用于岭澳核电站施工。同时，通过对比国际和国内标准，结合国情和国内技术水平，在国内首次系统地提出了核电站海域工程的设计标准。此外，海岸带公司在项目执行过程中还分阶段向业主提供了咨询建议，为岭澳核电站的顺利开工创造了条件。作为核电项目，质量保证是强制性要求，在运作该项目过程中建立了项目质保部，并按 HAF0400 要求制定和执行项目质保大纲，客观上促使海岸带公司率先在咨询行业中贯彻 ISO9000 系列质量和质量保证标准，取得良好效果和经验。

2.2　项目规划与选址

完成了市场调查与可行性研究的工作环节之后，接下来很重要的一个工作内容就是进行项目的选址与规划。建设地址的选择合理与否、建设项目规划与建设的适宜与否，决定了一个项目最终的经济效益如何以及是否符合城市规划与城市发展的需要。但是，进行项目的选址与规划除了要符合政府及政府有关部门的具体管理规定以外，还要考虑到城市经济的发展速度、城市经济的总体布局及建设项目本身的具体要求。

2.2.1　区域经济与宏观经济影响分析

1. 区域经济影响分析与宏观经济影响分析的含义

区域经济影响分析系指从区域经济的角度出发，分析项目对所在区域乃至更大范围的经济发展的影响。

宏观经济影响分析系指从国民经济整体的角度出发，分析项目对国家宏观经济各方面的影响。

直接影响范围限于局部区域的项目应进行区域经济影响分析，直接影响国家经济全局的项目应进行宏观经济影响分析。

2. 应进行影响分析的项目类型

具备下列部分或全部特征的特大型建设项目应进行区域经济或宏观经济影响分析：

（1）项目投资巨大、工期超长（跨五年计划或十年规划）；

（2）项目实施前后会使所在区域或国家的经济结构、社会结构以及群体利益格局等有较大改变；

（3）项目导致技术进步和技术转变，引发关联产业或新产业群体的发展变化；

（4）项目对生态与环境影响大、范围广；

（5）项目对国家经济安全影响较大；

（6）项目对区域或国家长期财政收支影响较大；

（7）项目的投入或产出对进出口影响大；

（8）其他对区域经济或宏观经济有重大影响的项目。

区域经济与宏观经济影响分析应立足于项目的实施能够促进和保障经济能够高效运行和可持续发展，分析重点应是项目与区域发展战略和国家长远规划的关系。分析内容应包括下列直接贡献和间接贡献、有利影响和不利影响。

（1）项目对区域经济或宏观经济的直接贡献通常表现在：促进经济增长，优化经济结构，提高居民收入，增加就业，减少贫困，扩大进出口，改善生态环境，增加地方或国家财政收入，保障国家经济安全等方面。

（2）项目对区域经济或宏观经济影响的间接贡献表现在：促进人口合理分布和流动，促进城市化，带动相关产业，克服经济瓶颈，促进经济社会均衡发展，提高居民生活质量，合理开发、有效利用资源，促进技术进步，提高产业国际竞争力等方面。

（3）项目可能产生的不利影响包括：非有效占用土地资源、污染环境、损害生态平衡、危害历史文化遗产；出现供求关系与生产格局的失衡，引发通货膨胀；冲击地方传统经济；产生新的相对贫困阶层及隐性失业；对国家经济安全可能带来的不利影响等。

2.2.2　区域经济影响分析与宏观经济影响分析的原则与指标

区域经济与宏观经济影响分析应遵循系统性、综合性、定性分析与定量分析相结合的原则。

区域经济与宏观经济影响分析的指标体系宜由下列总量指标、结构指标、社会与环境指标和国力适应性指标构成。

（1）经济总量指标反映项目对国民经济总量的贡献，包括增加值、净产值、纯收入、财政收入等经济指标。总量指标可使用当年值、净现总额和折现年值。

（2）经济结构指标反映项目对经济结构的影响，主要包括产业结构、就业结构影响力系数等指标。

（3）社会与环境指标主要包括就业效果指标、收益分配效果指标、资源合理利用指标和环境影响效果指标等。为了分析项目对贫困地区经济的贡献，可设置贫困地区收益分配比重指标。

（4）国力适应性指标表示国家的人力、物力和财力承担重大项目的能力，一般用项目使用的资源占全部资源总量的百分比或财政资金投入占财政收入或支出的百分比表示。

区域经济与宏观经济的影响分析，可将项目的总产出、总投入、资源、劳动力、进出口总额等作为区域或宏观经济的增量，通过建立各种既有科学依据，又反映项目特点的经济数学模型，分别计算"有项目"与"无项目"时的经济总量指标、经济结构指标、社会与环境指标及国力适应性指标，并根据有无对比原则进行分析。

2.2.3　特大型建设项目的特征与类型

1. 特大型建设项目的特征

特大型建设项目的特征有：一是在国民经济和社会发展中占有很重要的战略地位；二是建设工期或实施周期长；三是投资总额或人力、物力、财力的投入量大，而且年度投入量的分布非常不均匀；四是项目"上马"前和完成后国家经济发展水平有很大变化，潜在需求变化大，因而导致效益的突变性大；五是项目的技术风险大；六是对生态环境会产生很大影响；七是对国家经济安全带来较大影响。

2. 特大型建设项目的类型

特大型建设项目具体类型包括：特大型基础设施项目，如铁路、高速公路、水利工程、港口等；特大型资源开发项目，如油田开发，气田开发，其他矿藏开采，油、气长距离管道输送等；特大型重型工业企业建设；大规模区域开发项目；特大型高科技攻关项目，如尖端科研国际合作项目，航空、航天、国防等高科技关键技术攻关项目等；特大型生态保护工程等。

特大型建设项目也是一个相对性的概念。随着经济发展，生产力水平的不断提高，一些在当时被认为投资规模巨大可称得上特大型的建设项目，在后来却只能算作一般工程。但在实际进行分析评估时，应以当时的情况为准进行取舍。

3. 特大型建设项目对区域和宏观经济的影响

特大型建设项目对区域和宏观经济的影响是多方面的，既有有利的影响（正效益），也有不利的影响（负效益）。不利影响表明了特大型建设项目除实际发生的投资外，区域范围内及国民经济整体为项目建设所付出的代价。项目总的效益应为正效益与负效益相抵并扣除实际投资后的余额。特大型建设项目对区域和宏观经济影响的多方面性还表现在：既有总量影响，也有结构影响；既有对资源开发的影响，也有对资源利用的影响；既有经济影响，也有社会影响、环境影响等。特大型建设项目影响的广泛性也意味着对其分析更多的是采用个案分析，从实际出发，具体问题具体分析；还意味着要强调专项分析，对某一方面影响进行专门分析，如对国力承担能力的分析等。

特大型建设项目对所在区域的影响表现在：

（1）特大型建设项目可能改变其所在区域的功能与发展条件。伴随着特大型建设项目的建设，所在区域的基础设施如交通、能源供应条件等首先得到相应的发展，其他有利于投资建设的环境条件也会相应而生，如有专业技能的劳动力供给、生活及服务设施的改善等。

（2）特大型建设项目的建设可能改变所在区域的产业结构。在一个原有基础比较薄弱的地区，特大型建设项目的建设可能建立起一套全新的经济结构，通过国家强制性布置产业，迅速推进地方经济的成长与进步。在原有经济基础较好、经济实力较强的地区，特大型建设项目所在区可能会分离而成某城市的卫星城、大功能区或新城区，促进城市规模迅速扩大，从而改变原有经济结构，推动经济发展。

（3）特大型建设项目可以促进区域产业循环的形成。特大型建设项目由于投资大、产出多、占地广、技术水平高等特点，很容易形成所在区域的核心产业，并可能围绕核心产业出现一系列辅助性产业，或者利用特大型建设项目的建设提供的基础设施形成一定规模的地方产业集聚，有利于推动所在区域的整体发展。

（4）特大型建设项目对所在区域也可能带来负面影响，主要表现在耕地减少、环境污染、人与环境关系紧张、历史文化遗产遭到破坏、冲击区域经济、削弱地方原有优势等。这些影响有的是直接的并立即表现出来的，有些则是间接的，而且缓慢地表现出来。

（5）特大型建设项目对宏观经济的影响主要表现在：

特大型建设项目建成后，通过项目自身发挥效益，促进国民经济总量增长；通过带动所在区域经济结构调整和经济总量增长，导致国民经济结构优化和总量增长；通过吸纳有一定专长的劳动力和其他类型劳动力，增加劳动就业，改变就业结构（包括就业的产业结构、知识结构等）；通过提供国民经济发展急需的基础设施、能源或技术等，减轻乃至消除经济发展中的"瓶颈"制约因素的作用；推进国家的城市化进程，从而提升国民经济整体实力，促进现代化建设；特大型建设项目还有利于改变地区发展不平衡的现状，促进地区之间产业合理布局协调发展，有利于改变国民收入分配格局，帮助贫困落后地区脱贫致富；由于特大型建设项目一般都采用先进技术设备和最新技术成果，因而也有利于加快技术进步，提高技术进步对经济增长的贡献份额。

（6）特大型建设项目由于建设规模巨大，需要大量的人、财、物力，一方面可以通过投资拉动作用促进经济增长，另一方面也由于大量增加了对某些类型投入资源或物品的需求，导致这些资源或物品价格上涨，进而影响到价格总水平。项目建成后，由于其产量巨大，会改变某些物品的供求格局，可能导致这些物品供应的瓶颈制约作用的消除或者供给大大超过需求，对国家经济安全带来有利影响或不利影响。

（7）特大型建设项目还由于在规划建设的过程中越来越强调以人为本，追求人与环境的和谐统一，因而会有利于环境保护，生态改善。特大型建设项目建成后提供的产出物一般应具有档次高、质量好、资源利用率高等特点，这也为环境保护和资源开发与保护更加协调提供了有利条件。当然，也可能情形相反，某些特大型建设项目也可能在短期和局部范围内造成环境污染，破坏生态平衡。

4. 特大型建设项目的区域和宏观经济影响的分析原则

（1）系统性原则。特大型建设项目本身就是一个系统，但从国民经济的全局来看，它又是国民经济这个大系统中的一个子系统。一个子系统的产生与发展，对于原有的大系统内部结构和运行机制将会带来冲击。原来的大系统会由于特大型建设项目的加入而改变原来的运行轨迹或运行规律。按照协同学理论，系统总是可以按照自身的结构与机制，使得原有的大系统能够"容忍"或"接纳"特大型建设项目的存在。这种协调的过程，或者使特大型建设项目与国民经济融为一体；或者特大型建设项目适当改变自己的结构与机制，以适应国民经济大系统的运行规律；或者甚至使特大型建设项目被排除在国民经济大系统之外。后者就意味着特大型建设项目的失败。为了保证特大型建设项目的建设成功和国民经济系统稳定运行，对特大型建设项目一定要从全局的观点，用系统论的方法来分析其可能带来的各方面的对区域经济和宏观经济的影响。

（2）综合性原则。特大型建设项目建设周期长，投资巨大，影响面广泛。特大型项目的投入（包括建设和投产）将给原有经济系统的结构（包括产业结构、投资结构、就业结构、供给结构、消费结构、价格体系和区域经济等）、状态和运行带来重大的变化。它不仅影响到经济总量及资源开发，而且影响到资源利用，人力、物力、财力配置；不仅对局部区域有影响，而且对国民经济整体产生影响。因此，分析特大型建设项目对区域和宏观经济影响要坚持综合性原则，进行综合分析，不能仅分析某一方面的影响而忽略其余。

（3）定量分析与定性分析相结合原则。特大型建设项目对区域和宏观经济的影响是广泛而深刻的，既包括实实在在的有形效果和经济效果，可以用价值型指标进行量化；也包括更大量的无形效果和非经济效果，难以用价值型指标进行量化。对于前者无疑要以定量分析为主，把握其数值大小；对于后者必须进行定性分析或进行比较性描述，或者用其他类型指标体系进行描述或数量分析，以便对其作出准确评价，为项目决策提供充分依据。

5. 特大型建设项目对区域和宏观经济影响的评价指标体系

（1）总量指标。评价特大型建设项目对区域和宏观经济影响的总量指标包括增加值、净产值、社会纯收入等经济指标。

增加值是指项目投产后对国民经济的净贡献，即每年形成的国内生产总值。对项目而言，按收入法计算增加值较为方便。

增加值＝项目范围内全部劳动者报酬＋固定资产折旧＋营业盈余＋生产税净额

$$\text{(2-5)}$$

净产值是指项目全部效益扣除各项费用（不包括工资及附加费）后的余额。社会纯收入是指净产值扣除工资及附加费后的余额。

增加值、净产值和社会纯收入的年值可分别由各自的总现值折算。由于特大型建设项目一般均为综合性项目，具有多种效益，具体计算时，应根据项目发挥效益的类别逐项计算。

（2）结构指标。评价特大型建设项目对区域和宏观经济影响的结构指标主要包括影响力系数、三次产业结构、就业结构等。

影响力系数也被称为带动度系数，是指特大型建设项目所在的产业，当它增加产出满足社会需求，每增加一个单位最终需求时，对国民经济各部门产生的增加产出的影响。用公式表示为：

$$\text{影响力系数} = \sum_{i=1}^{n} b_{ij} / \left(\sum_{j=1}^{n} \sum_{i=1}^{n} b_{ij} / n \right) \qquad \text{(2-6)}$$

式中　b_{ij}——列昂惕夫逆矩阵系数，即完全消耗系数，表示生产第 j 个部门的一个最终产品对第 i 个部门的完全消耗量；

　　　n——国民经济的产业部门总数。

影响力系数大于 1 表示该产业部门增加产出对其他产业部门产出的影响程度超过社会平均水平，影响力系数越大，该产业部门对其他产业部门的带动作用越大，对经济增长的影响越大。

产业结构可以以各产业增加值计算，反映各产业在国内生产总值中所占份额大小。特大型建设项目建设前后产业结构的变化反映了项目对产业结构的影响。

就业结构包括就业的产业结构、就业的知识结构等，前者指各产业就业人数的比例，后者指不同知识水平就业人数的比例。特大型建设项目建设前后就业结构的变化反映了项目对就业结构的影响。

(3) 社会与环境指标。

1) 就业效果指标。实现社会充分就业是宏观经济致力于实现的重要目标之一。评价特大型建设项目的就业效果对存在大量过剩劳动力的我国尤其具有意义。劳动力就业效果一般用项目单位投资带来的新增就业人数表示，即：

$$单位投资就业效果 = \frac{新增总就业人数(包括本项目与相关项目)}{项目总投资(包括直接投资与间接投资)}(人/万元)$$

(2-7)

2) 收益分配效果。分配效果指标用于检验项目收益分配在国家、地方、企业、职工间的分配比重是否合理。主要有以下几项：

$$国家收益分配比重 = \frac{项目上缴国家的收益}{项目的总收益} \times 100\%$$ (2-8)

$$地方收益分配比重 = \frac{项目上缴地方的收益}{项目的总收益} \times 100\%$$ (2-9)

$$企业收益分配比重 = \frac{企业的收益}{项目的总收益} \times 100\%$$ (2-10)

$$职工收益分配比重 = \frac{职工的收益}{项目的总收益} \times 100\%$$ (2-11)

为体现国家对老、少、边、穷等贫困地区的重视，使这类地区的项目得以优先通过，也可设置贫困地区收益分配指标，通过对贫困地区赋予较高的收益分配权重，判定其对贫困地区收益分配的贡献。

3) 对资源和环境的影响效果指标。对资源和环境的影响效果指标主要有节能效果指标、节约时间效果指标、节约用地效果指标、节约水资源效果指标等几类。节能效果以项目的综合能耗水平（可折合成"年吨标煤消耗"）来反映。

$$项目的综合能耗水平 = \frac{项目的综合能耗}{项目的净产值}$$ (2-12)

项目的综合能耗水平低于社会平均能耗水平，则说明项目具有较好的节能效果。

节约时间的效果分析应结合具体项目进行。此类指标对交通运输类特大型建设项目尤其具有意义。

节约用地效果用单位投资占地反映。

$$单位投资占地 = \frac{项目土地占用量}{项目总投资}(m^2/万元)$$ (2-13)

项目单位投资占地低于社会平均水平，则说明项目具有较好的节约用地效果。类似地，节约用水效果以项目单位产值或产品耗水量来反映。

$$项目单位产值耗水量 = \frac{项目总耗水量}{项目总产值}[m^3/(人 \cdot 日)]$$ (2-14)

项目单位产值耗水量和国家与地区规定的定额比较，可判定项目的节水效果。

对生产性项目应分别计算单位产品生产用水和项目人均耗水量,单位产品耗水量应与行业规定的定额进行比较。

(4) 国力适应性指标。特大型建设项目由于建设规模巨大,需要耗费大量的人力、物力、财力、自然资源等,这自然会产生国力能否承受的问题。因为特大型建设项目耗费过多,必然会影响到国民经济其他地区、其他部门的建设和发展。如果特大型建设项目挤占资源过多,导致其他领域所需资源无法满足,阻碍了项目的发展进程;或者由于特大型建设项目使用的投入品过多,引发该物品供应紧张,抬升了重要物品的价格,乃至加剧通货膨胀水平,则说明国力承担该项目的能力不足。

由于我国劳动力资源极其丰富,因而对国力承担能力即国力适应性的评价主要分析财力和物力,这也是我们要重点分析的。但项目对特殊技能人才的需求、项目对人才资源的开发和利用等也需作专门分析。

国家财力是指一定时期内国家拥有的资金实力,其构成要素包括:国内生产总值(或国民收入)、国家财政收入、信贷总额、外汇储备、可利用的国外资金等。其中最主要的指标是国内生产总值(或国民收入)和国家财政收入。国内生产总值(或国民收入)水平和增长速度反映了国家当前的经济实力和未来实力增长趋势,对特大型建设项目的投资规模具有直接影响。财力承担能力一般通过国内生产总值(或国民收入)增长率、特大型建设项目年度投资规模分别占国内生产总值(或国民收入)、全社会固定资产投资和国家预算内投资等指标的比重等指标来衡量。对运用财政资金的项目,以财政投入占财政收入比例的高低反映财政对项目资金需求承受能力的大小。

国家物力是指国家所拥有的物质资源,包括工农业主要产品及储备量、矿产资源储备量、森林、草场以及水资源等。物力取决于国家可供追加的生产资料和消费资料的数量和构成。一般特大型建设项目物力承担能力主要指能源、钢材、水泥和木材等主要物资能否支持项目兴建。物力承担能力评价一般通过特大型建设项目对这几类主要物资的年度需要量占同期产量的比重来衡量。

特大型建设项目的国力承担能力评价需要结合对国家未来经济发展的预测来进行。

6. 特大型建设项目的区域和宏观经济影响分析常用的几类经济数学模型

(1) 宏观经济计量模型

宏观经济计量模型是在一定的经济假设下,依据一定的经济理论,建立众多经济变量之间的关系式,利用变量的历史序列数据对关系方程式组成的联立方程组进行回归分析运算,确定方程式中的经济参数和其他参数数值,从而得出方程的确定形式,并在此基础上预测未来经济发展趋势,或者判定经济变量或经济参数对经济发展的影响。模型一般包括生产、收入、投资、消费、劳动力、财政、金融、价格、贸易、能源等模块,能较全面地反映现实经济结构及其数量关系。模型还应包括受特大型建设项目影响的区域经济模型块,并进行联立计算求解。利用宏观经济计量模型分析特大型建设项目对区域和宏观经济的影响,主要是考察有无该项目的两种情况下宏观经济计量模型的运算结果,从而判定项目对区域和宏观经济影响的大小和好坏。

（2）经济递推优化模型

经济递推优化模型是将国家长远战略目标和短期平衡发展目标有机结合起来，在国力约束和供需平衡下，以年度国民收入最大为目标函数的模型。具体约束还包括产业间投入产出均衡、年度产业产出能力、消费基金年增长水平、积累率上下限、非生产性和更新改造投资比例、外资平衡、必要性进口等。模型通过调整投资、消费结构和状态转移方程，使产业结构趋于合理化，在影响国力环境的因素约束下寻找特大型建设项目对宏观经济的有利影响和国民经济发展的合理途径。

（3）动态投入产出模型

投入产出模型是指依据美国著名经济学家列昂惕夫创立的投入产出经济学的原理，利用大量实际经济数据，构造反映国民经济各部门之间生产联系的投入产出表，根据该表可计算出各部门的投入系数（即直接消耗系数）和完全消耗系数，并进一步可计算各部门的影响力系数和感应度系数，分析判断各部门对国民经济其他部门的影响或其他部门发展对某一部门的影响。简言之，投入产出分析可以从数量上系统地研究一个复杂经济实体的各不同部门之间的相互关系。这个经济实体可以大到一个国家，甚至整个世界，小到一个省、市或企业部门的经济。动态投入产出模型通过引入投资具有一个多年延迟的生效过程，以及不同部门的投资具有对其他部门不同的实物需求，使动态投入产出模型可以从时间上反映国民经济在某一个时期的发展轨迹，表述国民经济各部门之间实物上的平衡和结构上的协调。应用动态投入产出模型可以分析特大型建设项目对国民经济各部门的增长和结构的影响。在时间上可以考虑从准备期、建设期到建成后这一较长时间跨度。

（4）系统动力学模型

经济系统的动力学模型可以动态地模拟经济发展趋势。系统动力学建模型不是建立纯数学符号的数学模型，而是借助于 DYNAMO 语言编写面向计算机的仿真程序，再借助于计算机的模拟技术定量地进行系统结构、功能与行为的模拟。模型可考虑短缺对国民经济的影响，还可以通过对比其他工程项目，分析其财力承受能力。在处理特大型建设项目时，以不同集资方式和不同投资时机，动态模拟国民经济发展状况，对比有无此项工程国民经济的状态，再分析判断国家财力对特大型建设项目的承受能力。

（5）动态系统计量模型

动态系统计量模型是专为长远模拟开发的一种模型。它按照一定的规则，把经济计量模型的构模思想和方法、系统动力学模型的构模思想和方法、优化搜索的技巧和控制思想组合为一体，使模型能够更加合理地反映系统的长期理性行为，描述系统的长期变化。

2.3 项目建设方案设计

建设项目可从不同的角度进行分类。按项目的目标，分为经营性项目和非经营性项目；按项目的产出属性（产品或服务），分为公共项目和非公共项目；按项目的投资管理形式，分为政府投资项目和企业投资项目；按项目与企业原有资产的关系，分为新建项目和改扩建项目；按项目的融资主体，分为新设法人项目和既有法人项目。

2.3.1 建设项目的分类

建设项目可以从不同分析角度进行分类。

（1）按项目的目标，分为经营性项目和非经营性项目。经营性项目通过投资以实现所有者权益的市场价值最大化为目标，以投资牟利为行为趋向。绝大多数生产或流通领域的投资项目都属于这类项目。非经营性项目不以追求营利为目标，其中包括本身就没有经营活动、没有收益的项目，如城市道路、路灯、公共绿化、航道疏浚、水利灌溉渠道、植树造林等项目，这类项目的投资一般由政府安排，营运资金也由政府支出。另外有的项目的产出直接为公众提供基本生活服务，本身有生产经营活动，有营业收入，但产品价格不由市场机制形成。在后一类项目中，有些能回收全部投资成本，项目有财务生存能力；有些不能回收全部投资成本，需要政府补贴才能维持运营；有些能够回收全部投资成本且略有节余。对于这类建设项目，国家有相应的配套政策。

（2）按项目的产品（或服务）属性，分为公共项目和非公共项目。公共项目是指为满足社会公众需要，生产或提供公共物品（包括服务）的项目，如上述第一类非经营性项目。公共物品的特征是具有非排他性或排他无效率，有很大一类物品无法或不应收费。人们一般认为，由政府生产或提供公共物品可以增进社会福利，是政府的一项合适的职能。

非公共项目是指除公共项目以外的其他项目。相对于"政府部门提供公共物品"的是"私人部门提供的商品"，其重要特征是：供应商能够向那些想消费这种商品的人收费并因此得到利润。

（3）按项目的投资管理形式，分为政府投资项目和企业投资项目。政府投资项目是指使用政府性资金的建设项目以及有关的投资活动。政府性资金包括：财政预算投资资金（含国债资金）；利用国际金融组织和外国政府贷款的主权外债资金；纳入预算管理的专项建设资金；法律、法规规定的其他政府性资金。政府按照资金来源、项目性质和宏观调控需要，分别采用直接投资、资本金注入、投资补助、转贷、贴息等方式进行投资。

不使用政府性资金的投资项目统称企业投资项目。

（4）按项目与企业原有资产的关系，分为新建项目和改扩建项目。改扩建项目与新建项目的区别在于：改扩建项目是在原有企业基础上进行建设的，在不同程度上利用了原有企业的资源，以增量带动存量，以较小的新增投入取得较大的新增效益。建设期内项目建设与原有企业的生产同步进行。

（5）按项目的融资主体，分为新设法人项目和既有法人项目。新设法人项目由新组建的项目法人为项目进行融资，其特点是：项目投资由新设法人筹集的资本金和债务资金构成；由新设项目法人承担融资责任和风险；从项目投产后的财务效益情况考察偿债能力。

既有法人项目要依托现有法人为项目进行融资，其特点是：拟建项目不组建新的项目法人，由既有法人统一组织融资活动并承担融资责任和风险；拟建项目一般是在既有法人资产和信用的基础上进行的，并形成增量资产；从既有法人的财务整体状况考察融资后的偿债能力。

除上述几种分类外，项目还可以从其他角度进行分类。没有一种分类方法可以涵盖各种属性的项目，为便于后面叙述，列举了几种分类。这些分类对经济评价内容、评价方法、效益与费用估算、报表设置等都有重要影响。实际工作中可以根据需要从不同的角度另行分类。

建设项目经济评价的计算期，包括建设期和运营期。如图 2-1 所示建设期应参照项目建设的合理工期或项目的建设进度计划合理确定；运营期应根据项目特点参照项目的合理经济寿命确定。

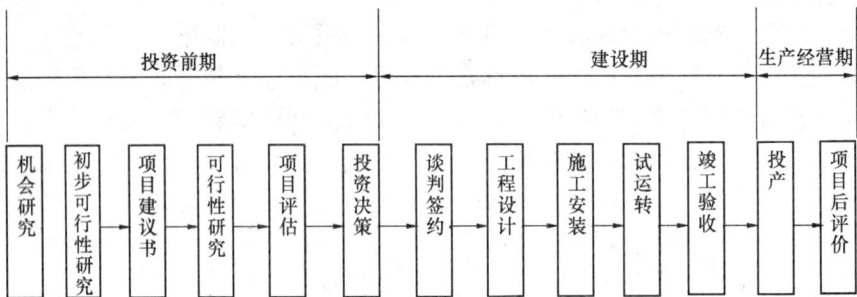

图 2-1　项目投资决策和建设全过程

2.3.2　建设方案设计的作用、内容和要求

1. 建设方案设计的作用

建设方案设计是项目可行性研究的重要组成部分，具有承前启后的作用。

（1）在市场、资源研究的基础上，深入进行研究并提出实现项目目标和项目战略的工程和技术方案；

（2）为投资估算、项目融资、成本分析和财务评价等后续分析工作提供条件；

（3）建设方案中反复开展的技术、经济比较，在逐步完善设计方案的同时，实现项目优化；

（4）为项目的初步设计提供全面的基础方案和依据；

（5）有利于项目实施阶段的工作（资金筹措、技术贸易、设计、设备和材料定货、施工和安装等）的酝酿或准备。

2. 建设方案设计的内容

建设方案设计的内容可随行业和项目复杂程度而异。大型或复杂工业项目的建设方案设计一般包括以下内容：

（1）产品方案和建设规模；

（2）生产工艺技术方案；

（3）主要生产设备方案；

（4）场（厂）址；

（5）原材料、燃料供应；

（6）总图运输；

（7）土建工程方案；

（8）公用、辅助及厂外配套工程；

（9）节能、节水；

（10）环境保护、劳动安全、卫生与消防。

3. 建设方案设计的要求

（1）工业项目的建设方案设计要求

工业项目的建设方案设计有以下几方面要求：符合有关政策、法规和规划的要求；满足项目业主单位对该项目的功能、盈利性等投资方面的要求；采用先进、适用和前瞻性技术，提高项目竞争力和市场适应性；形成以人为本和美观的工厂环境，体现企业文化和企业形象；满足环保和可持续发展的要求；满足节水、节能要求；充分估计各类工程风险，采取规避措施，满足工程可靠性要求；多方案比选以节约投资和运行成本，满足投资和成本控制的要求；达到投资前期相应阶段的深度要求，为其他研究和决策分析提供依据。

（2）投资前期研究建设方案设计的深度要求

1）初步可行性研究阶段。初步可行性研究阶段的方案设计应满足国家对项目建议书的内容和深度要求。

2）可行性研究阶段：可行性研究阶段的建设方案应满足以下深度要求：

各主要条件和数据应有文件或意向书作为依据；各层次建设方案设计经比选后提出倾向意见；满足投资估算误差不超过±10%的要求；最终使项目决策分析与评价的结论能满足投资决策的要求。

2.3.3　建设方案设计的依据

1. 建设方案设计的依据

可行性研究阶段建设方案设计的主要依据是经批准的项目建议书、项目建议书的审批文件、业主单位委托书及其设想说明。

2. 建设方案设计应遵循的法规

建设方案应遵循的主要法规有：

（1）党和国家的方针、政策，国家、行业和地区颁发的法律、规定、规范、标准、定额等；

（2）国民经济和社会发展的长远规划，经济建设的方针任务和产业政策，地区和部门的发展规划，政府有关部门、项目主管部门对项目方针和建设地点的意见，国土资源开发利用规划，政府对投资项目鼓励、限制、禁止的指南，国家对进出口贸易和关税方面的政策和规定，区域规划、工业基地规划等；

（3）国家和行业公布的用于可行性研究和项目评估的方法、指标、参数等。

3. 建设方案设计应收集的基础资料

（1）地区资料：地理、气象、水文、地质、经济、物资、社会发展、交通运输和环保等；

（2）工程规范资料：国家、行业和地区颁发的工程、技术、经济方面的法规、规范、标准、定额等。

2.3.4　建设方案比选

1. 建设方案比选的要求

具体要求是：

（1）建设项目各层次的建设方案设计都应进行多方案分析和比选；

（2）参与比选的各建设方案设计都应首先满足国家政策法规和地方法规的要求；

（3）参与比选的各建设方案设计都应满足项目功能要求；

（4）在满足②、③项要求的前提下，采用定性和定量相结合的方法，开展多方案技术经济比选；

（5）建设方案设计单位应详细报告多方案比选结果，提出推荐方案。

2. 建设方案比选的范围

（1）项目总体工程的方案比选的内容有：

1）建设规模与产品方案；

2）工艺技术方案；

3）场址选择方案；

4）总图运输方案；

5）环境保护治理方案；

6）其他总体性建设方案。

（2）分项工程的方案比选的内容有：

1）各车间建设方案设计；

2）各生产装置建设方案设计；

3）各专项工作（道路、管线、码头等）建设方案设计；

4）其他分项工程建设方案设计。

（3）各专业工程的方案比选内容

1）各专业主要设备选择方案；

2）各公用工程专业建设方案设计。

3. 方案比选的步骤和方法

（1）方案比选的步骤

比较重要的项目建设方案设计比选一般经过以下步骤：

1）比选问题的命题和准备；

2）选择比选的组织形式并开展专题建设方案设计工作；

3）对建设方案设计的比选进行初审；

4）建立比选机构；

5）确定比较方法；

6）开展多建设方案设计比选工作。

（2）方案比选的方法

1）确定对比点。在多个方案都满足政策、法规和功能要求的前提下，应首先分析出该比选问题的对比点。对比点可分为几类：

不能用技术经济指标来表达的，例如项目对企业文化的符合程度，美观，工艺可靠性，对城市规划的符合程度，对城市建设的贡献等；可以用技术经济指标来表达，但是尚不直接反映项目可盈利性的，例如产量、质量、单位资产量、单耗、环保指标等；直接反映项目可盈利性的，例如净现值等指标。

2）各对比点的比较方法。不能用技术经济指标来表达的，通常由专家组进行定性和定量分析相结合的评议采用加权或不加权的计分方法；可以用技术经济指标来表达，但是尚不直接反映项目可盈利性的，经常用于专业设计方案比选，例如，产品质量指标可能在选择某种设备时是关键问题；直接反映项目可盈利性的，一般用于处理总体性或重要建设方案设计比选问题，主要方法有效益比选法和费用比选法。

2.3.5 建设方案总体设计

（1）建设方案总体设计的主要工作

建设方案总体设计一般要抓以下七项工作：

1）产品方案和建设规模方案；

2）编制主要工程项目一览表，对表中各分项目或单项工程提出建设方案设计要求；

3）主要生产工艺技术方案；

4）项目选址（包括外部配套条件）；

5）原材料与各类投入物的供应、运输与储存方案；

6）总图运输方案；

7）对公用专业提出方案设计的统一技术措施。

（2）对建设方案分项设计的要求

1）各生产装置分项目建设方案设计要求：

要用文字和图表，提出对各种主要和辅助生产装备的建设方案设计要求，以便开展分项目建设方案设计。工艺流程方案设计与主要设备计算及选型一般同时进行。

2）公用工程与辅助工程等分项目建设方案设计要求：

公用工程与辅助工程是指主要生产装置和辅助生产装置以外的所有配套装置和工程。确定项目配套与工程的基本原则有：满足生产需要；适应已选定的场址；符合工程标准规范要求；经济合理。

（3）主要厂房和生产装置建设方案

涉及的工作内容和要求主要有：

1）选择工业厂房建设的层数和层高；

2）生产装置、厂房（车间）的平面布置和柱网；

3）充分利用厂房的体积和面积；

4) 计算厂房设计方案的技术经济指标。

2.3.6 产品方案和建设规模的确定

1. 产品方案

产品方案即拟建项目的主导产品、辅助产品或副产品及其生产能力的组合方案，包括产品品种、产量、规格、质量标准、工艺技术、材质、性能、用途、价格、内外销比例等。

(1) 产品组合的类型

1) 全线全面型　尽量向所有的用户或消费者提供所需要的产品。

2) 市场专业型　即以专业市场的不同需求为引线确定产品线的设置，并不强调其关联性。

3) 产品线专业型　项目只生产同一类型的不同品种产品来满足市场需求。

4) 有限产品线专业型　项目只生产某一产品线中一个或少数几个品种的产品来满足市场需求。

5) 特殊产品专业型　根据用户或消费者的特殊需要而专门生产特殊的产品。

(2) 确定产品组合的一般原则

1) 符合产业政策；

2) 针对市场需求；

3) 专业化协作；

4) 资源综合利用；

5) 环境保护；

6) 考虑原材料、燃料供应；

7) 适应技术设备条件；

8) 满足生产储存条件。

2. 建设规模

建设规模也称生产规模，是指项目设定的正常生产运营年份可能达到的生产或者服务能力。一般来说，确定项目建设规模应考虑很多的因素和内容，具体包括有：市场需求；自然资源、原材料、能源供应及其他有外部建设条件；生产技术和设备的先进性及其来源；资金的可供应量；环境容量；国家或行业制定的生产经济规模标准；社会因素和政策法规；行业因素；改扩建与技术改造项目。

3. 建设规模的合理性分析

对拟定建设规模应进行合理性分析，主要应分析以下几个方面：

(1) 产业政策和行业特点的符合性；

(2) 收益的合理性；

(3) 资源利用的合理性；

(4) 外部条件的适应性与匹配性；

(5) 技术改造项目的特殊问题。

2.3.7 生产工艺技术方案设计

1. 生产工艺技术建设方案设计的内容

随着现代生产的发展，可供选择的工艺越来越多。必须首先对各种可能采用的工艺进行研究，通常包括以下几方面：收集相关资料；分析生产工艺发展趋势；项目的原材料、辅助材料和燃料等资源条件的适应性（具体到规格、成分、质量，以及供应是否稳定可靠）；生产工艺的可行性；研究拟采用的生产工艺是否符合节能和清洁生产要求。

除了研究生产工艺以处，还要研究各种生产流程。对各种生产流程的研究内容包括有：对产品质量的保证程度；各工序间是否合理衔接，是否通畅、简捷；物料消耗定额；工艺参数，如压力、温度、真空度、速度、纯度等；是否合理安排（应既能保证主工序生产的稳定性，又能根据市场需要在品种规格上有灵活性）。

另外，对于主要设备的选型，也要遵循以下基本原则：技术先进、可靠和经济合理；应与选择的项目建设规模、产品方案和工艺技术方案相适应，满足项目的要求；适应产品品种和质量的要求；提高连续化、大型化程度，降低劳动强度，提高劳动生产率；降低原材料、水、电、气单耗，满足环境保护要求；强调设备的可靠性、成熟性，保证生产和质量稳定，不允许将不成熟或未经生产考验的设备用于建设方案设计；符合政策或专门机构发布的技术标准要求；在满足机械功能和生产过程的条件下，力求经济合理（含用料、制造、操作和维护保养），尽可能立足于国内；主要设备及辅助设备之间相互配套。

对于设备选型时，需注意一些约束条件，包括基础设施条件、投资和外汇、人才、设备维修条件和设施、引进设备同国内配套设备的适应和衔接以及有关政策约束等。

2. 生产工艺技术选择的原则

（1）先进性和前瞻性　技术的先进性主要应体现在产品质量性能、工艺水平和装备水平几个方面。

（2）适用性　采用的工艺技术应与资源条件、经济发展和管理水平相适应，与项目的建设规模、产品方案相适应。

（3）可靠性　可靠性是指生产工艺技术的成熟度。可靠性将直接影响项目的产品产量、质量、劳动生产率、成本和经营利润。

（4）经济合理　要按项目的具体情况，计算各种工艺技术方案的投资、工资、原材料和能耗等，进行分析比较，选择综合成本最低、经济收益最大的方案。

（5）确认知识产权　应注意工艺技术的来源和所有者权益。

（6）适应市场变化　必须根据市场变化趋势，分析工艺技术的适应性。

（7）安全和环保　技术的选择也应体现以人为本，选择的工艺技术应确保安全生产并实现清洁生产，尽量少排放三废。

3. 工艺技术转让的形式和方法

工艺技术的转让有多种形式，各有特点，财务处理方式也不同。研究工艺技术方案时，必须考虑采用何种方法取得何种形式的工艺技术的问题。包括工艺许可证交易、工艺的购买和许可证持有者参与合资经营分享所有权等问题。

4. 生产工艺技术比选

生产工艺技术方案的设计要通过方案比较来完成。技术、原料路线、工艺流程和主要设备的选择都需要由方案比较的结论来确定。

方案比选的主要内容包括技术、安全、环保、配套、操作稳定性、费用（包括一次性投资和效益诸多方面，涉及上述生产工艺技术选择中所涉及的所有因素）。其比选的具体内容可随行业有所区别，实践中应视情况选择。若产出相同、收益相同，则可只考虑费用的比选，以能体现方案优劣为宜。

常用的工艺技术方案比选方法一般采用定性分析和定量分析相结合的方法。

5. 自控方案设计

自控方案设计的任务是为保证工艺生产正常运行，降低原料、动力消耗，提高产品质量和改善劳动条件，而对生产过程中的主要参数进行监视和控制。自控设计决定于工艺生产过程的要求，并为工艺生产过程服务。

设计原则应遵循"方案合理、技术先进、运行可靠、操作方便"的原则。

生产车间控制系统根据工艺生产的特点和控制要求来确定。一般分为：常规仪表控制系统、分散型控制系统（DCS）、可编程序控制系统（PLC）。仪表选型包括温度仪表、压力仪表、流量仪表、物位仪表、过程分析仪表、显示控制仪表等的选型，都应根据工艺过程的需要、介质特性、环境条件、仪表的技术性能和结构特点以及性能价格比，并考虑操作、维修简便，综合考虑后选择适用的仪表。

2.3.8　项目选址

新建项目在建设规模、生产工艺及其投入物料等基本研究之后，就应为项目选择合适的建厂地区和场（厂）址。项目选址应考虑的因素主要有自然因素、经济技术因素、运输和地理位置因素、社会、政治因素和管理机构素质。

1. 项目选址的原则和要求

项目选址的基本原则主要有：符合国家、地区和城乡规划的要求；满足项目对原材料、能源、水和人力的供应，生产工艺和销售的要求；节约和效益的原则，尽力做到降低建设投资，节省运费，减少成本，提高利润；安全的原则，防洪、防震，防地质灾害、战争灾害等；实事求是的原则，对多个场（厂）址调查研究，进行科学分析和比选；节约项目用地，尽量不占或少占农田；注意环境保护，以人为本，减少对生态和环境的影响。

2. 项目选址的基本要求

上述基本原则，可以分解为以下具体要求：①区域位置；②场（厂）址面积；③地形、地貌和地质；④交通运输；⑤原材料供应；⑥给水排水；⑦动力供应；⑧工程地质与水文地质；⑨气象；⑩协作条件；⑪环境影响；⑫人力资源；⑬施工条件；⑭场地价格。

3. 项目场（厂）址的比选

场（厂）址比选的主要内容有工程技术条件、投资费用、运营费用等。根据项目特点，在项目选址中可能需要对以下方面进行专题研究比选，主要有：运输费用比选；投入物方案比选；靠近原料产地还是靠近市场的比选；供水和排污处理方案比选；动力方案比选；人力资源条件比选；土地使用条件和费用的比选。

4. 场（厂）址比选的方法

场（厂）址比选的方法主要有评分比选法、费用比选法和净现值与差额内部收益率等效益比选法，详见《现代咨询方法与实务》。实践中可根据具体情况选用。一般采用定性分析和定量分析相结合的方法。

2.3.9 项目选址报告的主要内容

对于重大项目，在决策分析与评价的初期阶段（项目建议书阶段）需要对项目场（厂）址专门研究，提出项目选址报告，其主要内容包括以下几个方面：

（1）概述

扼要叙述选址依据、原则、工作组及工作过程。对几个场址方案简单叙述，指出推荐场（厂）址。

（2）主要选址指标

（3）场（厂）址方案比较

应进行场（厂）址方案技术经济综合比较，并将比较结果概括在场（厂）址方案技术经济比较表中。

（4）其他专题分析

说明所进行的其他专题分析。

（5）提出项目选址意见

通过方案比较，提出倾向意见，并描述推荐方案场（厂）址概况、优缺点和推荐理由，建厂后对自然风景、社会环境、公用设施等的影响，供上级机关和投资方审批。

对推荐场（厂）址方案的描述应包括下列内容：①区域位置及场（厂）址概况；②占地及拆迁情况；③工程地质及水文地质情况；④地震及洪水情况；⑤气象资料；⑥交通运输；⑦给水排水；⑧供电及通信；⑨原料、材料、燃料的供应情况；⑩社会经济状况。

（6）提出对下步工作的建议等。

在研究确定建设规模、产品方案、工艺技术方案的同时，要明确项目所需主要原材料和燃料的品种、数量、规格质量要求，同时对价格也要进行分析研究，并结合场址方案的比选确定其供应方案。

原材料供应方案主要包括原材料的品种、质量和数量；供应来源与方式、价格；运输方案等。项目所需的燃料包括生产工艺用、公用和辅助设施用、其他设施用燃料。对于燃料的供应主要考虑燃料品种、质量和数量、燃料来源和运输方案等。对于主要原材料和燃料的供应，应通过多方案比较确定。在满足生产要求的品种性能、数量等条件下，主要比较采购的可靠性；价格（含运输费）的经济性。

2.3.10　总图运输和公用与辅助工程设计

1. 总图运输方案设计的依据、影响因素和原则

总图运输方案设计的依据和影响因素主要有外部因素、生产因素、管理及生活因素、自然因素、交通因素、安全因素、环境因素、用地因素。

厂区总平面布置与工厂的规模、生产发展、管理体制、厂区自然条件、地区协作条件、运输方式，安全、卫生、环保等技术条件与要求有直接关系，除应遵循上述布置原则外，还须考虑以下的主要技术要求：①生产要求；②安全要求；③发展要求；④湿陷性黄土地区的布置要求；⑤节约用地的措施。

另外，厂区竖向布置主要是根据工厂的生产工艺要求、运输要求、场地排水要求，以及厂区地形、工程地质、水文地质等条件，确定建设场地上的高程（标高）关系，合理组织场地排水。竖向布置系统基本可分为平坡式系统和台阶式系统两类；竖向布置的方式可分为连续式、重点式和混合式三种。在竖向布置过程中还要考虑设计标高的确定、厂区排水、土方计算、管线综合布置、厂区运输、厂区道路和绿化布置等。厂区绿化布置是总平面设计的一个组成部分。厂区绿化是环境保护的重要措施，有调节空气、美化环境的作用。

2. 土建工程方案设计

（1）建筑设计的一般规定

建筑设计必须满足工艺生产要求，流程合理、方便操作、便于管理、利于设备安装维修；要符合防火、防爆、防震、防腐等安全要求；建筑形式应力求外形简单、布置合理、节约土地；

厂房的各种建筑标准应遵循国家规定，尽可能使设计标准化；要满足通风、采光要求，创造良好的劳动卫生条件；要考虑车间内部运输对建筑的要求，为原料等的运输创造条件；要采取隔声和吸声等措施加以处理；要努力降低成本，尽可能满足建筑艺术和城市建设的要求。

（2）结构设计

结构选型应根据生产工艺的特点，满足生产、采光、通风、运输等要求；保证厂房结构有足够的强度、稳定性和耐久性；力求经济合理，方便施工，注意节约结构的经常维修费用；必须因地制宜，充分考虑建厂地区的施工技术条件和材料供应情况；结构布置和构造处理，必须有利于结构构件的标准化、定型化、通用化；应积极合理地采用成熟可靠的新结构、新材料和新技术。

在满足生产需要的前提下，按照适用、经济、美观的原则，结合建筑场地的具体条件，合理开展建筑方案设计。广泛采用新结构、新构件、新材料，充分利用当地的材料。既要节约建筑投资，又要避免空间浪费，做到技术先进、经济合理、安全适用、施工方便。

3. 公用与辅助工程方案设计

公用与辅助工程各分项方案设计中应包括采用标准、规模，负荷核算和必要的平衡计算（如热平衡、水平衡等），设备选型并编制主要设备表，进行工程量核算等。通过方案比较，选取适宜的建设方案。依托原企业进行建设的项目，还应

对原企业现状、依托条件进行说明。

公用与辅助工程方案设计主要包括给水排水工程与消防、供电与通信工程、供热工程、通风、空调与除尘工程、制冷工程、工业气体工程、分析检验设计、维修设施和仓贮设施。

在设计中要结合我国国情，符合保证生产、加快周转、合理贮备、防止损失的原则。

2.3.11 节能、节水、环境保护等方案设计

1. 项目建设节能的原则与要求

当今能源建设已成为世界性的重大问题之一，各国对能源问题都给予了极大的关注。合理利用能源、降低能耗被列为经济发展的重大课题。

我国解决能源问题的方针是开发与节约并举，把节约放在首位。节能工作是一种特定形式的"能源开发"，是解决我国能源供应紧张、保护能源资源、保护环境的有效途径。我国目前的能源利用水平远低于经济发达国家，我国节能工作基础还很薄弱，节能工作潜力很大。做好节能工作的要点主要有：项目的建设方案设计要体现合理利用和节约能源的方针；可行性研究报告要求单列"节能篇（章）"；"节能篇（章）"的内容应符合有关规定；节能方案的技术要有明确要求。

在可行性研究报告中，节能方案设计的具体内容有：节能措施综述；单项节能工程；能耗指标计算、分析及项目节能的评价及建筑节能的措施等。

2. 节水

在研究技术方案、设备方案和工程方案时，应提出节水措施，并对水耗指标进行分析。对于水资源消耗量大的项目，应进行重点研究。关于节水可能采取的措施有：采取有效措施提高水资源的利用率；提高工业用水回收率和重复利用率；提高再生水回收率；有条件的项目应采用海水替代措施和设备。

3. 环境保护

环境保护是投资项目决策分析与评价中的重要内容。根据相关政策要求，在决策分析与评价阶段，作为咨询工程师应遵循的原则主要有：预防为主和环境影响最小化；资源消耗减量化原则；优先使用可再生资源原则；资源循环利用原则；工程材料无害化原则。

进行环境保护方案设计的时候，具体的要求应该包括控制污染源，使污染物的产生降低到最低限度，还要控制污染排放，降低污染程度。另外，对污染物要进行综合利用，减少排放。

4. 劳动安全、卫生与消防

劳动安全、卫生与消防方案设计，是在已确定的技术方案和工程方案的基础上，分析研究建设和生产过程中可能发生的工伤、职业病、火灾的隐患，并提出相应的防范措施，并对项目（企业）职业安全健康管理体系的建立提出相应建议。

消防设计研究，主要是分析项目在生产运营过程中可能存在的火灾隐患和重点消防部位，根据消防安全规范确定消防等级，并结合当地公安消防设施情况，采取适当的消防措施。

5. 组织机构与人力资源配置

合理、科学地确定项目组织机构和人力资源配置，是保证项目建设和生产运营顺利进行、提高劳动生产率的重要条件。在可行性研究阶段，应对项目的组织机构设置、人力资源配置、员工培训等内容进行研究比选，提出优化方案。

根据拟建项目的特点和生产运营的需要，研究提出项目组织机构的设置方案，并对其适应性进行分析。项目组织机构的总体规划设计应在可行性研究阶段进行，并对项目周期的不同阶段（执行阶段、市场运行阶段）分别根据项目具体的内外部情况进行设计，以便统一规划、协调，从而实现对项目实施过程的控制和资源的整合。

在组织机构设置确定之后，应研究确定项目各类人员，包括生产人员、管理人员和其他人员的数量和配置方案，以满足项目建设和生产运营的需要，并为计算职工工资及福利费、劳动生产率提供依据。

可行性研究阶段应研究提出项目的员工培训计划，包括培训岗位、人数、培训内容、目标、方法、地点和培训费用等。

复习思考题

1. 可行性研究为什么要分段进行？
2. 可行性研究的编制依据有哪些？
3. 可行性研究的作用是什么？
4. 可行性研究的主要内容有哪些？
5. 如何进行项目的选址与规划？
6. 建设项目设计过程中主要考虑的因素有哪些？
7. 在项目设计过程中，如何做到项目的节水、节能和环境保护？

第3章 建设项目现金流量
和资金的时间价值

学习要点：本章是工程经济学课程的重要基础内容之一，通过对本章学习，应了解各类经济活动的主要现金流量、名义利率和实际利率的关系；熟悉现金流量的概念、资金时间价值的概念、熟悉现金流量的基本构成要素；掌握资金等值计算所涉及的基本概念与计算公式。本章的主要目的是在工程管理实践中，运用所学的项目现金流和资金的时间价值相关理论知识解决实际项目问题并了解工程管理领域中所涉及到的项目现金流和资金的时间价值的特殊性。

3.1 投 资 概 述

3.1.1 投资的含义

投资是指投资主体为了实现盈利或避免风险通过各种途径投放资金的活动。投资的概念应有广义和狭义之分。广义的投资，从本质上说，是指经济主体为获取预期收益投入经济要素以形成资产的经济活动。换句话说，投资是指经济主体为获取预期收益投入资本（或资金）以形成资产的经济活动。狭义的投资，是指经济主体为获取预期收益所投入的资金（或资本）。

投资含义应包括两层具体理解：

（1）投资过程中既存在收益，也存在风险，投资的过程就是获益与承担风险的过程。因此，投资中既要考虑未来的收益，也要分析可能承担的风险。

（2）投资是将现实资金（包括各种形式的"作价"）变为实际资产、产权、债券的过程。

3.1.2 投资的特点

投资的主要特点包括：

（1）投资效应的"供给时滞"性

投资可产生两大效应，一是需求效应；二是供给效应。

需求效应指与投资活动同期相伴而生的需求活动。供给效应是指因投资而形成新的生产能力，从而引起社会总供应能力的上升。

需求效应伴随于投资过程，而供给效应要待固定资产形成之后与流动资金结合方能实现。供给效应总是滞后于需求效应，形成所谓的"供给时滞"。这一"时滞"长短不一，从而形成投资这种经济活动的独有特征。

（2）投资领域的广阔性、复杂性

投资包括固定资产投资、流动资产投资、证券投资、风险投资、国际投资等诸多领域，各类投资都有其特有的规律性，这就构成了投资的复杂性。

3.1.3　投资的分类

（1）按投资的范围分

投资按其涉及到的范围分，可以分为广义的投资与狭义的投资，具体含义如上述投资的含义部分所描述的。

（2）按投资的时间分

投资按时间长短分，可以分为长期投资与短期投资，通常长期投资是指期限在一年以上或一个营业周期以上的投资；而短期投资是指期限在一年以下或一个营业周期以下的投资。两者投资的动机不同。

（3）按投资的性质分

按投资的性质分，对外投资分为权益性投资、债权性投资、混合性投资。

（4）按投资对象分

可以分为实体投资与金融投资。其中项目投资属于实体投资，证券投资是典型的金融投资，而流动资产投资两者兼而有之。

（5）按投资的控制程度分

按投资人对投入资金的控制程度分，投资可以分为直接投资与间接投资，显然投资人对直接投资的资金的控制程度要远远高于间接投资。

（6）按投资方向分

按投资方向分，投资可以分为对内投资与对外投资，对内投资主要是指对企业内部进行的投资，反之即为对外投资。

（7）按投资的作用分

按投资的作用分，投资可以分为初创投资、后续投资。两种投资在整个项目期间所起到的作用具有明显的区别。

（8）按投资项目之间的关系分

按投资项目之间的关系分，可以将投资分为独立投资、互斥投资、互补投资。

（9）按投资时间顺序分

按投资的时间顺序分，投资又可以分为先决投资、后决投资。

3.1.4　投资的意义

企业投资是指以收回更多的现金为目的而发生的现金支出。其意义在于：
（1）投资是实现财务管理目标的基本前提；
（2）投资是发展生产的必要手段；
（3）投资是降低风险的重要方法。

3.1.5　投资管理的基本原则

（1）认真进行市场调查，及时捕捉投资机会；

（2）认真进行投资项目可行性分析；

（3）及时足额筹集资金，保证投资项目资金供应；

（4）认真分析收益与风险，适当控制投资风险。

3.2 现 金 流 量

3.2.1 现金流量含义及其构成要素

1. 现金流量含义

对生产经营中的交换活动可从两个方面来看：一方面为物质形态：经济主体通过交换获得工具、设备、材料、能源、动力，从而提供产品或劳务；另一方面为货币形态：经济主体通过交换获得投入资金、花费成本从而提供活的销售（营业）收入。对一个特定的经济系统而言，投入的资金、花费的成本、获取的收益，都可看成是以货币形式体现的现金流入或现金流出。

在进行工程经济分析时，可把所考察的对象视为一个系统，这个系统可以是一个建设项目、一个企业，也可以是一个地区、一个国家。而投入的资金、花费的成本、获取的收益，均可看成是以资金形式体现的该系统的资金流出或资金流入。这种在考察对象整个期间各时点 t 上实际发生的资金流出或资金流入称为现金流量。如图 3-1 所示，流出系统的资金称为现金流出（Cash Output），用符号 CO_t 表示；流入系统的资金称为现金流入（Cash Input），用符号 CI_t 表示；现金流入与现金流出之差称之为净现金流量，用符号 CI_t-CO_t 表示。计算现金流量的时间单位，一般采用年，也可采用其他常用的时间单位。

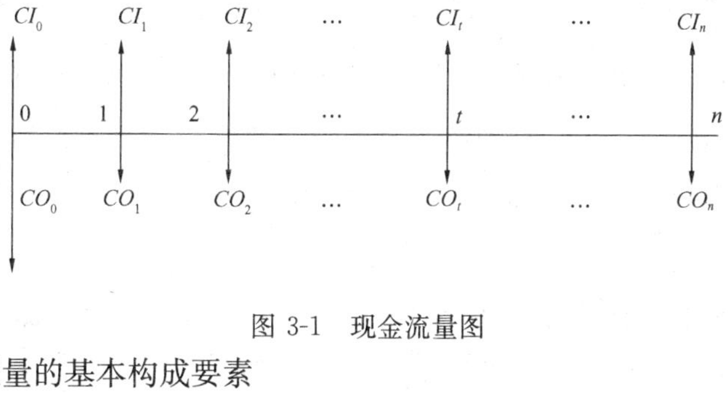

图 3-1 现金流量图

2. 现金流量的基本构成要素

在工程经济分析中，财务评价指标起着重要的作用，而财务评价的主要指标实际上又是通过财务现金流量表计算导出的。必须在明确考察角度和系统范围的前提下正确区分现金流入与现金流出。对于一般性建设项目财务评价来说，投资、经营成本、营业收入和税金是构成现金流量的基本要素，也是进行工程经济分析最重要的基础数据。

（1）投资

投资是投资主体为了特定的目的，以达到预期收益的价值垫付行为，建设项目总投资是建设投资和流动资金之和。建设投资是指项目按拟定建设规模、产品方案、建设内容进行建设所需的费用，它包括建筑工程费用、设备购置费、安装工程费、建设期借款利息、工程建设其他费和预备费用。项目寿命结束时，固定资产的残余价值对于投资者来说是一项在期末可回收的现金流入。

（2）经营成本

经营成本是工程经济分析中经济评价的专用术语，用于项目现金流量分析，属于财务现金流出。需要强调的是这里的经营成本与会计核算中的总成本费用是有区别的，会计核算总成本费用中除了包括材料费、人工费之外，还包括固定资产折旧费、维简费（采掘、采伐项目计算此项费用，以维持简单的再生产）、无形资产及递延资产摊销费和利息支出等费用。在工程经济分析中，建设投资是计入现金流出的，而折旧费用是建设投资所形成的固定资产的补偿价值，如将折旧费随成本计入现金流出，会造成现金流出的重复计算；同样，由于维简费、无形资产及其他资产摊销费也是建设投资所形成的，只是项目内部的现金转移，而非现金支出，故为避免重复计算也不予考虑；贷款利息是使用借贷资金所要付出的代价，对项目来说是实际的现金流出，但在评价项目总投资的效果时，并不考虑资金来源问题，故在这种情况下也不考虑贷款利息的支出；在资本金现金流量表中由于已将利息支出单列，因此，经营成本中也不包括利息支出。由此可见，经营成本是从投资方案本身考察的，是指在一定时间内由于生产和销售产品及提供劳务而实际发生的现金支出。按下式计算：

$$经营成本 = 总成本费用 - 折旧费 - 维简费 - 各种摊销费 - 利息支出 \quad (3-1)$$

$$或 \quad 经营成本 = 外购原材料、燃料及动力 + 工资及福利费$$

$$+ 修理费 + 其他费用 \quad (3-2)$$

$$总成本费用 = 生产成本 + 经营费用 + 管理费用 + 财务费用 \quad (3-3)$$

$$或 \quad 总成本费用 = 外购原材料、燃料及动力 + 工资及福利费$$

$$+ 修理费 + 折旧费 + 维简费 + 各种摊销费$$

$$+ 利息支出 + 其他费用 \quad (3-4)$$

（3）经营收入

经营收入是指项目建成投产后各年销售产品（或提供劳务）取得的收入，即：

$$经营收入 = 产品销售量(劳务量) \times 产品单价(或劳务单价) \quad (3-5)$$

对生产多种产品或提供多项服务的，应分别计算各种产品及服务的销售（营业）收入。对不便按详细的品种分类计算销售收入的，可采取折算为标准产品的方法计算销售收入。

（4）税金

在工程经济评价中涉及的税费主要有：增值税、营业税、消费税、城市维护建设税、教育费附加、资源税、房产税、土地使用税、车船使用税和印花税、固定资产投资方向调节税（目前国家暂停征收）、所得税。税金属于财务现金流出。

上述各类经济活动的主要现金流量从另一个角度，可以划分为投资活动现金流量、筹资活动现金流量、经营活动现金流量。

3.2.2 现金流量的表现形式

1. 现金流量表现时应注意的问题

（1）应有明确的发生时点；

（2）必须实际发生（如应收或应付账款就不是现金流量）；

（3）不同的角度有不同的结果（如税收，从企业角度是现金流出；从国家角度则不是）。通常现金流量可以用现金流量图和现金流量表来表示。

2. 现金流量图

（1）现金流量图的含义

表示某一特定经济系统现金流入、流出与其发生时点对应关系的数轴图形，称为现金流量图。

如图 3-2 所示，是一个 5 个期间的现金流量图。图中，"0"表示现在时间点；横轴上的"0"到"5"构成了一个"时间序列"；"上箭头方向"通常代表现金的流入，"下箭头方向"通常代表现金的流出；现金的流入量与流出量的大小通常用箭线的长短来表示，即流入量与流出量绝

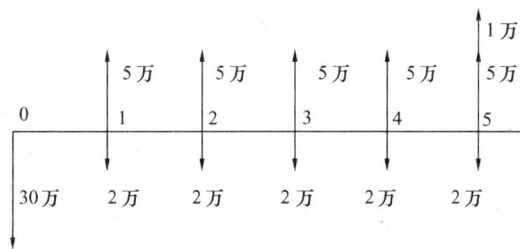

图 3-2 某项目的现金流量图

对值的大小与箭线的长短成正比。"0"期的 30 万表示当前发生现金流出（投资）30 万，从图中可以看出，在第"1"到第"5"期末每期的现金流入量（项目经营收入）为 5 万元，且在第"5"期末还有额外现金流入量（项目收回残值）1 万元。而在第"1"到第"5"期末每期的现金流出量（成本费用）为 2 万元。

（2）期间发生现金流量的简化处理方法

实际现金流量的发生时间点通常并不是像图 3-2 中表示的那样有规则，在不同的项目中也是不一样的，为了便于比较简化问题，通常，期间发生现金流量的简化处理方法包括：

1）年末习惯法：假设现金流量发生在每期的期末。

2）年初习惯法：假设现金流量发生在每期的期初。

3）均匀分布法：假设现金流量发生在每期的期中。

3. 现金流量表

财务现金流量表由现金流入、现金流出和净现金流量构成，其具体内容随工程经济分析的范围和经济评价方法不同而不同，其中财务现金流量表主要用于财务评价。

财务现金流量表的计算方法与常规会计方法不同，前者是只计算现金收支，不计算非现金收支（如折旧和应收应付账款等），现金收支按发生的时间列入相应

的年份。

财务现金流量表按其评价的角度不同分为项目财务现金流量表、资本金财务现金流量表、投资各方财务现金流量表、项目增量财务现金流量表和资本金增量财务现金流量表。

（1）项目财务现金流量表

项目财务现金流量表是以项目为一独立系统，从融资前的角度进行设置的。它将项目建设所需的总投资作为计算基础，反映项目在整个计算期（包括建设期和生产经营期）内现金的流入和流出，其现金流量构成如表 3-1 所示。通过项目财务现金流量表可计算项目财务内部收益率、财务净现值和投资回收期等评价指标，并可考察项目的盈利能力，为各个方案进行比较建立共同的基础。

项目财务现金流量表　　　　　　表 3-1

序号	项　目	计　算　期				合　计
		1	2	...	n	
1	现金流入					
1.1	营业收入					
1.2	回收固定资产余值					
1.3	回收流动资金					
2	现金流出					
2.1	建设投资（不含建设期利息）					
2.2	流动资金					
2.3	经营成本					
2.4	营业税金及附加					
2.5	增值税					
3	净现金流量					
4	累计净现金流量					

（2）资本金财务现金流量表

资本金财务现金流量表是从项目法人（或投资者整体）角度出发，以项目资本金作为计算的基础，把借款本金偿还和利息支付作为现金流出，用以计算资本金内部收益率，反映投资者权益投资的获利能力。资本金财务现金流量构成如表 3-2 所示。

资本金财务现金流量表 表 3-2

序号	项目	计算期				合计
		1	2	…	n	
1	现金流入					
1.1	营业收入					
1.2	回收固定资产余值					
1.3	回收流动资金					
2	现金流出					
2.1	项目资本金					
2.2	借款本金偿还					
2.3	借款利息支付					
2.4	经营成本					
2.5	营业税金及附加					
2.6	增值税					
2.7	所得税					
3	净现金流量					

（3）投资各方财务现金流量表

投资各方财务现金流量表是分别从各个投资者的角度出发，以投资者的出资额作为计算的基础，用以计算投资各方收益率。投资各方财务现金流量构成如表3-3所示。

投资各方财务现金流量表 表 3-3

序号	项目	计算期				合计
		1	2	…	n	
1	现金流入					
1.1	股利分配					
1.2	资产处置收益分配					
1.3	租赁费收入					
1.4	技术转让费收入					
1.5	其他现金流入					
2	现金流出					
2.1	股权投资					
2.2	租赁资产支出					
2.3	其他现金流出					
3	净现金流量					

（4）项目增量财务现金流量表

项目增量财务现金流量表是对既有法人项目，按"有项目"和"无项目"对比的增量现金流量，计算项目财务内部收益率、财务净现值和投资回收期等评价指标，考察项目的盈利能力。项目增量财务现金流量构成如表 3-4 所示。

项目增量财务现金流量表　　　　　　表 3-4

序号	项　　目	计　算　期				合　计
		1	2	…	n	
1	有项目现金流入					
1.1	营业收入					
1.2	回收固定资产余值					
1.3	回收流动资金					
2	有项目现金流出					
2.1	建设投资（不含建设期利息）					
2.2	流动资金					
2.3	经营成本					
2.4	营业税金及附加					
2.5	增值税					
3	有项目净现金流量					
4	无项目净现金流量					
5	增量净现金流量（3－4）					
6	累计增量净现金流量					

（5）资本金增量财务现金流量表

是对既有法人项目，以资本金增量作为计算的基础，用以计算既有项目法人项目资本金增量内部收益率。资本金增量财务现金流量构成如表 3-5 所示。

资本金增量财务现金流量表　　　　　　表 3-5

序号	项　　目	计　算　期				合　计
		1	2	…	n	
1	有项目现金流入					
1.1	营业收入					
1.2	回收固定资产余值					
1.3	回收流动资金					
2	有项目现金流出					
2.1	项目资本金					
2.2	借款本金偿还					
2.3	借款利息支付					
2.4	经营成本					
2.5	营业税金及附加					
2.6	增值税					
2.7	所得税					
3	有项目净现金流量					
4	无项目净现金流量					
5	增量净现金流量（3－4）					

3.2.3 建设项目的现金流量

1. 建设项目的寿命周期

项目寿命期（life cycle）即为项目正常生产经营持续的年限。确定项目寿命期的方法包括：

（1）按产品的寿命期确定（如对产品更新速度快的项目）；

（2）按主要工艺设备的经济寿命确定（如对产品更新速度较慢的项目）；

（3）综合分析确定。

2. 建设项目技术经济分析中的计算期

$$计算期 = 建设期 + 项目寿命期 \tag{3-6}$$

$$项目寿命期（即生产经营期） = 投产期 + 达产期 \tag{3-7}$$

3. 建设项目现金流量的基本构成要素

（1）固定资产投资

主要用于建造与购置固定资产的投资，称为固定资产投资。固定资产是指使用年限在 1 年以上，单位价值在规定的标准以上，并且在使用过程中保持原来物质形态的资产。

1）固定资产投资的构成如图 3-3 所示。

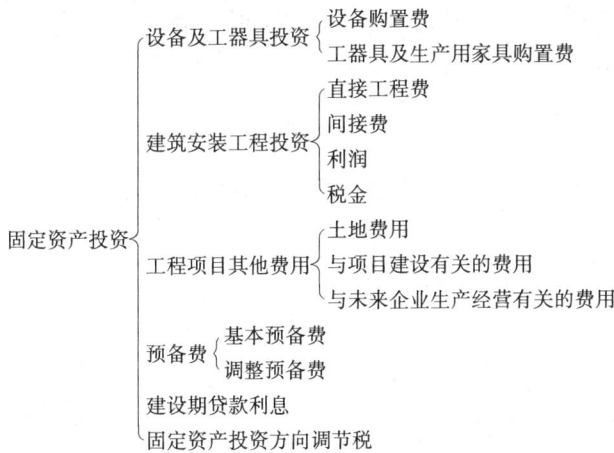

图 3-3 固定资产投资的构成

2）固定资产投资形成的成果及共同费用的分摊：形成的成果包括固定资产、无形资产（不具有实物形态，但能为企业长期提供某些特权或利益的资产）、递延资产（不能计入当期损益，应在以后分期摊销的费用，如生产职工培训费、开办费）；

共同费用的分摊包括建设单位管理费（按建筑工程、安装工程、需安装设备价值总额等比例分摊）、土地费用、勘察设计费（按建筑工程价值等比例分摊）等。

（2）流动资金

流动资金分别在生产和流通领域以储备资金、生产资金、成品资金、结算资金、货币资金五种形态存在并循环。

（3）固定资产折旧

固定资产折旧是对固定资产价值损耗的补偿。影响固定资产折旧的因素包括：

1）固定资产原值：指固定资产的原始价值或重置价值。

2）固定资产净残值＝（估计残值－估计清理费用）。一般为原始价值的3％～5％。

3）固定资产估计使用年限：指固定资产的预期使用年限。

正确地估计使用年限应综合反映有形和无形损耗，避免出现以下两种情况：

使用年限估计过长：固定资产的经济寿命已满，但价值还未全部转移，这等于把老本当收入，人为扩大利润，使固定资产得不到更新，企业无后劲。

使用年限估计过短：使补偿有余，导致人为增大成本，利润减少，少纳所得税，并可能提前报废，造成浪费。

4）折旧的计算方法有以下几种：

①直线折旧法

直线折旧法又可以细分为平均年限法与工作量法。

a. 平均年限法：

设：P—固定资产原值，L—估计净残值，N—估计使用年限，

d—年折旧率，r—净残值率，D—年折旧额

则：折旧额的计取基数为

$$(P-L) = P(1-r) \tag{3-8}$$

年折旧率为：

$$d = \frac{1}{N} \times 100\% \tag{3-9}$$

年折旧额为：

$$D = (P-L) \cdot d = \frac{P-L}{N} = \frac{P(1-r)}{N} \tag{3-10}$$

平均年限法的优点是简便，缺点是使折旧分布与获利能力分布不相符只考虑资产存在时间，未考虑资产的使用强度。该方法适用于生产较为均衡的固定资产。

b. 工作量法：

设：M—总工作量，m—单位工作量折旧额，K_t—第 t 期的实际完成工作量

D_t—第 t 期的折旧额，其他符号同前。

则：

$$m = \frac{P-L}{M} = \frac{P(1-r)}{M} \tag{3-11}$$

$$D_t = K_t \cdot m \tag{3-12}$$

该方法适用于各期完成工作量不均衡的固定资产。

【例3-1】 一台建筑设备原始价值为7400元，残值为200元，使用年限为8年。（1）求该设备的折旧额的计取基数、年折旧率、年折旧额。（2）设备各期完成工作量不均衡较为突出，又知该设备的总转数为200000转，而今年该设备运行

25000 转，求今年的折旧额为多少?

解：a. 折旧额的计取基数为 $P-L=7400-200=7200$ 元

年折旧率为 $d=\dfrac{1}{N}\times100\%=1/8\times100\%=12.5\%$

年折旧额为 $D=(P-L)\cdot d=\dfrac{P-L}{N}=7200/8=900$ 元

b. 单位工作量折旧额 $m=\dfrac{P-L}{M}=\dfrac{7400-200}{200000}=0.036$ 元/转

今年的折旧额 $D_t=K_t\cdot m=25000\times0.036=900$ 元

②加速折旧法（使固定资产尽快得到价值补偿的折旧计算方法）

加速折旧法又可细分为余额递减法（定率递减法）、双倍余额递减法与年数总和法。

a. 余额递减法：

是按各年年初（即上一年末）的账面价值乘以固定折旧率来计算折旧额的方法。

设：B_{t-1}—第 $t-1$ 年的账面价值，D_t—第 t 年的折旧额，d—年折旧率。

则：$D_t=B_{t-1}\cdot d$，下面就来计算 d，见表 3-6 所列。

用余额递减法计算逐年设备折旧额　　　表 3-6

年 度	年 折 旧 费	年末账面价值
1	$D_1=B_0\cdot d$	$B_1=B_0-D_1=B_0\cdot(1-d)$
2	$D_2=B_1\cdot d=B_0\cdot(1-d)\cdot d$	$B_2=B_1-D_2=B_0\cdot(1-d)^2$
3	$D_3=B_2\cdot d=B_0\cdot(1-d)^2\cdot d$	$B_3=B_2-D_3=B_0\cdot(1-d)^3$
…	…	…
N	$D_N=B_{N-1}\cdot d=B_0\cdot(1-d)^{N-1}\cdot d$	$B_N=B_{N-1}-D_N=B_0\cdot(1-d)^N$

因为，$B_N=L$，即 $B_0\cdot(1-d)^N=L$

则：

$$d=1-\sqrt[N]{L/B_0}\qquad(3-13)$$

b. 双倍余额递减法：

原理同上，只是固定折旧率为直线折旧率的 2 倍，即 $2/N$。

则：

$$D_t=B_{t-1}\cdot\dfrac{2}{N}$$

【例 3-2】　设备的价值为 8000 元，使用年限为 10 年，残值为 0，用双倍余额递减法计算各年的折旧额。

解：由双倍余额递减法改为直线法的年度为（10/2+2）=7 年，则计算各年的折旧额如表 3-7 所示。

由双倍余额递减法计算各年的折旧额   表 3-7

年 度	设 备 净 值	折 旧 额
1	8000	8000×20%=1600
2	6400	6400×20%=1200
3	5120	5120×20%=1024
4	4096	4096×20%=819
5	3177	3177×20%=635
6	2542	2542×20%=508
7	2034	2034×1/4=508
8	1426	2034×1/4=508
9	918	2034×1/4=508
10	510	2034×1/4=508

c. 年数总和法

$$D_t = (P-L) \cdot \frac{N-(t-1)}{N(N+1)/2} \qquad (3-14)$$

【例 3-3】 若例 3-1 中的设备允许进行加速折旧，则按年数总和法计算折旧额应为多少?

解：按年数总和法计算年折旧额如表 3-8 所示。

按年数总和法计算的年折旧额   表 3-8

年 度	折 旧 率	折 旧 额
1	8/36	1600
2	7/36	1400
3	6/36	1200
4	5/36	1000
5	4/36	800
6	3/36	600
7	2/36	400
8	1/36	200
合计	36/36	7200

加速折旧法的特点包括：促进技术进步；符合收入成本配比原则；使成本费用在整个使用期内较为平衡。其缺点包括：前期成本提高，利润降低，推迟了企业应缴税款，等于国家提供了变相无息贷款。

（4）成本费用

成本费用是为取得收入而付出的代价。工程经济分析中的成本概念与企业会计中的不完全相同：

在企业会计中，成本是对实际发生费用的记录，影响因素确定，成本数据惟一，成本费用的构成如图 3-4 所示；而在工程经济分析中，成本是对未来发生费用的预测和估算，影响因素不确定，不同方案有不同的数据。引入了企业会计中所没有的成本概念。

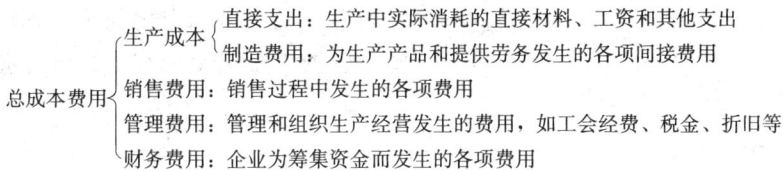

$$总成本费用 \begin{cases} 生产成本 \begin{cases} 直接支出：生产中实际消耗的直接材料、工资和其他支出 \\ 制造费用：为生产产品和提供劳务发生的各项间接费用 \end{cases} \\ 销售费用：销售过程中发生的各项费用 \\ 管理费用：管理和组织生产经营发生的费用，如工会经费、税金、折旧等 \\ 财务费用：企业为筹集资金而发生的各项费用 \end{cases}$$

图 3-4　成本费用的构成

（5）经营成本

经营成本可按式（3-1）与式（3-2）进行计算。

（6）销售收入

销售收入与总产值是不同的，总产值是生产产品和提供劳务过程中所创造的价值总和（可按市场价或不变价计算），销售收入是销售商品的货币收入（应按市场价计算）。

（7）税金及附加

税金及附加特点是强制性、无偿性、固定性。税种包括：

1）流转税及附加：增值税、消费税、营业税、城市维护建设税、教育费附加。

2）资源税：资源税、土地使用税、耕地占用税、土地增值税。

1）与 2）两类税是从销售收入中直接扣除的，故可通称为销售税金及附加。

3）财产及行为税：房产税、契税等。它是可进产品成本费用的税金。

4）所得税：从企业实现利润中扣除。

（8）利润

$$销售利润 ＝ 销售收入 － 总成本费用 － 销售税金及附加 \tag{3-15}$$

$$实现利润(利润总额) ＝ 销售利润 ＋ 投资净收益 ＋ 营业外收支净额 \tag{3-16}$$

$$税后利润 ＝ 利润总额 － 所得税 \tag{3-17}$$

4. 建设项目现金流量的确定

（1）建设期现金流量的确定

$$CI_t － CO_t ＝ － 固定资产投资 － 流动资金 \tag{3-18}$$

（2）生产经营期现金流量的确定

$$CI_t － CO_t ＝销售收入 － 经营成本 － 销售税金及附加 － 所得税$$

$$＝销售收入 － 经营成本 － 折旧 － 销售税金及附加 － 所得税 ＋ 折旧$$

$$＝销售收入 － 总成本费用 － 销售税金及附加 － 所得税 ＋ 折旧$$

$$＝利润总额 － 所得税 ＋ 折旧$$

$$＝税后利润 ＋ 折旧 \tag{3-19}$$

（3）停产时现金流量的确定

$$CI_t － CO_t ＝销售收入 ＋ 回收固定资产余值 ＋ 回收流动资金$$

$$-经营成本 - 销售税金及附加 - 所得税 \qquad (3-20)$$

5. 与建设项目现金流量相关的成本概念

（1）固定成本和变动成本

区分固定成本和变动成本是进行项目盈亏平衡分析的重要前提，固定成本不随着业务量的改变而发生改变，是一个固定的成本量；变动成本是随着业务量的改变而发生改变的成本量。

（2）机会成本

将资源用于某种用途而放弃其他用途所付出的代价。

（3）沉入成本

等于旧资产账面价值减去当前市场价值。

3.3　时　间　价　值

1. 时间价值含义

把货币作为社会生产资金（或资本）投入到生产或流通领域就会得到资金的增值，资金的增值现象就叫做资金的时间价值。从投资者角度看，是资金在生产与交换活动中给投资者带来的利润。从消费者角度看，是消费者放弃即期消费所获得的利息。

资金时间价值，是指一定量的资金在不同时点上具有不同的价值。例如，今天我们将 100 元钱存入银行，若银行的年利率是 10%，一年以后的今天，我们将得到 110 元。其中的 100 元是本金，10 元是利息，这个利息就是资金时间价值。所以，在不考虑风险因素和通货膨胀的条件下，只要将货币进行有目的的投资，就会产生资金时间价值，它会随时间的推移而发生增值。资金具有时间价值，即使两笔金额相等的资金，如果发生在不同时期，其实际价值量是不相等的。因此，一定金额的资金必须注明其发生的时间，才能表明其准确的价值。

对于资金存在时间价值这一客观现象，西方经济学家一般将其与消费心理因素联系在一起。他们认为，投资者进行投资必然推迟消费，对投资者推迟消费应该给予回报，其回报的量与推迟的时间成正比。因此，资金时间价值是资金所有者推迟现实的消费而要求得到的按推迟时间长短计算的报酬。这种解释有一定道理，但没有揭示资金时间价值的实质和来源。

马克思的劳动价值论认为，一切价值都是劳动创造的，资金之所以具有时间价值，根源于其在再生产过程中的运动和转化，是资金所有者让渡资金所有权而参与社会财富分配的一种形式。在发达的商品经济条件下，资本流通的公式是：$G-W-G$，如果处于两端的货币量完全相等，投资行为就没有实际意义。因此，资本流通的结果不仅要保持原有的价值，而且要争取更多的价值增值。资本流通的这个基本性质，决定了以价值增值为特征的资本运动的无止境。因此，准确的资本流通公式是：$G-W-G'$，其中，$G'=G+\Delta G$，即原来预付的货币额 G 再加上一个增值的货币额 ΔG。所以货币时间价值的真正来源是工人创造的剩余价值的一部分。在《资本论》中，马克思精辟地论述了剩余价值是如何转化为利润，利润又如何转化为平均利润的过程，揭示了在没有风险和通货膨胀情况下，投资于不同行业的资金会获得大体相当的投资报酬率或社会平均资金利润率。因此，在确定资金时间价值时，应以社会平均资金利润率或平均投资报酬率为基础。当然，在现实生活中，投资都或多或少地带有风险，而且不能排除通货膨胀的影响因素，因此，投资报酬率或资金利润率除包含时间价值以外，还应包括风险报酬率和通货膨胀补偿率，在计算资金时间价值时，这两部分内容不包括在内。马克思不仅揭示了资金时间价值的量的性质，还指明了时间价值应按复利方法计算。他认为，在利润不断资本化的条件下，资本的积累要用复利方法计算，资本呈几何级数增长。

综上所述，资金时间价值，是指一定量的资金在不同时点上的价值量的差额。资金时间价值，具体有两种表现形式：一是绝对数，即时间价值额，是资金在生产经营过程中产生的增值额；另一种是相对数，即时间价值率，是扣除风险报酬率和通货膨胀补偿率后的平均资金利润率或平均投资报酬率，在财务管理实务中，习惯使用相对数字来表示资金时间价值。需要说明的是，银行存款利率、贷款利率、各种债券利率、股票的股利率都可以看作是投资报酬率，它们与时间价值都是有区别的，只有在没有通货膨胀和没有风险的情况下，时间价值才与上述各报酬率相等。为了便于说清问题，一般在讲述资金时间价值的计算时都采用抽象分析法，即假设没有风险和通货膨胀，以利息率代表时间价值，本书也是以此假设为基础的。

明确资金时间价值的概念具有非常重要的意义。任何企业的财务管理活动都是在特定的时空中进行的，离开了资金时间价值因素，就无法正确计算不同时期的财务收支，也无法正确评价投资活动的盈亏，我国过去曾长期忽视资金时间价值理论的运用，并给经济工作带来许多危害，资金使用效率低下。比如，国拨资金无偿使用；企业争投资、争设备，许多固定资产闲置，材料物资大量积压，流动资金占用过多；不少项目建设工期长，资金回收慢，投资效果差。我国实行改革开放以来，社会主义市场经济广泛发展，逐步开放了各种资金市场，包括建立以国家银行为主的各种形式的金融机构，以银行信用为主、实行商业信用、国家信用和消费信用等多种信用方式，运用债券、股票、本票、商业票据等多种信用工具，货币借贷关系普遍存在。而商品经济的高度发展和借贷关系的普遍存在正是资金时间价值产生的前提和基础。由此可见，我国不仅有资金时间价值存在的客观基础，而且有充分运用它的紧迫性。把资金时间价值引入财务管理，在资金筹集、运用和分配等各方面考虑这一因素，是提高财务管理水平，搞好筹资、投资、分配决策的有效保证。因此，以下我们着重介绍资金时间价值的有关计算。

2. 利息和利率

(1) 利息：放弃资金使用权所得的报酬或占用资金所付出的代价，亦称子金。

(2) 利率：单位本金在单位时间（一个计息周期）产生的利息。有年、月、日利率等。

(3) 单利和复利

1) 单利：本金生息，利息不生息。

2）复利：本金生息，利息也生息。即"利滚利"。

①间断复利：计息周期为一定的时间区间（年、月等）的复利计息。

②连续复利：计息周期无限缩短（即→0）的复利计息。

3.4　等值及其计算公式

3.4.1　等值及其计算公式中的基本参数

等值指在考虑时间因素的情况下，不同时点的绝对值不等的资金可能具有相等的价值。利用等值的概念，可把一个时点的资金额换算成另一时点的等值金额。如"折现"、"贴现"等。

资金等值计算基本公式的基本参数包括：

①现值（P）：现值又称本金，是指某一现金流量值换算成当前时点上的金额，即指未来某一时点上的一定量现金折合为现在的价值。

②终值（F）：终值又称将来值，是现在一定量现金在未来某一时点上的价值，俗称本利和。即指某一现金流量值换算成未来终了时点上的金额。

③等额年金或年值（A）：是指某一现金流量值换算成若干连续时点上且大小相等的金额。

④利率、折现或贴现率、收益率（i）。

⑤计息期数（n）。

在此基础上，下面研究等值基本公式。

3.4.2　一次支付类型

终值与现值的计算涉及到利息计算方式的选择。目前有两种利息计算方式，即单利和复利。单利方式下，每期都按初始本金计算利息，当期利息即使不取出也不计入下期本金，计算基础不变。复利方式下，以当期末本利和为计息基础计算下期利息，即利上加利。现代财务管理中一般用复利方式计算终值与现值，这是由于利息也参与资金运动并产生增值，用复利的计算方法更加科学。因此一次性收付款的现值和终值有时也称为复利现值和复利终值。

1. 单利的终值和现值

为便于同后面介绍的复利计算方式相比较，加深对复利的理解，这里先介绍单利的有关计算。为计算方便，先设定如下符号标识：I 为利息；P 为现值；F 为终值；i 为每一利息期的利率（折现率）；n 为计算利息的期数。

按照单利的计算法则，利息的计算公式为：

$$I = P \cdot i \cdot n \tag{3-21}$$

【例 3-4】　某人持有一张带息商业票据，面额为 1000 元，票面利率 5％，出票日期为 5 月 1 日，到期为 7 月 30 日（90 天）。则该持有者到期可得利息为：

解：其现金流量图如图 3-5 所示。

$$I = 1000 \times 5\% \times 90/360 = 12.5 \text{ 元}$$

除非特别指明，在计算利息时，给出的利率均为年利率，对于不足一年的利息，以一年等于360天来折算。

单利终值的计算公式如下：

$$F = P + P \cdot i \cdot n = P(1 + i \cdot n)$$

$$(3\text{-}22)$$

图 3-5　带息商业票据的现金流量图

单利现值的计算同单利终值的计算是互逆的，由终值计算现值的过程称为折现。单利现值的计算公式为：

$$P = F/(1 + i \cdot n) \tag{3-23}$$

【例 3-5】　某人希望在 5 年后取得本利和 2000 元，用以支付一笔款项。则在利率为 5%，单利方式计算条件下，此人现在需存入银行的资金为多少？

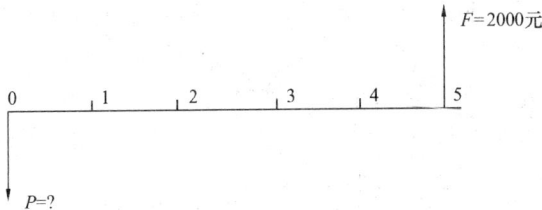

图 3-6　存入银行的资金的现金流量图

解： 其现金流量图如图 3-6 所示。

$$P = 2000 / (1 + 5 \times 5\%) = 1600 \text{ 元}$$

2. 复利的终值和现值

资金时间价值通常是按复利计算的。

（1）复利终值公式（一次支付终值公式、整付本利和公式）

复利终值是指一定量的本金按复利计算若干期后的本利和。复利的终值（已知现值 P，求终值 F）计算如下：

【例 3-6】　某人将 10000 元存放于银行，年存款利率为 6%，则经过一年时间的本利和为：

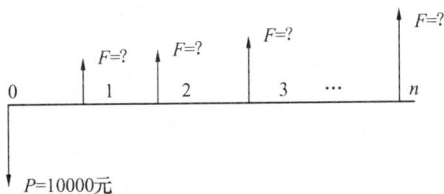

图 3-7　存入银行的资金的现金流量图

同理，第三年的本利和为：

解： 其现金流量图如图 3-7 所示。

$$F = P + P \cdot i = P \cdot (1 + i)$$
$$= 10000 \times (1 + 6\%) = 10600 \text{ 元}$$

如此人并不提走现金，将 10600 元继续存在银行，则第二年本利和为：

$$F = P \cdot (1 + i) \cdot (1 + i) = P \cdot (1 + i)^2$$
$$= 10600 \times (1 + 6\%)^2 = 11236 \text{ 元}$$

$$F = P \cdot (1+i)^2 \cdot (1+i) = P \cdot (1+i)^3$$
$$= 1000 \times (1+6\%)^3 = 11910.16 \text{元}$$

第 n 年的本利和为：

$$F = P(1+i)^n = P(F/P,i,n) \tag{3-24}$$

式中 $(1+i)^n$ 通常称作"一次性收付款项终值系数"，简称"复利终值系数"，用符号 $(F/P,i,n)$ 表示。如本例 $(F/P,6\%,3)$ 表示利率为 6％、3 期复利终值的系数。复利终值系数可以通过查阅"复利终值表"直接获得。

"复利终值表"的第一行是利率 i，第一列是计息期数 n，相应的 $(1+i)^n$ 在其纵横相交处。通过该表可查出，$(F/P,6\%,3) = 1.191$。即在利率为 6％的情况下，现在的 1 元和 3 年后的 1.191 元在经济上是等效的，根据这个系数可以把现值换算成终值。

（2）复利现值公式（一次支付现值公式）

复利的现值（已知终值 F，求现值 P）计算如下：

在某一特定时点上一次性支付（或收取），经过一段时间后再相应地一次性收取（或支付）的款项，即为一次性收付款项。这种性质的款项在日常生活中十分常见。比如存入银行一笔现金 100 元，年利率为复利 10％，经过 3 年后一次性取出本利和 133.10 元，这里所涉及的收付款项就属于一次性收付款项。

上述 3 年后的本利 133.10 元即为终值。上述 3 年后的 133.10 元折合为现在的价值为 100 元，这 100 元即为现值。

复利现值相当于原始本金，它是指今后某一特定时间收到或付出的一笔款项，按折现率（i）所计算的现在时点的价值。其计算公式为：

$$P = F(1+i)^{-n} = F(P/F,i,n) \tag{3-25}$$

式中 $(1+i)^{-n}$ 通常称作"一次性收付款项现值系数"，记作 $(P/F,i,n)$，可以直接查阅"复利现值表"。

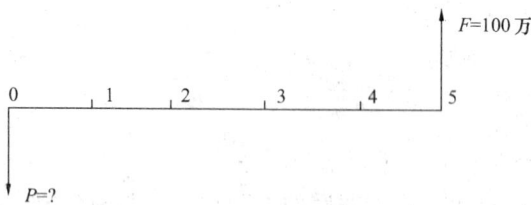

图 3-8　某投资项目的现金流量图

【例 3-7】　某投资项目预计 5 年后可获得收益 100 万元，按投资报酬率 10％计算，则现在应投资多少？

解：其现金流量图如图 3-8 所示。

$$P = F \cdot (1+i)^{-n} = F \cdot (P/F,i,n)$$
$$= 100 \times (1+10\%)^{-5}$$
$$= 1000 \times (P/F,10\%,5)$$
$$= 100 \times 0.6209 = 62.09 \text{万元}$$

3.4.3　等额支付类型

上面介绍了一次性收付款项，除此之外，在现实经济生活中，还存在一定时期内，在相等的时间间隔内发生多次收付的款项，即系列收付款项，如果每次收付的金额相等，则这样的系列收付款项便称为年金。简言之，年金是指一定时期内每次等额收付的系列款项，通常记作 A。值得注意的是，年金并未强调时间间隔为一年。

年金的形式多种多样，如保险费、养老金、折旧、租金、等额分期收款、等额分期付款以及零件整取或整存零取储蓄等，都存在年金问题。

年金按其每次收付发生的时点不同，可分为普通年金、即付年金、递延年金、永续年金等几种。

1. 普通年金的终值与现值

（1）普通年金终值的计算（已知年金 A，求年金终值 F）

普通年金是指从第一期起，在一定时期内每期期末等额发生的系列收付款项，又称后付年金。

如果年金相当于零存整取储蓄存款的零存数，那么，年金终值就是零存整取的整取数，年金终值的计算公式为：

$$F = A \cdot (1+i)^0 + A \cdot (1+i)^1 + A \cdot (1+i)^2$$
$$+ \cdots A \cdot (1+i)^{n-2} + A \cdot (1+i)^{n-1} \tag{3-26}$$

整理上式，可得到：

$$F = A \cdot \left[\frac{(1+i)^n - 1}{i}\right] = A(F/A, i, n) \tag{3-27}$$

式中的分式称作"年金终值系数"，记为 $(F/A, i, n)$，可通过直接查阅"年金终值表"求得有关数值。

【例3-8】 假设某人在 5 年内每年年末在银行存款 100 万元，存款年利率为 10%，则 5 年后应从银行取出得本利和为多少？

解：其现金流量图如图3-9所示。

$$F = 100 \times \frac{(1+10\%)^5 - 1}{10\%}$$
$$= 100 \times (F/A, 10\%, 5)$$
$$= 100 \times 6.1051 = 610.51 \text{ 万元}$$

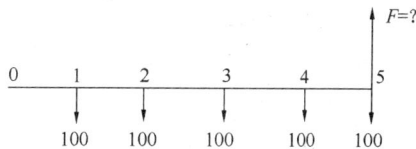

图 3-9 某银行存款的现金流量图

（2）年偿债基金的计算（已知年金终值 F，求年金 A）

偿债基金是指为了在约定的未来某一时点清偿某笔债务或积聚一定数额的资金而必须分次等额形成的存款准备金。由于每次形成的等额准备金类似年金存款，因而同样可以获得按复利计算的利息，所以债务总额实际上等于年金终值，每年提取的偿债基金等于年金 A。也就是说，偿债基金的计算实际上是年金终值的逆运算。其计算公式为：

$$A = F \cdot \left[\frac{i}{(1+i)^n - 1}\right] = F(A/F, i, n) \tag{3-28}$$

71

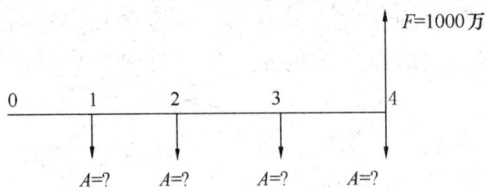

图 3-10　某偿债基金的现金流量图

式中的分式称作"偿债基金系数"，记为 $(A/F, i, n)$，可直接查阅"偿债基金系数表"或通过年金终值系数的倒数推算出来。上式也可写作：

$$A = F \cdot [1/(F/A, i, n)] \qquad (3-29)$$

【例 3-9】　假设某企业有一笔 4 年后到期的借款，到期值为 1000 万元。若存款复利率为 10%，则为偿还该项借款应建立的偿债基金应为多少？

解：其现金流量图如图 3-10 所示。

$$A = 1000 \times \frac{10\%}{(1+10\%)^4 - 1} = 1000 \times 0.2154 = 215.4 \text{ 万元}$$

或　　$A = 1000 \times [1/(F/A, 10\%, 4)]$

$$= 1000 \times (1/4.6410) = 215.4 \text{ 万元}$$

（3）普通年金现值的计算（已知年金 A，求年金现值 P）

年金现值是指一定时期内每期期末等额收付款项的复利现值之和。年金现值的计算公式为：

$$P = A \cdot (1+i)^{-1} + A \cdot (1+i)^{-2} + \cdots + A \cdot (1+i)^{-(n-1)} + A \cdot (1+i)^{-n} \qquad (3-30)$$

整理上式，可得到：

$$P = A \cdot \left[\frac{(1+i)^n - 1}{i(1+i)^n} \right] = A(P/A, i, n) \qquad (3-31)$$

式中的分式称作"年金现值系数"，记为 $(P/A, i, n)$，可通过直接查阅"1 元年金现值表"求得有关数值。上式也可以写作：

$$P = A \cdot \frac{1 - (1+i)^{-n}}{i} \qquad (3-32)$$

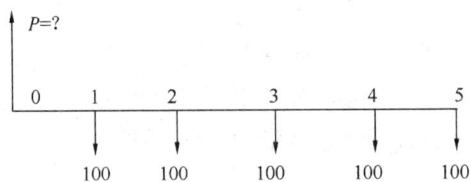

图 3-11　支付租金的现金流量图

【例 3-10】　某企业租入一项设备，每年年末需要支付租金 100 万元，年复利率为 10%，则 5 年内应支付的租金总额的现值为多少？

解：其现金流量图如图 3-11 所示。

$$P = 100 \times \frac{1 - (1+10\%)^{-5}}{10\%}$$

$$= 100 \times (P/A, 10\%, 5)$$

$$= 100 \times 3.7908 = 379.08 \text{ 万元}$$

（4）年资本回收额的计算（已知年金现值 P，求年金 A）

资本回收是指在给定的年限内等额回收初始投入资本或清偿所欠债务的价值指标。年资本回收额的计算是年金现值的逆运算。其计算公式为：

$$A = P \cdot \left[\frac{i(1+i)^n}{(1+i)^n - 1} \right] = P(A/P, i, n) \qquad (3-33)$$

式中的分式称作"资本回收系数",记为
$(A/P,i,n)$,可直接查阅"资本回收系数表"或
利用年金现值系数的倒数求得。上式也可写作:

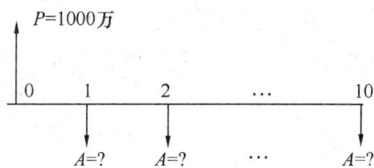
图 3-12 贷款的现金流量图

$$A = P \cdot \frac{i}{1-(1+i)^{-n}} \qquad (3\text{-}34)$$

【例 3-11】 某企业现在借得 1000 万元的
贷款,在 10 年内以年利率为 12% 等额偿还,则每年应付的金额为多少?

解:其现金流量图如图 3-12 所示。

$$A = 1000 \times \frac{12\%}{1-(1+12\%)^{-10}}$$

$$= 1000 \times 0.1770 = 177 \text{ 万元}$$

或 $$A = 1000 \times [1/(P/A, 12\%, 10)]$$

$$= 1000 \times [1/5.6502] \approx 177 \text{ 万元}$$

通过上面的公式计算,不难发现彼此之间的关系,现总结如下:

1) $(F/P,i,n)$ 与 $(P/F,i,n)$ 互为倒数;

2) $(F/A,i,n)$ 与 $(A/F,i,n)$ 互为倒数;

3) $(P/A,i,n)$ 与 $(A/P,i,n)$ 互为倒数;

4) $(A/P,i,n) = (A/F,i,n) + i$。

推导:

$$(A/P,i,n) = \frac{i(1+i)^n}{(1+i)^n-1} = \frac{i+i(1+i)^n-i}{(1+i)^n-1}$$

$$= \frac{i}{(1+i)^n-1} + i = (A/F,i,n) + i \qquad (3\text{-}35)$$

2. 即付年金的终值与现值

即付年金是指从第一期起,在一定时期内每期期初等额收付的系列款项,又称先付年金。它与普通年金的区别仅在于付款时间的不同。

n 期即付年金与 n 期普通年金的关系如图 3-13 所示。

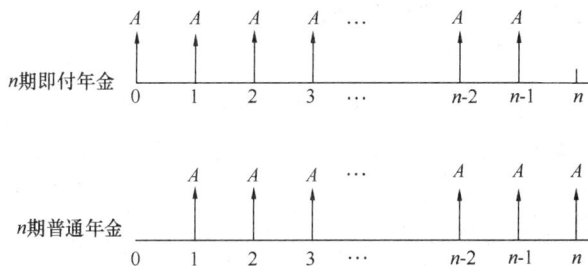

图 3-13 即付年金与普通年金示意图

(1) 即付年金终值的计算

即付年金的终值是其最后一期期末时的本利和,是各期收付款项的复利终值之和。

从图 3-13 可以看出,n 期即付年金与 n 期普通年金的付款次数相同,但由于

其付款时间不同，n 期即付年金终值比 n 期普通年金的终值多计算一期利息。因此，在 n 期普通年终值的基础上乘上 $(1+i)$ 就是 n 期即付年金的终值。其计算公式为：

$$F = A \cdot \frac{(1+i)^n - 1}{i} \cdot (1+i) = A \cdot \left[\frac{(1+i)^{n+1} - 1}{i} - 1 \right] \quad (3\text{-}36)$$

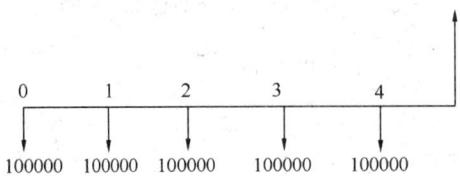

图 3-14 职工奖励基金的现金流量图

式中方括号内的内容称作"即付年金终值系数"，它是在普通年金终值系数的基础上，期数加 1，系数值减 1 所得的结果。通常记为 $[(F/A,i,n+1)-1]$。这样，通过查阅"年金终值表"得到 $(n+1)$ 期的值，然后减去 1 便可得对应的即付年金系数的值。这时可用如下公式计算即付年金的终值：

$$F = A \cdot [(F/A,i,n+1) - 1] \quad (3\text{-}37)$$

【例 3-12】 某公司决定连续 5 年于每年年初存入 100000 元作为职工奖励基金，银行存款利率为 10%。则该公司在第 5 年末能一次取出本利和为多少？

解：其现金流量图如图 3-14 所示。

$$F = A \cdot (F/A,i,n) \cdot (1+i)$$
$$= 10 \times (F/A,10\%,5) \times (1+10\%)$$
$$= 10 \times 6.1051 \times 1.10 = 671561 \text{ 元}$$
$$F = A \cdot [(F/A,i,n+1) - 1]$$
$$= 10 \times [(F/A,10\%,6) - 1]$$
$$= 10 \times (7.7156 - 1) = 671561 \text{ 元}$$

【例 3-13】 某人每年年初存入银行 5000 元，年利率为 10%，8 年后的本利和是多少？

解：其现金流量图如图 3-15 所示。

$$F = 5000(F/A,10\%,8) \cdot (1+10\%) = 62897.45 \text{ 元}$$

查复利系数表知,该系数为 11.4359

（2）即付年金现值的计算

如前所述，n 期即付年金现值与 n 期普通年现值的期限相同，但由于其付款时间不同，n 期即付年现值比 n 期普通年金现值少折现一期。因此，在 n 期普通年金现值的

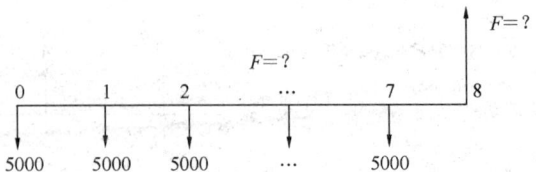

图 3-15 某投资项目的现金流量图

基础上乘以 $(1+i)$，便可求出 n 期即付年金的现值。其计算公式为：

$$P = A \cdot \left[\frac{1-(1+i)^{-n}}{i} \right] \cdot (1+i) = A \cdot \left[\frac{1-(1+i)^{-(n-1)}}{i} + 1 \right] \quad (3\text{-}38)$$

式中方括号内的内容称作"即付年金现值系数",它是在普通年金系数的基础上,期数减1,系数加1所得的结果。通常记为$[(P/A,i,n-1)+1]$。这样,通过查阅"年金现值表"得$(n-1)$期的值,然后加1,便可得出对应的即付年金现值系数的值。这时可用如下公式计算即付年金的现值:

$$P = A \cdot [(P/A,i,n-1)+1]$$

$$(3-39)$$

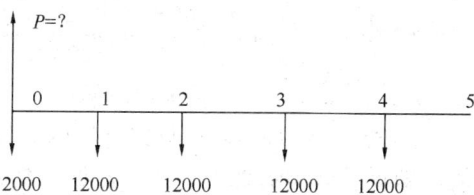

图 3-16 支付租金的现金流量图

【例 3-14】 某公司租一仓库,租期 5 年,每年年初需付租金 12000 元,贴现率为 8%,问该公司现在应筹集多少资金?

解:其现金流量图如图 3-16 所示。

解法 1:$P = 12000(P/A,8\%,5) \cdot (1+8\%) = 51745.39$ 元

解法 2:$P = 12000 + 12000(P/A,8\%,4) = 51745.39$ 元

解法 3:$P = 12000(F/A,8\%,5) \cdot (P/F,8\%,4) = 51745.39$ 元

3. 递延年金现值

递延年金是指第一次收付款发生时间与第一期无关,而是隔若干期(假设为 s 期,$s \geqslant 1$)后才开始发生的系列等额收付款项。它是普通年金的特殊形式,凡不是从第一期开始的年金都是递延年金。递延年金与普通年金的关系可分别用图 3-17 和图 3-18 所示。

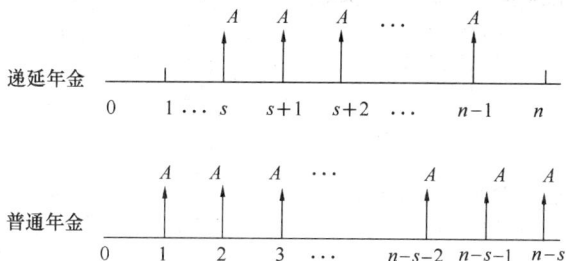

图 3-17 递延年金与普通年金关系示意图(一)

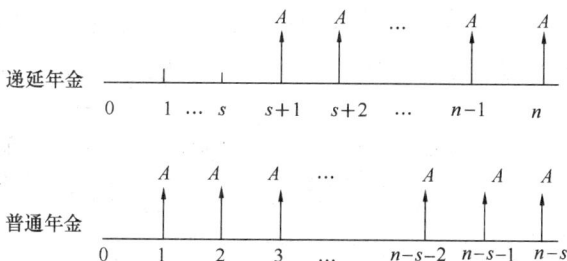

图 3-18 递延年金与普通年金关系示意图(二)

递延年金的现值可按以下公式计算:

$$P = A \cdot \left[\frac{1-(1+i)^{-n}}{i} - \frac{1-(1+i)^{-s}}{i} \right]$$

$$= A \cdot \left[(P/A, i, n) - (P/A, i, s) \right] \qquad (3\text{-}40)$$

或

$$P = A \cdot \frac{1-(1+i)^{-(n-s)}}{i} \cdot (1+i)^{-s}$$

$$= A \cdot (P/A, i, n-s) \cdot (P/F, i, s) \qquad (3\text{-}41)$$

上述式（3-40）是先计算出 n 期的普通年金现值，然后减去前 s 期的普通年金现值，即得递延年的现值；式（3-41）是先将此递延年金视为（$n-s$）期普通年金，求出在第 s 期的现值，然后再折算为第零期的现值。

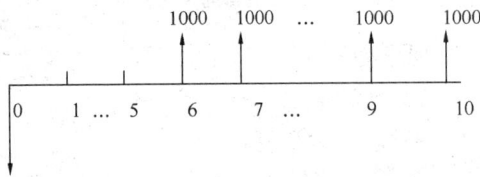

图 3-19　存款的现金流量图

【例 3-15】　某人在年初存入一笔资金，存满 5 年后从第 6 年年末起每年年末取出 1000 元，至第 10 年末取完，银行存款利率为 10%。则此人应在最初一次存入银行的钱数为多少？

解：其现金流量图如图 3-19 所示。

$$P = A \cdot \left[(P/A, 10\%, 10) - (P/A, 10\%, 5) \right]$$

$$= 1000 \times (6.1446 - 3.7908) \approx 2354 \text{ 元}$$

或

$$P = A \cdot (P/A, 10\%, 5) \cdot (P/F, 10\%, 5)$$

$$= 1000 \times 3.7908 \times 0.6209 \approx 2354 \text{ 元}$$

【例 3-16】　设利率为 10%，现存入多少钱，才能正好从第四年到第八年的每年年末等额提取 2 万元？

解：其现金流量图如图 3-20 所示。

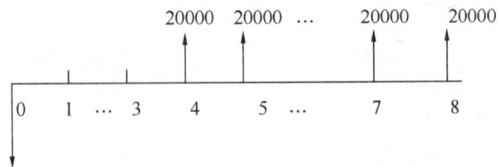

图 3-20　存款的现金流量图

$$P = 2(P/A, 10\%, 5) \cdot (P/F, 10\%, 3)$$

$$= 5.7 \text{ 万元}$$

3.4.4　永续年金现值的计算

永续年金现值是指无限期等额收付的特种年金，可视为普通年金的特殊形式，即期限趋于无穷的普通年金。例如，可将投资报酬率较稳定，持有期限较长的股票投资视作永续年金。

由于永续年金持续期无限，没有终止的时间，因此没有终值，只有现值。通过普通年金现值计算可推导出永续年金现值的计算公式为：

$$P = \lim_{n \to \infty} A \cdot \left[\frac{(1+i)^n - 1}{i(1+i)^n} \right] = \frac{A}{i} \qquad (3\text{-}42)$$

【例 3-17】　某人持有的某公司优先股，每年每股股利为 2 元，若此人想长期拥有，在回报率为 10% 的情况下，请对该项股票投资进行估价。

这是一个求永续年金现值的问题，即假设该优先股每年股利固定且持续较长时期，计算出这些股利的现值之和，即为该股票的估价。

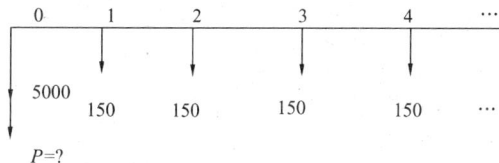

图 3-21　优先股的现金流量图

解：其现金流量图如图 3-21 所示。

$$P = A/i = 2/10\% = 20 \text{ 元}$$

【例 3-18】　某地方政府一次性投入 5000 万元建一条地方公路，年维护费为 150 万元，折现率为 10%，求现值。

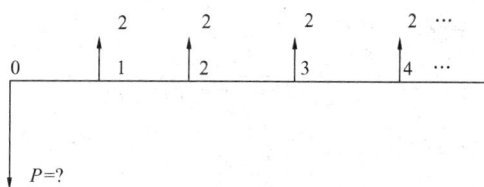

图 3-22　修建公路的现金流量图

解：该公路可按无限寿命考虑，年维护费为等额年金，可利用年金现值公式求当 $n \to \infty$ 时的极限来解决。其现金流量图如图 3-22 所示。

$$P = 5000 + \frac{150}{10\%} = 6500 \text{ 万元}$$

3.4.5　定差数列型

如果每年现金流量的增加额或减少额都相等，则称之为定差（或等差）数列现金流量。

1. 定差数列现值公式

设有一资金序列 A_t 是等差数列（定差为 G），则有：$A_t = A_1 + (t-1) \cdot G$（$t = 1 \sim n$）现金流量图如下：

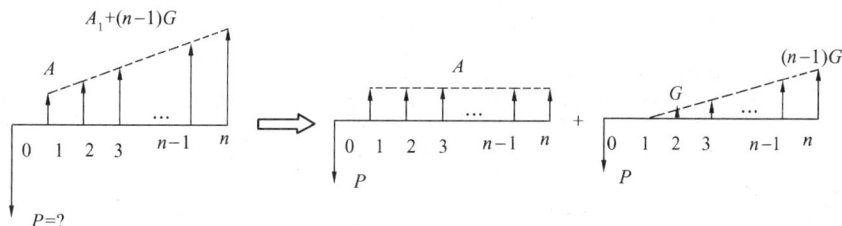

图 3-23　定差数列现金流量分解图

$$\therefore P = P_A + P_G \tag{3-43}$$

又

$$P_A = A_1 \cdot (P/A, i, n) \tag{3-44}$$

$$P_G = G\left[\frac{1}{(1+i)^2} + \frac{2}{(1+i)^3} + \cdots + \frac{n-1}{(1+i)^n}\right] \tag{3-45}$$

式（3-45）两边同乘（$1+i$），得：

$$P_G(1+i) = G\left[\frac{1}{(1+i)} + \frac{2}{(1+i)^2} + \cdots + \frac{n-1}{(1+i)^{n-1}}\right] \tag{3-46}$$

式 (3-46) ～式 (3-45)，得：

$$P_G \cdot i = G\left[\frac{1}{(1+i)} + \frac{1}{(1+i)^2} + \cdots + \frac{1}{(1+i)^{n-1}} - \frac{n-1}{(1+i)^n}\right]$$

$$= G\left[\frac{1}{(1+i)} + \frac{1}{(1+i)^2} + \cdots + \frac{1}{(1+i)^{n-1}} + \frac{1}{(1+i)^n}\right] - \frac{G \cdot n}{(1+i)^n}$$

$$= G\left[\frac{(1+i)^n - 1}{i \cdot (1+i)^n}\right] - \frac{G \cdot n}{(1+i)^n} \tag{3-47}$$

$$\therefore P_G = G \cdot \left\{\frac{1}{i}\left[\frac{(1+i)^n - 1}{i \cdot (1+i)^n} - \frac{n}{(1+i)^n}\right]\right\} = G \cdot (P/G,i,n) \tag{3-48}$$

其中，$(P/G，i，n)$ 为定差现值系数

故
$$P = A_1 \cdot (P/A,i,n) + G \cdot (P/G,i,n) \tag{3-49}$$

现金流量定差递增的公式如下：

（1）有限年的公式

$$P = \left(\frac{A_1}{i} + \frac{G}{i^2}\right) \cdot \left[1 - \frac{1}{(1+i)^n}\right] - \frac{G}{i} \times \frac{n}{(1+i)^n} \tag{3-50}$$

（2）无限年的公式 $(n \to \infty)$

$$P = \frac{A_1}{i} + \frac{G}{i^2} \tag{3-51}$$

现金流量定差递减的公式如下：

（1）有限年的公式

$$P = \left(\frac{A_1}{i} - \frac{G}{i^2}\right) \cdot \left[1 - \frac{1}{(1+i)^n}\right] + \frac{G}{i} \times \frac{n}{(1+i)^n} \tag{3-52}$$

（2）无限年的公式 $(n \to \infty)$

$$P = \frac{A_1}{i} - \frac{G}{i^2} \tag{3-53}$$

2. 定差数列等额年金公式

同理，可以得出定差数列等额年金公式如下：

$$A = A_1 + A_G \tag{3-54}$$

$$A_G = P_G \cdot (A/P,i,n) = \frac{G}{i}\left[\frac{(1+i)^n - 1}{i \cdot (1+i)^n} - \frac{n}{(1+i)^n}\right] \cdot \left[\frac{i(1+i)^n}{(1+i)^n - 1}\right]$$

$$= G \cdot \left[\frac{1}{i} - \frac{n}{(1+i)^n - 1}\right] \tag{3-55}$$

故
$$A = A_1 + G(A/G,i,n) \tag{3-56}$$

3.4.6　等比数列的等值计算公式

以现值公式为例。

设：A_1—第一年末的净现金流量，g—现金流量逐年递增的比率，其余符号同前。等比数列的现金流量如图 3-24 所示。

1. 现金流量按等比递增的公式

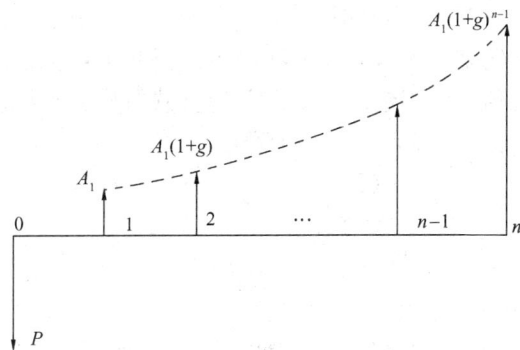

图 3-24 等比数列现金流量图

（1）有限年的公式

$$P = \frac{A_1}{i-g} \cdot \left[1 - \left(\frac{1+g}{1-i} \right)^n \right] (\text{当 } i \neq g \text{ 时}) \tag{3-57}$$

$$P = \frac{A_1}{1+i} \times n \ (\text{当 } i = g \text{ 时}) \tag{3-58}$$

（2）无限年的公式（适用于 $i > g$ 的情况）

$$P = \frac{A_1}{i-g} \tag{3-59}$$

2. 现金流量按等比递减的公式

（1）有限年的公式

$$P = \frac{A_1}{i+g} \cdot \left[1 - \left(\frac{1-g}{1+i} \right)^n \right] \tag{3-60}$$

（2）无限年的公式

$$P = \frac{A_1}{i+g} \tag{3-61}$$

3.5 折现率、期间和利率的推算

3.5.1 折现率（利息率）的计算

对于一次性收付款项，根据其复利终值（或现值）的计算公式可得折现率的计算公式为：

$$i = (F/P)^{1/n} - 1 \tag{3-62}$$

因此，若已知 F、P、n，不用查表便可直接计算出一次性收付款项的折现率（利息率）i。

永续年金折现率（利息率）i 的计算也很方便。若 P、A 已知，则根据公式 $P = A/i$，即得 i 的计算公式为：

$$i = A/P \tag{3-63}$$

普通年金折现率（利息率）的推算比较复杂，无法直接套用公式，而必须利用有关的系数表，有时还会牵涉到内插法的运用。下面着重对此加以介绍。

根据普通年金终值 F、年金现值 P 的计算公式可推算出年金终值系数 $(F/A, i, n)$ 和年金现值系数 $(P/A, i, n)$ 的算式：

$$(F/A, i, n) = F/A \tag{3-64}$$
$$(P/A, i, n) = P/A \tag{3-65}$$

根据已知的 F、A 和 n，可求出 F/A 的值。通过查年金终值系数表，有可能在表中找到等于 F/A 的系数值，只要读出该系数所在列的 i 值，即为所求的 i。

同理，根据已知的 P、A 和 n，可求出 P/A 的值。通过查年金系数表，可求出 i 值。必要时可采用内插法。

下列详细介绍利用年金现值系数表计算 i 的步骤：

计算出 P/A 的值，设其为 $P/A = \alpha$。

查普通年金现值系数表。沿着已知 n 所在的行横向查找，若恰好能找到某一系数值等于 α，则该系数值所在的行相对应的利率便为所求的 i 值。

若无法找到恰好等于 α 的系数值，就应在表中 n 行上找与 α 最接近的两个左右临界系数值，设为 β_1、β_2（$\beta_1 > \alpha > \beta_2$，或 $\beta_1 < \alpha < \beta_2$）。读出 β_1、β_2 所对应的临界利率，然后进一步运用内插法。

在内插法下，假定利率 i 同相关的系数在较小范围内线性相关，因而可根据临界系数 β_1、β_2 和根据临界利率 i_1、i_2 计算出 i，其公式为：

$$i = i_1 + \frac{\beta_1 - \alpha}{\beta_1 - \beta_2}(i_2 - i_1) \tag{3-66}$$

【例 3-19】 某公司于第一年年初借款 20000 元，每年年末还本付利息额均为 4000 元，连续 9 年还清。问借款利率为多少？

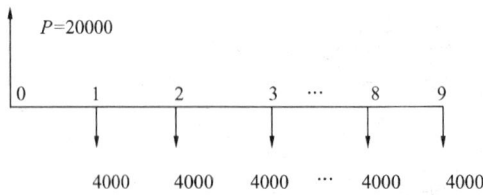

解：其现金流量图如图 3-25 所示。

根据题意，已知 $P = 20000$，$A = 4000$，$n = 9$，则：

$(P/A, i, 9) = P/A = 20000/4000 = 5$

查 $n = 9$ 的普通年金现值系数表。在 $n = 9$ 一行上无法找到恰好为 α（$\alpha = 5$）的系数值，于是在该行上找大于和小于的临界系数值，分别为：$\beta_1 = 5.3282 > 5$，$\beta_2 = 4.9164 < 5$。同时读出临界利率为 $i_1 = 12\%$，$i_2 = 14\%$。则：

$$i = i_1 + \frac{\beta_1 - \alpha}{\beta_1 - \beta_2}(i_2 - i_1)$$
$$= 12\% + \frac{5.3282 - 5}{5.3282 - 4.9164} \times (14\% - 12\%) \approx 13.59\%$$

图 3-25 借款的现金流量图

对于一次性收付款项，若应用查表法求 i，可先计算出 F/P 的值，设其为 α，然后查复利终值系数表；或先计算出 P/F 的值，设其为 α，然后查复利现值系数表。

对于即付年金利率 i 的推算，同样可遵照上述方法。先求出 F/A 的值，令 $\alpha =$

$F/A+1$，然后沿（$n+1$）所在的行横向在普通年金终值系数表中查找，若恰好找到等于 α，则该系数值所在列所对应的利率便为所求的 i，否则便查找临界系数值和对应的临界利率，应用内插法求出利率 i。

3.5.2 期间计算

期间 n 的推算，其原理和步骤同折现率（利息率）i 的推算相类似。

现以普通年金为例，说明在 P、A 和 i 已知情况下，推算期间 n 的基本步骤。

计算出 P/A 的值，设其为 α。

查普通年金现值系数表。沿着已知 i 所在的列纵向查找，若能找到恰好等于 α 的系数值，则该系数所在行的 n 值即为所求的期间值。

若找不到恰好为 α 的系数值，则在该列查找最为接近 α 值的上下临界系数 β_1、β_2 以及对应的临界期间 n_1、n_2，然后应用内插法求 n，公式为：

$$n = n_1 + \frac{\beta_1 - \alpha}{\beta_1 - \beta_2}(n_2 - n_1) \tag{3-67}$$

【例 3-20】 某企业拟购买一台新设备，更换目前的旧设备。新设备价格较旧设备高出 2000 元，但每年可节约成本 500 元。若利率为 10%，问新设备应至少使用多少年对企业而言才有利？

解：其现金流量图如图 3-26 所示。

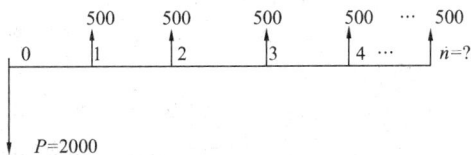

图 3-26 新设备的现金流量图

依题意，已知 $P = 2000$，$A = 500$，$i = 10\%$，则：

$$(P/A, 10\%, n) = P/A = 2000/500 = 4$$

查普通年金现值系数表。在 $I=10\%$ 的列上纵向查找，无法找到恰好为 α（$\alpha=4$）的系数值，于是查找大于和小于 4 的临界系数值：$\beta_1 = 4.3553 > 4$，$\beta_2 = 3.7908 < 4$，对应的临界期间为 $n_1 = 6$，$n_2 = 5$。则：

$$n = n_1 + \frac{\beta_1 - \alpha}{\beta_1 - \beta_2}(n_2 - n_1)$$

$$= 6 + \frac{4.3553 - 4}{4.3553 - 3.7908} \times (5-6) \approx 5.4 \text{ 年}$$

3.5.3 实际利率、名义利率与连续利率

1. 实际利率与名义利率的含义

通常复利计算中的利率一般指年利率，计息期也以年为单位。但计息期不为一年时也可按上述公式进行复利计算。当年利率相同，而计息期不同时，其利息是不同的，因而存在有名义利率和实际利率之分。实际利率又称为有效利率；名义利率又称非有效利率。上面讨论的有关计算均假定利率为年利率，每年复利一次。但实际上，复利的计息期间不一定是一年，有可能是季度、月份或日。比如某些债券半年计息一次；有的抵押贷款每月计息一次；银行之间拆借资金均为每

天计息一次。当每年复利次数超过一次时，这样的年利率叫做名义利率，而每年只复利一次的利率才是实际利率。

现举例说明实际利率与名义利率的含义：年利率为 12%，每年计息 1 次，则 12% 为实际利率；年利率为 12%，每年计息 12 次，则 12% 为名义利率，实际相当于月利率为 1%。

2. 实际利率与名义利率的关系

假如年利率有 i，而实际上利息不是一年进行一次复利计算的，而是将一年分为四个季度或分成十二个月进行复利计算，则实际利息额会有差异的。现举例说明。

设年利率为 12%，存款额 1000 元，期限为一年，试按：一年一次复利计息；一年四次按季度 3%（12%/4）利率计息；一年 12 次按月利率 1%（12%/12）计算。这三种情况的本利和分别为：

一年一次计算 $F = 1000 \times (1 + 12\%) = 1120$ 元

一年四次计息 $F = 1000 \times (1 + 3\%)^4 = 1125.51$ 元

一年十二次计息 $F = 1000 \times (1 + 1\%)^{12} = 1126.83$ 元

这里的 12%，对于一年一次计息情况既是实际利率又是名义利率；3% 和 1% 称为周期利率。

由上述计算可知：

名义利率＝周期利率×每年的复利周期数　　　　　　　　　　(3-68)

对于一年计息四次和十二次来说 12% 就是名义利率。实际利率则分别是：

一年计息四次时 $(1 + 3\%)^4 - 1 = 12.55\%$

一年计息十二次时 $(1 + 1\%)^{12} - 1 = 12.68\%$

通过上述分析与计算，可以得出名义利率与实际利率存在着下述关系：

①当计息周期为一年时，名义利率和实际利率相等，计息周期短于一年时，实际利率大于名义利率。

②名义利率不能是完全反映资金时间价值，实际利率才真实地反映了资金的时间价值。

③名义利率越大，周期越短，实际利率与名义利率的差值就越大。

设：P—年初本金，F—年末本利和，L—年内产生的利息，r—名义利率，i—实际利率，m—在一年中的计息次数。则有单位计息周期的利率为 r/m，年末本利和为：

$$F = P\left(1 + \frac{r}{m}\right)^m \qquad (3-69)$$

在一年内产生的利息为：

$$L = F - P = P \cdot \left[\left(1 + \frac{r}{m}\right)^m - 1\right] \qquad (3-70)$$

据利率定义，得：

$$i = \frac{L}{P} = \left(1 + \frac{r}{m}\right)^m - 1 \qquad (3-71)$$

在进行分析计算时，对名义利率有两种处理方法：

①将其换算为实际利率后，再进行计算；

②直接按单位计息周期利率来计算，但计息期数要作相应调整。

对于一年内多次复利的情况，第一种方法是不计算实际利率，而是相应调整有关指标，即利率变为 r/m，期数相应变为 $m \cdot n$。

【例 3-21】 年利率为 6%，每季度复利一次，若想此后 10 年内每季度都能得到 500 元，则现在应存款多少？

解：其现金流量图如图 3-27 所示。

这里 6% 是名义利率，周期利率 $6\%/4=1.5\%$，每年按 1.5% 复利 4 次，10 年复利次数为 $4\times10=40$ 次，应用式 (3-30)，则有：

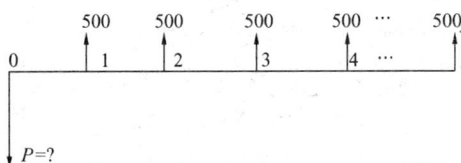

图 3-27 存款的现金流量图

$$P = A \cdot \left[\frac{(1+i)^n - 1}{i(1+i)^n}\right] = A(P/A, i, n)$$

这里 $A=500$ 元，$i=1.5\%$，$n=40$，故有：

$$P = 500 \times \left[\frac{(1+1.5\%)^{40} - 1}{1.5\%(1+1.5\%)^{40}}\right] = 14957.93 \text{ 元}$$

即现存款 14957.93 元可满足要求。

【例 3-22】 某企业于年初存入 10 万元，在年利率为 10%，半年计息一次的情况下，到第 10 年末，该企业能得到多少本利和？

解：其现金流量图如图 3-28 所示。

$$F = P(1+r/m)^{m \cdot n} = 10 \times (1+10\%/2)^{2 \times 10}$$
$$= 10 \times (F/P, 5\%, 20) = 26.53 \text{ 万元}$$

实际上，对于一年内多次复利的情况，还可采取第二种方法计算时间价值。第二种方法是按如式（3-71）将名义利率调整为实际利率，然后按实际利率计算时间价值。但这种方法的缺点是调整后的实际利率往往带有小数点，不利于查表。

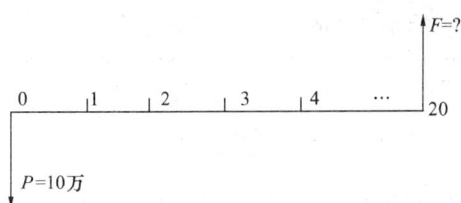

图 3-28 存款的现金流量图

【例 3-23】 利用上例中有关数据，用第二种方法计算本利和。

解：其现金流量图如图 3-29 所示。

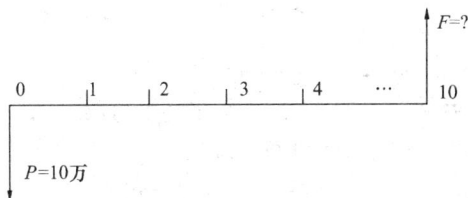

图 3-29 存款的现金流量图

依题意，$P=10$，$r=10\%$，$m=2$，$n=10$

则：

$$i = (1+r/m)^m - 1 = (1+10\%/2)^2 - 1 = 10.25\%$$

$$F = P \cdot (1+i)^n$$

$$= 10 \times (1+10.25\%)^{10} = 26.53 \text{ 万元}$$

因此企业于第 10 年末可得本利和 26.53 万元。

（3）连续利率

计息周期无限缩短（即计息次数 $m \to \infty$）时得利率。

$$i_{\text{连}} = \lim_{m \to \infty} \left(1 + \frac{r}{m}\right)^m - 1 = \lim_{m \to \infty} \left(1 + \frac{1}{\frac{m}{r}}\right)^{\frac{m}{r} \times r} - 1 = e^r - 1$$

复习思考题

1. 什么是现金流量？财务现金流量与国民经济效益费用流量有何区别？

2. 构成现金流量的基本经济要素有哪些？

3. 经营成本与会计成本的主要区别是什么？为什么在工程经济分析中要引入经营成本的概念？

4. 绘制现金流量图的目的及主要注意事项是什么？

5. 在工程经济分析中是如何对时间因素进行研究的？试举例说明。

6. 何谓资金的时间价值？如何理解资金的时间价值？

7. 单利与复利的区别是什么？试举例说明。

8. 什么是终值、现值、等值？

9. 什么是名义利率、实际利率？

10. 现有一项目，其现金流量为：第一年末支付 1000 万元，第二年末支付 1500 万元，第三年收益 200 万元，第四年收益 300 万元，第五年收益 400 万元，第六年到第十年每年收益 500 万元，第十一年收益 450 万元，第十二年收益 400 万元，第十三年收益 350 万元，第十四年收益 450 万元。设年利率为 12%，求：（1）现值；（2）终值；（3）第二年末项目的等值。

11. 利用复利公式和复利系统表确定下列系数值：

(1) $(F/A, 11.5\%, 10)$；　　　　　(2) $(A/P, 10\%, 8.6)$；

(3) $(P/A, 8.8\%, 7.8)$；　　　　　(4) $(A/F, 9.5\%, 4.5)$

12. 某设备价格为 55 万元，合同签订是付了 10 万元，然后采用分期付款方式。第一年末付款 14 万元，从第二年初起每半年付款 4 万元。设年利率为 12%，每半年复利一次。问多少年能付清设备价款？

13. 某人每月末存款 100 元，期限 5 年，年利率 10%，每半年复利一次。计息周期内存款试分别按单利和复利计算，求第五年末可得本利和多少？

14. 某建筑安装企业设立安全奖励基金，现存入一笔现金，预计以后无限期地在每年年末支取利息 20000 元,在存款年利率是 8% 条件下,现在应存入银行多少钱?

15. 某人现在存入银行一笔现金,计划从第 8 年年末起每年年末从银行提取现金 6000 元,连续提取 10 年,在利率是 7% 情况下,现在应存入银行多少元?

16. 某建筑集团公司 2001 年和 2002 年年初对一房地产开发项目投资均为 10000000 元,该项目 2003 年年初完工投产,2003 年至 2005 年各年末预期收益均为 9000000 元,行业基准收益率为 8%。要求:计算 2003 年年初投资额的终值和 2003 年年初各年预期收益的现值。

第4章 建设项目投资估算与融资分析

学习要点：通过本章的学习，应掌握建设项目总投资的概念及构成、投资估算的内容及方法；熟悉融资主体的分类及融资方式、项目资本金及债务资金的来源渠道和筹措方式；了解项目融资结构的概念及项目资本成本的计算方法，应掌握技术和经济的概念；熟悉技术和经济的关系；了解工程经济的研究对象和特点；了解工程经济分析的理论基础；熟悉工程经济分析的基本原则；掌握工程经济分析的一般步骤。本章学习的主要目的是为今后能熟练编制投资估算，科学拟定融资方案，进行融资分析提供坚实的理论基础。

4.1 建设项目投资估算

4.1.1 概述

1. 建设项目投资估算

建设项目投资估算按是否考虑资金的时间价值又可分为静态投资与动态投资。

静态投资是以某一基准年、月的建设要素的价格为依据所计算出的建设项目投资的瞬时值。它含因工程量误差而引起的工程造价的增减。静态投资包括：建筑安装工程费，设备和工器具购置费，工程建设其他费用，基本预备费等。静态投资是具有一定时间性的，应统一按某一确定的时间来计算，特别是遇到估算时间距开工时间较远的项目，一定要以开工前一年为基准年，按照近年的价格指数将编制的静态投资进行适当调整，否则就会失去基准作用，影响投资估算的准确性。

动态投资是指建设项目从估算编制期到工程竣工期间由于物价、汇率、税费率、劳动工资、贷款利率等发生变化所需增加的投资额。主要包括建设期贷款利息、汇率变动及建设期涨价预备费等。动态投资适应了市场价格运行机制的要求，使投资的计划、估算、控制更加符合实际。

投资估算是指在对项目的建设规模、建设标准水平、建设地区地点、工程技术方案、设备方案及项目实施进度等进行研究并基本确定的基础上，估算项目的总投资或投入总资金。

2. 建设项目决策与投资估算的关系

（1）项目决策的内容是决定投资估算的基础，决策的正确性是投资估算合理性的前提

工程建设投资控制贯穿于项目建设全过程，但决策阶段各项技术经济决策，

对该项目的建设投资有重大影响，特别是建设标准水平的确定、建设地点的选择、工艺的评选、设备选用等，直接关系到投资估算的高低。据有关资料统计，在项目建设各个阶段中，投资决策阶段影响建设投资的程度最高，即达到80%～90%。因此，投资决策阶段项目决策的内容是决定投资估算的基础，直接影响着决策阶段之后的各个建设阶段投资控制是否科学、合理。

项目决策正确，意味着对项目建设作出了科学的决断，评选出了最佳的投资行动方案，达到了资源的合理配置；项目决策失误，主要体现在对不该建设的项目进行投资建设，或者项目建设地点的选择错误，或者投资方案的确定不合理等。决策失误，会直接带来不必要的资金投入和人力、物力及财力的浪费，甚至造成不可弥补的损失。在这种情况下，强调投资控制已经没有太大意义。因此，要保证建设投资的合理性，首先要保证项目决策的正确性，避免决策失误。

（2）投资估算的高低也影响项目决策

经济是基础，投资者的财力决定了工程建设的规模和标准。决策阶段的投资估算是进行投资方案选择的重要依据，对需审批或核准、备案的项目，投资估算也是管理部门做出是否对其审批立项的重要依据。

3. 投资估算的内容及阶段划分

（1）投资估算的内容

为合理确定和有效控制建设项目投资，规范建设项目投资估算和概算的编制和管理，我国对建设项目总投资组成及其他费用有明确的规定，明确了投资估算及设计概算应包括的具体费用内容，详见表4-1。当然，在具体估算某项目投资时，其估算内容与范围应与项目建设方案设计所确定的研究范围和各单项工程内容相一致。

（2）投资估算的阶段划分及深度要求

投资决策过程，是一个由浅入深、不断深化的过程，依次分为若干工作阶段，不同阶段决策的深度不同。投资估算是依据现有的资料和一定的估算方法对建设项目的投资数额进行的估计，由于在投资决策过程中的各个工作阶段所具备的条件、掌握的资料和工程技术文件不同，因而投资估算的准确程度也不相同，随着阶段的不断发展，调查研究的不断深入，掌握的资料越来越丰富，工程技术文件越来越完善，投资估算也逐步准确，其所起的作用也越来越重要。与投资决策过程中的各个工作阶段相对应，投资估算一般分为如下三个阶段：

1）投资机会研究与项目建议书阶段的投资估算

这一阶段主要是选择有利的投资机会，提出投资建议，该阶段的工作可大致分为两个步骤：

第一个步骤可称为毛估阶段，它属于项目规划阶段的投资估算。这时，没有工艺流程图、平面布置图和设备分析情况，主要靠比照同类型已投产项目的投资额并考虑价格变化因素等估算。估算的目的仅在于判断一个项目是否值得进一步研究。由于资料的综合性很强，因此，估算的工作量小，时间和费用均消耗少，但误差率较大，允许在30%以上。

建设项目总投资组成　　　　　　表 4-1

可行性研究阶段	费用组成				初步设计阶段
建设项目估算总投资	建设投资	固定资产费用		建筑工程费	第一部分 工程费用
				设备购置费	
				安装工程费	
			固定资产其他费用	建设管理费	第二部分 工程建设其他费用
				可行性研究费	
				研究试验费	
				勘察设计费	
				环境影响评价费	
				劳动安全卫生评价费	
				场地准备及临时设施费	
				引进技术和引进设备其他费	
				工程保险费	
				联合试运转费	
				特殊设备安全监督检验费	
				市政公用设施建设及绿化费	
		无形资产费用		建设用地费	
				专利及专有技术使用费	
		其他资产费用（递延资产）		生产准备及开办费	
		预备费		基本预备费	第三部分 预备费
				价差预备费	
	建设期利息				第四部分 专项费用
	流动资金（项目报批总投资和概算总投资中只列铺底流动资金）				
	固定资产投资方向调节税（暂停征收）				

（右侧纵列：建设项目概算总投资）

第二个步骤可称为粗估阶段。它属于项目建议书阶段的投资估算。在此阶段，有了初步的流程图、主要设备的生产能力，并已确定了项目的地理位置。粗估的目的主要是判断一个项目是否可行，指导进一步的研究。此阶段的误差率仍允许达30%。

2）初步可行性研究阶段的投资估算

这一阶段是介于投资机会研究和详细可行性研究之间的阶段。此时要进一步明确项目的可行性，以及设备、材料的规格、设备的生产能力、工厂的总平面图、公用设施的初步配置等。进而确定项目是否进行详细可行性研究，并为下一步的研究和投资计划奠定基础。这个阶段的估算误差率为20%左右。

3）详细可行性研究阶段的投资估算

详细可行性研究阶段又称为最终可行性研究阶段。在此阶段，项目已经进行了较详细的技术经济分析，决定了项目是否可行，并比选出最佳投资方案，估算的投资额比较准确，可据此进行项目的筹资。这个阶段估算的误差率为10%左右。

各阶段投资估算的准确性应达到规定的深度，否则，必将影响到拟建项目前期的投资决策，而且也直接关系到下一阶段的投资控制。

4. 投资估算的方法

投资估算的方法包括简单估算法和投资分类估算法。

（1）简单估算方法

简单估算方法有生产能力指数法、比例估算法和系数估算法等，简单估算方法估算精度不高，主要适用于投资机会研究和项目预可行性研究阶段，在项目详细可行性研究阶段应采用投资分类估算法。

（2）投资分类估算法

投资分类估算法的基本步骤为：

1）分别估算各单项工程所需的建筑工程费、设备及工器具购置费和安装工程费；

2）在汇总各单项工程费用基础上估算工程建设其他费和基本预备费；

3）确定分年度投资比例，估算涨价预备费；

4）汇总编制建设投资（不含建设期利息）估算表；

5）制定分年度贷款投资计划，估算建设期利息；

6）估算流动资金；

7）汇总编制项目投入总资金（评价用总投资）估算表及分年投资计划表。

4.1.2 投资简单估算法

1. 生产能力指数法

该方法是根据已建成的、性质类似的建设项目的投资额和生产能力与拟建项目的生产能力估算拟建项目的投资额，其计算公式为：

$$Y_2 = Y_1 \times (X_2/X_1)^n \times CF \tag{4-1}$$

式中　Y_2——拟建项目的投资额；

　　　Y_1——已建类似项目的投资额；

X_2——拟建项目的生产能力；

X_1——已建类似项目的生产能力；

CF——拟建及已建类似项目建设间隔期内定额、单价、费用变更等的综合调整系数；

n——生产能力指数，$0 \leqslant n \leqslant 1$。

运用这种方法估算项目投资的重要条件是要有合理的生产能力指数。

采用生产能力指数法计算简单、速度快，但要求类似工程的资料可靠，条件基本相同，否则误差就会增大。

【例 4-1】 已知建设年产 30 万吨乙烯装置的投资额为 60000 万元，现有一年产 70 万吨乙烯的装置，工程条件与上述装置类似，试估算该装置的投资额（生产能力指数 $n=0.6$，$CF=1.1$）。

解： 根据公式 $Y_2 = Y_1 \times (X_2/X_1)^n \times CF$

该装置的投资额 $=60000 \times (70/30)^{0.6} \times 1.1 = 109731.17$ 万元

2. 比例估算法

比例估算法又分为两种：

(1) 以拟建项目的全部设备费为基数进行估算，计算公式为：

$$C = E(1 + f_1P_1 + f_2P_2 + f_3P_3 + \cdots\cdots) + I \tag{4-2}$$

式中　C——拟建项目的投资额；

E——根据拟建项目当时当地价格计算的设备费（含运杂费）的总和；

$P_1 P_2 P_3 \cdots\cdots$——已建项目中建筑、安装及其他工程费用等占设备费百分比；

$f_1 f_2 f_3 \cdots\cdots$——由于时间因素引起的定额、价格、费用标准等综合调整系数；

I——拟建项目的其他费用。

【例 4-2】 某石化项目，设计生产能力 45 万 t，已知生产能力为 30 万 t 的同类项目投入设备费用为 30000 万元，设备综合调整系数 1.1，该项目生产能力指数估计为 0.8，该类项目的建筑工程费用是设备费的 10%，安装工程费用是设备费的 20%，其他工程费用是设备费的 10%，这三项的综合调整系数定为 1.0，其他投资费用估算为 1000 万元，试估算该项目投资。

解：

①用生产能力指数法估算设备费

$$C = 30000 \times (45/30)^{0.8} \times 1.1 = 45644.3 \text{万元}$$

②用比例法估算投资

$45644.3 \times (1 + 10\% + 20\% + 10\%) \times 1.0 + 1000 = 64002$ 万元

(2) 以拟建项目的最主要工艺设备费为基数进行估算，计算公式为：

$$C = E(1 + f_1P_1' + f_2P_2' + f_3P_3' + \cdots\cdots) + I \tag{4-3}$$

式中　P_1'、P_2'、$P_3' \cdots\cdots$——各专业工程费用占工艺设备费用的百分比；

其他同上。

3. 系数估算法

(1) 朗格系数法

这种方法是以设备费为基础，乘以适当系数来推算项目的建设费用。计算公式为：

$$D = C \times (1 + \Sigma K_i) K_c \tag{4-4}$$

式中　D——总建设费用；

　　　C——主要设备费用；

　　　K_i——管线、仪表、建筑物等项费用的估算系数；

　　　K_c——管理费、合同费、应急费等间接费在内的总估算系数。

总建设费用与设备费用之比为朗格系数 K_L。即：

$$K_L = (1 + \Sigma K_i) K_c \tag{4-5}$$

这种方法比较简单，但没有考虑设备规格、材质的差异，所以精确度不高。

（2）设备及厂房系数法

若生产性建设项目设计方案已初步选定了工艺设备并进行了工艺布置，就有了工艺设备的重量及厂房高度和面积等基本技术参数，则工艺设备投资和厂房土建的投资可以分别估算出来，其他投资与设备关系较大的按设备系数计算，与厂房土建关系较大的则以厂房土建投资系数计算，两类投资加起来就得出整个项目的投资，这个方法，在预可行性阶段使用是比较合适的。

【例 4-3】　拟建年产 10 万 t 炼钢厂，根据可行性研究报告提供的主厂房工艺设备清单和询价资料估算出该项目主厂房设备投资约 3600 万元。已建类似项目资料：与设备有关的其他各专业工程投资系数，见表 4-2。与主厂房投资有关的辅助工程及附属设施投资系数，见表 4-3。试用设备及厂房系数法估算该项目主厂房投资和项目建设的工程费与其他费投资。

与设备投资有关的各专业工程投资系数　表 4-2

加热炉	汽化冷却	余热锅炉	自动化仪表	起重设备	供电与传动	建安工程
0.12	0.01	0.04	0.02	0.09	0.18	0.40

与主厂房投资有关的辅助及附属设施投资系数　表 4-3

动力系统	机修系统	总图运输系统	行政及生活福利设施工程	工程建设其他费
0.30	0.12	0.20	0.30	0.20

解：

①主厂房投资

$\qquad 3600 \times (1 + 12\% + 1\% + 4\% + 2\% + 9\% + 18\% + 40\%)$

$\qquad = 3600 \times (1 + 0.86) = 6696$ 万元

②项目建设的工程费与其他费投资

$\qquad 6696 \times (1 + 30\% + 12\% + 20\% + 30\% + 20\%) = 14195.52$ 万元

4.1.3　投资分类估算法

1. 估算各单项工程所需的建筑工程费、设备及工器具购置费和安装工程费

（1）估算建筑工程费

1）建筑工程费用内容

建筑工程费是指为建造永久性和大型临时性建筑物和构筑物所需要的费用。一般包括：各种房屋如厂房、仓库、办公室、住宅、商店、学校、医院、俱乐部、食堂、招待所等工程费。包括房屋的土建工程费；列入房屋工程预算内的暖气、卫生、通风、照明、煤气等设备的价值及装设油饰工程费；列入建筑工程预算内的各种管道（如蒸汽、压缩空气、石油、给水排水等管道）、电力、电信电缆导线等的敷设工程费；房地产开发单位进行的商品房屋开发建设工程费。

设备基础、支柱、操作平台、梯子、烟囱、水塔、水池等建筑工程费；炼焦炉、裂解炉、蒸汽炉等各种窑炉的砌筑工程及金属结构工程的费用。

为施工而进行的建筑场地的布置、工程地质勘探费，原有建筑物和障碍物的拆除费，平整场地、施工临时用水、电、汽、道路工程费，以及完工后建筑场地的清理、环境绿化美化工程等费用；房地产开发单位进行的土地开发工程费。

矿井开凿、井巷掘进延伸、露天矿的剥离、石油、天然气钻井工程和建造铁路、公路、港口、桥梁等工程费。

水利工程，如水库、堤坝、灌溉以及河道整治等工程费。

防空、地下建筑等特殊工程及其他建筑工程费。

2）建筑工程费用估算方法

估算建筑工程费一般根据设计方案提供的工程内容，按各种估、概算指标或同类工程成本资料计算。计算公式为：

$$\text{建筑工程费} = \text{单位工程估算（或概算）指标} \times \text{单位工程的工程量} \times \text{修正系数} \tag{4-6}$$

建筑工程估算（或概算）指标是指各单位工程结合项目特征，按照房屋以平方米为计量单位，或构筑物以座为计量单位，其他各专业工程根据不同工程性质确定其计量单位，规定所需要的人工、材料、施工机械台班消耗的一种标准。采用估算（或概算）指标时，应注意可行性研究报告中设计方案的结构特征是否完全符合指标要求，若不符合，要对指标进行适当修正，并注意人工材料价差和机械台班费的调整。

（2）估算设备及工器具购置费

1）设备及工器具购置费用内容

设备、工器具费用是由设备购置费和工器具、生产用家具购置费组成的，它是固定资产投资中的重要组成部分。设备购置费是指各种生产设备、传导设备、动力设备、运输设备等设备原价及运杂费。可分为需要安装和不需要安装的设备购置费两种。

需要安装的设备是指必须将其整体或几个装配起来，安装在基础上或建筑物支架上才能使用的设备，如轧钢机、发电机、蒸汽锅炉、变压器、塔、换热器、各种泵、机床等。有的设备虽不需要基础，但必须进行组装工作，并在一定范围内使用的，如生产用电铲、塔吊、门吊、皮带运输机等也作为需要安装的设备计算。

不需要安装的设备指不必固定在一定位置或支架上就可以使用的各种设备，如电焊机、叉车、汽车、机车、飞机、船舶以及生产上流动使用的空压机、泵等。

工具、器具购置费是指为保证初期正常生产必须购置的不构成固定资产标准的设备、仪器、工模具、器具及生产用家具的购置费。

2）设备及工器具购置费用估算方法

设备及工器具购置费的估算可分为国内设备购置费、进口设备购置费、融资租赁设备费及工具、器具购置费估算。设备购置费估算的基本公式为：

$$设备购置费 ＝ 国产设备原价或进口设备抵岸价 ＋ 设备运杂费 \quad (4-7)$$

式（4-7）中，国产设备原价是指国产标准设备、非标准设备的原价；进口设备抵岸价是指抵达买方边境港口或边境车站，且交完关税以后的价格。设备运杂费系指设备原价中未包括的包装和包装材料费、运输费、装卸费、采购费及仓库保管费、供销部门手续费等。如果设备是由设备成套公司供应的，成套公司的服务费也应计入设备运杂费之中。

①国内设备购置费的估算。国内设备又可分为国产标准设备和非标准设备。国产标准设备原价一般指的是设备制造厂的交货价，即出厂价，在计算设备原价时，一般应按带备件的出厂价计算，如设备由设备成套公司供应，则应以订货合同为设备原价；国产非标准设备原价有多种计价方法，如成本计算法、系列设备插入估价法、分部组合估价法、定额估价法等。无论采用哪种方法都应该使非标准设备计价接近实际出厂价，并且计算方法要简便。设备运杂费（运输费、装卸费、供销手续费和仓库保管费等）一般按运杂费率和设备出厂价的百分比计算。

②进口设备购置费估算。进口设备购置费由进口设备抵岸价（设备货价加进口从属费用）及国内段运杂费组成。

设备货价分为原币货价和人民币货价，原币货价一般按离岸价（即 FOB 价）计算，币种一律折算为美元表示；人民币货价为原币货价乘以外汇市场美元兑换人民币中间价。进口设备货价按有关生产厂商询价、报价、订货合同价计算。

进口从属费用包括国外运费、运输保险费、关税、消费税、增值税和银行财务费、外贸手续费、海关监管手续费、车辆购置附加费等。进口从属费用计算规定见表 4-4。

进口从属费用计算表　　　　　　　　　　　　　　　表 4-4

费用名称	计 算 公 式	备 注
国外运费	国外运费：合同中硬件货价×国外运输费率	海运费率通常取 6%
国外运输保险费	国外运输保险费＝（合同中硬件货价＋海运费）×运输保险费率	海运保险费率常取 3.5%
关税	硬件关税：（合同中硬件货价＋运费＋运输保险费）×关税税率 软件关税＝合同中应计关税软件的货价×关税税率	
消费税		
增值税	增值税＝（硬件到岸价＋完关税软件货价＋关税）×增值税率	增值税率取 17%
银行财务费	合同中硬、软件的货价×银行财务费率	银行财务费率取 5‰
外贸手续费	（合同中硬件到岸价＋完关税软件货价）×外贸手续费率	外贸手续费率取 1.5%
海关监管手续费	减免关税部分的到岸价×海关监管手续费率	海关监管手续费率取 3‰

【例 4-4】　某公司拟从国外进口一套机电设备，重量 1500t，装运港船上交货价，即离岸价（FOB 价）为 400 万美元。其他有关费用参数为：国际运费标准为 360 美元/t；海上运输保险费率为 0.266%；中国银行费率为 0.5%；外贸手续费率为 1.5%；关税税率为 22%；增值税的税率为 17%；美元的银行牌价为 8.27 元人民币，设备的国内运杂费率为 2.5%。试对该套设备进行估价。

解：根据上述各项费用的计算公式，则有：

进口设备货价 $= 400 \times 8.27 = 3308$ 万元

国际运费 $= 360 \times 1500 \times 8.27 = 446.6$ 万元

国外运输保险费 $= (3308 + 446.6) \times 0.266\% = 10$ 万元

进口关税 $= (3308 + 446.6 + 10) \times 22\% = 828.2$ 万元

增值税 $= (3308 + 446.6 + 10 + 828.2) \times 17\% = 780.8$ 万元

银行财务费 $= 3308 \times 0.5\% = 16.5$ 万元

外贸手续费 $= (3308 + 446.6 + 10) \times 1.5\% = 56.5$ 万元

进口设备原价 $= 3308 + 446.6 + 10 + 828.2 + 780.8 + 16.5 + 56.5 = 5446.6$ 万元

设备估价 $= 5177.78 \times (1 + 2.5\%) = 5582.8$ 万元

3）融资租赁设备的估算方法

融资租赁设备费用应作为建设项目固定资产投资的组成部分。融资租赁的固定资产按租赁协议确定的设备价款，并考虑运输费、途中保险费、安装调试费等因素估算。

4）工器具购置费的估算

工具、器具及生产家具购置费是指新建或扩建项目初步设计规定的，保证初期正常生产必须购置的没有达到固定资产标准的设备、仪器、工卡模具、器具、生产家具和备品备件等的购置费用。计算公式为：

$$\text{工具、器具及生产家具购置费} = \text{设备购置费} \times \text{定额费率} \qquad (4\text{-}8)$$

（3）估算安装工程费

1）安装工程费的内容

安装工程费一般包括如下三大组成部分：

生产、动力、起重、运输、传动和医疗、实验等各种需要安装设备的装配和安装，与设备相连的工作台、梯子、栏杆等装设工程、附属于被安装设备的管线敷设工程，被安装设备的绝缘、防腐、保温、油漆等工程费用。

为测定安装工程质量，对单个设备、系统设备进行单机试运转、系统联动无负荷试运转工作（投料试运工作不包括在内）等的运转、调试费用。

在安装工程中，不包括被安装设备本身价值和投料试运转的费用。

2）安装工程费的估算方法

安装工程费，一般采用占需安装设备价值的百分比指标（安装费率）或概算指标进行估算；管线安装工程费可按工程量和概算指标进行估算，或按单位造价指标估算。

2. 估算工程建设其他费和基本预备费

新的《建设项目总投资组成及其他费用规定》中工程建设其他费用组成及计算方法如下：

（1）建设用地费

土地征用及迁移补偿费，依照《中华人民共和国土地管理法》等规定所支付的费用。其总和一般不得超过被征土地年产值的 20 倍，土地年产值则按该地被征日前 3 年的平均产量和国家规定的价格计算。

土地使用权出让金依照《中华人民共和国城镇国有土地使用权出让和转让暂行条例》的规定，计算土地使用权出让金。城市土地的出让和转让可采用协议、招标、公开拍卖等方式。协议方式是由用地单位申请，经市政府批准双方洽谈具体地块及地价，适用于市政工程、公益事业用地及机关、部队和需要重点扶持、优先发展的产业用地；招标方式是用地单位在规定期限内投标，市政府根据投标报价、规划方案以及企业信誉综合考虑、择优而取，适用于一般工程建设用地；公开拍卖是在指定的地点和时间，由申请用地者叫价应价，价高者得，适用于盈利高的行业用地。

具体要求如下：

根据应征建设用地面积、临时用地面积，按建设项目所在省、市、自治区人民政府制定颁发的土地征用补偿费、安置补助费标准和耕地占用税、城镇土地使用税标准计算。

建设用地上的建（构）筑物如需迁建，其迁建补偿费应按迁建补偿协议计列或按新建同类工程造价计算。建设场地平整中的余物拆除清理费在"场地准备及临时设施费"中计算。

建设项目采用"长租短付"方式租用土地使用权，在建设期间支付的租地费用计入建设用地费；在生产经营期间支付的土地使用费应计入营运成本中核算。

【例 4-5】　某企业为了某一工程建设项目，需要征用耕地 100 亩，被征用前第一年平均每亩产值 1200 元，征用前第二年平均每亩产值 1100 元，征用前第三年平均每亩产值 1000 元，该单位人均耕地 2.5 亩，地上附着物共有树木 3000 棵，按照 20 元/棵补偿，青苗补偿按照 100 元/亩计取，试对该土地费用进行估价。

解：根据国家有关规定，取被征用前三年平均产值的 8 倍计算土地补偿费，则有：土地补偿费：$(1200+1100+1000) \times 100 \times 8/3 = 88$ 万元

取该耕地被征用前三年平均产值的 5 倍计算安置补助费，则：

需要安置的农业人口数：$100/2.5 = 40$ 人

人均安置补助费：$(1200+1100+1000) \times 2.5 \times 5 = 1.38$ 万元

安置补助费：$1.38 万 \times 40 人 = 55.2$ 万元

地上附着物补偿费：$3000 \times 20 = 6$ 万元

青苗补偿费：$100 \times 100 = 1$ 万元

则该土地费用估价为：$88+55.2+6+1 = 150.2$ 万元

【例 4-6】　某建设单位准备以有偿的方式取得某城区一宗土地的使用权，该宗土地占地面积 15000m²，土地使用权出让金标准为 4000 元/m²。根据调查，目

前该区域尚有平房住户 60 户，建筑面积总计 3500m²，试对该土地费用进行估价。

解：土地使用权出让金：4000×15000＝6000 万元

以同类地区征地拆迁补偿费作为参照，估计单价为 1200 元/m²，则该土地拆迁补偿费用为：1200×3500＝420 万元

则该土地费用：6000＋420＝6420 万元

（2）建设管理费

建设管理费一般应以建设投资中的工程费用为基数乘以建设管理费率计算，改扩建项目的建设管理费率应比新建项目适当降低。如建设管理采用监理，建设单位管理工作量转移至监理单位，监理费应根据委托的监理工作范围和监理深度在监理合同中商定；如建设管理采用工程总承包方式，其总包管理费由建设单位与总包单位根据总包工作范围在合同中商定、从建设管理费中支出。

建设单位管理费率见表 4-5。

建设单位管理费率表

表 4-5

序号	第一部分工程费用总值（万元）在	计算基础	费率（％）
1	100～300	第一部分工程费用总值	2.0～2.4
2	301～500	第一部分工程费用总值	1.7～2.0
3	501～1000	第一部分工程费用总值	1.5～1.7
4	1001～5000	第一部分工程费用总值	1.2～1.5
5	5001～10000	第一部分工程费用总值	1.0～1.2
6	10001～20000	第一部分工程费用总值	0.9～1.1
7	20001～50000	第一部分工程费用总值	0.8～0.9
8	50001 以上	第一部分工程费用总值	0.6～0.8

（3）可行性研究费

可行性研究费应依据前期研究委托合同计算，或参照《国家计委关于印发〈建设项目前期工作咨询收费暂行规定〉的通知》（计投资［1999］1283 号）的规定计算。

（4）研究试验费

一般按照研究试验内容和要求进行编制。

（5）勘察设计费

应依据勘察设计委托合同计列，或参照国家计委、建设部《关于发布〈工程勘察设计收费管理规定〉的通知》（计价格［2002］10 号）规定计算。

（6）环境影响评价费

应依据环境影响评价委托合同计列，或按照国家计委、国家环境保护总局《关于规范环境影响咨询收费有关问题的通知》（计价格［2002］125 号）规定计算。

（7）劳动安全卫生评价费

应依据劳动安全卫生预评价委托合同计列，或按照建设项目所在省（市、自治区）劳动行政部门规定的标准计算。

（8）场地准备及临时设施费

新建项目的场地准备和临时设施费应根据实际工程量估算，或按工程费用的比例计算。改扩建项目一般只计拆除清理费。发生拆除清理费时可按新建同类工程造价或主材费、设备费的比例计算。凡可回收材料的拆除采用以料抵工方式，不再计算拆除清理费。

（9）引进技术和引进设备其他费

引进设备材料的国外运输费、国外运输保险费、关税、增值税、外贸手续费、银行财务费、国内运杂费、引进设备材料国内检验费、海关监管手续费等按引进货价（F.O.B 或 C.I.F）计算后进入相应的设备材料费中。单独引进软件不计关税只计增值税。引进技术和引进设备其他费具体包括引进项目图纸资料翻译复制费：根据引进项目的具体情况计列或按引进货价（F.O.B）的比例估列；引进项目发生备品备件测绘费时按具体情况估列。

出国人员费用：依据合同规定的出国人次、期限和费用标准计算。生活费及制装费按照财政部、外交部规定的现行标准计算，旅费按中国民航公布的国际航线票价计算。

来华人员费用：应依据引进合同有关条款规定计算。引进合同价款中已包括的费用内容不得重复计算。来华人员接待费用可按每人次费用指标计算。

银行担保及承诺费：应按担保或承诺协议计取。投资估算和概算编制时可以担保金额或承诺金额为基数乘以费率计算。

（10）工程保险费

不同的建设项目可根据工程特点选择投保险种，根据投保合同计列保险费用。编制投资估算和概算时可按工程费用的比例估算。

（11）特殊设备安全监督检验费

按照建设项目所在省（市、自治区）安全监察部门的规定标准计算。无具体规定的，在编制投资估算和概算时可按受检设备现场安装费的比例估算。

（12）生产准备及开办费

新建项目按设计定员为基数计算，改扩建项目按新增设计定员为基数计算：

$$生产准备费 = 设计定员 \times 生产准备费指标(元／人) \qquad (4-9)$$

（13）联合试运转费

当联合试运转收入小于试运转支出时：

$$联合试运转费 = 联合试运转费用支出 - 联合试运转收入 \qquad (4-10)$$

不发生试运转或试运转收入大于（或等于）费用支出的工程，不列此项费用。

（14）专利及专有技术使用费

按专利使用许可协议和专有技术使用合同的规定计列，专有技术的界定应以省、部级鉴定批准为依据；项目投资中只计需在建设期支付的专利及专有技术使用费。协议或合同规定在生产期支付的使用费应在成本中核算。

（15）市政公用设施建设及绿化费

按工程所在地人民政府规定标准计列；不发生或按规定免征项目不计取。

基本预备费计算公式为：

$$基本预备费 =（建筑工程费＋设备工器具购置费＋工程建设其他费用）$$
$$×基本预备费率 \qquad (4-11)$$

3. 确定分年度投资比例，估算涨价预备费

$$涨价预备费计算公式为：PC = \Sigma I_t[(1+f)^n - 1] \qquad (4-12)$$

式中　PC——涨价预备费；

I_t——第 t 年的建筑工程费，设备及工器具购置费，安装工程费之和；

f——建设期价格上涨指数；

n——建设期。

在涨价预备费的计算中，有条件的项目可以区分各类工程费用或不同年份，采用单项价格指数加权预测的方法估算项目的涨价预备费。国外设备、材料进口费用的平均价格指数和涨价预备费用，一般应与国内投资分别计算。

【例 4-7】　某建设项目建筑安装工程费和设备及工器具购置费之和为 250000 万元，按本项目进度计划，项目建设期为 5 年，5 年的投资分年度使用比例为第一年 10％，第二年 20％，第三年 30％，第四年 30％，第五年 10％，建设期内年平均价格变动率为 6％，试估计该项目建设期的涨价预备费。

解：

第一年投资计划用款额：$I_1 = 250000 × 10\% = 25000$ 万元

第一年涨价预备费：$PC_1 = 25000 × [(1+6\%) - 1] = 1500$ 万元

第二年投资计划用款额：$I_2 = 250000 × 20\% = 50000$ 万元

第二年涨价预备费：$PC_2 = 50000 × [(1+6\%)^2 - 1] = 6180$ 万元

第三年投资计划用款额：$I_3 = 250000 × 30\% = 75000$ 万元

第三年涨价预备费：$PC_3 = 75000 × [(1+6\%)^3 - 1] = 14326.2$ 万元

第四年投资计划用款额：$I_4 = 250000 × 30\% = 75000$ 万元

第四年涨价预备费：$PC_4 = 75000 × [(1+6\%)^4 - 1] = 19685.8$ 万元

第五年投资计划用款额：$I_5 = 250000 × 10\% = 25000$ 万元

第五年涨价预备费：$PC_5 = 25000 × [(1+6\%)^5 - 1] = 8455.6$ 万元

所以，项目建设期的涨价预备费为：

$$PC = PC_1 + PC_2 + PC_3 + PC_4 + PC_5 = 50147.6 万元。$$

4. 汇总编制建设投资（不含建设期利息）估算表

上述各项费用估算完毕后应编制建设投资（不含建设期利息）估算表，并对项目建设投资（不含建设期利息）的构成和各类工程、其他费用及预备费占建设投资（不含建设期利息）的比例的合理性进行分析。制造业建设项目建设投资（不含建设期利息）估算表参考格式见表 4-6 所示。

建设投资（不含建设期利息）估算表（单位：万元）　　表 4-6

序号　工程或费用名称	建筑工程费	设备及工器具购置费	安装工程费	其他费用	合计	其中：外汇	投资比例%
1 工程费用							
1.1　主要生产项目							
1.1.1　×××							
…							
1.2　辅助生产项目							
1.2.1　×××							
…							
1.3　公用工程项目							
1.3.1　×××							
…							
1.4　服务性工程项目							
1.4.1　×××							
…							
1.5　厂外工程项目							
1.5.1　×××							
…							
1.6　×××							
…							
2　工程建设其他费							
2.1　×××							
…							
3　预备费							
3.1　基本预备费							
3.2　涨价预备费							
4　建设投资（不含建设期贷款利息）合计							
投资比例							

5. 制定分年度贷款投资计划，估算建设期利息

建设期利息的计算可按当年借款在年中支用考虑，即当年借款按半年计息，上年贷款按全年计息。计算公式为：

本年应计利息 ＝（年初借款累计金额＋当年借款额 /2）× 年利率　　（4-13）

借款利息计算中采用的利率，应为实际利率。实际利率与名义利率的换算公式为：

$$实际年利率 ＝(1＋r/m)^m－1 \qquad (4-14)$$

式中　r——名义年利率；

　　　m——每年计息次数。

【例 4-8】　某建设项目建设期为 3 年，在建设期第一年贷款 300 万元，第二年贷款 600 万元，第三年贷款 400 万元，贷款利率为 12%，试用复利法计算建设期的贷款利息。

解：

①第一年建设期贷款利息 $300 \times 1/2 \times 12\% = 18$ 万元

②第二年建设期贷款利息 $(318 + 1/2 \times 600) \times 12\% = 74.16$ 万元

③第三年建设期贷款利息 $(318 + 600 + 74.16 + 1/2 \times 400) \times 12\% = 143.06$ 万元

建设期三年的贷款利息共计 235.22 万元。

6. 估算流动资金

项目运营需要流动资产投资，但项目评价中需要估算并预先筹措的是从流动资产中扣除流动负债，即企业短期信用融资（应付账款）后的流动资金。项目评价中流动资金的估算应考虑应付账款对需要预先筹措的流动资金的抵减作用。对有预收账款的某些项目，还可同时考虑预收账款对流动资金的抵减作用。流动资金估算方法可采用扩大指标估算法或分项详细估算法。

（1）扩大指标估算法

扩大指标估算法是一种简化的流动资金估算方法，一般可参照同类企业流动资金占销售收入、经营成本的比例，或者单位产量占用流动资金的数额估算。虽然扩大指标估算法简便易行，但准确度不高，一般适用于项目建议书阶段的流动资金估算。

（2）分项详细估算法

对流动资金构成的各项流动资产和流动负债分别进行估算。在可行性研究中，为简化起见，仅对存货、现金、应收账款和应付账款四项内容进行估算，计算公式为：

$$流动资金 = 流动资产 - 流动负债 \tag{4-15}$$

$$流动资产 = 应收账款 + 存货 + 现金 \tag{4-16}$$

$$流动负债 = 应付账款 \tag{4-17}$$

$$流动资金本年增加额 = 本年流动资金 - 上年流动资金 \tag{4-18}$$

流动资金估算的具体步骤，首先计算存货、现金、应收账款和应付账款的年周转次数，然后再分项估算占用资金额。

1）周转次数计算

$$周转次数 = 360 天 / 最低周转天数 \tag{4-19}$$

各类流动资产和流动负债的最低周转天数参照同类企业的平均周转天数并结合项目特点确定，或按部门（行业）规定，在确定最低周转天数时应考虑储存天数、在途天数，并考虑适当的保险系数。

2）存货估算

存货是指企业在日常生产经营过程中持有以备出售，或者仍然处在生产过程，或者在生产或提供劳务过程中将消耗的材料或物料等，包括各类材料、商品、在产品、半成品和产成品等。为简化计算，项目评价中仅考虑外购原材料、燃料、其他材料、在产品和产成品，并分项进行计算。

$$计算公式为：存货 = 外购原材料 + 外购燃料 + 在产品 + 产成品 \tag{4-20}$$

$$外购原材料、燃料 = 年外购原材料、燃料费用 / 分项周转次数 \tag{4-21}$$

$$
\begin{aligned}
在产品 = &（年外购原材料、燃料动力费用 + 年工资及福利费 \\
&+ 年修理费 + 年其他制造费用）/ 在产品周转次数
\end{aligned}
\tag{4-22}
$$

$$产成品 = （年经营成本 - 年其他营业费用）/ 产成品周转次数 \tag{4-23}$$

3）应收账款估算

应收账款是指企业对外销售商品、提供劳务尚未收回的资金。计算公式为：

$$应收账款 = 年销售收入 / 应收账款周转次数 \qquad (4-24)$$

4）现金需要量估算

项目流动资金中的现金是指为维持正常生产运营必须预留的货币资金。计算公式为：

$$现金需要量 = （年工资及福利费 + 年其他费用）/ 现金周转次数 \qquad (4-25)$$

5）流动负债估算

流动负债是指在一年或超过一年的一个营业周期内，需要偿还的各种债务。一般流动负债的估算只考虑应付账款一项。计算公式为：

$$应付账款 = （年外购原材料 + 年外购燃料）/ 应付账款周转次数 \qquad (4-26)$$

【例 4-9】 建设项目达到设计生产能力后，全厂定员为 1100 人，工资和福利费按照每人每年 7200 元估算。每年其他费用为 860 万元（其中：其他制造费用为 660 万元）。年外购原材料、燃料、动力费估算为 19200 万元。年经营成本为 21000 万元，年修理费占年经营成本 10%。各项流动资金最低周转天数分别为：应收账款 30 天，现金 40 天，应付账款为 30 天，存货为 40 天，试用分项详细估算法估算拟建项目的流动资金。

解：流动资金＝流动资产－流动负债

①应收账款

$$应收账款 = 年经营成本 / 年周转次数$$
$$= 21000 \div （360 \div 30） = 1750 \text{ 万元}$$

②现金

$$现金 = （年工资福利费 + 年其他费）\div 年周转次数$$
$$= （1100 \times 0.72 + 860）\div （360 \div 40） = 183.56 \text{ 万元}$$

③存货

（a）外购原材料、燃料

$$外购原材料、燃料 = 年外购原材料、燃料动力费 \div 年周转次数$$
$$= 19200 \div （360 \div 40） = 2133.33 \text{ 万元}$$

（b）在产品

$$在产品 = （年工资福利费 + 年其他制造费 + 年外购原料燃料费 + 年修理费）$$
$$\div 年周转次数 = （1100 \times 0.72 + 660 + 19200 + 21000 \times 10\%）$$
$$\div （360 \div 40） = 2528.00 \text{ 万元}$$

（c）产成品

$$产成品 = 年经营成本 \div 年周转次数$$
$$= 21000 \div （360 \div 40） = 2333.33 \text{ 万元}$$
$$存货 = 2133.23 + 2528.00 + 2333.33 = 6994.66 \text{ 万元}$$

由此求得：

$$流动资产 = 应收账款 + 现金 + 存货$$
$$= 1750 + 183.56 + 6994.66 = 8928.22 \text{ 万元}$$

流动负债＝应付账款

　　　　＝年外购原材料、燃料、动力费÷年周转次数

　　　　＝19200÷（360÷30）＝1600 万元

流动资金＝流动资产－流动负债＝8928.22－1600＝7328.22 万元

7. 汇总编制项目投入总资金（评价用总投资）估算表及分年投资计划表

（1）项目投入总资金估算表的编制

按投资估算内容和估算方法估算上述各项投资并进行汇总，编制项目投入总资金估算汇总表，项目投入总资金估算表参考格式如表 4-7 所示。

（2）分年投资计划表

估算出项目建设投资（不含建设期利息）、建设期利息和流动资金后，应根据项目计划进度的安排，编制分年投资计划表，如表 4-8 所示。该表中的分年建设投资（不含建设期利息）可以作为安排融资计划，估算建设期利息的基础。分年投资计划表是编制项目资金筹措计划表的基础。

项目投入总资金估算汇总表（单位：万元）　　　　表 4-7

序　号	费 用 名 称	投资额		估算说明
		合计	其中：外汇	
1	建设投资			
1.1	建设投资静态部分			
1.1.1	建筑工程费			
1.1.2	设备及工器具购置费			
1.1.3	安装工程费			
1.1.4	工程建设其他费			
1.1.5	基本预备费			
1.2	建设投资动态部分			
1.2.1	涨价预备费			
1.2.2	建设期贷款利息			
2	流动资金			
3	项目投入总资金（1+2）			

分年投资计划表（单位：万元）　　　　表 4-8

序号	项　目	人 民 币			外　汇		
		第一年	第二年	…	第一年	第二年	…
1	建设投资（不含建设期利息）						
2	建设期利息						
3	流动资金						
4	项目投入总资金（1+2+3）						

【例 4-10】　拟建某工业建设项目，各项数据如下：主要生产项目 7400 万元（其中：建筑工程费 2800 万元，设备购置费 3900 万元，安装工程费 700 万元）；辅助生产项目 4900 万元（其中：建筑工程费 1900 万元，设备购置费 2600 万元，安装工程费 400 万元）；公用工程 2200 万元（其中：建筑工程费 1320 万元，设备

购置费 660 万元，安装工程费 220 万元）；环境保护工程 660 万元（其中：建筑工程费 330 万元，设备购置费 220 万元，安装工程费 110 万元）；总图运输工程 330 万元（其中：建筑工程费 220 万元，设备购置费 110 万元）；服务性工程建筑工程费 160 万元；生活福利工程建筑工程费 220 万元；厂外工程建筑工程费 110 万元；工程建设其他费用 400 万元；基本预备费费率为 10％；建设期各年涨价预备费费率为 6％；建设期为 2 年，每年建设投资相等。建设资金来源为：第 1 年贷款 5000 万元，第 2 年贷款 4800 万，其余为自有资金，贷款年利率为 6％（每半年计息一次）；固定资产投资方向调节税税率为 5％。试编制该项目建设投资估算表。（计算结果为百分数的，取两位小数，其余均取整数。）

解：

① 基本预备费 $=16380 \times 10\% = 1638$ 万元

② 涨价预备费 $=(16380-400)/2 \times [(1+6\%)-1]$
$\qquad\qquad +(16380-400)/2 \times [(1+6\%)^2-1]$
$\qquad\quad =479.40+987.56=1466.96$ 万元

③ 投资方向调节税 $=19484.96 \times 5\% = 974.25$ 万元

④ 建设期贷款利息

年实际贷款利率 $(1+6\%/2)^2-1=6.09\%$

第一年贷款利息 $=1/2 \times 5000 \times 6.09\% = 152$ 万元

第二年贷款利息 $=(5000+152+1/2 \times 4800) \times 6.09\% = 460$ 万元

建设期贷款利息：$152+460=612$ 万元

4.2 建设项目资金筹措

4.2.1 概述

1. 建设项目资金总额的构成

建设项目资金总额的构成如图 4-1 所示。

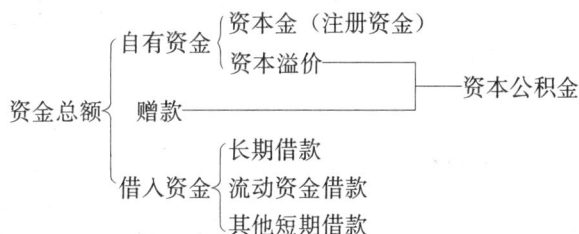

图 4-1 建设项目资金总额构成图

2. 建设项目的融资主体

项目的融资主体是指进行融资活动、并承担融资责任和风险的项目法人单位。正确确定项目的融资主体，有助于顺利筹措资金和降低债务偿还风险。按照是否依托于项目组建新的经济实体划分，项目的融资主体可分为两类：新设项目法人及既有项目法人。

（1）在下列情况下，一般应以既有法人为融资主体：

1）既有法人具有为项目进行融资和承担全部融资责任的经济实力；

2）项目与既有法人的资产以及经营活动联系密切；

3）项目的盈利能力较差，但项目对整个企业的持续发展具有重要作用，需要利用既有法人的整体资信获得债务资金。

（2）在下列情况下，一般应以新设法人为融资主体：

1）拟建项目的投资规模较大，既有法人不具有为项目进行融资和承担全部融资责任的经济实力；

2）既有法人财务状况较差，难以获得债务资金；而且项目与既有法人的经营活动联系不密切；

3）项目自身具有较强的盈利能力，依靠项目自身未来的现金流量可以按期偿还债务。

3. 建设项目的融资方式

按照融资主体不同，项目的融资可分为既有项目法人融资和新设项目法人融资两种融资方式。

（1）既有项目法人融资

既有项目法人融资是以既有法人为融资主体的融资方式。采用既有法人融资方式的建设项目，既可以是改扩建项目，也可以是非独立法人的新建项目。既有法人融资方式的基本特点是：由既有法人发起项目、组织融资活动并承担融资责任和风险；建设项目所需的资金，来源于既有法人内部融资、新增资本金和新增债务资金；新增债务资金依靠既有法人整体（包括拟建项目）的盈利能力来偿还，并以既有法人整体的资产和信用承担债务担保。

以既有法人融资方式筹集的债务资金虽然用于项目投资，但债务人是既有法人。债权人可对既有法人的全部资产（包括拟建项目的资产）进行债务追索，因而债权人的债务风险较低。在这种融资方式下，不论项目未来的盈利能力如何，只要既有法人能够保证按期还本付息，银行就愿意提供信贷资金。因此，采用这种融资方式，必须充分考虑既有法人整体的盈利能力和信用状况，分析可用于偿还债务的既有法人整体（包括拟建项目）的未来的净现金流量。

（2）新设项目法人融资

新设项目法人融资方式是以新组建的具有独立法人资格的项目公司为融资主体的融资方式。采用新设法人融资方式的建设项目，项目法人大多是企业法人。社会公益性项目和某些基础设施项目也可能组建新的事业法人实施。采用新设法人融资方式的建设项目，一般是新建项目，但也可以是将既有法人的一部分资产剥离出去后重新组建新的项目法人的改扩建项目。

新设项目法人融资方式的基本特点是：由项目发起人（企业或政府）发起组建新的具有独立法人资格的项目公司，由新组建的项目公司承担融资责任和风险；建设项目所需资金的来源，可包括项目公司股东投入的资本金和项目公司承担的债务资金；依靠项目自身的盈利能力来偿还债务；一般以项目投资形成的资产、未来收益或权益作为融资担保的基础。

采用新设项目法人融资方式，项目发起人与新组建的项目公司分属不同的实体，项目的债务风险由新组建的项目公司承担。项目能否还贷，取决于项目自身的盈利能力，因此必须认真分析项目自身的现金流量和盈利能力。

项目公司股东对项目公司借款提供多大程度的担保，也是融资方案研究的内容之一。实力雄厚的股东，为项目公司借款提供完全的担保，可以使项目公司取得低成本资金，降低项目的融资风险；但担保额度过高会使其资信下降，同时股东担保也可能需要支付担保费，从而增加项目公司的费用支出。在项目本身的财务效益好、投资风险可以有效控制的条件下，可以减少项目公司股东的担保额度。

采取有限追索项目融资，项目公司的债权人只能对项目公司的股东或发起人追索有限的责任。追索的有限性表现在时间及金额两个方面。项目的发起人及项目公司股东对项目借款提供多大程度的担保，是项目融资方案设计的重要指标。

4. 基础设施项目融资的特殊方式

对于基础设施建设我国采取由政府直接投资并管理、由政府控制的国有企业投资运营或以特许经营的方式引入非国有的其他投资人投资三种投资方式。

典型的基础设施特许经营方式有 BOT、PPP、TOT 三种方式。

BOT（Build Operate Transfer）是指获得特许经营的投资人，在特许经营期内，投资建造、运营所特许的基础设施，从中获得收益，在经营期末，无偿地将设施移交给政府。

PPP（Public Private Partlership）是指政府与民间投资人合作投资基础设施。政府提供包括投资资金、运营补贴、减免税收在内的资金支持，也可能从基础设施的经营中分享收益，特许经营期末，基础设施以有偿或者无偿的方式转交给政府，或者重新安排继续特许经营。

TOT（Transfer－Operate－Transfer）是指政府或者需要融入现金的企业，把已经投产运行的项目移交（T）给出资方经营（O），凭借项目在未来若干年内的现金流量，一次性地从出资方那里融得一笔资金，用于建设新的项目；原项目经营期满，出资方再指导它移交（T）回来。TOT 方式只涉及经营权或收益转让，不存在产权、股权问题。

4.2.2　项目资本金的筹措

项目资本金（外商投资项目为注册资本），是指在建设项目总投资（外商投资项目为投资总额）中，由投资者认缴的出资额，对建设项目来说是非债务性资金，项目法人不承担这部分资金的任何利息和债务；投资者可按其出资的比例依法享有所有者权益，也可转让其出资，但一般不得以任何方式抽回。资本金是确定项目产权关系的依据，也是项目获得债务资金的信用基础。资本金没有固定的按期还本付息压力。股利是否支付和支付多少，视项目投产运营后的实际经营效果而定，因此，项目法人的财务负担较小。

投资者可以用货币出资，也可以用实物、工业产权、非专利技术、土地使用权、资源开采权等作价出资。作价出资的实物、工业产权、非专利技术、土地使用权和资源开采权，必须经过有资格的资产评估机构评估作价；其中以工业产权和非专利技术作价出资的比例一般不得超过项目资本金总额的 20％（经特别批准，部分高新技术企业可以达到 35％以上）。为了使建设项目保持合理的资产结构，应根据投资各方及建设项目的具体情况选择项目资本金的出资方式，以保证项目能顺利建设并在建成后能正常运营。

项目资本金的来源渠道和筹措方式有：

1. 股东直接投资

股东直接投资包括政府授权投资机构入股资金、国内外企业入股资金、社会团体和个人入股的资金以及基金投资公司入股的资金，分别构成国家资本金、法人资本金、个人资本金和外商资本金。

既有法人融资项目，股东直接投资表现为扩充既有企业的资本金，包括原有股东增资扩股和吸收新股东投资。

新设法人融资项目，股东直接投资表现为项目投资者为项目提供资本金。合资经营公司的资本金由企业的股东按股权比例认缴，合作经营公司的资本金由合作投资方按预先约定的金额投入。

2. 股票融资

股票是股份公司发给股东作为已投资入股的证书和索取股息的凭证，它是可作为买卖对象或担保的有价证券。无论是既有法人融资项目还是新设法人融资项目，凡符合规定条件的，均可以通过发行股票在资本市场募集股本资金。股票融资可以采取公募与私募两种形式。公募又称公开发行，是在证券市场上向不特定的社会公众公开发行股票。为了保障广大投资者的利益，国家对公开发行股票有严格的要求，发行股票的企业要有较高的信用，符合证券监管部门规定的各项发行条件，并获得证券监管部门批准后方可发行。私募又称不公开发行或内部发行，是指将股票直接出售给少数特定的投资者。

（1）股票的种类

按股东承担风险和享有权益的大小，股票可分为优先股和普通股两大类。

优先股：在公司利润分配方面较普通股有优先权的股份。优先股的股东，按一定的比率取得固定股息；企业倒闭时，能优先得到剩下的可分配给股东的部分财产。

普通股：在公司利润分配方面享有普通权利的股份。普通股股东除能分得股息外，还可在公司盈利较多时再分享红利。所以普通股获利水平与公司盈亏息息相关。股票持有人不仅据此可分摊股息和获得股票涨价时的利益，且有选举该公司董事、监事的机会，有参与公司管理的权利，股东大会的选举权根据普通股持有额计票。

（2）股票融资的特点：

1）股票融资所筹资金是项目的股本资金，可作为其他方式筹资的基础，可增强融资主体的举债能力；

2）股票融资所筹资金没有到期偿还的问题，投资者一旦购买股票便不得退股；

3）普通股股票的股利支付，可视融资主体的经营好坏和经营需要而定，因而融资风险较小；

4）股票融资的资金成本较高，因为股利需从税后利润中支付、不具有抵税作用，而且发行费用也较高；

5）上市公开发行股票，必须公开披露信息，接受投资者和社会公众的监督。

3. 政府投资

政府投资资金，包括各级政府的财政预算内资金、国家批准的各种专项建设基金、统借国外贷款、土地批租收入、地方政府按规定收取的各种费用及其他预算外资金等。政府投资主要用于关系国家安全和市场不能有效配置资源的经济和社会领域，包括加强公益性和公共基础设施建设，保护和改善生态环境，促进欠发达地区的经济和社会发展，推进科技进步和高新技术产业化。中央政府投资除本级政权等建设外，主要安排跨地区、跨流域以及对经济和社会发展全局有重大影响的项目（例如三峡工程、青藏铁路）。

对政府投资资金，国家根据资金来源、项目性质和调控需要，分别采取直接投资、资本金注入、投资补助、转贷和贷款贴息等方式，并按项目安排使用。

在项目评价中，对投入的政府投资资金，应根据资金投入的不同情况进行不同的处理：

（1）全部使用政府直接投资的项目，一般为非经营性项目，不需要进行融资方案分析。

（2）以资本金注入方式投入的政府投资资金，在项目评价中应视为权益资金。

（3）以投资补贴、贷款贴息等方式投入的政府投资资金，在项目评价中应视为现金流入，根据具体情况分别处理。

（4）以转贷方式投入的政府投资资金（统借国外贷款），在项目评价中应视为债务资金。

4.2.3 项目债务资金筹措

1. 项目债务资金的特点

债务资金是项目投资中以负债方式从金融机构、证券市场等资本市场取得的资金。债务资金具有以下特点：

（1）资金在使用上具有时间性限制，到期必须偿还；

（2）无论项目的融资主体今后经营效果好坏，均需按期还本付息，从而形成企业的财务负担；

（3）资金成本一般比权益资金低，且不会分散投资者对企业的控制权。

2. 项目债务资金的来源渠道和筹措方式。

（1）商业银行贷款

商业银行贷款是我国建设项目获得短期、中长期贷款的重要渠道。国内商业银行贷款手续简单、成本较低，适用于有偿债能力的建设项目。

（2）政策性银行贷款

政策性银行贷款一般期限较长，利率较低，是为配合国家产业政策等的实施，对有关的政策性项目提供的贷款。我国政策性银行有国家开发银行、中国进出口银行和中国农业发展银行。

（3）外国政府贷款

外国政府贷款是一国政府向另一国政府提供的具有一定的援助或部分赠予性质的低息优惠贷款。目前我国可利用的外国政府贷款主要有：日本国际协力银行贷款、日本能源贷款、美国国际开发署贷款、加拿大国际开发署贷款，以及德国、法国等国的政府贷款。

外国政府贷款有以下特点：

1）在经济上带有援助性质，期限长，利率低，有的甚至无息。一般年利率为2%～4%，还款平均期限为20～30年，最长可达50年。

2）贷款一般以混合贷款方式提供，即在贷款总额中，政府贷款一般占三分之一，其余三分之二为出口信贷。

3）贷款一般都限定用途，如用于支付从贷款国进口设备，或用于某类项目建设。

我国各级财政可以为外国政府贷款提供担保，按照财政担保方式分为三类：国家财政部担保、地方财政厅（局）担保、无财政担保。

（4）国际金融组织贷款

国际金融组织贷款是国际金融组织按照章程向其成员国提供的各种贷款。目前与我国关系最为密切的国际金融组织是国际货币基金组织、世界银行和亚洲开发银行。国际金融组织一般都有自己的贷款政策，只有这些组织认为应当支持的项目才能得到贷款。使用国际金融组织的贷款需要按照这些组织的要求提供资料，并且需要按照规定的程序和方法来实施项目。

1）国际货币基金组织贷款

国际货币基金组织的贷款只限于成员国财政和金融当局，不与任何企业发生业务，贷款用途限于弥补国际收支逆差或用于经常项目的国际支付，期限为1～5年。

2）世界银行贷款

世界银行贷款具有以下特点：

①贷款期限较长。一般为20年左右，最长可达30年，宽限期为5年。

②贷款利率实行浮动利率，随金融市场利率的变化定期调整，但一般低于市场利率。对已订立贷款契约而未使用的部分，要按年征收0.75%的承诺费。

③世界银行通常对其资助的项目只提供货物和服务所需要的外汇部分，约占项目总额的30%～40%，个别项目可达50%。但在某些特殊情况下，世界银行也提供建设项目所需要的部分国内费用。

④贷款程序严密，审批时间较长。借款国从提出项目到最终同世界银行签订贷款协议获得资金，一般要一年半到两年时间。

3）亚洲开发银行贷款

亚洲开发银行贷款分为硬贷款、软贷款和赠款。硬贷款是由亚行普通资金提供的贷款，贷款的期限为10～30年，含2～7年的宽限期，贷款的利率为浮动利率，每年调整一次。软贷款又称优惠利率贷款，是由亚行开发基金提供的贷款，贷款的期限为 40 年，含 10 年的宽限期，不收利息，仅收 1‰的手续费，此种贷款只提供还款能力有限的发展中国家。赠款资金由技术援助特别基金提供。

（5）出口信贷

出口信贷是设备出口国政府为促进本国设备出口，鼓励本国银行向本国出口商或外国进口商（或进口方银行）提供的贷款。

贷给出口商的称卖方信贷，贷给外国进口商（或进口方银行）的称买方信贷。贷款的使用条件是购买贷款国的设备。出口信贷利率通常要低于国际上商业银行的贷款利率，但需要支付一定的附加费用（管理费、承诺费、信贷保险费等）。

（6）银团贷款

银团贷款是指多家银行组成一个集团，由一家或几家银行牵头，采用同一贷款协议，按照共同约定的贷款计划，向借款人提供贷款的贷款方式。银团贷款，除具有一般银行贷款的特点和要求外，由于参加银行较多，需要多方协商，贷款过程周期长。使用银团贷款，除支付利息之外，按照国际惯例，通常还要支付承诺费、管理费、代理费等。银团贷款主要适用于资金需求大、偿债能力较强的建设项目。

（7）企业债券

企业债券是企业以自身的财务状况和信用条件为基础，依照《中华人民共和国证券法》、《中华人民共和国公司法》等法律法规规定的条件和程序发行的、约定在一定期限内还本付息的债券，如三峡债券、铁路债券等。企业债券代表着发债企业和债券投资者之间的一种债权债务关系。债券投资者是企业的债权人，不是所有者，无权参与或干涉企业经营管理，但有权按期收回本息。

企业债券融资的特点是：筹资对象广、市场大，但发债条件严格、手续复杂；其利率虽低于银行贷款利率但发行费用较高，需要支付承销费、发行手续费、兑付手续费及担保费等费用。适用于资金需求大，偿债能力较强的建设项目。目前，我国企业债券的发行总量需纳入国家信贷计划，申请发行企业债券必须经过严格的审核，只有实力强、资信好的企业才有可能被批准发行企业债券，还必须有实力很强的第三方提供担保。

（8）国际债券。国际债券是一国政府、金融机构、工商企业或国际组织为筹措和融通资金，在国际金融市场上发行的、以外国货币为面值的债券。国际债券的重要特征，是债券发行者和债券投资者属于不同的国家，筹集的资金来源于国际金融市场。按照发行债券所用货币与发行地点的不同，国际债券主要有外国债券和欧洲债券两种。发行国际债券的优点是资金规模巨大、稳定、借款时间较长，可以获得外汇资金；缺点是发债条件严格、信用要求高、筹资成本高、手续复杂。适用于资金需求大，能吸引外资的建设项目。因国际债券的发行涉及到国际收支管理，国家对企业发行国际债券进行严格的管理。

（9）融资租赁。融资租赁是资产拥有者在一定期限内将资产租给承租人使用，由承租人分期付给一定的租赁费的融资方式。融资租赁是一种以租赁物品的所有权与使用权相分离为特征的信贷方式。

融资租赁，一般由出租人按承租人选定的设备，购置后出租给承租人长期使用。在租赁期内，出租人以收取租金的形式收回投资，并取得收益；承租人支付租金租用设备进行生产经营活动。租赁期满后，出租人一般将设备作价转让给承租人。融资租赁的优点是企业可不必预先筹集一笔相当于资产买价的资金就可以获得需要资产的使用权。这种融资方式适用于以购买设备为主的建设项目。

4.3　建设项目融资结构与资本成本

4.3.1　建设项目融资结构

项目资金结构是指项目融资中股本资金、债务资金的形式、各种资金的所占的比例、资金的来源，主要包括资本金（即权益投资）与负债融资的比例、资本金结构、债务资金结构。

1. 资本金与负债融资的比例

项目资本金与项目债务资金的比例是项目资金结构中最重要的比例关系。项目投资者希望投入较少的资本金，获得较多的债务资金，尽可能降低债权人对股东的追索。而提供债务资金的债权人则希望项目能够有较高的资本金比例，以降低债权的风险。当资本金比例降低到银行不能接受的水平时，银行将会拒绝贷款。资本金与债务资金的合理比例需要由各个参与方的利益平衡来决定。

资本金所占比例越高，企业的财务风险和债权人的风险越小，可能获得较低利率的债务资金。债务资金的利息是在所得税前列支的，可以起到合理减税的效果。在项目的收益不变、项目投资财务内部收益率高于负债利率的条件下，由于财务杠杆的作用，资本金所占比例越低，资本金财务内部收益率就越高，同时企业的财务风险和债权人的风险也越大。因此，一般认为，在符合国家有关资本金（注册资本）比例规定、符合金融机构信贷法规及债权人有关资产负债比例的要求的前提下，既能满足权益投资者获得期望投资回报的要求、又能较好地防范财务风险的比例是较理想的资本金与债务资金的比例。

按照我国有关法规规定，从 1996 年开始，对各种经营性国内投资项目试行资本金制度，投资项目资本金占总投资的比例，根据不同行业和项目的经济效益等因素确定，具体规定如表 4-8 所列。

项目资本金占总投资的比例 表 4-8

序号	投　资　行　业	项目资本金占总投资的比例
1	交通运输、煤炭	35%及以上
2	钢铁、邮电、化肥	25%及以上
3	电力、机电、建材、化工、石油加工、有色、轻工、纺织、商贸及其他行业	20%及以上

作为计算资本金基数的总投资，是指投资项目的固定资产投资（即建设投资和建设期利息之和）与铺底流动资金之和。

　　根据国民经济发展的实际情况，政府有关部门可能调整建设项目的资本金比例。2004年4月国务院决定，钢铁项目资本金比例由25％及以上提高到40％及以上，水泥、电解铝、房地产开发项目（不含经济适用房项目）资本金比例由20％及以上提高到35％及以上。2005年11月国务院又决定将铜冶炼项目资本金比例由20％及以上提高到35％及以上。

　　外商投资项目（包括外商独资、中外合资、中外合作经营项目）的注册资本与投资总额的比例，按照现行法规，具体规定如表4-9所列。

注册资本占投资总额的最低比例　　　　　　表4-9

序号	投资总额	注册资本占投资总额的最低比例	附加条件
1	300万美元以下	70％	其中投资总额在400万美元以下的，注册资本不得低于210万美元
2	300万～1000万美元	50％	其中投资总额在1250万美元以下的，注册资本不得低于500万美元
3	1000万～3000万美元	40％	其中投资总额在3600万美元以下的，注册资本不得低于1200万美元
4	3000万美元以上	1/3	

　　投资总额是指建设投资、建设期利息和流动资金之和。

　　一些特殊行业的外商投资企业，资本金有特别要求，见表4-10所列。

外商投资企业的资本金要求　　　　　　表4-10

序号	行业	注册资金最低要求
1	从事零售业务的商业中外合营企业	不低于5000万人民币（中西部地区不低于3000万）
2	从事批发业务的中外合作企业	不低于8000万人民币（中西部地区不低于6000万）
3	外商投资（包括独资及中外合资）举办投资公司	不低于3000万美元
4	外商投资电信企业	经营全国的或者跨省、自治区、直辖市范围的基础电信业务的，其注册资本最低限额为20亿元人民币，经营增值电信业务的，其注册资本最低限额为1000万元人民币；经营省、自治区、直辖市、自治区、直辖市范围的基础电信业务的，其注册资本最低限额为2亿元人民币，经营增值电信业务的，其注册资本最低限额为100万元人民币

　　2. 资本金结构

　　资本金结构包含两方面内容：投资产权结构和资本金比例结构。

　　（1）投资产权结构

投资人以资本金形式向项目或企业投入资金称为"权益投资"。权益投资通常以"注册资金"形式投入，取得对项目或企业产权的所有权、控制权、收益权。投资人也可以以其他形式对企业投入资本金，包括资本公积、企业留存利润形式。

项目的投资结构是指项目投资形式的资产所有权结构，即项目的股权投资人对项目资产的拥有和处置形式、收益分配关系。主要的权益投资方式有三种：股权式合资结构、契约式合资结构、合伙制结构。

(2) 资本金比例结构

资本金比例结构是指项目投资各方的出资比例。不同的出资比例决定各投资方对项目建设和经营的决策权和承担的责任，以及项目收益的分配。

1) 新设项目法人资本金比例结构

采用新设法人融资方式的项目，应根据投资各方在资金、技术和市场开发方面的优势，通过协商确定各方的出资比例、出资形式和出资时间。

2) 既有项目法人资本金比例结构

采用既有法人融资方式的项目，项目的资金结构要考虑既有法人的财务状况和筹资能力，合理确定既有法人内部融资与新增资本金在项目融资总额中所占的比例，分析既有法人内部融资与新增资本金的可能性与合理性。既有法人将现金资产和非现金资产投资于拟建项目长期占用，将使企业的财务流动性降低，其投资额度受到企业自身财务资源的限制。

按照我国现行规定，有些项目不允许国外资本控股，有些项目要求国有资本控股。如 2005 年 1 月 1 日起施行的《外商投资产业指导目录（2004 年修订）》中明确规定，核电站、铁路干线路网、城市地铁及轻轨等项目，必须由中方控股。

根据投资体制改革的精神，国家放宽社会资本的投资领域，允许社会资本进入法律法规未禁入的基础设施、公用事业及其他行业和领域。按照促进和引导民间投资（指个体、私营经济以及它们之间的联营、合股等经济实体的投资）的精神，除国家有特殊规定的以外，凡是鼓励和允许外商投资进入的领域，均鼓励和允许民间投资进入。因此，在进行融资方案分析时，应关注出资人出资比例的合法性。

3. 债务资金结构

项目债务资金结构比例反映了债权各方为项目提供债务资金的数额比例、债务期限比例、内债和外债的比例，以及外债中各币种债务的比例等。债务资金结构分析中需要分析各种债务资金的占比，包括负债的方式及债务期限的配比。

(1) 债务期限配比

项目负债结构中，长、短期负债借款需要合理搭配。适当安排一些短期负债可以降低总的融资成本，但过多采用短期负债，会产生财务风险。大型基础设施项目的负债融资应以长期债务为主。

(2) 境内外借款占比

对于借款公司来说，境内外借贷的占比主要决定于项目使用外汇的额度，同时可能主要由借款取得的可能性及方便程度决定。对于国家来说，项目使用境外贷款，对于当期的国家外汇平衡有利。

（3）外汇币种选择

选择外汇币种应遵循以下原则：

1）选择可自由兑换货币。报价的货币，如美元、英镑、可自由兑换货币是指执行实行浮动汇率制的货币，如人民币、日元等，它有助于外汇风险的防范和保证外汇资金的安全。

2）付汇用软货币，收汇用硬货币。对于建设项目的外汇贷款，在选择还款币种时，尽可能选择软货币。当然，软货币的外汇贷款利率通常较高，这就需要在汇率变化与利率差异之间做出预测和抉择。

（4）偿债顺序安排

偿债顺序安排包括偿债的时间顺序及偿债的受偿优先级。

在多种债务中，尽可能先偿还利率较高的债务，后偿还利率低的债务。对于有外债的项目，由于有汇率风险，通常应先偿还硬货币（指货币汇率比较稳定、且有上浮趋势的货币）的债务，后偿还软货币（指汇率不稳定、且有下浮趋势的货币）的债务。应使债务本息的偿还不致影响企业正常生产所需的现金量。

根据债权人提供债务资金的条件（包括利率、宽限期、偿还期及担保方式等）合理确定各类借款和债券的比例，可以降低融资成本和融资风险。当资本市场利率水平相对较低，且有上升趋势时，尽量借固定利率贷款；当资本市场利率水平较高，且有下降趋势时，尽量借浮动利率贷款。

4.3.2　建设项目资本成本

1. 资本成本的概念及作用

（1）资本成本的概念

资本成本就是项目或企业在筹集资金时所支付的一定代价，这些代价主要包括筹集成本（F）和资金的使用成本（D）。筹集成本是指在筹集资金过程中发生的各种费用，如委托金融机构代理发行股票、债券而支付的注册费和代理费等，向银行借款而支付的手续费等。使用成本是指因使用资金而向资金提供者支付的报酬。如使用发行股票筹集的资金，要向股东们支付红利；使用发行债券和银行贷款借入的资金，要向债权人支付利息；使用租入的资产，要向出租人支付租金等。由于不同情况下筹集资金的总额不同，为了便于比较，资本成本通常以相对数来表示，即用资本成本率来表示。计算原理为：

$$K = \frac{D}{P - F} = \frac{D}{P(1 - f)} \tag{4-27}$$

式中　P——筹集资金总额；

　　　f——筹集费费率。

（2）资本成本的作用

资本成本是在市场经济条件下，企业财务管理中的一个重要概念，它在企业生产经营活动中有着广泛的用途。

1）资金成本是选择资金来源、拟定筹资方案的主要依据。

利用不同的筹资方式，资本成本有高有低，筹资决策的核心就是通过选择利用各种筹资方式，在及时、充分满足企业生产经营对资本需要的前提下，力求资本成本达到最低水平。因此，正确地测算资本成本，是正确地进行筹资决策的一个重要条件。

2) 资本成本是评价投资项目可行性的主要经济标准。在市场经济条件下，只有资金利润率高于资本成本率的投资机会，才是有利可图的，才值得为之筹集资金，并进行投资。相反，对于资金利润率低于资本成本率的投资机会，就没有必要去考虑投资，因为它们提供的收入，还不够资本成本的开支。

2. 债务资本成本

(1) 扣除所得税前的借贷资本成本

所得税前借贷资本成本 (k) 可通过下式求出：

$$P_0 = C_0 + \frac{C_1}{(1+k)} + \frac{C_2}{(1+k)^2} + \cdots + \frac{C_t}{(1+k)^n} \qquad (4\text{-}28)$$

式中　P_0——在 $t=0$ 时筹集到的借款；

　　　C_0——在 $t=0$ 时筹资的费用支出，$C_0 = P_0 \cdot f$，其中 f 为筹集费费率；

　　　C_t——在 t 时的税前现金流出，其中 $t=0$，1，2，$\cdots n$。

【例 4-11】　面值 100 元债券，发行价格 100 元，票面利率年利率 4%，3 年期，到期一次还本付息，发行费 0.5%，在债券发行时支付，兑付手续费 0.5%。计算债券资本成本。

解：　　　　$$P_0 = C_0 + \frac{C_1}{(1+k)} + \frac{C_2}{(1+k)^2} + \cdots + \frac{C_t}{(1+k)^n}$$

$100 = 100 \times 0.5\% + 100 \times (1 + 3 \times 4\%)/(1+k)^3 + 100 \times 0.5\%/(1+k)^3$

用差值法计算：$k = 4.18\%$

本项债券的资本成本是 4.18%。

(2) 扣除所得税后的借贷资本成本

借贷的筹资费用和利息支出均在所得税税前支付，对于股权投资方，可以取得所得税抵减的好处。

所得税后的借贷资本成本＝税前资本成本×（1－所得税税率）　　（4-29）

按上例，如所得税税率 33%，则税后资本成本为：

$$4.18\% \times (1 - 33\%) = 2.80\%$$

(3) 扣除通货膨胀影响的资本成本

扣除通货膨胀影响的资金成本可按下式计算：

扣除通货膨胀影响的资本成本

＝(1＋未扣除通货膨胀影响的资金成本)/(1＋通货膨胀率)－1　　(4-30)

对于上例，如果通货膨胀率为－1%（即存在通货紧缩），扣除通货膨胀后的资金成本为：

税前：(1+4.18)/(1-1%)-1=5.23%

税后：(1+2.80)/(1-1%)-1=3.84%

在计算考虑通货膨胀后的资本成本时，只能先考虑所得税的影响，然后考虑通货膨胀的影响，次序不能颠倒。

3. 权益资本成本

权益资本成本的估算比较困难，因为很难对项目未来的收益以及股东对未来风险所要求的风险溢价做出准确的测定。可采用的计算方法主要有：资本资产定价模型法、税前债务成本加风险溢价法和股利增长模型法。

（1）采用资本资产定价模型法，权益资本成本的计算公式为：

$$K_s = R_f + \beta(R_m - R_f) \tag{4-31}$$

式中 K_s——权益资本成本；

R_f——社会无风险投资收益率；

β——项目的投资风险系数；

R_m——市场投资组合预期收益率。

【例 4-12】   社会无风险投资收益率为 3％，市场投资组合预期收益率为 12％，项目的投资风险系数为 1.2，采用资本资产定价模型法估算资本成本。

解：$K_s = 3\% + 1.2 \times (12\% - 3\%) = 13.8\%$

（2）采用股利增长模型法，权益资金成本的计算公式为：

$$K_s = \frac{D_1}{P_0} + G \tag{4-32}$$

式中 K_s——权益资金成本；

D_1——预期年股利额；

P_0——普通股市价；

G——普通股利年增长率。

【例 4-13】   某公开发行普通股正常市价为 300 万元，筹资费率为 4％，第一年的股利率为 10％，以后每年增长 5％，采用股利增长模型法估算资本成本。

解：$K_s = 300 \times 10\% / 300 \times (1 - 4\%) + 5\% = 15.4\%$

（3）采用税前债务成本加风险溢价法，权益资金成本的计算公式为：

$$K_s = K_b + RP_c \tag{4-33}$$

式中 K_s——权益资金成本；

K_b——所得税前的债务资金成本；

RP_c——投资者比债权人承担更大风险所要求的风险溢价。

4. 加权平均资本成本（综合资本成本）

项目从不同来源取得资金，其成本各不相同。由于种种条件的制约，项目不可能只从某种资金成本较低的来源筹集资金，而是各种筹资方式的有机组合。这样，为了进行筹资和投资决策，就需要计算全部资金来源的平均（综合）资金成本率。它通常是用加权平均来计算的，其计算公式如下：

$$K_w = \sum_{j=1}^{n} K_j W_j \tag{4-34}$$

式中 K_w——加权平均资金成本；

K_j——第 j 种个别资金成本；

W_j——第 j 种个别资金成本占全部资金的比重（权数）。

复习思考题

1. 某石化项目，设计生产能力 45 万吨，已知生产能力为 30 万吨的同类项目投入设备费用为 30000 万元，设备综合调整系数 1.1，该项目生产能力指数估计为 0.8，该类项目的建筑工程费用是设备费的 10%，安装工程费用是设备费的 20%，其他工程费用是设备费的 10%，这三项的综合调整系数定为 1.0，其他投资费用估算为 1000 万元，该项目的自有资金 50000 万元，其余通过银行贷款获得，年利率为 8%，按季计息。建设期为 3 年，投资进度分别为 30%，50%，20%，基本预备费率为 10%，建设期内生产资料涨价预备费率为 5%，该项目固定资产投资方向调节税为 0%，估算该项目的建设投资。

该项目达到设计生产能力以后，全厂定员 1100 人，工资与福利费按照每人每年 12000 元估算，每年的其他费用为 860 万元，生产存货占用流动资金估算为 8000 万元，年外购原材料、燃料及动力费为 20200 万元，年经营成本为 24000 万元，各项流动资金的最低周转天数分别为：应收账款 30 天，现金 45 天，应付账款 30 天。

问题：

(1) 估算建设期借款利息。

(2) 用分项估算法估算拟建项目的流动资金。

(3) 求建设项目的总投资估算额。

2. 拟由某日本公司引进全套工艺设备和技术，在我国某港口城市内建设项目，建设期 2 年，总投资 11800 万元。总投资中引进部分的合同总价 682 万美元。辅助生产装置、公用工程等均由国内设计配套。引进合同价款的细项如下：

(1) 硬件费 620 万美元；

(2) 软件费 62 万美元，其中计算关税的项目有：设计费、非专利技术及技术秘密费用 48 万美元；不计算关税的有：技术服务及资料费 14 万美元（不计海关监管手续费）；

人民币兑换美元的外汇牌价均按 1 美元＝8.3 元人民币计算；

(3) 中国远洋公司的现行海运费率 6%，海运保险费率 3.5‰，现行外贸手续费率、中国银行财务手续费率、增值税率和关税税率分别按 1.5%、5‰、17%、17%计取；

(4) 国内供销手续费率 4‰，运输、装卸和包装费率 1‰，采购保管费率 1%。

问题：

(1) 引进项目的引进部分硬、软件从属费用有哪些？应如何计算？

(2) 本项目引进部分购置投资的估算价格是多少？

3. 拟建年产 10 万 t 炼钢厂，根据可行性研究报告提供的主厂房工艺设备清单和询价资料估算出该项目主厂房设备投资约 3600 万元。已建类似项目资料：与设备投资有关的其他各专业工程投资系数，见表 4-11 与主厂房投资有关的辅助工程及附属设施投资系数，见表 4-12。

与设备投资有关的其他各专业工程投资系数 表 4-11

加热炉	汽化冷却	余热锅炉	自动化仪表	起重设备	供电与传动	建安工程
0.12	0.01	0.04	0.02	0.09	0.18	0.40

与主厂房投资有关的辅助工程及附属设施投资系数 表 4-12

动力系统	机修系统	总图运输系统	行政及生活福利设施工程	工程建设其他费
0.30	0.12	0.20	0.30	0.20

本项目的资金来源为自有资金和贷款，贷款总额为 8000 万元，贷款利率 8%（按年计息）。建设期 3 年，第 1 年投入 30%，第 2 年投入 50%，第 3 年投入 20%。预计建设期物价平均上涨率 3%，基本预备费率 5%，投资方向调节税率为 0%。

问题：

（1）试用系数估算法估算该项目主厂房投资和项目建设的工程费与其他费投资。

（2）估算该项目的建设投资，并编制建设投资估算表。

（3）若建设投资资金率为 6%，试用扩大指标估算法估算项目的流动资金。确定项目的总投资。

4. 简述建设项目的融资主体及融资方式。

5. 基础设施项目融资的方式有哪些？

6. 项目资本金的来源渠道有哪些？

7. 什么是资本成本？

8. 某 3 年期债券年利率为 5%，筹资费用率为 1%，实际筹资额与名义借贷额相同，采用简化计算式计算的借贷资金成本为多少？

9. 若未扣除通货膨胀影响的资金成本（贷款利率）为 6%，通货膨胀率为 2%，所得税税率为 33%，则扣除通货膨胀影响的所得税后资金成本为多少？

10. 某项目扣除通货膨胀影响后的资金成本为 8%，通货膨胀率为 1%，则未扣除通货膨胀影响的资金成本率为多少？

11. 某项目的普通股资金成本为 12.7%，社会无风险投资收益率为 3%，社会平均收益率为 10%，则该项目的投资风险系数为多少？

12. 某项目的普通股资金成本为 11.5%，社会无风险投资收益率为 4%，该项目的资本投资风险系数为 1.2，则社会平均投资收益率为多少？

13. 某优先股面值 100 元，发行价格 95 元，发行成本 2.5%，每年付息一次，固定股息率 6%，其税后资金成本为多少？

14. 某项目投入总资金 1000 万元，筹资方案为：银行借款 600 万元，优先股 100 万元，普通股 300 万元，其融资成本分别为 5%，8%，10%，该项目的加权平均资金成本为多少？

15. 某项目各种融资金额占项目总融资金额的比例分别为：长期借款 20%，短期借款 20%，普通股 60%，其相应的资金成本分别为：长期借款 7%，短期借款 4%，普通股 8%，则项目的加权平均资金成本为多少？

第5章 项目财务评价

学习要点：通过对本章学习，应了解财务评价含义、特色、财务评价的基本原理、项目财务效果评价的指标体系；掌握财务评价的内容；熟悉财务基本数据和基本财务报表的运用及编制、各类财务评价指标的计算。本章的主要目的是运用所学相关理论知识解决实际项目财务评价问题。

5.1 项目财务评价的内容和方法

5.1.1 财务评价的概念

财务评价是建设项目经济评价的重要组成部分，是项目决策的重要依据。投资项目的财务评价是从企业或项目的角度出发，在国家现行财税制度和现行市场价格体系下，分析计算项目直接发生的财务收益和费用，考察项目的盈利能力、清偿能力以及外汇平衡能力等财务状况，据以判断项目的财务可行性。项目的财务评价是项目可行性研究和评价的核心内容，其目的在于根据国民经济、社会发展战略和行业地区发展规划的要求，在做好产品的市场需求预测及场址选择等工程技术的基础上，对项目进行评价，从微观和宏观两个方面对其建设的财务可行性和经济合理性进行分析论证，最大限度地提高投资效益，为项目的科学决策提供可靠的依据。财务评价必须保证评价的客观性、科学性、公正性，坚持定量分析与定性分析相结合，以定量分析为主以及动态分析与静态分析相结合，以动态分析为主的原则。

财务评价和国民经济评价共同组成了建设项目经济评价，财务评价属于微观经济效果分析，它是从企业的利益出发，分析项目建成后，在财务上的获利状况及借款偿还能力。而国民经济评价则属于宏观经济评价，是从国民经济的整体利益出发，计算分析项目给国民经济带来的净效益，评价项目经济上的合理性。

5.1.2 财务评价的特色

财务评价是建立在资金时间价值的概念之上的。财务评价的特色主要表现在与国民经济评价的不同。它们两者是相互联系、相互区别的。它们的相同点在于：二者都寻求以最少的投入获得最大的产出；都是在完成市场需求预测、工程技术方案、资金筹措等基础上进行评价；都要通过计算（包括项目的建设期、生产期全过程的费用及效益）来评价项目的优劣，从而作出项目是否可行的结论。但二者又有以下不同之处。

（1）二者评价的角度不同

财务评价是从企业的角度出发，从财务角度考察项目的货币收支、财务盈利水平以及借款偿还能力，以确定投资行为的财务可行性，它是以企业净收入最大化为目标的盈利性评价。国民经济评价则是从国民经济综合平衡的角度出发，考察项目需要国家付出的代价和对实现国家经济发展的战略目标以及对社会福利的实际贡献，即国民经济效益，从而确定投资行为的宏观可行性，它是以全社会的资源获得最佳配置，从而使国民收入最大化为目标的盈利性评价。因此国民经济评价也称之为"宏观评价"。

（2）两者收益与费用的范围不同

项目的财务评价的费用和收益，是根据财务评价的目标决定的，只要是增加企业收入的内容均为财务收益，如折旧等；只要是减少企业收入的内容均为财务费用，如税金、利息等。财务评价的范围一般仅包括企业直接可计量的货币收支。而对于国民经济评价中费用和收益的范围，是根据国民经济评价的目标所决定的。只要是增加国民经济收入的为国民经济收益，如税金等。只要是减少国民经济收入的即为国民经济费用。因此其评价范围则不仅考虑项目直接经济效果，还考虑项目的间接经济效果，考虑项目对全社会的费用和收益状况。

（3）两者费用和收益的划分不同

在进行财务评价时，主要根据工程项目的实际收支确定项目的费用和收益，项目的收益一般包括净利润和折旧，项目的费用支出一般包括利息和税金。而对于国民经济评价则相反，税金则是被作为收益进行计算。国内借款利息以及补贴则视为国民经济内部转移支付，不计入项目的费用和收益。

（4）两者计算时采用的价格不同

财务评价对投入物和产出物采用现行的实际市场价格进行计算，而国民经济评价则采用根据机会成本和供求关系确定的影子价格进行计算。

（5）二者采用的折现率不同

财务评价采用因行业而定的基准收益率作为折现率，而国民经济评价则采用国家统一测定的社会贴现率（是一个国家参数，由国家有关机构规定）作为折现率。

（6）二者采用的汇率不同

财务评价采用官方汇率，而国民经济评价则采用国家统一测定的影子汇率。

财务评价和国民经济评价是相辅相成、缺一不可的，对于大多数工程项目来说，应首先进行财务评价，在此基础上对收益、费用和价格等进行调整后，再进行国民经济评价。一般来说，财务评价是基础，国民经济评价则是财务评价的前提和条件，国民经济效果对财务效果具有指导作用。项目的财务评价和国民经济评价各有任务和作用，当财务评价和国民经济评价产生矛盾时，应以国民经济评价的结论作为项目或方案取舍的主要依据。但是进行项目的经济评价时，为达到最佳的经济效果，在强调宏观经济效果的同时，必须注重企业的微观经济效果，应该认识到没有局部健全的"细胞"，也就组织不成健全的机体。因此，随着社会主义市场经济的发展，企业作为独立的生产经营主体，财务评价在项目决策中的作用将会越来越大。

5.1.3　财务评价的原理

财务评价的基本原理是从基本财务报表中取得数据，计算出财务评价的指标，

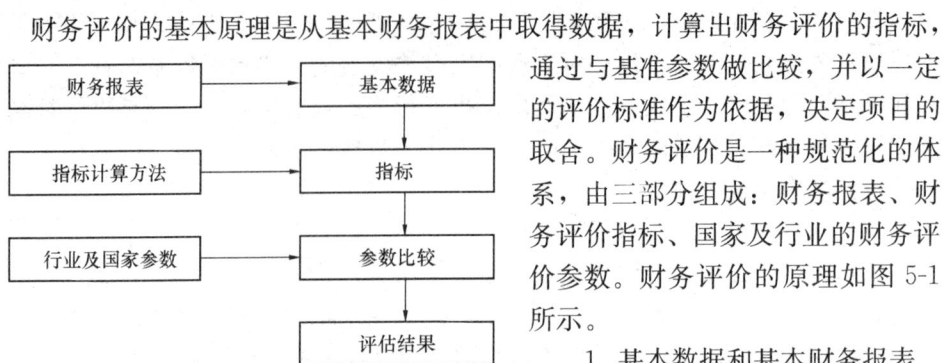

图 5-1　财务评价原理图

通过与基准参数做比较，并以一定的评价标准作为依据，决定项目的取舍。财务评价是一种规范化的体系，由三部分组成：财务报表、财务评价指标、国家及行业的财务评价参数。财务评价的原理如图 5-1 所示。

1. 基本数据和基本财务报表

财务评价是通过对基本数据加工整理，使之系统化、表格化，最终通过计算评价指标，从而反映出项目的本质状况。基本数据是制约和影响财务评价可靠、准确与否的条件，是决定项目经济收益好坏的基本依据。

财务评价是以基本财务报表为基础进行的。根据财务评价需要编制出的财务报表和企业日常经营活动的财务分析报表是有所不同的。为满足新的财务制度和国际惯例的要求，企业一般可以编制以下五种基本财务报表，即现金流量表、损益表、资金来源与运用表、资产负债表、财务外汇平衡表。

（1）现金流量表的编制

1）现金流量表的概念

建设项目的现金流量系统将项目计算期内各年的现金流入与现金流出按照各自发生的时点顺序排列，表达为具有确定时间概念的现金流量。现金流量表即是对建设项目现金流量系统的表格式反映，用以计算各项静态和动态评价指标，进行项目财务盈利能力分析。按投资计算基础的不同，现金流量表分为全部投资的现金流量表和自有资金现金流量表。

2）全部投资现金流量表的编制

全部投资现金流量表是站在项目全部投资的角度，或者说不分投资资金来源，是在设定项目全部投资均为自有资金条件下的项目现金流量的表格式反映。报表格式见表 5-1 所示。表中计算期的年序为 1，2，…，n，建设开始年作为计算期的第一年，年序为 1。当项目建设期以前所发生的费用占总费用的比例不大时，为简化计算，这部分费用可列入年序 1。若需单独列出，可在年序 1 以前另加一栏"建设起点"，年序填零，将建设期以前发生的现金流出填入该栏。

现金流入为产品销售（营业）收入、回收固定资产余值、回收流动资金三项之和。其中，产品销售（营业）收入是项目建成投产后对外销售产品或提供劳务所取得的收入，是项目生产经营成果的货币表现。计算销售收入时，假设生产出来的产品全部售出，销售量等于生产量，即：

$$销售收入＝销售量×销售单价＝生产量×销售单价 \tag{5-1}$$

销售价格一般采用出厂价格，也可根据需要采用送达用户的价格或离岸价格。产品销售（营业）收入的各年数据取自产品销售（营业）收入和销售税金及附加估算表。另外，固定资产余值和流动资金均在计算期最后一年回收。固定资产余值回收额为固定资产折旧费估算表中固定资产期末净值合计，流动资金回收额为项目全部流动资金。

财务现金流量表（全部投资）（单位：万元）　　　表 5-1

序号	项　　目	合计	建设期		投产期		达到设计能力生产期			
			1	2	3	4	5	6	...	n
	生产负荷（%）									
1	现金流入									
1.1	产品销售收入									
1.2	回收固定资产余值									
1.3	回收流动资金									
1.4	其他收入									
2	现金流出									
2.1	固定资产投资（含投资方向调节税）									
2.2	流动资金									
2.3	经营成本									
2.4	销售税金及附加									
2.5	所得税									
3	净现金流量									
4	累计净现金流量									
5	所得税前净现金流量									
6	所得税前累计净现金流量									

计算指标：所得税前　　　　　　　　　　　　所得税后

　　　　　财务内部收益率（FIRR）＝　　　　财务内部收益率（FIRR）＝

　　　　　财务净现值（FNPV）＝ i_c＝ %　财务净现值（FNPV）＝ i_c＝ %

　　　　　投资回收期（P_t）＝　　　　　　投资回收期（P_t）＝

现金流出包含有投资、成本及税金。固定资产投资和流动资金的数额取自投资计划与资金筹措表中有关项目。经营成本是指总成本费用扣除固定资产折旧费、维修费、无形资产及递延资产摊销费和利息支出以后的余额。其计算公式为：

　　　　　经营成本＝总成本费用－折旧费－维修费－摊销费－利息支出　　（5-2）

经营成本取自总成本费用估算表。销售税金及附加包含有增值税、营业税、消费税、资源税、城市维护建设税和教育费附加，它们取自产品销售（营业）收入和销售税金及附加估算表。所得税的数据来源于损益表。

项目计算期各年的净现金流量为各年现金流入量减对应年份的现金流出量，各年累计净现金流量为本年及以前各年净现金流量之和。

所得税前净现金流量为上述净现金流量加所得税之和，也即在现金流出中不计入所得税时的净现金流量。所得税前累计净现金流量的计算方法与上述累计净现金流量的相同。

　　3）自有资金现金流量表的编制

　　自有资金现金流量表是站在项目投资主体角度考察项目的现金流入流出的情况，其报表格式见表 5-2 所示。从项目投资主体的角度看，建设项目投资借款是现金流入，但又同时将借款用于项目投资而构成同一时点、相同数额的现金流出，二者相抵对净现金流量的计算实无影响。因此表中投资只计自有资金。另一方面，现金流入又是为项目全部投资所获得，故应将借款本金的偿还及利息支付计入现金流出。

财务现金流量表（自有资金）（单位：万元）　　　　　　表 5-2

序号	项　　目	合计	建设期		投产期		达到设计能力生产期			
			1	2	3	4	5	6	…	n
	生产负荷（%）									
1	现金流入									
1.1	产品销售收入									
1.2	回收固定资产余值									
1.3	回收流动资金									
1.4	其他收入									
2	现金流出									
2.1	自有资金									
2.2	借款本金偿还									
2.3	借款利息支出									
2.4	经营成本									
2.5	销售税金及附加									
2.6	所得税									
3	净现金流量									

计算指标：财务内部收益率（FIRR）＝
　　　　　　财务净现值（FNPV）＝　　　　　i_c＝

　　现金流入各项和数据来源与全部投资现金流量表相同。

　　现金流出项目自有资金数额取自投资计划与资金筹措表中资金筹措项下的自有资金分项。借款本金偿还由两部分组成：一部分为借款还本付息计算表中本年还本额；一部分为流动资金借款本金偿还，一般发生在计算期最后一年。借款利息支付数额来自总成本费用估算表中的利息支出项。现金流出中其他各项与全部投资现金流量表中相同。

　　项目计算期各年的净现金流量为各年现金流入量减对应年份的现金流出量。

　　（2）损益表的编制

　　损益表反映项目计算期内各年的利润总额、所得税及税后利润的分配情况，其报表格式见表 5-3 所示。

损益表（单位：万元） 表 5-3

序号	项 目	投产期		达到设计能力生产期			
		3	4	5	6	…	n
	生产负荷（%）						
1	产品销售（营业）收入						
2	销售税金及附加						
3	产品总成本及费用						
	其中：折旧费						
	摊销费						
4	利润总额（1－2－3）						
5	弥补前年度亏损						
6	应纳税所得额（4－5）						
7	所得税						
8	税后利润						
9	盈余公积金						
10	公益金						
11	应付利润						
	本年应付利润						
	未分配利润转分配						
12	未分配利润						
13	累计未分配利润						

产品销售（营业）收入、销售税金及附加、总成本费用的各年度数据分别取自相应的辅助报表。

$$利润总额＝产品销售（营业）收入－销售税金及附加－总成本费用 \qquad (5-3)$$

$$所得税＝应纳税所得额×所得税税率 \qquad (5-4)$$

应纳税所得额为利润总额根据国家有关规定进行调整后的数额。在建设项目财务评价中，主要是按减免所得税及用税前利润弥补上年度亏损的有关规定进行的调整。按现行《工业企业财务制度》规定，企业发生的年度亏损，可以用下一年度的税前利润等弥补，下一年度利润不足弥补，可以在 5 年内延续弥补，5 年内不足弥补的，用税后利润等弥补。

$$税后利润＝利润总额－所得税 \qquad (5-5)$$

税后利润按法定盈余公积金、公益金、应付利润及未分配利润等项进行分配。

表中法定盈余公积金按照税后利润扣除用于弥补以前年度亏损额后的 10％提取，盈余公积金已达注册资金 50％时可以不再提取。公益金主要用于企业的职工集体福利设施支出。

应付利润为向投资者分配的利润。

未分配利润主要指用于偿还固定资产投资借款及弥补以前年度亏损的可供分配利润。

（3）资金来源与运用表的编制

资金来源与运用表，也称财务平衡表，反映项目计算期内各年的资金盈余或短缺的情况，用于选择资金筹措方案，制定适宜的借款及偿还计划，并为编制资产负债表提供依据。报表格式见表 5-4 所示。

资金来源与运用表（单位：万元）　　　　　　表 5-4

序号	项　目	建设期		投产期		达到设计能力生产期			
		1	2	3	4	5	6	…	n
	生产负荷（%）								
1	资金来源								
1.1	利润总额								
1.2	折旧费								
1.3	摊销费								
1.4	长期借款								
1.5	流动资金借款								
1.6	短期借款								
1.7	资本金								
1.8	其他								
1.9	回收固定资产余值								
1.10	回收流动资金								
2	资金运用								
2.1	固定资产投资（含投资方向调节税）								
2.2	建设期贷款利息								
2.3	流动资金								
2.4	所得税								
2.5	应付利润								
2.6	长期借款本金偿还								
2.7	流动资金借款本金偿还								
2.8	其他短期借款本金偿还								
3	盈余资金								
4	累计未分配利润								

资金来源与运用表能全面反映项目的资金活动全貌。它考虑了项目从筹建开始在整个计算期内各年的资金来源和资金的运用状况。通过资金来源与运用的平衡，反映企业偿还贷款和利息的时间，反映项目偿债能力，以及上缴国家和企业留利的全部收益。因此财务平衡表法可以比较全面地反映出企业的财务状况，进而评估项目的盈利状况。财务平衡表即资金来源与运用表的编制，包括"资金来源"与"资金运用"、"盈余资金"、"累计盈余资金"四大部分。如果根据项目开发进度不同，又可以分为基建时期和生产时期两部分。开发项目的资金平衡集中反映在"资金来源与运用表"之中。编制该表时，首先要计算项目计算期内各年的资金来源与资金运用，然后通过资金来源与资金运用的差额反映项目各年的资金盈余或短缺情况。项目的资金筹措方案和借款及偿还计划应能使表中各年度的累计盈余资金额始终不小于零，否则，项目将因资金短

缺而不能按计划顺利运行。

利润总额、折旧费、摊销费数据分别取自损益表、固定资产折旧费估算表、无形及递延资产摊销估算表。

长期借款、流动资金借款、其他短期借款、自有资金及"其他"项的数据均取自投资计划与资金筹措表。其中，在建设期，长期借款当年应计利息若未用自有资金支付，应计入同年长期借款额，否则项目资金不能平衡。其他短期借款主要指为解决项目暂时的年度资金短缺而使用的短期借款，其利息计入财务费用，本金在下一年度偿还。

回收固定资产余值及回收流动资金同全部投资现金流量表编制中的有关说明。

固定资产投资（含投资方向调节税）、建设期利息及流动资金数据取自投资计划与资金筹措表。

所得税及应付利润数据取自损益表。

长期借款本金偿还额为借款还本付息计算表中本年还本数；流动资金借款本金一般在项目计算期末一次偿还；其他短期借款本金偿还额为上年度其他短期借款额。

盈余资金等于资金来源减去资金运用。

累计盈余资金各年数额为当年及以前各年盈余资金之和。

在编制资金来源与运用表时，应体现平衡配比的原则，并要符合下面关系式：

$$本期资金来源＝本期资金运用＋本期盈余资金 \qquad (5\text{-}6)$$

$$本期累计盈余资金＝上期累计盈余资金＋本期盈余资金 \qquad (5\text{-}7)$$

编制出的每期"累计盈余资金"都不小于零，才算达到资金平衡，否则就意味着该期资金入不敷出，周转不开，需设法开源节流。

财务平衡表的编制程序大体如下。

1）根据项目建设的进度要求，首先确定分年建设的投资计划；

2）根据分年的投资计划，确定贷款比例、金额及方式；

3）根据确定的贷款方式，确定各项贷款的利率，并计算出分年利息；

4）根据企业实际状况，提出企业各年可以达到的生产能力；

5）计算项目在达到产期的全年总成本和单位产品成本，并计算出在未达到设计能力前的成本；

6）确定产品销售价格；

7）计算销售收入和偿还能力；

8）根据偿还能力，计算各项还款金额；

9）偿清贷款和利息的同时，计算出分年应上缴国家和企业留利的各项费用。

（4）资产负债表的编制

资产负债表综合反映项目计算期内各年末资产、负债和所有者权益的增减变化及对应关系，用以考察项目资产、负债、所有者权益的结构是否合理，进行清偿能力分析。报表格式见表5-5所示。

资产负债表（单位：万元）　　　　　表 5-5

序号	项目	建设期		投产期		达到设计能力生产期			
		1	2	3	4	5	6	...	n
1	资产								
1.1	流动资产								
1.1.1	应收账款								
1.1.2	存货								
1.1.3	现金								
1.1.4	累计盈余资金								
1.1.5	其他流动资产								
1.2	在建工程								
1.3	固定资产								
1.3.1	原值								
1.3.2	累计折旧								
1.3.3	净值								
1.4	无形及递延资产净值								
2	负债及所有者权益								
2.1	流动负债总额								
2.1.1	应付账款								
2.1.2	其他短期借款								
2.1.3	其他流动负债								
2.2	中长期借款								
2.2.1	中期借款（流动资金）								
2.2.2	长期借款								
	负债小计								
2.3	所有者权益								
2.3.1	资本金								
2.3.2	资本公积金								
2.3.3	累计盈余公积金								
2.3.4	累计未分配利润								
	清偿能力分析								
	资产负债率（%）								
	流动比率（%）								
	速动比率（%）								

资产由流动资产、在建工程、固定资产净值、无形及递延资产净值 4 项组成。其中：

流动资产总额为应收账款、存货、现金、累计盈余资金之和。前三项数据来自流动资金估算表，累计盈余资金数额则取自资金来源与运用表，但应扣除其中包含的回收固定资产余值及自有流动资金。

在建工程是指投资计划与资金筹措表中的年固定资产投资额，其中包括固定资产投资方向调节税和建设期利息。

固定资产净值和无形及递延资产净值分别从固定资产折旧费估算表和无形及递延资产摊销估算表取得。

负债包括流动负债和长期负债。流动负债中的应付账款数据可由流动资金估算表直接取得。流动资金借款和其他短期借款两项流动负债及长期借款均指借款余额，需根据资金来源与运用表中的对应项及相应的本金偿还项进行计算。

长期借款及其他短期借款余额的计算按下式进行：

$$第\ T\ 年借款余额 = \sum_{t=1}^{T}（借款-本金偿还）_t \qquad (5-8)$$

其中，（借款-本金偿还）$_t$为资金来源与运用表中第 t 年借款与同一项目本金偿还之差。

按照流动资金借款本金在项目计算期末用回收流动资金一次偿还的一般假设，流动资金借款余额的计算按下式进行：

$$第\ T\ 年借款余额 = \sum_{t=1}^{T}（借款）_t \qquad (5-9)$$

其中，（借款）$_t$为资金来源与运用表中第 t 年流动资金借款。若为其他情况，可参照长期借款的计算方法计算。

所有者权益包括资本金、资本公积金、累计盈余公积金及累计未分配利润。其中，累计未分配利润可直接得自损益表，累计盈余公积金也可由损益表中盈余公积金项计算各年份的累计值，但应据有无用盈余公积金弥补亏损或转增资本金的情况进行相应调整。资本金为项目投资中累计自有资金（扣除资本溢价），当存在由资本公积金或盈余公积金转增资本金的情况时应进行相应调整。资本公积金为累计资本溢价及赠款，转增资本金时进行相应调整资产负债表满足等式：

$$资产=负债+所有者权益 \qquad (5-10)$$

（5）财务外汇平衡表的编制

财务外汇平衡表主要适用于有外汇收支的项目，用以反映项目计算期内各年外汇余缺程度，进行外汇平衡分析。

财务外汇平衡表格式见表 5-6。"外汇余缺"可由表中其他各项数据按照外汇来源等于外汇运用的等式直接推算。其他各项数据分别来自与收入、投资、资金筹措、成本费用、借款偿还等相关的估算报表或估算资料。

财务外汇平衡表　　　　　　　　　　　　　　　　　　　　表 5-6

序号	项　　目	建设期		投产期		达到设计能力生产期			
		1	2	3	4	5	6	…	n
	生产负荷（%）								
1	外汇来源								
1.1	产品销售外汇收入								
1.2	外汇借款								
1.3	其他外汇收入								
2	外汇运用								
2.1	固定资产投资中外汇支出								
2.2	进口原材料								
2.3	进口零部件								
2.4	技术转让费								
2.5	偿付外汇借款本息								
2.6	其他外汇支出								
2.7	外汇余缺								

2. 评价指标

财务评价效果的好坏，不仅取决于基本数据的可靠性，同时还取决于评价指标的合理性。只有正确选择评价指标体系，财务评价结果才符合实际情况，才具有评价的意义。有关财务评价指标体系的组成、各个财务评价指标的计算在下一节中有详细介绍。

5.2　项目财务效果评价指标

5.2.1　财务评价指标体系

建设项目经济效果可采用不同的指标来表达，任何一种评价指标都是从一定的角度、某一个侧面反映项目的经济效果，总会带有一定的局限性。因此，需建立一整套指标体系来全面、真实、客观地反映项目的经济效果。

根据财务评价的不同标准，将评价指标做以下分类。

1. 按是否考虑资金时间价值分

以是否考虑资金时间价值为标准进行划分，将财务评价指标分为静态评价指标和动态评价指标（表 5-7）。静态评价指标主要用于技术经济数据不完备和不精确的方案初选阶段，或对寿命期比较短的方案进行评价；动态指标则用于方案最后决策前的详细可行性研究阶段，或对寿命期较长的方案进行评价。

财务评价的静态和动态评价指标　　　　　　　表 5-7

财务评价指标	静态评价指标	静态投资回收期 固定资产投资借款偿还期 利息备付率 偿债备付率 投资收益率 投资利税率 资本金利润率 财务比率
	动态评价指标	动态投资回收期 财务净现值 净现值率 财务净年值 财务内部收益率

2. 按指标的性质分

以指标的性质为标准进行划分，将财务评价指标划分为时间性指标、价值性指标、比率性指标（表 5-8）。

3. 按财务评价的内容分

根据财务评价的内容，可以将指标划分为三类：即财务盈利能力分析、清偿能力分析、外汇平衡分析（表 5-9）。

财务评价的时间性、价值性与比率性指标　　　　　　　　　表 5-8

	时间性 指标	投资回收期 固定资产投资借款偿还期
财务 评价指标	价值性指标	财务净现值 财务净年值
	比率性 指标	内部收益率 净现值率 利息备付率 偿债备付率 投资收益率 投资利税率 资本金利润率 财务比率

财务评价的盈利能力、清偿能力、外汇平衡分析指标　　　　表 5-9

	评价内容	基本报表	静态指标	动态指标
财务 评价 指标	盈利能力 分析	全部投资现金 流量表	全部投资回收期	财务内部收益率 财务净现值 财务净年值
		自有资金现金 流量表		财务内部收益率 财务净现值 财务净年值
		损益表	投资收益率 投资利税率 资本金利润率	
	清偿能力 分析	资金来源与运用表 资产负债表	借款偿还期 利息备付率 偿债备付率 资产负债率 流动比率 速动比率	
	外汇平衡 能力分析	财务外汇 平衡表	外汇余缺	

5.2.2 静态评价指标的计算方法

1. 静态投资回收期

静态投资回收期（P_t）是考察项目在财务上投资回收能力的主要静态评价指标，是指在不考虑资金时间价值因素条件下，以项目的净效益回收项目全部投资所需要的时间，一般以年为单位，并从项目建设起始年算起。其原理表达式为：

$$\sum_{t=1}^{P_t}(CI_t-CO_t)=0 \qquad\qquad (5-11)$$

式中　P_t——静态投资回收期；

$\quad\quad CI_t$——第 t 年现金流入量；

$\quad\quad CO_t$——第 t 年现金流出量。

静态投资回收期公式更为实用的表达式为：

$$P_t=累计净现金流量开始出现正值的年份数-1+\frac{上年累计净现金流量的绝对值}{当年净现金流量}$$

$$(5-12)$$

计算出的静态投资回收期要与行业规定的基准投资回收期（P_c）进行比较，若 $P_t\leqslant P_c$，则认为项目是可以考虑接受的；若 $P_t>P_c$，则项目应予拒绝。

【例 5-1】　已知某投资项目计算期内逐年净现金流量见表 5-10 所列。试问该项目的静态投资回收期是多少？

某建设项目现金流量表（单位：万元）　　　　　　　表 5-10

t 年末	建设期		投产期		稳产期			
	0	1	2	3	4	5	6	7
净现金流量	−10	−20	4	8	12	12	12	12

解：首先计算项目的累计现金流量。列表 5-11 进行计算。

现金流量累计表（单位：万元）　　　　　　　表 5-11

t 年末	0	1	2	3	4	5	6	7
净现金流量	−10	−20	4	8	12	12	12	12
累计净现金流量	−10	−30	−26	−18	−6	6	18	30

由上表可以看出，在第 5 年末，累计净现金流量已出现正值。这样：

$$P_t=累计净现金流量开始出现正值的年份数-1+\frac{上年累计净现金流量的绝对值}{当年净现金流量}$$

$$=5-1+|-6|/12=4+0.5=4.5\ 年$$

所以该项目静态投资回收期为 4.5 年。

如果每年的净收益（即净现金流量）相等，则：

$$P_t=\frac{初始投资}{年净收益}=\frac{C_0}{R} \qquad\qquad (5-13)$$

式中　C_0——项目的总投资；

$\quad\quad R$——年净收益。

【例 5-2】　新建工厂一次性投资 620 万元，建成后该厂每年销售收入均为 1300 万元，年经营成本为 1052 万元，试问该项目的投资回收期是多少？

解：根据公式：

$$P_t=\frac{初始投资}{年净收益}=\frac{C_0}{R}，\ 其中\ C_0=620\ 万元\ R=1300-1052=248\ 万元$$

$$P_t=620/248=2.5\ 年$$

所以该项目的投资回收期为 2.5 年。

静态投资回收期作为项目经济评价指标之一，其优点是：①经济意义明确、直观、简单；②便于投资者直观地衡量建设项目承担的风险；③在一定程度上反映了投资效果的优劣（投资效果系数＝1/投资回收期）。例如某建设项目投资回收期为 5 年，则平均每年回收投资 $1/P_t$，即 $1/5＝20\%$，该项目年平均收益率为 20%。

其缺点是：①投资回收期只考虑了投资回收之前的效果，没有反映投资回收之后情况，更没有反映出盈利水平如何；②没有反映资金的时间价值，无法真正体现项目的优劣，因此只能做为辅助评价指标。

当对两个方案进行对比时，也可采用追加投资回收期。所谓追加投资，是指采用不同的建设方案，所需投资之间的差额，而追加投资回收期则是指在建设项目建成后，依靠成本或经营费用的节约额来回收追加投资所需要的时间。追加投资回收期一般以年为单位。其计算公式是：

$$T = \frac{K_1 - K_2}{C_2 - C_1} = \frac{\Delta K}{\Delta C} \qquad (5\text{-}14)$$

式中　T——追加投资回收期；

　　　ΔK——投资差额，即追加投资额；

　　　ΔC——年成本差额，即年成本节约额；

　K_1，K_2——分别为两个方案的投资额 $K_1 > K_2$；

　C_1，C_2——分别为两个方案的年成本费用 $C_1 < C_2$。

与追加投资回收期这个指标相关的，是追加投资效果系数。追加投资效果系数表示每一单位的追加投资所能获得的成本节约额。它是追加投资回收期的倒数。计算公式为：

$$E = \frac{C_2 - C_1}{K_1 - K_2} = \frac{\Delta C}{\Delta K} \qquad (5\text{-}15)$$

式中　E——追加投资效果系数。

进行项目的评估，需要将计算得到的追加投资回收期（T）与基准期限（T_0）比较；追加投资效果系数（E）与标准效果系数（E_0）比较。如果 $T < T_0$，同时 $E > E_0$，则该项目可行。在进行各方案比较时，应该从中选择 T 最小值或 E 最大值所对应的建设方案。

现举例说明追加投资回收期法。

【例 5-3】　某建设项目拟采用甲、乙两个投资方案。甲方案需要投资 6000 万元，年成本为 1500 万元；乙方案需要投资 4500 万元，年成本为 1800 万元，如果基准收益率为 15%，标准投资回收期为 6 年。试问甲、乙两个方案中，哪个方案最优？

解：分析甲、乙方案，甲方案一次性投入大，但年成本少，因此需要对两者的综合效果进行比较。将已知数据代入公式：

$$T = \frac{K_1 - K_2}{C_2 - C_1} = \frac{\Delta K}{\Delta C} = \frac{6000 - 4500}{1800 - 1500} = 5 \text{ 年}$$

$$E = \frac{C_2 - C_1}{K_1 - K_2} = \frac{\Delta C}{\Delta K} = \frac{1800 - 1500}{6000 - 4500} = 20\%$$

计算结果表明 $T = 5$ 年 $< T_0 = 6$ 年，所以甲方案较优，同时追加投资效果系数 20% 高于标准效果系数 15%，即 $E > E_0$，因此，应选用甲方案。

2. 借款偿还期

借款偿还期（P_d）是指在国家财税制度规定及项目具体财务条件下，以项目投产后可用于还款的资金偿还借款本金和建设期利息所需的时间，其表达式为：

$$I_d = \sum_{t=1}^{P_d} R_t \tag{5-16}$$

式中　I_d——借款本金和利息之和；

　　　P_d——投资借款偿还期，从项目建设期初起算；

　　　R_t——第 t 年可用于还款的资金，包括：可以用于还款的利润、折旧、摊销及其他还款资金。当借款偿还期满足贷款机构的要求期限时，即认为方案具有清偿能力。

由式（5-16）变形可得式（5-17）

$$\sum_{t=1}^{P_d} R_t - I_d = 0 \tag{5-17}$$

不难看出，式（5-17）与式（5-11）相似，因此，其计算方法与静态投资回收期的计算相同，在此，不再重复。

3. 利息备付率

利息备付率是指项目在借款偿还期内，各年可用于支付利息的税息前利润与当期应付利息费用的比值，它从付息资金来源的充裕性角度反映项目偿付债务利息的保障程度，表达式为：

$$ICR = \frac{税息前利润}{当期应付利息费用} = \frac{EBIT}{PI} \tag{5-18}$$

式中 ICR 表示利息备付率，税息前利润 $EBIT =$ 利润总额＋计入总成本费用的利息费用；当期应付利息 PI 是指计入总成本费用的全部利息。

ICR 可以按年计算，也可以按整个借款期计算。利息备付率表示项目的利润偿付利息的保证倍率。对于正常运营的企业，ICR 应当大于 2，否则，表示付息能力保障程序不足。

4. 偿债备付率

偿债备付率（$DSCR$）系指在借款偿还期内，用于计算还本付息的资金（$EBITDA - Tax$）与当期应还本付息金额（PD）的比值，它表示可用于计算还本付息的资金偿还借款本息的保障程度，应按下式计算：

$$DSCR = \frac{EBITAD - Tax}{PD} = \frac{可用于还本付息的金额}{当期应还本付息金额} \tag{5-19}$$

式中　$EBITDA$——可用于还本付息的金额（息税前利润加折旧和摊销）；

　　　Tax——企业所得税；

PD——当期应还本付息金额，包括还本金额和计入总成本费用的全部利息。融资租赁费用可视同借款偿还。运营期内的短期借款本息也应纳入计算。

如果项目在运行期内有维持运营的投资，可用于还本付息的资金应扣除维持运营的投资。偿债备付率应分年计算，偿债备付率高，表明可用于还本付息的资金保障程度高。偿债备付率应大于1，并结合债权人的要求确定。

5. 投资收益率（或投资效果系数法）

投资收益率是指项目投产后每年获得的纯收入与建设投资总额的比率。计算公式为：

$$投资收益率\ r = \frac{R}{C_0} \times 100\% = \frac{年纯收入}{投资总额} \times 100\% \qquad (5-20)$$

式中　r——投资收益率；

　　R——年纯收入；

　　C_0——项目的投资总额。

$$年纯收入 = 年销售收入 - 年经营费用 \qquad (5-21)$$
$$投资总额 = 全部建设费用 + 流动资金 \qquad (5-22)$$

项目利用投资收益率这一指标进行评估时，投资收益率越大，项目的经济效果越好。那么投资收益率选择多大，才是经济合理的呢？其决策规则为：投资收益率≥行业平均投资收益率。满足此条件时，该项目可行，否则该项目被否定。投资收益率高于同行业的收益率参考值，表明用总投资收益率表示的盈利能力满足要求。

投资收益率是考察项目单位投资盈利能力的静态指标。其主要优点是简单、直观地反映项目单位投资的盈利能力。

其不足之处有以下几点：

1）没有考虑资金的时间价值；

2）年销售收入、年经营费用的计算主观随意性太强。进行适当的财务处理就会人为压低或抬高利润水平，所以以利润率做为决策依据不太可靠；

3）纯收入若以尚未实际收到的现金收入作为收益，具有较大的风险；

4）舍弃了更多的项目寿命期内的经济数据。

【例5-4】　某建设项目，基建投资额为24000万元，流动资金贷款为4500万元，在项目建成投产后的第二年，每年即可实现利润5200万元，年折旧费为1200万元，工商税1800万元，求项目的投资收益率。

解：项目的投资总额为：$C_0 = 24000 + 4500 = 28500$万元

项目投资收益率为：$r = \dfrac{R}{C_0} \times 100\% = \dfrac{1200 + 5200}{28500} \times 100\% = \dfrac{6400}{28500} \times 100\% = 22\%$

所以该项目投资收益率为22%。

6. 投资利税率

投资利税率指项目达到生产能力后的一个正常生产年份的利润和税金总额或

项目生产期内的平均利税总额与总投资的比率。其计算公式为：

$$投资利税率=\frac{年利税总额（或年平均利税总额）}{总投资}\times100\%　\text{（5-23）}$$

式中

$$年利税总额=年销售收入-年总成本费用　\text{（5-24）}$$

或

$$年利税总额=年利润总额+年销售税金及附加　\text{（5-25）}$$

投资利税率数值越大，说明项目为社会提供的利润和向国家缴纳的税金就越多。同样投资利税率需要和同行业企业的平均投资利税率做比较，以判断项目盈利水平。

以上两个指标统称为简单投资收益率。其优点是计算简便、直观，易于理解。不足之处是没有考虑资金的时间价值，并且选择正常生产年份比较困难。

下面举例说明投资利润率和利税率的计算方法。

【例 5-5】　某注册资金为 1650 万元的公司，投资 2800 万元兴建一个化工厂。该项目达到设计生产能力后的一个正常年份，销售收入为 4200 万元，年总成本费用为 3070.5 万元，年销售税金及附加为 260 万元，年折旧费 100 万。已知同类企业投资收益率、投资利税率的平均水平不小于 30%、40%。试评价该项目的获利能力水平。

解： (1) 年纯收入=年销售收入-年经营费用=年产品销售收入-（年总成本费用+年销售税金及附加-折旧）=4200-（3070.5+260-100）=969.5 万元

$$投资收益率=r=\frac{R}{C_0}\times100\%=\frac{969.5}{2800}\times100\%=34.63\%>30\%$$

(2) 年投资利税总额=年销售收入-年总成本费用=4200-3070.5=1129.5 万元

$$投资利税率=\frac{年利税总额（或年平均利税总额）}{总投资}\times100\%$$
$$=\frac{1129.5}{2800}\times100\%=40.34\%>40\%$$

由于该项目投资利润率和投资利税率均高于同行业的平均水平，因此该项目获利能力较好。

7. 资本金净利润率

项目资本金净利润率（ROE）表示项目资本金的盈利水平，系指项目达到设计能力后正常年份的年净利润或运营期内年平均净利润（NP）与项目资本金（EC）的比率；项目资本金净利润率应按下式计算：

$$ROE=\frac{NP}{EC}\times100\%　\text{（5-26）}$$

式中　NP——项目正常年份的年净利润或运营期内年平均净利润；

　　　EC——项目资本金。

项目资本金净利润率高于同行业的净利润率参考值，表明用项目资本金净利润率表示的盈利能力满足要求。

8. 财务比率

(1) 流动性比率

通过对流动资产与流动负债中相关数据的比较，来显示企业变现能力大小的比率叫做流动性比率。分析流动性比率的主要目的是了解企业偿还流动负债的能力；了解企业获得短期信贷的资信和企业利用流动负债的状况。这类比率是衡量项目清偿其短期负债能力的一个非常粗略指标，可以分为流动比率和速动比率。

1) 流动比率

$$流动比率 = \frac{流动资产}{流动负债} \times 100\% \qquad (5-27)$$

流动比率旨在分析企业资产流动性的大小，判断短期债权人的债权，在到期前偿债企业用现金及预期在该一期中能变为现金的资产偿还的限度。流动比率越高，表明企业偿付短期负债能力越强。满意的流动比率数值一般要求达到 2，比值过高，说明项目持有闲置的（不能盈利的）现金余额；比值过低，不利于企业获得贷款，表明项目可能会面临清偿到期账单、票据的某些困难。

2) 速动比率

$$速动比率 = \frac{速动资产}{流动负债} \times 100\% = \frac{流动资产 - 存货}{流动负债} \times 100\% \qquad (5-28)$$

所谓速动比率，就是流动，指迅速变现的能力。在流动资产中，现金、应收账款、应收票据、短期投资等容易变现，称为速动资产。其数值满意的范围为 1.7~1.0，过高或过低都表示企业财务状况不理想。速动比率是反映项目快速清偿流动负债能力的指标。

(2) 负债权益类比率

所谓负债权益类比率，是指通过负债、权益资本和资产等数据的比较来表明企业利用负债经营的能力的比率。这类比率反映企业资产负债结构、企业主权资本的收益状况和信用活动能力。这类比率分为负债权益比率、负债比率和权益比率等。

1) 负债权益比率

$$负债权益比率 = \frac{负债总额（年末数）}{权益资本（年末数）} \times 100\% \qquad (5-29)$$

式中，负债总额包括流动负债和长期负债；权益资本即股东权益或业主权益，是企业业主所有的主权资本。

这一比率反映了企业借入资本和企业自有资本两者之间比例关系，能够综合地反映企业的信用、经营及企业业主占有利润等状况。世界银行在评估项目时，一般要求负债权益比率的数值在 1.5~2.3 之间。

负债权益比率又可以划分为负债比率和权益比率。

2) 负债比率

$$负债比率 = \frac{负债总额（年末数）}{资产总额（年末数）} \times 100\% \qquad (5-30)$$

负债比率又称负债资产比率，是反映项目所面临财务风险程度的指标。负债比率数值过高过低都不理想，若过高，项目财务风险随之变大；若过低，则降低股本收益率。在一般大型项目中，倾向于采用理想的负债与资产比例为 50：50，但这并不是一个标准模式。在许多国家，负债与资本实际采用了 67：33 或 75：25

甚至更高的比率。这需要根据每一个项目各自优缺点加以估测，不可能做一个普遍适用的结论。

3）权益比率

$$权益比率 = \frac{权益资本（年末数）}{资产总额（年末数）} \times 100\% \qquad (5-31)$$

权益比率与负债比率相反，反映了企业依靠自有资本建立全部资产的比重。权益比率越大，企业业主的投资收益率就无法提高；而对于债权人和银行来说，偿债保证相对提高。

（3）偿债能力比率

所谓偿债能力比率，是指通过企业经营时期偿债资金来源和需要量的比较，来表明企业在一定时期内偿还债务保证程度的比率。偿债能力比率是反映企业能否顺利筹集所需的资金，以及揭示了投资者和债务人的投资风险程度的指标。它包括偿债保证比率、公司债利息保证倍数和优先股股利保证倍数等。

1）偿债保证比率

$$偿债保证比率 = \frac{营业利润 + 折旧以及类似的转销}{本期偿付的本金利息} \times 100\% \qquad (5-32)$$

企业一般是用利润和折旧等回收资金来偿还债务。因此，对于企业或银行来说，偿债保证比率具有实际意义。其中以本金利息作为偿债对象，而因为所得税在经营初期是免征的，所以在公式中以营业利润做为还款来源。偿债保证比率一般要求大于 1.5，反之意味着权益资本回收和股利都会无法实现。

2）公司债利息保证倍数

所谓公司债利息，是指公司发行债券所应付的利息。企业要保持一定的债券发行水平，只要具备清偿债息的能力就可以，其中本金清偿通过再度发行债券来实现。这一比率的表达式为：

$$公司债利息保证倍数 = \frac{营业利润}{年债券利息} \times 100\% \qquad (5-33)$$

这一比率是反映公司清偿能力的指标。其倍数越大，说明企业偿债能力越强，可以再度发行债券，公司维持原偿债能力的保证程度越高。

3）优先股股利保证倍数

$$优先股股利保证倍数 = \frac{营业利润}{年债券利息 + 优先股股利需要量} \times 100\% \qquad (5-34)$$

这一比率反映了企业吸收优先股的实力，是揭示公司财务实力的比率。

5.2.3　动态评价指标的计算方法

它不仅考虑了资金的时间价值，而且考虑了项目在整个寿命期内的全部经济数据，因此比静态指标更全面、更科学。

1. 动态投资回收期

动态投资回收期（P'_t）是在考虑资金时间价值的条件下，用项目净效益回收项目全部投资所需要时间。其表达式为：

$$\sum_{t=1}^{P'_t} (CI_t - CO_t)(1+i_c)^{-t} = 0 \qquad (5-35)$$

式中 P'_t——动态投资回收期。

其他符号同上。

与静态投资回收期的计算相似，动态投资回收期的计算可通过财务现金流量表计算得出。其具体计算公式为：

$$P'_t = 累计折现净现金流量开始出现正值的年份 - 1 + \frac{上年累计折净现金流量的绝对值}{当年折现净现金流量}$$

$$(5-36)$$

计算出的动态投资回收期（P'_t）也要与行业规定的标准动态投资回收期或同行业平均动态投资回收期进行比较，如果计算出的动态投资回收期不大于行业规定的标准动态投资回收期或同行业平均动态投资回收期，则认为项目可以考虑接受。

现在举例说明动态投资回收期的计算方法。

【例 5-6】 项目的现金流量表如例 5-1 中表 5-12 所示。求该项目的动态投资回收期。（$i_c = 12\%$）

解： 将例 5-1 中的现金流量折现，得到下表并利用公式计算项目的 P'_t。

根据表 5-12 可以看出，在第 6 年末，项目累计现值出现正值。

现金流量累计表（单位：万元） 表 5-12

t 年 末	0	1	2	3	4	5	6	7
净现金流量	−10	−20	4	8	12	12	12	12
净现值（P/F, 12%, t）	−10	−17.9	3.2	5.7	7.6	6.8	6.1	5.4
累计净现金流量	−10	−27	−24.7	−19	−11.4	−4.6	1.5	6.9

$$P'_t = 6 - 1 + \frac{|-4.6|}{6.1} = 5.75 \text{ 年}$$

通过和该项目的静态投资回收期做比较，$P'_t > P_t$，这是因为净现金流量折现，使生产期期的收益逐年减少的速度大于投资减少的速度，因此使动态投资回收期加大。

【例 5-7】 某建设项目投资额为 2000 万元，每年均等地获得 1000 万元的净收益，基准折现率为 $i_c = 10\%$，试求其动态投资回收期。

解： 根据公式 $\sum_{t=1}^{P'_t} (CI_t - CO_t)(1+i_c)^{-t} = 0$，得到

$$2000 - 1000 \times \left[\frac{(1+10\%)^{P'_t} - 1}{10\% \times (1+10\%)^{P'_t}} \right] = 0$$

得到：

$$\left[\frac{(1+10\%)^{P'_t} - 1}{10\% \times (1+10\%)^{P'_t}} \right] = 2$$

查复利系数表得：$P'_t = 2.5$ 年，所以该项目动态投资回收期为 2.5 年。

在对项目评价时，应将所求出的动态投资回收期 P'_t 与基准动态投资回收期 P'_c 进行比较。以判别项目的投资回收能力。当 $P'_t < P'_c$ 时，方案可行；反之，方案应予以拒绝。一般来说，在财务评价中，主要计算动态投资回收期。

基准回收期应根据各个不同部门的特点，在过去大量基础数据基础上，分析研究，并考虑一般的利润水平和技术政策，由国家统一制定。即使在同一国家，不同时期，也会因为各方面条件的变化而引起基准投资回收期的改变。到目前为止，我国只对某些产业部门的投资回收期做了规定。

投资回收期法选择方案的标准是：回收资金的速度越快越好，因此迎合了部分怕担风险的投资者的心理，但是由于只考虑投资回收以前效果，没有考虑投资之后的盈利状况，所以不能全面反映项目的经济性。

2. 财务净现值

财务净现值是指按行业的基准收益率或投资主体设定的折现率，计算项目计算期内各年净现金流量折到建设期初的现值之和。其表达式为：

$$FNPV = \sum_{t=1}^{n} (CI_t - CO_t)(1+i_c)^{-t} \tag{5-37}$$

式中　　n——项目计算期；

i_c——基准收益率或投资主体设定的折现率；

$(1+i_c)^{-t}$——第 t 年的折现系数；

其他同前。

财务净现值是评价项目盈利能力的绝对指标，它反映项目在满足按设定折现率要求的盈利能力之外，获得者的超额盈利的现值。计算出的财务净现值可能有三种结果，即 $FNPV > 0$，或 $FNPV = 0$，或 $FNPV < 0$。当 $FNPV > 0$ 时，说明项目的盈利能力超过了按设定的折现率计算的盈利能力，从财务角度考虑，项目是可以考虑受的。当 $FNPV = 0$ 时，说明项目的盈利能力达到按设定的折现率计算的盈利能力，这时判断项目是否可行，要看设定的折现率，若选择的折现率大于银行长期贷款利率，项目是可以考虑接受的；若选择的折现率不大于银行长期贷款利率，一般可判断项目不可行。当 $FNPV < 0$ 时，说明项目的盈利能力达不到按设定的折现率计算的盈利能力，一般可判断项目不可行。

因此净现值决策规则为：

① $FNPV \geqslant 0$ 则接受该项目；$FNPV < 0$ 则不接受该项目；

② $FNPV_甲 > FNPV_乙$ 则甲方案优于乙方案（在甲、乙两方案寿命期相同时）。

净现值的计算过程如下：

①计算每年的净现金流量；

②将净现金流量折现；

③根据公式计算净现值。

现举例说明净现值法的应用。

【例 5-8】　某建设项目的现金流量如表 5-13 所示，求其净现值（$i_c = 15\%$），并判断项目的可行性。

某建设项目的现金流量（单位：万元）　　　　　表 5-13

t 年末	0	1	2	3	4	5～12
净现金流量	-20	-40	-40	17	22	32×8

解：根据该题现金流量特点，可利用公式计算：

$$FNPV = \sum_{t=1}^{n} (CI_t - CO_t)(1+i_c)^{-t}$$

$$= -20 \times (1+15\%)^0 - 40 \times (1+15\%)^{-1} - 40 \times (1+15\%)^{-2} + 17 \times$$

$$(1+15\%)^{-3} + 22 \times (1+15\%)^{-4} + 32 \times (1+15\%)^{-4} \times$$

$$\frac{(1+15\%)^8 - 1}{15\% \times (1+15\%)^8}$$

$$= -20 - 34.78 - 30.26 + 11.18 + 12.58 + 82.14$$

$$= 20.86 \text{ 万元}$$

因为 $FNPV = 20.86$ 万元 > 0，所以该项目可以接受。

【例 5-9】 有某建设项目，其投资方式为最初年度（零年）一次性投资，如果采用折现率 $i_c = 10\%$，试分析该项目是否可行？该项目具体情况见表 5-14。

某建设项目具体数据表（单位：万元）　　　　　　　　表 5-14

t 年末	0	1	2	3	4	5	Σ
投资额	1990						
收入		1000	1000	1000	1000	1000	
支出		500	500	500	500	500	
净现金流量	-1990	500	500	500	500	500	
折现率 $i_c = 10\%$	1	0.909	0.826	0.751	0.683	0.621	
现值	-1990	450	415	375	340	310	-100

从表 5-14 中可以看出，净现值为负值 $FNPV = -100 < 0$，表明投资收益率小于 10%，所以该方案不可取。

净现值法的主要优点是：考虑了资金的时间价值，全面考虑了项目整个寿命期的经营情况；指标直接用货币金额表示，经济意义明确；计算简便。

净现值法的缺陷：①需要预先给定折现率，这给项目决策带来了一定困难；因为如果折现率定得略高，可行的项目就有可能被拒绝；折现率定得低，不合理的项目也可能被接受。因此，运用净现值法，需要对折现率客观、准确地估计。②净现值对于备选的项目的评定不准确。例如一个效益较好的小型项目的净现值比一个效益不太好的大型项目净现值小得多，这样根据净现值判断，就有可能造成决策失误。

另外，几个需要说明的问题：

①累计净现值曲线：是反映项目逐年累计净现值随时间变化的一条曲线，如图 5-2 所示。图中各线段长度含义如下：

AC——总投资额；

AB——总投资现值；

DF——累计净现金流量（期末）；

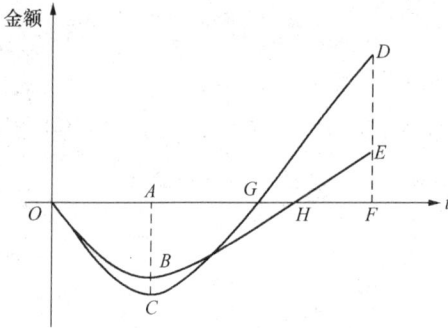

图 5-2　累计净现值曲线

EF—净现值；

OG—静态投资回收期；

OH—动态投资回收期。

②基准折现率：是投资者对资金时间价值的最低期望值。

基准折现率影响因素：

a. 加权平均资本成本 ⎫
b. 投资的机会成本 ⎭ 取两者中的最大的一个作为 r_1；

c. 风险贴补率（风险报酬率）：用 r_2 表示；

d. 通货膨胀率：用 r_3 表示。

基准折现率确定：

a. 当按时价计算项目收支时。

$$i_c = (1+r_1)(1+r_2)(1+r_3) - 1 \approx r_1 + r_2 + r_3; \tag{5-38}$$

b. 当按不变价格计算项目收支时。

$$i_c = (1+r_1)(1+r_2) - 1 \approx r_1 + r_2 \tag{5-39}$$

③ NPV 与 i 的关系如图 5-3 所示。

a. $i \nearrow \longrightarrow NPV \searrow$，故 i_c 定的越高，可接受的方案越少；

b. 当 $i = i'$ 时，$NPV = 0$；当 $i < i'$ 时，$NPV > 0$；当 $i > i'$ 时，$NPV < 0$。

④净现值最大准则与最佳经济规模：最佳经济规模就是盈利总和最大的投资规模。考虑到资金的时间价值，也就是净现值最大的投资规模。所以，最佳经济规模可以通过净现值最大准则来选择。

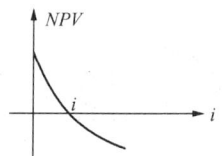

图 5-3　NPV 与 i 的关系

3. 投资现值率

投资现值率又称净现值指数或净现值比。其计算公式为：

$$\text{投资现值率 } NPVI = \frac{NPV}{K_P} = \frac{NPV}{\sum_{t=0}^{n} K_t(1+i_c)^{-t}} = \frac{\text{净现值}}{\text{投资的现值}} \times 100\%$$

$$\tag{5-40}$$

式中的分子为项目整个计算期内净现值；分母为项目投资的现值，即初始投资或各年投资的现值之和。投资现值率的经济含义是：反映了项目的收益水平，是单位投资所含净现值的投资指数；是表示单位投资所获取收益的能力。它是净现值的一个变形，因此它的特点与净现值法基本相同。

投资现值率法可用于某项投资计划的经济效果计算，当用于多方案比较时，则以投资现值率较高的方案为较优方案。

投资现值率的决策规则是：

投资现值率为负数、正数或零，分别表示项目达不到、超过、刚好达到基准收益率。

【例 5-10】 求本节例 5-8 中建设项目的投资现值率。

解: 投资现值率 $NPVI = \dfrac{NPV}{K_P} = \dfrac{NPV}{\sum\limits_{t=0}^{n} K_t(1+i_c)^{-t}} = \dfrac{净现值}{投资的现值} \times 100\%$

$$= \dfrac{20.86}{20+40\times(1+15\%)^{-1}+40\times(1+15\%)^{-2}} \times 100\% = 24.53\%$$

计算结果表明,投资现值率为正数,说明该方案能确保投资计划 15% 的投资收益率。

4. 净年值

计算公式:

$$NAV = NPV \cdot (A/P, i_c, n) \tag{5-41}$$

评价准则:对单方案,$NAV \geqslant 0$,可行;多方案比选时,NAV 越大的方案相对越优。

说明:NAV 与 NPV 的评价是等效的,但在处理某些问题时(如寿命期不同的多方案比选),用 NAV 就简便得多。

5. 财务内部收益率

财务内部收益率本身是一个折现率,它是指项目在整个计算期内各年净现金流量现值累计等于零时的折现率,是评价项目盈利能力的相对指标。财务内部收益率可通过解下方程求解:

$$\sum_{t=1}^{n}(CI-CO)_t(1+FIRR)^{-t} = 0 \tag{5-42}$$

式中 $FIRR$——财务内部收益率;

其他符号同前。

财务内部收益率是反映项目盈利能力常用的动态评价指标,可通过财务现金流量表计算。财务内部收益率计算方程是一元 n 次方程。不容易直接求解,一般是采用"试差法"。在条件允许的情况下,最好使用计算机软件计算。

"试差法"计算 $FIRR$ 的一般步骤如下:

第一步:初略估计 $FIRR$ 的值。$i \approx FIRR$ 为减少试算的次数,通常可先令 $FIRR = i_c$。

第二步:如图 5-4 所示,分别计算出 $i_1, i_2 (i_1 < i_2)$ 对应的净现值 $FNPV_1, FNPV_2, FNPV_1 > 0, FNPV_2 < 0$。

第三步:用线性插入法计算 $FIRR$ 的近似值,其公式如下:

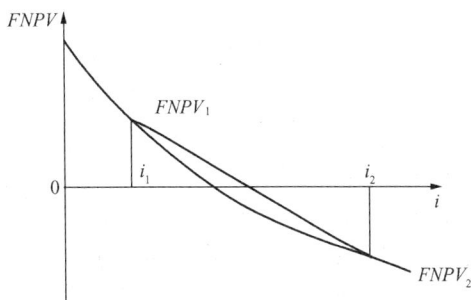

图 5-4   试差法求内部收益率

$$FIRR \approx i_1 + \frac{FNPV_1}{FNPV_1 + | FNPV_2 |}(i_2 - i_1) \tag{5-43}$$

由于上式 $FIRR$ 的计算误差与 $(i_2 - i_1)$ 的大小有关，且 i_2，i_1 相差越大，误差也越大，为控制误差，i_2，i_1 之差最好不超过 2%，一般不应超过 5%。

判别准则：设基准收益率为 i_c，若 $FIRR \geqslant i_c$，则 $FNPV \geqslant 0$，方案财务效果可行；若 $FIRR < i_c$，则 $FNPV < 0$ 方案财务效果不可行。

下面举例说明 $FIRR$ 的求法。

【例 5-11】 某项目拟建一机械厂，初建投资为 5000 万元，预计寿命期十年中每年可得净收益 800 万元，第十年末收取残值 2000 万元，试求该项目内部收益率（$i_c = 10\%$）。

解： 根据公式进行计算

$$FNPV = \sum_{t=1}^{n}(CI_t - CO_t)(1 + FIRR)^{-t}$$

$$= -5000 + 800 \times \frac{(1 + FIRR)^{10} - 1}{FIRR \cdot (1 + FIRR)^{10}} + 2000 \times (1 + FIRR)^{-10}$$

下面求内部收益率 $FIRR$。

① 用试算法计算：

假设 $i = 10\%$

$$FNPV = -5000 + 800 \times \frac{(1 + 10\%)^{10} - 1}{10\% \times (1 + 10\%)^{10}} + 2000 \times (1 + 10\%)^{-10}$$

$$= -5000 + 800 \times 6.144 + 2000 \times 0.3855 = 686.6 > 0$$

假设 $i = 12\%$

$$FNPV = -5000 + 800 \times \frac{(1 + 10\%)^{10} - 1}{12\% \times (1 + 12\%)^{10}} + 2000 \times (1 + 12\%) - 10$$

$$= -5000 + 800 \times 5.6502 + 2000 \times 0.3220 = 164.2 > 0$$

假设 $i = 13\%$

$$FNPV = -5000 + 800 \times \frac{(1 + 13\%)^{10} - 1}{13\% \times (1 + 13\%)^{10}} + 2000 \times (1 + 13\%) - 10$$

$$= -5000 + 800 \times 5.4262 + 2000 \times 0.2946 = -69.8 < 0$$

② 用插值法求 $FIRR$：

$$FIRR = 12\% + (13\% - 12\%) \times \frac{161.2}{164.2 + 69.8} = 12.7\%$$

所以该项目的内部收益率为 12.7%。

内部收益率反映了项目每年能获得的利润率。目前在发达国家中 IRR 值选取在 12%～20% 之间，而在发展中国家，一般选择 8%～15% 之间，IRR 值越大，说明项目盈利越多。

内部收益法应用范围较广。其主要优点在于：①映了项目所具有的最高获利能力，是衡量项目效益优劣的非常有用的方法；②这种方法可以在项目计算期的任何时间点上进行测算，并且结果一致。即时间点的选择对项目获利能力的评价并没有影响。其主要缺点是：经济意义不明确，计算复杂，对于初值的估算较为困难，如果离结果太远，需要多次反复计算，才能准确地估算初值。

另外，关于 IRR 解的讨论如下：

内部收益率方程是一个一元 n 次方程，有 n 个复数根（包括重根），故其正数根的个数可能不止一个。借助笛卡儿的符号规则，IRR 的正实数根的个数不会超过净现金流量序列正负号变化的次数。

常规项目：净现金流量序列符号只变化一次的项目。该类项目，只要累计净现金流量大于零，就有惟一解，该解就是项目的 IRR（前面的例题）。

非常规项目：净现金流量序列符号变化多次的项目。该类项目的方程的解可能不止一个，需根据 IRR 的经济涵义检验这些解是否是项目的 IRR。

5.3 项目财务评价案例

案例 1 某化工企业生产性项目

某化工企业拟建一个生产性项目。该项目建设期为 2 年，运营期为 8 年，预计建设期投资 1000 万元（含建设期贷款利息 25 万元）并全部形成固定资产。固定资产使用年限 10 年，运营期末残值 60 万元，按照直线法折旧。

该企业于建设期第一年投入项目资本金 475 万元，建设期第二年向当地建设银行贷款 500 万元（不含贷款利息）。贷款利率 10%，项目第三年投产。投产当年投入资本金 200 万元，作为流动资金。

运营期，正常年份每年的销售收入为 800 万元，经营成本 300 万元。产品销售税金及附加税率为 6%，所得税税率为 33%，年总成本 400 万元，行业基准收益率 10%。

投产的第一年生产能力为设计生产能力的 60%，为简化计算这一年的销售收入、经营成本和总成本费用均按照正常年份的 60% 估算。投产的第二年及其以后的各年生产均达到设计生产能力。

问题：

（1）试计算销售税金及附加和所得税。

（2）依照表 5-16 格式，编制全部投资现金流量表。

（3）计算项目的动态投资回收期和财务净现值。

（4）计算项目的财务内部收益率。

（5）从财务评价角度，分析说明拟建项目的可行性。

解：

问题（1）

1）运营期销售税金及附加

销售税金及附加＝销售收入×销售税金及附加率

第 3 年销售税金及附加＝$800×60\%×6\%＝28.80$ 万元

第 4～10 年销售税金及附加＝$800×100\%×6\%＝48.00$ 万元

2）运营期所得税

所得税＝（销售收入－销售税金及附加－总成本）×所得税率

第 3 年所得税＝（800×60％－28.84－400×60％）×33％＝69.70 万元

第 4～10 年所得税＝（800－48－400）×33％＝116.16 万元

问题（2）

根据表 5-15 格式和以下计算数据，编制全部投资现金流量表

1）项目的使用年限 10 年，运营期 8 年，所以，固定资产余值按以下公式计算：

年折旧费＝（固定资产原值－残值）÷折旧年限＝（100－60）÷10＝94.00 万元

固定资产余值＝年折旧费×（固定资产使用年限－运营期）＋残值

　　　　　　＝94.00×（10－8）＋60

　　　　　　＝248 万元

2）建设期贷款利息计算：

建设期第 1 年末贷款，建设期第 2 年贷款 500 万元。

贷款利息＝（0＋500÷2）×10％＝25.00 万元。

某拟建项目的全部现金投资流量数据表 5-16。

某拟建项目现金流量表（单位：万元）　　　　　　表 5-15

序号	项 目	建 设 期			投 产 期						
		1	2	3	4	5	6	7	8	9	10
	生产负荷			60%	100%	100%	100%	100%	100%	100%	100%
1	现金流入			480	800	800	800	800	800	800	1248
1.1	销售收入			480	800	800	800	800	800	800	800
1.2	回收固定资产余值										248
1.3	回收流动资金										200
2	现金流出	475	500	478.5	464.16	464.16	464.16	464.16	464.16	464.16	464.16
2.1	固定资产投资	475	500								
2.2	流动资金投资			200							
2.3	经营成本			180	300	300	300	300	300	300	300
2.4	销售税金及附加			28.80	48.00	48.00	48.00	48.00	48.00	48.00	48.00
2.5	所得税			69.70	116.16	116.16	116.16	116.16	116.16	116.16	116.16
3	净现金流量	−477	−500	1.50	335.84	335.84	335.84	335.84	335.84	335.84	783.84
4	折现系数	0.909	0.826	0.751	0.683	0.621	0.567	0.513	0.467	0.424	0.386
5	折现净现金流量	−431.82	−413.20	1.13	229.38	208.53	189.57	172.34	156.67	142.43	302.17
6	累计折现净现金流量	−431.82	−845.02	−843.89	−614.51	−405.98	−216.41	−44.07	112.60	255.03	557.20

问题（3）

根据表 5-16 中的数据按以下公式计算项目的动态投资回收期和财务净现值。

动态投资回收期＝（累计折现净现金流量出现正值年份－1）＋出现正值年份上

年累计折现净现金流量绝对值÷出现正值年份当年折现净
现金流量

＝（8－1）＋（44.07÷156.67）

＝7.28 年

由表 5-16 可知：项目财务净现值 $FNPV$＝557.20 万元。

问题（4）

编制现金流量延长表，见表 5-16，采用试差法求出拟建项目的内部收益率。
具体做法及计算过程如下：

某拟建项目现金流量延长表（单位：万元）　　　　　表 5-16

序号	项目	建设期			投产期						
		1	2	3	4	5	6	7	8	9	10
	生产负荷			60%	100%	100%	100%	100%	100%	100%	100%
3	净现金流量	−475	−500	1.5	335.84	335.84	335.84	335.84	335.84	335.84	783.84
⋮											
7	折现系数 $I=20\%$	0.8333	0.6944	0.5787	0.4823	0.4019	0.3349	0.2791	0.2326	0.1938	0.1615
8	折现净现金流量	−395.82	−347.20	0.87	161.98	134.98	112.48	93.74	78.11	65.09	126.59
9	累计折现净现金流量	−395.82	−743.02	−742.15	−580.17	−445.19	−332.71	−238.97	−160.86	−95.77	30.82
10	折现系数 $I=21\%$	0.8264	0.6830	0.5645	0.4665	0.3855	0.3186	0.2633	0.2176	0.1799	0.1487
11	折现净现金流量	−392.54	−341.50	0.85	156.67	129.47	107.00	88.43	73.08	60.42	116.56
12	累计折现净现金流量	−392.54	−734.04	−733.19	−576.52	−447.05	−340.05	−251.62	−178.54	−118.12	−1.56

1）首先设定 $i_1=20\%$，以 i_1 作为设定的折现率计算出各年的折现系数。利用
现金流量延长表，计算出各年的折现净现金流量和累计折现净现金流量，从而得
到财务净现值 $FNPV$，见表 5-16。

2）再设定 $i_2=21\%$，以 i_2 作为设定的折现率计算出各年的折现系数。利用现
金流量延长表，计算出各年的折现净现金流量和累计折现净现金流量，从而得到
财务净现值 $FNPV$，见表 5-16。

3）如果试算结果满足 $FNPV_1>0$，$FNPV_2<0$，且满足精度要求，可采用试
差法计算出拟建项目的财务内部收益率 $FIRR$。

由表 5-16 可知：$i_1=20\%$ 时，$FNPV_1=30.82$ 万元

$i_2=21\%$ 时，$FNPV_2=-1.56$ 万元

可采用试差法计算拟建项目的财务内部收益率 $FIRR$，即

$$FIRR = i_1 + [FNPV_1 \div (FNPV_1 + |FNPV_2|)] \times (i_2 - i_1)$$
$$= 20\% + [30.82 \div (30.82 + |-1.56|)] \times (21\% - 20\%)$$
$$= 20.95\%$$

问题（5）

从财务评价角度评价该项目的可行性：

根据计算结果，项目财务净现值 $FNPV$=557.20 万元$>$0；内部收益率 $FIRR$=20.95%$>$行业基准收益率 10%，所以该项目可行。

案例 2　北京朝阳区某毛纺厂居住区开发项目

1. 项目概况

随着北京城市化进程的加快、城市社会经济的发展和产业结构的优化，城市用地功能需作进一步调整。为此，首都规划建设委员会办公室于 1996 年 1 月 30 日召开第四次联席会议，原则上同意将北京市毛纺厂改造为"毛纺厂居住区"。该项目拟由北京益华集团房地产开发部负责开发建设。

项目财务评价的目的是通过市场供需研究和财务经济分析，确定项目的规划功能、开发档次、开发成本和市场营销对象，并对项目的经济可行性做出评价，为委托方投资决策及开发项目融资提供依据。

（1）项目位置及占地面积

拟建"毛纺厂居住区"位于朝阳区东八里庄，包括现状毛纺厂厂区和五建公司的用地。地块北临六里屯路，南至朝阳北路，西起星火路，东到规划中的石佛营东路。本项目总占地面积 53.23hm²，其中：规划用地面积 45.63hm²，市政代征地 7.6hm²。本项目规划建设用地面积中，目前属北京市第五建筑工程公司使用的有 7.652hm²，详见表 5-17 所示。

项目用地面积及其分布　　　　　　　　　　表 5-17

用地单位	规划用地面积（m²）	可开发用地面积（m²）	保留建筑占地面积（m²）
益 华	379800	332037	47763
五 建	76520	71200	5320
合 计	456320	403237	53083

（2）项目现状特点

项目用地内的现状建筑主要是厂房、仓库和住宅，将来都要予以拆除，但由于生产水泥制品的需要，以铁路专用线将厂区分为南北两部分，南部为第一期开发，北部为第二期开发，中间铁路线及其南北两侧为第三期开发。

规划范围内有三组拟保留建筑；厂区南侧靠近朝阳北路的住宅楼为毛纺厂新建的宿舍区；规划范围内西北角是一组旧住宅楼，分属毛纺厂和五建公司，目前保留，待将来有条件时再改造；厂区中央靠星火路一侧正在兴建的一栋 12 层综合楼。另外，现状厂区内的锅炉房也将予以保留，用于未来小区供热。保留建筑占地面积和建筑面积情况如表 5-18 所示。

项目用地范围内保留建筑占地面积和建筑面积   表 5-18

土地使用者 用途	益 华		五 建	
	占地面积（m²）	建筑面积（m²）	占地面积（m²）	建筑面积（m²）
住 宅	43488	100000	5320	30000
地区公建	0.4275	22092	0	0
合 计	47763	122092	5320	30000

项目规划范围以北是石佛营住宅小区，西侧是东八里庄住宅小区，南侧也已建成居住区，东侧隔铁路专用线为仓储区。铁路专用线以西，本项目周围已形成规模居住区，将厂区改造为住宅区符合规划要求。

（3）项目拟建规模

按照初步规划方案，毛纺厂居住区由保留建筑和新建建筑两部分组成，其中新建建筑包括高层和多层住宅、非配套公建和配套公建（表 5-19）。建设用地面积 456300m²，总建筑面积 912600m²，总容积率为 2.00。

项目拟建规模和建筑面积分配   表 5-19

类 型		建筑面积（m²）	建筑面积所占比例（%）
保留建筑		152092	—
新建建筑	高层住宅	437908	57.6
	多层住宅	137600	18.1
	地区商服	85000	11.2
	配套公建	100000	13.1
	小 计	760508	100.0
合 计		912600	—

（4）项目服务对象

居住区将规划建设一处地区级公建中心和一所医院，为附近地区和小区内居民提供服务，其余建筑为多层、高层住宅和配套公建。其中，部分新建住宅为益华集团其他开发项目提供拆迁安置房，部分住宅为公开销售商品房，所占比例分别为 30% 和 70%。

（5）市政工程和基础设施

据测算，毛纺厂居住区建成后，对热力、电力、电信和煤气的需求预测如下：

1）供热：小区内将自建锅炉房，负责整个小区的供热。

2）供电：根据《北京毛纺厂住宅区供电可行性咨询报告》，毛纺厂住宅区的能源供应方式采用锅炉房（或热力网）供热，煤气或天然气炊事，集中与分散空调相结合方案，新建住宅和新建公建用电定额分别按 25W/m² 和 50W/m² 计算，则该小区用电总计约 20000kW。同时使用系数为 0.8，则最大负荷约 16000kW，需安装 24000kV 变压器。根据测算，新建小区内开闭站和由变电站引至住宅区的电缆分别需 400 万元和 480 万元，需交纳的供电贴费为 2880 万元，以上三项共计 3760 万元。另外，居住区还应承担地方电力建设基金 4000 万元，此项费用可分期交纳。

　　3）煤气：据北京市煤气公司测算，按小区内住宅 7736 户、其他建筑 15.86 万 m^2 计，日用煤气量为 2.1 万 m^3，高峰用气量为 3500m^3。

　　4）电信：据北京市电信管理局测算，按居住人口 2 万多、住户 7736 户计，毛纺厂居住区至少需电话 9000 部（包括公建），初期至少需安装程控交换机 1 万门。

　　2. 市场研究

　　（1）北京市当前房地产市场概况（略）

　　（2）北京市普通住宅市场分析

　　（3）市场供需关系分析（略）

　　经过对北京市的投资环境和市场供求关系分析，我们提出如下建议：

　　本项目所处位置紧邻北京市房地产投资的热点地区之一——东四环路，建议市场定位如下：

　　1）功能分配。小区内以普通住宅为主，配以适当的写字楼、商业及公建用房。普通住宅占 70%，其中多层与高层并重，为提高项目的建筑面积，适当增加高层的比例。

　　2）销售对象。普通住宅销售对象以企事业单位、集团购买和益华集团内部其他项目的拆迁用房为主，外地驻京机构为辅，兼顾散户。

　　3）户型与功能。考虑到销售对象，普通住宅户型以三室一厅、三室二厅、二室二厅为主，约占 70%；四室二厅为辅，占 10%，其余为二室或一室。面积约 60～120m^2。在节约成本的前提下，应尽量使功能达到中档水平，如设计冰箱、洗衣机、空调的预留位置。

　　（4）北京市写字楼市场分析（略）

　　（5）北京市商业用房市场分析（略）

　　3. 项目规划建设方案和建设条件

　　（1）项目用地功能布局

　　小区内现状住宅主要分布在厂区西北角和南端。规划住宅主要集中在小区中央，部分布置于靠近铁路的东北角，在高度控制方面，本着中间高、两边低的原则，越靠近铁路高度越低，以减少铁路噪声对居民的干扰。

　　毛纺厂周围居住区建成较早，配套设施不完善，缺乏集中的、有规模的地区级公建中心。因此规划在区域内两条主干道（朝阳北路和星火路）交汇处的东北部，即现状毛纺厂的西南角建设一处地区级的公建中心。由于周围地区缺少有规模的医院，所以在园星路以北，靠星火路一侧规划一家医院。

　　星火路是经过居住区的一条主要生活性道路，规划公建区多沿星火路布置。在现状综合楼以南安排一处农贸市场，以解决星火路沿线的马路市场问题。在朝阳北路与园星路之间的星火路东侧形成一组完整的商业区。为满足服务半径要求，方便小区东北部居民，在六里屯路南，规划一处小规模商服用地。

　　居住区东部目前是仓储区，有一组电气化铁路从居住区边经过。规划中将锅炉房、公交首末站和其他市政场站布置在铁路沿线，另外将中小学用地也靠近铁路布置，但要采取降低噪声影响的物理措施。

规划在石佛营东路西侧布置一条 20~30m 宽的绿化隔离带，以减少铁路噪声干扰。其余绿地集中在现状综合楼以东的一块占地 0.88hm² 的用地内。另外，居住区还将配备 30 班中学一所，24 班小学两所，9 班幼儿园两所，4 班、6 班托儿所各一所。

（2）项目规划控制指标

综合考虑该项目所处的区位及有关规划要求，对该小区容量、用地性质和开发强度提出的控制指标如下：

1）用地情况

总占地面积	532320m²
其中 代征地面积	76000m²
规划建设用地面积	456320m²
其中 地区公建用地	52900m²
住宅用地	163400m²
配套公建用地	124000m²
道路用地	56000m²
绿化用地	60000m²

2）用地性质

使用性质：住宅及配套、非配套公建

3）用地强度

总容积率：2.00

其中：

保留建筑：	2.865
新建住宅：	2.06
配套公建：	0.806
地区商服：	3.83

4）建筑设计指标

总建筑面积：912600m²

其中：

保留建筑面积：	152092m²
新建住宅建筑面积：	575508m²
地区公建建筑面积：	85000m²
配套公建建筑面积：	100000m²

建筑高度：≤60m

其中：

多层住宅：≤18m

高层住宅：45~60m

地区商服：≤60m

配套公建：≤24m

中、小学：≤12m

建筑层数：板式 6～12 层，塔式 18 层

（3）市政建设条件

1）道路交通系统

在毛纺厂居住区四周道路中，星火路已修好，六里屯路和朝阳北路都定过线，只有石佛营东路有待定线。规划中将东八里庄小区北侧的园星路东延，横穿居住区与石佛营东路相交，此路段将居住区分成南北两个小区，亦有待定线。

为加强小区间的联系，居住区内部规划了半环加十字形的道路系统：即由星火路向东，再向南，穿过园星路，再向西回到星火路的半环路和贯穿南北东西的十字型路。

2）市政设施现状

北京毛纺厂原有较完善的市政设施。为解决北京市热力公司在东郊地区建设供热厂的用电需要，北京市供电局提出结合供热厂投产，建设一座 110kV 变电站（星火变电站）。站址拟选在京包铁路西侧，姚家园路北侧，建成后将由该变电站向毛纺厂住宅区供电。随着周围地区的开发建设，该地段的市政设施、地下管线将得到进一步改善，为本项目建成后的使用提供理想的市政条件。其中：

① 上水：毛纺厂原有上水条件满足供应。

② 雨水：沿区内管线通入市政干线。

③ 合流污水：沿区内管线送入市政干线。

④ 煤气：用地西侧的星火路、南侧的朝阳北路有新建的 Dg300 中压煤气管线；在用地西侧偏南有现状煤气中低压调压站一座；小区内南北端有部分现状住宅楼已使用人工煤气。居住区需建设煤气中低压调压站两座，每座建筑面积 70m^2 左右。

⑤ 供热：基地内可满足供应。规划在原锅炉房的位置，绿化隔离带以西，设一处占地 2.02hm^2 的锅炉房，负责整个小区的供热。

⑥ 供电：毛纺厂现状用电由国棉 110kV 变电站以 10kV 架空线（石佛营路）供电，由于该变电站已满载，毛纺厂居住区拟由规划建设的星火 110kV 变电站供电。毛纺厂用电负荷较大，应安排一座占地 500m^2 的 10kV 开闭站，由此分别引出双路 10kV 电缆向住宅和公建供电。

⑦ 电讯：现状毛纺厂有远离此地的呼家楼电话局提供服务，该局容量已满，无力为新建住宅区提供通信服务。按电信发展总体规划方案要求，石佛营地区应由开发单位无偿提供土地，新建一个 4 万门电话局所，占地面积 5000m^2，建筑面积 6000m^2，初装容量 1 万门。

4．建设方式及进度安排

（1）建设方式

本项目的设计应采用总承包制，小区集中规划，统一设计。施工采用监理制，采用公开招标的形式选择工程承包商，以使项目的工期、成本、质量得以确保。工程应达到优良工程水准。

（2）建设进度安排

由于该项目规模较大，因此应考虑采用滚动开发、分期建设的方式，这样既

可以使项目迅速启动，又可以按照市场需求变化情况适时调整开发方案，降低投资风险。

从项目本身的规模和所处的市场条件来看，本项目的开发建设分三期为宜，预计用6年时间可全部建成投入使用。各期开发的土地面积和建筑面积如表5-20所示。

项目建设分期安排（单位：m²）　　　　　　　表5-20

分　期	第一期（南）	第二期（北）	第三期（中）	三期合计
总占地面积	183000	179320	170000	532320
代征地面积	26000	25000	25000	76000
规划建设用地面积	157000	154320	145000	456320
保留建筑占地面积	23498	4275	25310	53083
拆迁土地面积	159502	175045	144690	479237
可开发占地面积	133502	150045	119690	403237
可开发建筑面积	229000	262000	269508	760508

注：第二期可开发土地面积中，有71200m²占地为当前五建用地，相应分摊的代征地面积为11860m²。

工程建设进度，直接影响着项目的经济效益。严密的工程进度安排和高质量的施工组织设计，是保证项目实施的关键，为了确保资金滚动使用，于1997年1月初开始一期工程拆迁及整个项目规划设计和前期准备工作，1997年3月底进行规划设计方案比选，1997年10月初开始第一期基础工程，1997年4月起就可进行市场推广和销售。第二期工程于1999年4月初开始启动，第三期工程从2001年4月启动。整个住宅小区的开发建设于2003年3月完成，2003年9月底销售完毕。

5. 投资估算与资金筹措

（1）项目总投资估算

1）项目投资概况

据估算，本项目包括土地费用、前期工程费、房屋开发费、管理费、财务费用、开发期税费等总投资为293745.36万元，可销售面积的单方造价为3877.5元/m²。更详细的投资规划可能随设计的深入而调整。

2）估算依据

① 业主提供的"毛纺厂居住区控制性详细规划说明"；

② 北京市煤气公司"北京市毛纺厂居住区煤气供应咨询意见"；

③ 北京市电信管理局"北京市毛纺厂居住区电信配套建设方案"；

④ 整个项目按中、低档建造水平计算；

⑤ 估算中的有关税金和费用按北京市的现行规定和同类项目的平均水平测算；

⑥ 假定该项目在5年内分3期全部建设完成；

⑦ 假定该项目在第一年开始预售，至项目建成后一年内全部销售完毕；

⑧ 项目总投资中自有资金比率按10%计算；

⑨ 贷款的年利率按 12％计取；

⑩整个项目的投资费用是在专业的投资监理工程师监督下使用。

3）估算范围

上述估算投资按北京市目前通常的取费标准计取，但尚未包括室内二次精装修及拆迁房享受安居房减免的十项税费。

4）估算结果

投资估算的结果汇总如表 5-21 所示。

北京市毛纺厂居住区开发项目成本估算表   表 5-21

序　号	项目或费用名称	投资金额（万元）	单方造价（元/m²）
一	土地费用	107342.76	1417.0
1	出让金	13145.09	
2	城市建设配套费	19717.63	
3	拆迁安置补偿费	72893.70	
4	手续费及税金	1586.35	
二	前期工程费	5099.04	67.3
1	规划设计	3187.36	
2	项目可行性研究	382.48	
3	地质勘探测绘	637.47	
4	三通一平费	891.73	
三	房屋开发费	127494.50	1683.0
（一）	建筑安装工程费	111837.28	1476.3
1	商品住宅		
A	多层	30724.97	
B	高层	22434.11	
2	拆迁房		
A	多层	13655.54	
B	高层	6827.77	
3	地区公建		
A	商场	14021.32	
B	写字楼	13460.46	
4	可销售配套公建	5462.22	
5	不可销售配套公建	5250.88	
（二）	附属工程费	5591.86	73.8
（三）	室外工程费	8946.98	118.1
（四）	其他费用	1118.37	14.8
四	管理费	5998.41	79.2
五	财务费用	28792.36	380.1

序　号	项目或费用名称	投资金额（万元）	单方造价（元/m²）
六	开发期税费	10462.60	138.1
1	电贴费	2880.00	
2	用电权费	4000.00	
3	其他税费	3582.60	
七	不可预见费	8555.69	112.9
总计		293745.36	3877.5

注：计算单方造价时，其面积的基础是可销售面积（不含不可销售配套公建之建筑面积）。

（2）投资分年度使用计划

按照项目建设进度计划安排，本项目资金投入计划详见表5-22"投资计划与资金筹措表"。

投资计划与资金筹措表（单位：万元）　　　　　　　表5-22

序号	项目	合计	开发经营期					
			1997	1998	1999	2000	2001	2002
1	开发总投资							
1.1	土地费用	107342.76	23853.95	11926.97	23853.95	11926.97	17890.46	17890.46
1.2	前期工程费	5099.04	1699.68	453.25	1019.81	453.25	1019.81	453.25
1.3	房屋开发费	127494.50	25498.90	19124.17	19124.17	19124.17	19124.17	25498.90
1.4	管理费	5998.41	1199.68	959.75	959.75	959.75	959.75	959.75
1.5	其他费用							
1.6	开发期税费	10462.60	2325.02	1162.51	2325.02	1162.51	2325.02	1162.51
1.7	不可预见费	8555.69	1425.95	1425.95	1425.95	1425.95	1425.95	1425.95
小计		264953.00	56003.18	35052.60	48708.65	35052.60	42745.16	47390.81
2	资金筹措							
2.1	自有资金	26495.30	26495.30	0.00	0.00	0.00	0.00	0.00
2.2	销售收入	220121.23	11171.41	35052.60	48708.65	35052.60	42745.16	47390.81
2.3	贷款	18336.47	18336.47	0.00	0.00	0.00	0.00	0.00
2.4	其他	0.00	0.00	0.00	0.00	0.00	0.00	0.00
小计		264953.00	56003.18	35052.60	48708.65	35052.60	42745.16	47390.81

（3）资金筹措计划

本项目的投资来源包括自有资金、销售收入和贷款三个部分。其中自有资金投入26495.30万元，销售收入投入220121.23万元人民币，需向金融机构贷款18336.47万元人民币详见表5-23。

在估算中，考虑到当年投资是随工程的进度分期投入的，销售收入也是在一年中逐步实现的，故假定当年销售收入（扣除销售税费）全部用于当年投资，如有盈余，结转下年。

6. 投资分析基础数据的预测和选定

本报告对项目经济效益进行分析过程中，所使用的基础数据和基本条件是根据北京市同类开发项目的实际状况，在分析北京市相关类型物业市场前景的基础上，结合本项目的具体情况而预测和选定的。

（1）销售收入的测算

根据市场研究的结果，并考虑本项目的具体情况，确定普通住宅售价：高层为 5000 元/m²，多层为 5200 元/m²；拆迁房售价：高层为 4500 元/m²，多层为 4800 元/m²；商业用房售价：6500 元/m²；办公用房售价：6000 元/m²；可售配套公建售价：4000 元/m²。可销售面积的平均价格为 5073.50 元/m²。

本项目的销售面积包括商品住宅、拆迁房与各类公建，总计为 757558m²，分年度的总销售收入见表 5-23 "北京市毛纺厂居住区开发项目销售收入汇总表"。

北京市毛纺厂居住区开发项目销售收入汇总表　　　　表 5-23

序号	期　间	1997	1998	1999	2000	2001	2002	2003	总计
1	商品住宅销售收入	9495.48	28486.44	36926.87	33761.71	31651.60	43257.19	27431.39	211010.67
2	拆迁楼销售收入	4645.32	13935.97	18065.15	18065.15	18065.15	19613.59	10839.09	103229.41
3	地区公建销售收入	0.00	4381.66	11392.32	13144.99	11392.32	15773.98	14021.32	70106.59
销售收入总计		14140.80	46804.07	66384.33	64971.84	61109.07	78644.76	52291.79	384346.67

注：可销售面积平均价格 5073.50 元/m²，销售收入具体估算过程略。

（2）成本及税金

1）投资成本测算

本项目固定资产投资总额为 26493.0 万元，融资费用为 28792.36 万元，本项目的投资成本为 293745.36 万元。

2）销售费用测算

根据北京市同类项目和国家有关部门资料，销售费用取总销售收入的 2%。

销售费用＝384346.67 万元×2%＝7686.93 万元

3）税金

房地产开发项目的主要税金为经营税费和所得税。根据国家有关规定，经营税费的税率为 5.45%，按总销售额征收；所得税税率为 33%，以销售利润为基数征收。北京市现已开征土地增值税。该税按开发项目销售利润水平以累进税率征收，对 20% 以内的开发利润，免征土地增值税。根据测算，本项目不需缴纳土地增值税。

（3）利润分配

开发项目的税后利润等于销售收入扣除投资成本、销售费用和有关税金。预计本项目的总税后利润为 38685.58 万元。详见表 5-24 "项目损益表"。

项目损益表　　　　　　　　　　　表 5-24

序号	项目	合计	开发经营期						
			1997	1998	1999	2000	2001	2002	2003
1	项目收入	384346.67	14140.80	46804.07	66384.33	64971.84	61109.07	78644.76	52291.79
1.1	销售收入	384346.67	14140.80	46804.07	66384.33	64971.84	61109.07	78644.76	52291.79
1.1.1	商品住宅	211010.67	9495.48	28486.44	36926.87	33761.71	31651.60	43257.19	27431.39
1.1.2	拆迁楼、可售配套公建	103229.41	4645.32	13935.97	18065.15	18065.15	18065.15	19613.59	10839.09
1.1.3	地区公建	70106.59	0.00	4381.66	11392.32	13144.99	11392.32	15773.98	14021.32
1.2	出租收入	0	0	0	0	0	0	0	0
2	经营成本	264953.00	9748.10	32264.83	45762.67	44788.95	42126.11	54214.51	36047.84
2.1	销售成本	264953.00	9748.10	32264.83	45762.67	44788.95	42126.11	54214.51	36047.84
3	经营税费	25174.71	926.22	3065.67	4348.17	4255.66	4002.64	5151.23	3425.11
3.1	销售税费	25174.71	926.22	3065.67	4348.17	4255.66	4002.64	5151.23	3425.11
3.1.1	营业税及附加	21139.07	777.74	2574.22	3651.14	3573.45	3361.00	4325.46	2876.05
3.1.2	交易管理费及印花税	4035.64	148.48	491.44	697.04	682.20	641.65	825.77	549.06
4	销售费用	7686.93	282.82	936.08	1327.69	1299.44	1222.18	1572.90	1045.84
5	财务费用	28792.36	1059.32	3506.21	4973.01	4867.20	4577.83	5891.47	3917.31
6	土地增值税	0.00	0.00	0.00	0.00	0.00	0.00	0.00	0.00
7	开发利润	57739.67	2124.35	7031.29	9972.79	9760.60	9180.30	11814.65	7855.70
8	所得额		2124.35	7031.29	9972.79	9760.60	9180.30	11814.65	7855.70
9	所得税	19054.09	701.03	2320.32	3291.02	3221.00	3029.50	3898.84	2592.38
10	税后利润	38685.58	1423.31	4710.96	6681.77	6539.60	6150.80	7915.82	5263.32
10.1	应付利润	13744.11	0.00	0.00	0.00	0.00	564.98	7915.82	5263.32
10.2	归还垫支利润及净投资回收	42871.53	0.00	0.00	0.00	0.00	0.00	6823.69	36047.84
10.3	未分配利润	24941.47	1423.31	4710.96	6681.77	6539.60	5585.82	0.00	0.00

注：投资回收主要用于后续投资和偿还贷款本息，税后利润部分用于后续开发投资和归还贷款本息的，在投资回收不再用于后续投资和还本付息时归还。

7. 项目经济效益评价

（1）现金流量分析

本报告从全部资金、自有资金两方面编制了现金流量表，主要评价指标如下：

1）全部资金评价指标（详见表 5-25，项目全部资金现金流量表）

财务内部收益率：24.80 %

财务净现值（$I_c = 18\%$）：10938.09 万元

静态投资回收期：4.84 年

动态投资回收期（$I_c = 18\%$）：6.35 年

项目全部资金现金流量表　　　　　　　　　　　　　表 5-25

序号	项 目	合 计	开发经营期						
			1997	1998	1999	2000	2001	2002	2003
1	现金流入								
1.1	销售收入	384346.67	14140.80	46804.07	66384.33	64971.84	61109.07	78644.76	52291.79
	小计	384346.67	14140.80	46804.07	66384.33	64971.84	61109.07	78644.76	52291.79
2	现金流出								
2.1	固定资产投资								
2.2	经营资金								
2.3	开发总投资	264953.00	56003.18	35052.60	48708.65	35052.60	42745.16	47390.81	0.00
2.4	销售费用	7686.93	282.82	936.08	1327.69	1299.44	1222.18	1572.90	1045.84
2.5	经营税费	25174.71	926.22	3065.67	4348.17	4255.66	4002.64	5151.23	3425.11
2.6	土地增值税	0.00	0.00	0.00	0.00	0.00	0.00	0.00	0.00
2.7	所得税	19054.09	701.03	2320.32	3291.02	3221.00	3029.50	3898.84	2592.38
	小计	316868.73	57913.25	41374.67	57675.53	43828.69	50999.48	58013.77	7063.33
3	净现金流量		−43772.4	5429.40	8708.81	21143.15	10109.58	20630.98	45228.46
4	累计净现金流量		−43772.4	−38343.05	−29634.24	−8491.10	1618.49	22249.47	67477.94
	现值系数		1.000000	0.847457	0.7181844	0.6086308	0.5157888	0.4371092	0.3704315
5	净现值		−43772.4	4601.19	6254.53	12868.37	5214.41	9017.99	16754.05
6	累计净现值		−43772.4	−39171.2	−32916.73	−20048.36	−14833.95	−5815.96	10938.09
	计算指标	$IRR = 24.80\%$				$NPV = 10938.09$ 万元			
		静态投资回收期=4.84 年				动态投资回收期=6.35 年			

2）自有资金评价指标（详见表 5-26，项目自有资金现金流量表）

财务内部收益率：292.33%

财务净现值（$I_c = 18\%$）：155464.96 万元

静态投资回收期：1.37 年

动态投资回收期（$I_c = 18\%$）：1.44 年

项目自有资金现金流量表（单位：万元）　　　　　　表 5-26

序号	项 目	合 计	开发经营期						
			1997	1998	1999	2000	2001	2002	2003
1	现金流入								
1.1	销售收入	384346.6	14140.80	46804.07	66384.33	64971.84	61109.07	78644.76	52291.79

续表

序号	项目	合计	开发经营期						
			1997	1998	1999	2000	2001	2002	2003
小计		384346.67	14140.80	46804.07	66384.33	64971.84	61109.07	78644.76	52291.79
2	现金流出								
2.1	自有资金	26495.30	26495.30	0.00	0.00	0.00	0.00	0.00	0.00
2.2	经营税费	25174.71	926.22	3065.67	4348.17	4255.66	4002.64	5151.23	3425.11
2.3	销售费用	7686.93	282.82	936.08	1327.69	1299.44	1222.18	1572.90	1045.84
2.4	土地增值税	0.00	0.00	0.00	0.00	0.00	0.00	0.00	0.00
2.5	所得税	19054.09	701.03	2320.32	3291.02	3221.00	3029.50	3898.84	2592.38
2.6	贷款本金偿还	19845.87	0.00	0.00	1354.29	14056.96	4434.62	0.00	0.00
2.7	贷款利息支付	7055.84	0.00	1923.19	2381.50	2218.99	532.15	0.00	0.00
小计		105312.7	28405.37	8245.26	12702.67	25052.04	13221.10	10622.96	7063.33
3	净现金流量		−14264.57	38558.81	53681.66	39919.80	47887.97	68021.79	45228.46
4	累计净现金流量		−14264.57	24294.24	77975.90	117895.70	165783.67	233805.46	279033.93
	现值系数		1.0000000	0.8474576	0.7181844	0.6086308	0.5157888	0.4371092	0.37043154
5	净现值		−14264.57	32676.96	38553.33	24296.42	24700.08	29732.95	19769.78
6	累计净现值		−14264.57	18412.39	56965.72	81262.14	105962.22	135695.18	155464.96
计算指标		$IRR = 92.33\%$			$NPV = 155464.96$ 万元				
		静态投资回收期 = 1.37 年			动态投资回收期 = 1.44 年				

（2）财务平衡表与贷款偿还分析

资金来源与运用表集中体现了项目自身平衡的生存能力，是财务评价的重要依据。分析结果表明，本项目具有基本的资金平衡能力。详见表 5-27，资金来源与运用表。

资金来源与运用表（单位：万元） 表 5-27

序号	项目	合计	开发经营期						
			1997	1998	1999	2000	2001	2002	2003
1	资金来源								
1.1	销售收入	384346.67	14140.80	46804.07	66384.33	64971.84	61109.07	78644.76	52291.79
1.2	自有资金	26495.30	26495.30	0.00	0.00	0.00	0.00	0.00	0.00
1.3	贷款	18336.47	18336.47	0.00	0.00	0.00	0.00	0.00	0.00
小计		429178.44	58972.57	46804.07	66384.33	64971.84	61109.07	78644.76	52291.79
2	资金运用								
2.1	固定资产投资								

续表

序号	项目	合计	开发经营期						
			1997	1998	1999	2000	2001	2002	2003
2.2	经营资金								
2.3	开发成本	264953.00	56003.18	35052.60	48708.65	35052.60	42745.16	47390.81	0.00
2.4	经营管理费用								
2.5	销售费用	7686.93	282.82	936.08	1327.69	1299.44	1222.18	1572.90	1045.84
2.6	财务费用	28792.36	1059.32	3506.21	4973.01	4867.20	4577.83	5891.47	3917.31
2.7	经营税费	25174.71	926.22	3065.67	4348.17	4255.66	4002.64	5151.23	3425.11
2.8	土地增值税	0.00	0.00	0.00	0.00	0.00	0.00	0.00	0.00
2.9	所得税	19054.09	701.03	2320.32	3291.02	3221.00	3029.50	3898.84	2592.38
2.10	应付利润	13744.11	0.00	0.00	0.00	0.00	564.98	7915.82	5263.32
2.11	各期还本付息	26901.71	0.00	1923.19	3735.79	16275.95	4966.78	0.00	0.00
3	归还垫支利润及净投资回收	42871.53	0.00	0.00	0.00	0.00	0.00	6823.69	36047.84
	小计	386306.90	58972.57	46804.07	66384.33	64971.84	61109.07	71821.06	16243.95

从表 5-28 "贷款还本付息估算表" 中可以看出，本项目如果操作得当，在正常情况下，项目开发建设完成时，可以从销售收入中还清全部贷款本息，并有基本的利润。

贷款还本付息估算表（单位：万元）　　　　表 5-28

序号	项目	合计	开发经营期						
			1997	1998	1999	2000	2001	2002	2003
1	贷款及还本付息								
1.1	期初贷款本息累计		0.00	19436.66	19845.87	18491.58	4434.62	0.00	0.00
1.1.1	本金		0.00	18336.47	18336.47	16982.18	2925.23	0.00	0.00
1.1.2	利息		0.00	1100.19	1509.40	1509.40	1509.40	1509.40	1509.40
1.2	本期贷款	18336.47	18336.47	0.00	0.00	0.00	0.00	0.00	0.00
1.3	本期应计利息	8565.24	1100.19	2332.40	2381.50	2218.99	532.15	0.00	0.00
1.4	本期本金归还	19845.87	0.00	0.00	1354.29	14056.96	4434.62	0.00	0.00
1.5	本期利息支付	7055.84	0.00	1923.19	2381.50	2218.99	532.15	0.00	0.00
1.6	期末贷款本息累计		19436.66	19845.87	18491.58	4434.62	0.00	0.00	
	本年年利率		12%	12%	12%	12%	12%	12%	12%
2	偿还贷款本息的资金来源								
2.1	投资回收	9736.35	0.00	0.00	0.00	9736.35	0.00	0.00	0.00
2.2	未分配利润	17165.36	0.00	1923.19	3735.79	6539.60	4966.78	0.00	0.00
2.3	其他								

8. 风险分析

本项目的风险主要来自：建造成本、售价、销售进度、开发周期、贷款利率等方面，其中主要取决于租售价格的变化和销售进度的快慢。而这些风险因素，又受政治、经济、社会条件的影响。另外自有资金占总投资的比例虽然对整个项目全部资金投资的经济效益没有影响，但是由于贷款的杠杆作用会影响自有资金的经济评价指标，因此需要项目的主办者进行认真考虑。

（1）盈亏平衡分析

本项目的盈亏平衡点为 76.42%，即销售面积收入达到可销售面积收入的 76.42% 时，项目能保持盈亏平衡。利润为零时的初始平均价格和平均成本分别如图 5-5 和图 5-6 所示。

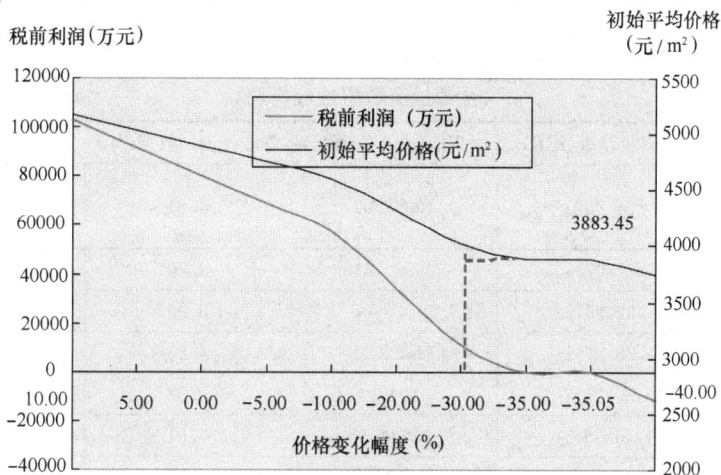

图 5-5　利润为零的初始平均价格分析图

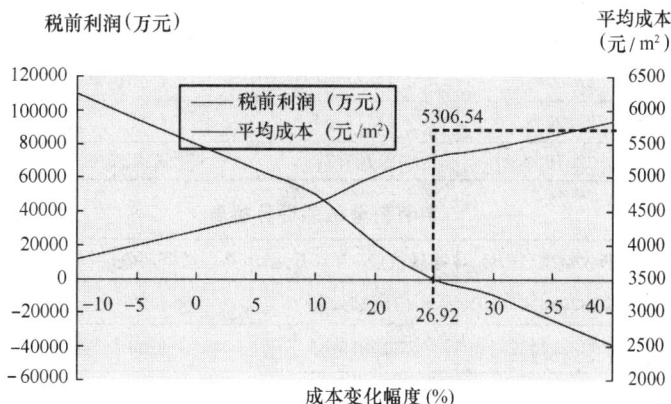

图 5-6　利润为零的平均成本分析图

（2）敏感性分析

影响本项目财务效益的主要风险因素为总投资（建造成本）、售价。针对全部资金和自有资金的评价指标，分别算出当上述因素变化±15%、±10%、±5%

时，对主要经济评价指标的影响分析如表 5-29 和表 5-30 所示。其中两种最不利的情况如下所示：

1）当投资增加 15％时，全部资金的评价指标为：

财务内部收益率：18.10％

财务净现值（$I_c=18\%$）：170.42 万元

静态投资回收期：5.62 年

动态投资回收期（$I_c=18\%$）：6.99 年

2）当租售价格降低 15％时，全部资金的评价指标为：

财务内部收益率：12.59％

财务净现值（$I_c=18\%$）：－8691.2 万元

静态投资回收期：6.16 年

动态投资回收期（$I_c=18\%$）：7.00 年

全部投资敏感性分析表　　　　　　　　　　　表 5-29

项目		内部收益率(IRR)	净现值(NPV)(万元)	静态投资回收期(年)	动态投资回收期(年)
基本方案		24.80％	10938.09	4.84	6.35
租售价格变化	15％	37.07％	30570.81	3.70	4.99
	10％	32.96％	24026.27	3.90	5.44
	5％	28.87％	17482.02	4.25	5.98
	－5％	20.73％	4394.54	5.31	6.73
	－10％	16.66％	－2148.58	5.81	7.00
	－15％	12.59％	－8691.2	6.16	7.00
投资变化	15％	18.10％	170.42	5.62	6.99
	10％	20.21％	3759.65	5.37	6.78
	5％	22.44％	7348.87	5.14	6.56
	－5％	27.30％	14527.31	4.45	6.13
	－10％	29.95％	18116.54	4.12	5.83
	－15％	32.78％	21705.76	3.9	5.47

自有资金敏感性分析表　　　　　　　　　　　表 5-30

项目		内部收益率(IRR)	净现值(NPV)(万元)	静态投资回收期(年)	动态投资回收期(年)
基本方案		292.33％	155464.96	1.37	1.44
租售价格变化	15％	323.54％	175815.68	1.34	1.4
	10％	312.36％	16898.01	1.35	1.41
	5％	301.62％	162156.68	1.36	1.42
	－5％	284.36％	149048.79	1.38	1.45
	－10％	273.24％	141408.82	1.40	1.47
	－15％	257.97％	131708.35	1.42	1.50

项目		内部收益率(IRR)	净现值(NPV)(万元)	静态投资回收期(年)	动态投资回收期(年)
投资变化	15%	277.97%	156586.73	1.39	1.46
	10%	283.19%	156563.78	1.38	1.45
	5%	287.55%	156006.96	1.38	1.44
	−5%	297.82%	155046.65	1.35	1.43
	−10%	304.64%	154733.55	1.36	1.42
	−15%	312.21%	154436.47	1.35	1.41

从计算结果可知，租金售价降低15%对项目经济效益影响很大，使项目不能满足内部收益率、财务净现值和投资回收期的评价标准。为确保项目获得较好的经济效益，项目主办者应加强市场促销工作，尽量使租售收入计划得以实现。

由于本项目全部投资基本方案的内部收益率为24.80%，远高于本项目测算中的贷款年利率，因此自有资金的评价指标随自有资金占总开发投资比例有较大的变化，从自有资金占总开发投资比例变化敏感性分析表中可以看出，在确保项目正常运作的情况下，应尽可能降低自有资金的投入，使项目主办者的自有资金再选择其他理想的投资渠道。

9. 财务评价的结论与建议

（1）结论

上述分析和财务效益评估的结果表明，本项目具有较好的内部收益率，有基本的贷款偿还和自身平衡能力，且有一般的抗风险能力。评估结果表明，该项目是可行的。

本项目评估中假定可销售面积全部用于销售，开发建设前四年期间的全部销售收入均用于项目投资。因此，售价与销售进度是本项目能否达到预期效益的关键。

本项目各类物业的预期售价是在多方考察北京目前同类物业市场的基础上确定的。考虑到今后政府在启动房地产市场和降低普通住宅商品房售价方面将会有一些新政策出台，预期售价将会有所变动。但从当前发展态势看，普通住宅商品房售价不会有太大的回落。

（2）有关建议

1）本项目的关键是各年度预期销售收入能否实现。若销售进度能加快，则项目投资更有保障，财务收益状况会明显好于评估结果，反之也亦然。因此，项目主办者对此应给予足够的关注和重视，建立一支良好的销售队伍，加强促销手段，并根据销售情况适时调整工程进度和售价。

2）本项目可销售买家中有30%是拆迁用房，主要面对益华集团其他开发项目的拆迁对象。这部分销售收入受到其他开发项目进展情况而影响，对此应给予关注，并相应调整各期拆迁房所占比例和进度，如当拆迁房对象确有保证时，在前期可适当增加拆迁房比例，加快进度，以取得更好的经济效益。

3）按现行规定，对拆迁房可以享受安居工程的有关优惠条件，项目主办者应尽力争取。

4）本项目的销售在很大程度上取决于东四环路及周围地区的建设，尤其是东四环路的建设速度，项目主办者对此应给予密切关注，适时调整工程进度与售价。

5）本报告在测算过程中，选用的贷款年利率为 12%。如使用商业性贷款，则其年利率会更高一些，从而增大项目的融资费用，加大整个项目的开发成本，使经济效益降低，因此建议项目的主办者，应力争获得政策性贷款，以减少项目的融资费用，争取更好的投资效益。

6）建筑工程不可预见因素很多，工期、质量、成本、原材料供应等都会影响到项目总体目标的实现。因此在工程实施进程中，要加强施工管理，施行工程监理制。还应制定材料采购供应计划，落实资金供应计划，以确保项目的顺利进行。

复习思考题

1. 何谓财务评价？包括哪些内容？
2. 财务评价所需的主要财务报表有哪些？
3. 财务评价的主要指标有哪些？
4. 财务评价的各种指标如何计算？
5. 财务评价的各种指标的评判标准如何？
6. 某项目计算期 20 年，各年净现金流量（$CI - CO$）如表 5-31 所示。基准折现率 $i_0 = 10\%$。试根据项目的财务净现值 NPV 判断此项目是否可行，并计算项目的静态投资回收期和动态投资回收期和内部收益率。

净 现 金 流 量 表　　　　　　　　　　　　　　表 5-31

年份	1	2	3	4	5	7～20
净现金流量（元）	−180	−250	150	84	112	150

7. 某建设项目计算期 20 年，各年净现金流量如表 5-32 所示，该项目的行业基准收益率为 $i_c = 10\%$，试计算以下财务评价指标：

净 现 金 流 量 表　　　　　　　　　　　　　　表 5-32

年　份	1	2	3	4	5	6	7	8	9～20
净现金流量	−150	−250	−100	80	120	150	150	150	12×150

（1）算该项目的静态投资回收期。
（2）计算该项目的财务净现值。
（3）计算该项目的动态投资回收期。
（4）计算该项目的财务内部收益率。

8. 有一投资项目，固定资产投资 50 万元，于第 1 年初投入；流动资金投资 20 万元，于第二年初投入，全部为贷款，利率 8%。项目于第 2 年投产，产品销售第 2 年为 50 万元，第 3～8 年为 80 万元；经营成本第二年为 30 万元，第 3～8 年为 45 万元；增值税率 14%；第 2～8 年折旧费每年为 6 万元；第 8 年末处理固定资产可得收入 8 万元。

根据以上条件列出的全投资现金流量表（见表 5-33、表 5-34）是否正确？若有错，请改正过来。

全投资现金流量表（一）（单位：万元）　　　　　　　　表 5-33

年　　份	0	1	2	3～7	8
现金流入					
销售收入			50	80	80
固定资产回收					8
现金流出					
经营成本			30	45	45
固定资产投资					
流动资金	50				
增值税		20	7	11.2	11.2
折旧			6	6	6
净现金流量	—50	—20	7	17.8	25.8

全投资现金流量表（二）（单位：万元）　　　　　　　　表 5-34

年　　份	0	1	2	3～7	8
现金流入					
销售收入			50	80	80
固定资产回收					8
折旧			6	6	6
现金流出					
经营成本			30	45	45
固定资产投资					
流动资金	50				
增值税		20	7	11.2	11.2
流动资金利息			1.6	1.6	1.6
净现金流量	—50	—20	17.4	28.2	36.2

9. 某工业项目计算期为 15 年，建设期为 3 年，第 4 年投产，第 5 年开始达到生产能力。项目建设投资（未包含建设期借款利息）为 8000 万元，其中自有投资为 4000 万元，不足部分向银行借款，银行借款利率为 10%，假定每年借款发生在年中。建设期只计息不还款，第 4 年初投产后开始还贷，每年付清利息并分 10 年等额偿还建设期利息资本化后的全部借款本金。现金流量的发生时点遵循年末习惯法。分年投资情况见表 5-35 所列。

分 年 投 资 情 况 表　　　　　　　　表 5-35

年　　份	1	2	3	合　计
建设投资（万元）	2500	3500	2000	8000
其中：自有资金投资（万元）	1500	1500	1000	4000

第四年初投入生产所需的全部流动资金 2490 万元，全部用银行借款，年利率 10%。

项目销售税金及附加和经营成本的预测值如表 5-36 所示。

项目收入与费用预测表（单位：万元）　　　　　表 5-36

年　份	4	5	6	⋯	15
销售收入	5600	8000	8000	⋯	8000
销售税金及附加	320	480	480	⋯	480
经营成本	3500	5000	5000	⋯	5000

固定资产折旧采用直线折旧法，折旧年限为 15 年，残值率 5%，建设期利息计入固定资产原值。

所得税税率为 33%。基准收益率为 12%。

试计算完成以下表格，并计算该项目全部资金净现值和静态投资回收期。

（1）建设期利息计算表（表 5-37）

建设期利息计算表（单位：万元）　　　　　表 5-37

年　份	1	2	3	4
年初欠款				
当年借款	0			
当年利息				
年末欠款累计				

（2）借款偿还计划及利息计算表（表 5-38）

借款偿还计划及利息计算表（单位：万元）　　　　　表 5-38

年份	4	5	6	7	8	9	10	11	12	13
年初欠款	4631									
当年利息支付	463									
当年还本	463									
年末尚欠款										

（3）利润与所得税计算表（表 5-39）

利润与所得税计算表（单位：万元）　　　　　表 5-39

年　份	4	5	6	7	8	9	10	11	12	13	14	15
销售收入												
经营成本												
折　旧												
建设投资借款利息	463											
流动资金借款利息	249											
销售税金及附加												
利润总额												
所得税												
税后利润												

第6章　项目的国民经济、社会与环境评价

学习要点：通过对本章学习，应了解国民经济评价、社会与环境评价的基本概念，掌握经济费用效益分析方法，掌握影子价格的计算，了解社会折现率与特殊投入物等评价参数，熟悉社会评价的特点和主要内容，熟悉建设项目利益相关者，掌握项目建设方案的环境影响分析评价，熟悉环境治理方案的优化方法。本章的主要目的是在学习过程中对国民经济、社会和环境评价有初步的认识，初步掌握评价方法，并可以对照案例进行简单的国民经济、社会和环境评价。

6.1　国民经济评价

6.1.1　国民经济评价概述

1. 国民经济评价的含义

国民经济评价是在合理配置社会资源的前提下，从国家经济整体利益的角度出发，用货物影子价格、影子汇率、影子工资和社会折现率等经济参数，从国家整体角度考察项目的效益和费用，分析计算项目对国民经济的净贡献，评价项目在宏观经济上的合理性。对于财务现金流量不能全面、真实地反映其经济价值，需要进行经济费用效益分析的项目，应将国民经济评价的结论作为项目决策的主要依据之一。

国民经济评价必须保证评价的客观性、科学性、公正性，坚持定量分析与定性分析相结合，以定量分析为主以及动态分析与静态分析相结合，以动态分析为主的原则。

2. 国民经济评价的意义

（1）国民经济评价是宏观上合理配置国家有限资源的需要

国家的资源（资金、土地、劳动力……）总是有限的，而同一种资源可以有不同的用途，我们必须从这些相互竞争的用途中作出选择。这时，我们就需要从国家整体利益的角度来考虑，借助于国民经济评价。国民经济是一个大系统，项目建设是这个大系统中的一个子系统，国民经济评价就是要分析项目从国民经济中所吸取的投入以及项目产出对国民经济这个大系统的经济目标的影响，从而选择对大系统目标最有利的项目或方案。

（2）国民经济评价是真实反映项目对国民经济净贡献的需要

在我国，不少商品的价格，不能反映价值，也不反映供求关系，即所谓的价格"失真"。在这样的条件下，按现行价格来考察项目的投入或产出，不能确切地

反映项目建设给国民经济带来的效益和费用。通过国民经济评价，进行价格调整，运用能反映资源真实值的价格，来计算建设项目的费用和效益以便得出该项目的建设是否有利于国民经济总目标的结论。

（3）国民经济评价是投资决策科学化的需要

国民经济评价分析是项目评价方法体系的重要组成部分，市场分析、技术方案分析、财务分析、环境影响分析、组织机构分析和社会评价都不能代替国民经济评价分析的功能和作用；国民经济评价分析是市场经济体制下政府对公共项目进行分析评价的重要方法，是市场经济条件下国家政府部门干预投资活动的重要手段；在新的投资体制下，国家对项目的审批和核准重点放在项目的外部效果、公共性方面，国民经济评价分析强调从资源配置经济效率的角度分析项目的外部效果，通过国民经济评价方法判断建设项目的经济合理性，是政府审批或核准项目的重要依据。

3. 国民经济评价的主要内容

全面识别整个社会为项目付出的代价，以及项目为提高社会福利所做出的贡献，评价项目投资的经济合理性；分析项目的国民经济评价与财务评价现金流量存在的差别，以及造成这些差别的原因，提出相关的政策调整建议；对于市场化运作的基础设施等项目，通过国民经济评价分析来论证项目的经济价值，为制定财务方案提供依据；分析各利益相关者为项目付出的代价及获得的收益，通过对受损者及受益者的国民经济评价分析，为社会评价提供依据。

4. 国民经济评价的对象

从投资管理的角度，现阶段需要进行国民经济评价的对象可以分为以下几类：

（1）政府预算内投资（包括国债资金）用于关系国家安全、国土开发和市场不能有效配置资源的公益性项目和公共基础设施建设、保护和改善生态环境、重大战略性资源开发等项目；

（2）政府各类专项建设基金投资用于交通运输、农林水利等基础设施、基础产业建设等项目；

（3）利用国际金融组织和外国政府贷款，需要政府主权信用担保的建设项目；

（4）法律、法规规定的其他政府性资金投资的建设项目；

（5）企业投资建设的涉及国家经济安全、影响环境资源、公共利益、可能出现垄断、涉及整体布局等公共性问题，需要政府核准的建设项目。

上述项目，往往具有下列特征：

（1）项目的产出物不具有市场价格。由于公共产品和外部效果等因素的影响，无法对其进行市场定价；

（2）市场价格虽然存在，但无法确切地反映投入物和产出物的边际社会效益和成本，因而在竞争性市场上提供这些服务得到的收益将无法充分地反映这些供给所产生的社会净效益。

6.1.2　经济费用效益分析

国民经济评价的方法主要为经济费用效益分析法和费用效益分析法。对于效益与费用可以货币化的项目应采用经济费用效益分析方法；对于效益难于货币化的项目，应采用费用效果分析方法；对于效益和费用均难于量化的项目，应进行定性经济费用效益分析。

经济费用效益分析应从资源合理配置的角度，分析项目投资的经济效率和对社会福利所做出的贡献，评价项目的经济合理性。经济费用效益分析应采用以影子价格体系为基础的预测价格不考虑价格总水平变动因素。

1. 经济费用效益分析的基础理论

经济费用效益分析的基础理论是新古典经济学有关资源优化配置的理论。从经济学的角度看，经济活动的目的是通过配置稀缺经济资源用于生产产品和提供服务，尽可能地满足社会需要。当经济体系功能发挥正常，社会消费的价值达到最大时，就认为是取得了"经济效率"，达到了帕累托最优。

在现实经济中，依靠两种基本机制来实现这种目的。一是市场定价机制，通过此种机制，厂商对由市场供求水平决定的价格作出反应，并据此从事自利的经济活动；二是政府部门通过税收补贴、政府采购、货币转移支付，以及为企业运行制定法规等，进行资源配置的决策活动，从而影响社会资源的配置状况。

在完全竞争的完善的市场经济体系下，竞争市场机制能够对经济资源进行有效配置，产出品市场价格将以货币形态反映边际社会效益，而投入品的市场价格将反映边际社会机会成本。利润最大化自然会导致资源的有效配置，财务分析与国民经济评价分析的结论一致，不需单独进行国民经济评价分析。

在现实经济中，由于市场本身的原因及政府不恰当的干预，都可能导致市场配置资源的失灵，市场价格难以反映建设项目的真实经济价值，客观上需要通过国民经济评价分析来反映建设项目的真实经济价值，判断投资的经济合理性，为投资决策提供依据。

2. 项目经济效益和费用的识别

确定建设项目经济合理性的基本途径是将建设项目的费用与效益进行比较，进而计算其对国民经济的净贡献。正确地识别费用与效益，是保证国民经济评价正确性的重要条件。

(1) 识别费用与效益的基本原则

1) 增量分析的原则。项目经济费用效益分析应建立在增量效益和增量费用识别和计算的基础之上，不应考虑沉没成本和已实现的效益。应按照"有无对比"增量分析的原则，通过项目的实施效果与无项目情况下可能发生的情况进行对比分析，作为计算机会成本或增量效益的依据；

2) 考虑关联效果原则。应考虑项目投资可能产生的其他关联效应；

以本国居民作为分析对象的原则。对于跨越国界，对本国之外的其他社会成员产生影响的项目，应重点分析对本国公民新增的效益和费用。项目对本国以外的社会群体所产生的效果，应进行单独陈述；

3) 剔除转移支付的原则。转移支付代表购买力的转移行为，接受转移支付的一方所获得的效益与付出方所产生的费用相等，转移支付行为本身没有导致新增资源的发生。在经济费用效益分析中，税赋、补贴、借款和利息属于转移支付。

一般在进行经济费用效益分析时，不得再计算转移支付的影响。

（2）识别费用与效益的要求

对项目涉及的所有社会成员的有关费用和效益进行识别和计算，全面分析项目投资及运营活动耗用资源的真实价值，以及项目为社会成员福利的实际增加所做出的贡献。

项目费用与效益识别的时间范围应足以包含项目所产生的全部重要费用和效益，而不应仅根据有关财务核算规定确定。如财务分析的计算期可根据投资各方的合作期进行计算，而经济费用效益分析不受此限制。

分析体现在项目实体本身的直接费用和效益，以及项目引起的其他组织、机构或个人发生的各种外部费用和效益；

分析项目的近期影响，以及项目可能带来的中期、远期影响；

分析与项目主要目标直接联系的直接费用和效益，以及各种间接费用和效益；

分析具有物资载体的有形费用和效益，以及各种无形费用和效益。

应对项目外部效果的识别是否适当进行评估，防止漏算或重复计算。对于项目的投入或产出可能产生的第二级乘数波及效应，在经济费用效益分析中一般不予考虑。

（3）直接费用与直接效益

项目的直接效益是由项目本身产生，由其产出物提供，并用影子价格计算的经济价值。项目直接效益的确定，分为两种情况：如果项目的产出物用以增加国内市场的供应量，其效益就是所满足的国内需求，也就等于消费者支付意愿。如果国内市场的供应量不变：①项目产出物增加了出口量，其效益为所获得的外汇；②项目产出物减少了总进口量，即替代了进口货物，其效益为节约的外汇；③项目产出物顶替了原有项目的生产，致使其减少或停产的，其效益为原有项目减产或停产向社会释放出来的资源，其价值也就等于这些资源的支付意愿。

项目的直接费用主要指国家为满足项目投入（包括固定资产投资、流动资金及经常投入）的需要而付出的代价。这些投入物用影子价格计算的经济价值即为项目的直接费用。

项目直接费用的确定，也分为两种情况：如果拟建项目的投入物来自国内供应量的增加，即增加国内生产来满足拟建项目的需求，其费用就是增加国内生产所消耗的资源价值。如果国内总供应量不变：①项目投入物来自国外，即增加进口来满足项目需求，其费用就是所花费的外汇；②项目的投入物本来可以出口，为满足项目需求，减少了出口量，其费用就是减少的外汇收入；③项目的投入物本来用于其他项目，由于改用于拟建项目将减少对其他项目的供应因此而减少的效益，也就是其他项目对该投入物的支付意愿。

（4）间接费用与间接效益

项目的费用和效益不仅体现在它的直接投入物和产出物中，还会在国民经济相邻部门及社会中反映出来，这就是项目的间接费用（外部费用）和间接效益（外部效益），也可统称为外部效果。

外部费用系指国民经济为项目付出了代价，而项目本身并不实际支付的费用。

例如工业项目产出的废水、废气和废渣引起的环境污染及对生态平衡的破坏，项目并不支付任何费用，而国民经济却付出了代价。

外部效益系指项目对社会作出了贡献，而项目本身并未得益的那部分效益。如在建设一个钢铁厂的同时，又修建了一套厂外运输系统，它除为钢铁厂服务外，还使当地的工业生产和人民生活得益，这部分效益即为钢铁厂的外部效益。

外部费用和外部效益通常较难计算，为了减少计量上的困难，应力求明确项目的"外界"。一般情况下可扩大项目的范围，特别是一些相互关联的项目可合在一起作为"联合体"捆起来进行评价，这样可使外部费用和效益转化为直接费用和效益。另外，在确定投入物和产出物的影子价格时，已在一定范围内考虑了外部效果，用影子价格计算的费用和效益在很大程度上使"外部效果"在项目内部得到了体现，通过扩大项目范围和调整价格两步工作，实际上已将很多外部效果内部化了。因此，在国民经济评价中，既要考虑项目的外部效果，又要防止外部效果扩大化。

（5）转移支付

在识别费用与效益范围的过程中，将会遇到税金、国内借款利息和补贴的处理问题。这些都是财务评价中的实际收入或支出，但是从国民经济的角度看，企业向国家缴纳税金，向国内银行支付利息，或企业从国家得到某种形式的补贴，都未造成资源的实际耗费或增加，因此不能计算项目的费用或效益，它们只是国民经济内部各部门之间的转移支付。

税金。包括产品税金、增值税、资源税、关税等等。税金从拟建项目来说是一项支出，从国家财政来说是一项收入。这是企业与国家之间的一项资金转移，税金不是项目使用资源的代价，所有财政性的税金，都不能算作社会成本。

补贴。包括出口补贴、价格补贴等等。补贴虽然增加了拟建项目的财务收益，但是这部分收入，企业并没有为社会提供等值的资源，而是国家从国民收入中批出一部分资金转给了企业。所以，国家以各种形式给予的补贴，都不能算是社会收益。

折旧。会计上的折旧基金是收入里提出的一部分，换个名称，留在账上，和实际资源的消耗无关，在评价项目时，主要目的是观察投资用于这个项目所得到的收益是多少。在经济效益分析时已把固定资产投资所消耗的资源作为项目的投资成本，所以这部分固定资产在会计上提取的折旧，就不能作为社会资本。

利息。利息是利润的转化形式，是企业和银行之间的一种资金转移，并不涉及资源的增减变化，所以，利息也不能作为社会成本。

在进行经济费用效益分析中，转移支付的处理应区别对待：剔除企业所得税或补贴对财务价格的影响；一些税收、补贴或罚款往往是用于校正项目"外部效果"的一种重要手段，这类转移支付不可剔除，可以用于计算外部效果；项目投入与产出中流转税应具体问题具体处理。

（6）无形费用和无形效益

几乎所有的投资项目都有无形费用和无形效益，它们统称为无形效果。它们包含了各个方面的因素，诸如收入分配、地区均衡发展、就业、教育、健康、生态平衡、社会安定、国家安全等等。这些无形效果是真实存在的，是进行项目选择时需要考虑的，因此需要仔细地进行识别。

由于不存在相应的市场和价格，无形效果一般很难赋予货币价值。长期以来，经济学家们一直在试图寻找使用货币单位估价无形效果的方法，并把它们纳入自己的费用——效益分析系统中去。例如，把减少发病率所避免的工作损失和医药损失以及提高工作效率所增加的产出作为卫生保健效果的价值，把受教育者与未受教育者的收入差距作为衡量教育效果的价值等等，虽然这方面的工作（特别是对环境保护问题的关注）还在继续进行，但很难说这些以货币形态估价无形费用和无形效益的方法已经到了可被普遍接受的地步。其原因之一，就是这类方法往往低估无形效果，从健康的体魄中所获得的益处要远远超过多工作几小时所创造的经济价值和医疗费用的节约——职工寿命的延长、免除疾病所获得的精神愉快与舒适，又该如何估价呢？同样，教育的价值不仅仅在于工资收入上的那点儿增加，教育对人的自我发展和自我完善更具有难以估量的作用。

当无形效果是项目的主要效果或不容忽视的重要效果时，经济分析人员首先应当努力尝试用货币形态计量无形效果；难以货币化的，应当尽力采用非货币单位进行计量，如项目的就业人数，受教育的人数，受益于劳动条件改善的人数等。对于不能数量化的无形效果，例如建筑物的美学价值，自然风景和文物古迹的保护效果等，则应尽量通过文字、图形、图表的方式给以定性描述。

3. 经济效益和经济费用的计算

项目投资所造成的经济费用或效益的计算，应在利益相关者分析的基础上，研究在特定的社会经济背景条件下相关利益主体获得的收益及付出的代价，计算项目相关的费用和效益。

支付意愿原则。项目产出物的正面效果的计算遵循支付意愿（WTP）原则，用于分析社会成员为项目所产出的效益愿意支付的价值。

受偿意愿原则。项目产出物的负面效果的计算遵循接受补偿意愿（WTA）原则，用于分析社会成员为接受这种不利影响所得到补偿的价值。

机会成本原则。项目投入的经济费用的计算应遵循机会成本原则，用于分析项目所占用的所有资源的机会成本。机会成本应按资源的其他最有效利用所产生的效益进行计算。

实际价值计算原则。项目经济费用效益分析应对所有费用和效益采用反映资源真实价值的实际价格进行计算，不考虑通货膨胀因素的影响，但应考虑相对价格变动。

4. 经济费用效益分析指标

项目经济费用效益分析采用社会折现率对未来经济效益和经济费用流量进行折现。项目的所有效益和费用（包括不能货币化的效果）一般均应在共同的时点基础上予以折现。

经济费用效益分析可在直接识别估算经济费用和经济效益的基础上，利用表格计算相关指标；也可在财务分析的基础上将财务现金流量转换为经济效益与费用流量，利用表格计算相关指标。

如果项目的经济费用和效益能够进行货币化，应在费用效益识别基础上，编制经济费用效益流量表，计算下列经济费用效益分析指标（计算方法同财务分析），分析项目投资的经济效率：

（1）经济净现值（ENPV）

经济净现值系指项目按照社会折现率将计算期内各年的经济净效益流量折现到建设期初的现值之和，应按下列计算：

$$\text{ENPV} = \sum_{t=1}^{n}(B-C)_t(1+i_s)^{-t} \tag{6-1}$$

式中　B——经济效益流量；

　　　C——经济费用流量；

　　$(B-C)_t$——第 t 期的经济净效益流量；

　　　i_s——社会折现率；

　　　n——项目计算期。

在经济费用效益分析中如果经济净现值等于或大于 0，表明项目可以达到符合社会折现率的效率水平，认为该项目从经济资源配置的角度可以被接受。

（2）经济内部收益率（$EIRR$）

经济内部收益率系指项目在计算期内经济净效益流量的现值累计等于 0 时的折现率，应按下式计算：

$$\sum_{t=1}^{n}(B-C)_t(1+EIRR)^{-t} = 0 \tag{6-2}$$

如果经济内部收益率等于或者大于社会折现率，表明项目资源配置的经济效率达到了可以被接受的水平。

（3）经济效益费用比（R_{BC}）

经济效益费用比系指项目在计算期内效益流量的现值与费用流量的现值之比，应按下式计算：

$$R_{BC} = \frac{\sum_{t=1}^{n}B_t(1+i_s)^{-t}}{\sum_{t=1}^{n}C_t(1+i_s)^{-t}} \tag{6-3}$$

式中　B_t——第 t 期的经济效益；

　　　C_t——第 t 期的经济费用。

如果经济效益费用比大于 1，表明项目资源配置的经济效率达到了可以被接受的水平。

5. 评价结论

经济费用效益分析一方面应从资源优化配置的角度，分析项目投资的经济合理性，另一方面应通过财务分析和经济费用效益分析结果的对比，分析市场的扭曲情况，判断政府公共投资是否有必要介入本项目的投资建设，并为改善本项目的财务状况，进行政策调整提出分析意见。因此，在建设项目的经济费用效益分析中，必须重视对策建议的分析。

在完成经济费用效益分析之后，应进一步分析对比经济费用效益与财务现金流量之间的差异，并根据需要对财务分析与经济费用效益分析结论之间的差异进行分析，找出受益或受损群体，分析项目对不同利益相关者在经济上的影响程度，并提出改进资源配置效率及财务生存能力的政策建议。

经济费用效益分析强调以受益者支付意愿原则测算项目产出效果的经济价值，对于基础设施项目，是分析建设投资的经济价值及市场化运作能力的重要依据。

通过财务现金流量与经济费用效益流量的对比分析，判断二者出现的差异及其原因，分析项目所在行业或部门存在的导致市场失灵的现行政策，提出纠正政策干预失当、改革现行政策法规制度、提高部门效率的政策建议；

通过项目费用及效益在不同利益相关者之间分布状况的分析，评价项目对不同利益相关群体的影响程度，分析项目利益相关群体受益及受损状况的经济合理性。

经济费用效益分析应编制下列分析报表及辅助报表：项目投资经济费用效益流量表；经济费用效益分析投资费用估算调整表；经济费用效益分析经营费用估算调整表；项目直接效益估算调整表；项目间接费用估算表；项目间接效益估算表。

6.1.3　国民经济评价参数——影子价格

国民经济评价参数包括计算、衡量项目的经济费用效益的各类计算参数和判定项目经济合理性的判据参数。

国家行政主管部门统一测定并发布的社会折现率和影子汇率换算系数（口岸价综合转换系数）等，在各类建设项目的国民经济评价中必须采用。影子工资换算系数和土地影子价格等在各类建设项目的国民经济评价中可参考选用。

1. 影子价格的概念

影子价格的概念是 20 世纪 30 年代末 40 年代初由荷兰数理经济学、计量经济学创造人之一詹恩·丁伯恩和前苏联数学家、经济学家、诺贝尔经济学奖金获得者康托罗维奇分别提出来的。

影子价格是指当社会经济处于某种最优状态时，能够反映社会劳动的消耗、资源稀缺程度和最终产品需求情况的价格。也就是说，影子价格应是能够真实反映项目投入物和产出物真实经济价值的计算价格。

影子价格是人为确定的、比交换价格更为合理的价格。这里所说的"合理"的标志，从定价原则来看，应该能更好地反映产品的价值，反映市场供求状况，反映资源稀缺程度；从价格产出的效果来看，应该能使资源配置向优化的方向发展。

影子价格反映在项目的产出上是一种消费者"支付意愿"或"愿付原则"。消费者愿意支付的价格，只有在供求完全均等时，市场价格才代表愿付价格。影子价格反映在项目的投入上是资源不投入该项目，而投在其他经济活动中所能带来的效益。也就是项目的投入是以放弃了本来可以得到的效益为代价的，西方经济学家称作"机会成本"。根据"支付意愿"或"机会成本"的原则确定经济价格以后，就可以测算出拟建项目要求经济整体支付的代价和为经济整体提供的效益，从而得出拟建项目的投资真正能给社会带来多少国民收入增加额或纯收入增加额。

2. 影子价格的寻求思路

（1）区分该货物的类型

在确定某种货物的影子价格之前，首先要区分该货物的类型。一个项目的产出和投入，必然会对国民经济产生各种影响，就产出的产量来看，可能会出现：增加国民经济的总消费；减少国民经济其他企业的生产；减少进口或增加出口。就投入物的消耗来看，可能会减少国民经济其他部分的消费；增加国民经济内部的产量；增加进口或减少出口。如果主要影响国家的进出口水平，可划为外贸货物；如果主要影响国内供求关系，可划为非外贸货物。只有在明确了货物类型之后，才能针对货物的不同类型，采取不同的定价原则。

对于贸易货物和非贸易货物的划分，有如下三种做法：凡是国家有进出口额的货物，都划为贸易货物。凡是项目的产出或投入中直接进出口的货物，才算贸易货物。故凡是直接进出口的，都作为贸易货物。产出品中不直接出口，但确能替代进口，或供应其他企业使其产品增加出口的；投入物中使用国内生产而确有出口机会的货物，均作为贸易货物处理。上述三种做法，第一种做法比较宽，第二种做法比较严，第三种做法中的间接贸易货物又难以区别。一般选择第一种做法比较符合实际，简便易行。

（2）计算影子价格——具有市场价格的货物

对于具有市场价格的投入和产出，影子价格的计算应符合下列要求：

1）可外贸货物

对于可外贸货物，其投入物或产出物价格应基于口岸价格进行计算，以反映其价格取值具有国际竞争力，计算公式为：

出口产出的影子价格（出厂价）＝离岸价（FOB）×影子汇率－出口费用　　（6-4）

进口投入的影子价格（到厂价）＝到岸价（CIF）×影子汇率＋进口费用　　（6-5）

其中：

离岸价（FOB）是指出口货物运抵我国出口口岸交货的价格；

到岸价（CIF）是指进口货物运抵我国进口口岸交货的价格，包括货物进口的货价、运抵我国口岸之前所发生的境外的运费和保险费。

进口或出口费用是指货物进出口环节在国内所发生的所有相关费用，包括运输费用、储运、装卸、运输保险等各种费用支出及物流环节的各种损失、损耗等。

如果可外贸货物以财务成本或价格为基础调整计算经济费用和效益，应注意以下两点：如果不存在关税、增值税、消费税、补贴等转移支付因素，则项目的投入物或产出物价值直接采用口岸价格进行调整计算；如果在货物的进出口环节存在转移支付因素，应区分不同情况处理。

2）非外贸货物

对于非外贸货物，其投入或产出的影子价格应根据下列要求计算：如果项目处于竞争性市场环境中，应采用市场价格作为计算项目投入或产出的影子价格的依据。如果项目的投入或产出的规模很大，项目的实施将足以影响其市场价格，导致"有项目"和"无项目"两种情况下市场价格不一致，在项目评价中，取二者的平均值作为测算影子价格的依据。

3）流转税处理

投入与产出的影子价格中流转税按下列原则处理：对于产出品，增加供给满足国内市场供应的，影子价格按支付意愿确定，含流转税；顶替原有市场供应的，影子价格按机会成本确定，不含流转税。

对于投入品：用新增供应来满足项目的，影子价格按机会成本确定，不含流转税；挤占原有用户需求来满足项目的，影子价格按支付意愿确定，含流转税。

在不能判别产出或投入是增加供给还是挤占（替代）原有供给的情况下，可简化处理为：产出的影子价格一般包含实际缴纳流转税，投入的影子价格一般不含实际缴纳流转税。

（3）计算影子价格——不具有市场价格的货物

当项目的产出效果不具有市场价格，或市场价格难以真实反映其经济价值时，对项目的产品或服务的影子价格进行重新测算应采用的方法：

按照消费者支付意愿的原则，通过其他相关市场价格信号，按照"显示偏好"的方法，寻找揭示这些影响的隐含价值，对其效果进行间接估算。如项目的外部效果导致关联对象产出水平或成本费用的变动，通过对这些变动进行客观量化分析，作为对项目外部效果进行量化的依据。

根据意愿调查评估法，按照"陈述偏好"的原则进行间接估算。一般通过对被评估者的直接调查，直接评价调查对象的支付意愿或接受补偿的意愿，从中推断出项目造成的有关外部影响的影子价格。应注意调查评估中可能出现的以下偏差：

1）调查对象相信他们的回答能影响决策，从而使他们实际支付的私人成本低于正常条件下的预期值时，调查结果可能产生的策略性偏倚；

2）调查者对各种备选方案介绍得不完全或使人误解时，调查结果可能产生的资料性偏倚；

3）问卷假设的收款或付款方式不当，调查结果可能产生的手段性偏倚；

4）调查对象长期免费享受环境和生态资源等所形成的"免费搭车"心理，导致调查对象将这种享受看作是天赋权利而反对为此付款，从而导致调查结果的假想性偏倚。

3. 影子价格的计算方法

（1）贸易货物

贸易货物经济价格的确定，是按照各项产出和投入对国民经济的影响，以口岸价格为基础，根据港口、项目所在地、投入物的国内产地、产出物的主要市场所在地和交通运输条件的差异，对流通领域的费用支出进行调整而分别制定的。所以不要以为同一种货物只有一个经济价格。

1）出口货物（产出物）经济价格

出口货物（产出物）经济价格＝离岸价格×汇率－国内运费－贸易费用　　（6-6）

国内运费和贸易费用在组织产品出口时，要消耗一定数量的资源，所以是出口所必需的社会成本。

出口货物的经济价格应当从外汇收益中扣除这部分社会成本，按照净得的收益计算。

例：煤是我国的出口贸易货物，作为项目的产出，就会增加出口。

假定煤在离新建煤矿最近的某口岸的离岸价格为每吨 50 美元，汇率按 8.40 元计算，新建煤矿项目所在地到最近口岸的运距为 300km，铁路运费的经济价格为每吨公里 0.053 元。贸易费用的经济价格按口岸价格的 9％计算（以下举例中的汇率、铁路每吨公里运价、贸易费用系数均按本例假设数据计算）。

根据以上公式计算如下：

$$50×8.4-(300×0.053)-(50×8.4)×9％=366.3 元$$

出口煤的经济价格为每吨 366.3 元。

2）进口货物（投入物）经济价格

进口货物（投入物）经济价格＝到岸价格×汇率＋国内运费＋贸易费用　　（6-7）

国内运费和贸易费用是进口所必需的社会成本，所以要作为进口投入物经济价格的一部分。

例：铝锭是我国的纯进口贸易货物，作为项目的投入，就会增加进口。

假定铝锭在离项目所在地最近的某口岸的到岸价格为每吨 1500 美元。某口岸到项目所在地的铁路运距为 200km。

根据以上公式计算如下：

$$1500×8.4+(200×0.053)+(1500×8.4)×9％=13744.6 元$$

进口铝锭的经济价格为每吨 13744.6 元。

3）项目使用可出口货物（投入物）的经济价格

项目使用可出口货物（投入物）的经济价格＝离岸价格×汇率－从供应者到最近口岸的国内运费和贸易费用＋从供应者到项目所在地的国内运费和贸易费用。

（6-8）

出口货物转为国内使用，国民经济损失的是离岸价格扣除供应者到口岸的国内运费和贸易费用后的净收益，应当作为项目使用该货物的社会成本。出口货物现在不出口了，应当再加上从供应者到项目所在地的国内运输费用和贸易费用作为经济价格的一部分。

在具体计算时，由于贸易费用是按口岸价格计算的，而且费率也是统一的，因此贸易费用可以简略不计。

例：煤是贸易货物，用于项目的投入，就会减少出口。

根据出口货物经济价格举例数据，作如下补充：上述煤矿生产的煤，供应给某地项目作为燃料，煤矿到项目所在地的铁路运距为 500km。

根据以上公式计算如下：

$$50×8.4-(300×0.053)+500×(0.053)=409.4 元$$

项目使用可出口煤的经济价格为每吨 409.4 元。

4）替代进口货物（产出物）的经济价格

替代进口货物（产出物）的经济价格＝到岸价格×汇率＋从购买者到最近口岸的国内运费和贸易费用—从购买者到项目所在地的国内运费和贸易费用　　　（6-9）

从购买者到口岸的国内运费和贸易费用是进口时必需的社会成本，应当作为经济价格的一部分。现在不进口了，这部分成本就成为项目的经济效益，同时要减去对内销售该货物必须消耗的国内运费和贸易费用，求得该产出的净收益。具体计算时，贸易费用也可简略不计。

例：铝锭是进口贸易货物，作为项目的产出，就会减少进口。

根据进口货物经济价格举例数据，作如下补充：在某地新建一个铝厂，该厂生产的铝锭供应给上述铝制品厂。铝厂项目所在地到铝制品厂的铁路运距为 800km。

根据以上公式计算如下：

$1500 \times 8.4 + (200 \times 0.053) - (800 \times 0.053) = 12568.2$ 元

替代进口铝锭的经济价格为每吨 12568.2 元。

在制定经济价格时，按照上述计算的贸易货物经济价格，通常只应用于主要的外贸产出和投入。在实际工作中，也可以把常用的外贸货物，根据资料测算，取各个贸易货物的换算系数。

换算系数是调整所得到的经济价格同国内市场价格的一个估计平均比率，其计算公式为：

换算系数＝调整后的经济价格/国内市场价格　　　　　　　　　（6-10）

利用换算系数可以便于计算，只要将国内市场价格乘以换算系数，就能调整为经济价格。现举例说明如下：

出口煤的经济价格每吨 366.3 元，国内市场价格每吨 155 元，求换算系数：

换算系数＝$366.3 \div 155 = 2.36$

由于不同类别的商品，价格差别很大。因此不同类型的商品要采取不同的换算系数，换算系数一般由国家或上级部门制定，并定期修正。

（2）非贸易货物

非贸易货物是指我国不进口（或不出口）的货物。这类货物如果是项目的产出，不论是供应市场，还是被项目使用，都不会对我国的国际贸易产生影响。一种货物所以成为非贸易货物，许多是由于运输费用太大，以致它的出口成本将高于可能的离岸价格，或者运到使用地的进口成本将高于当地的生产成本，也有的是限于国内或国外贸易政策的限制，还有一些是边远地区的自给产品和低质量产品，所以不同地区非贸易货物的比重也不同。大致越往内地，非贸易货物的比重越大，有些是"天然的"非贸易货物，如建筑安装、电力、国内运输、商业等。

1）非贸易产出物影子价格的确定

一是增加国内供应数量满足国内需求者，产出物影子价格从以下价格中选取：计划价格、计划价格加补贴、市场价格、协议价格、同类企业产品的平均分解成本。选取的依据是供求状况，供求基本均衡，取上述价格中低者；供不应求，取上述价格中高者；无法判断供求关系，取低者。二是替代其他企业的产出。某种货物的国内市场原已饱和，项目产出这种货物并不能有效增加国内供给，只是在挤占其他生产同类产品企业的市场份额，使这些企业减产甚至停产。这说明这类产出物为长线产品，项目很可能是盲目投资，重复建设。在这种情况下，如果产出物在质量、花色品种等方面并无特色，应该分解被替代企业相应产品的可变成本作为影子价格，如果质量确有提高，可取国内市场价格作为影子价格。

2）非贸易投入物影子价格的确定

一是通过原有企业挖潜来增加供应，项目所需某种投入物，只要发挥原有生产能力即可满足供应，不必新增投资。这说明这种货物原有生产能力过剩，属于长线投资。此时，可对它的可变成本进行成本分解，得到货物出厂的影子价格，加上运输费用和贸易费用，就是货物到该项目货物的影子价格。二是通过新增生产能力来增加供给，项目所需的投入物必须通过投资扩大生产规模才能满足项目需求。这说明这种货物的生产能力已充分利用，不属于长线投资。此时，可对它的全部成本进行成本分解得到货物出厂的影子价格，加上运输费用和贸易费用，就是货物到项目货物的影子价格。三是无法通过扩大生产能力来供应。项目需要的某种投入物，原有生产能力无法满足，又不可能新增生产能力，只有去挤占其他用户的用量才能得到。这说明这种货物是极为紧缺的短线物资。此时，影子价格取计划价格加补贴、市场价格、协议价格这三者之中最高者，再加上贸易费用和运输费用。

6.1.4 国民经济评价参数——社会折现率与特殊投入物

1. 社会折现率

社会折现率系指建设项目国民经济评价中衡量经济内部收益率的基准值，也是计算项目经济净现值的折现率，是项目经济可行性和方案比选的主要判据。

社会折现率应根据国家的社会经济发展目标、发展战略、发展优先顺序、发展水平、宏观调控意图、社会成员的费用效益时间偏好、社会投资收益水平、资金供给状况、资金机会成本等因素综合测定。

根据影响参数的主要因素，结合当前的实际情况，测定社会折现率为8%；对于受益期长的建设项目，如果远期效益较大，效益实现的风险较小，社会折现率可适当降低，但不应低于6%。

2. 投入劳动力的影子价格——影子工资

项目占用的人力资源，是项目实施所付出的代价。如果财务工资与人力资源的影子价格之间存在差异，应对财务工资进行调整计算，以反映其真实经济价值。

（1）影子工资的概念

影子工资系指建设项目使用劳动力资源而使社会付出的代价。建设项目国民经济评价中以影子工资计算劳动力费用。

（2）影子工资的计算方法——机会成本法

项目因使用劳动力所付的工资，是项目实施所付出的代价。劳动力的影子工资等于劳动力机会成本与因劳动力转移而引起的新增资源消耗之和。

影子工资应按下式计算：

$$影子工资＝劳动力机会成本＋新增资源消耗 \qquad (6-11)$$

劳动力机会成本是拟建项目占用的人力资源由于在本项目使用而不能再用于其他地方或享受闲暇时间而被迫放弃的价值，应根据项目所在地的人力资源市场及劳动力就业状况，按下列原则进行分析确定：

1）过去受雇于别处，由于本项目的实施而转移过来的人员，其影子工资应是其放弃过去就业机会的工资（含工资性福利）及支付的税金之和。

2）对于自愿失业人员，影子工资应等于本项目的使用所支付的税后净工资额，以反映边际工人投入到劳动力市场所必须支付的金额。

3）非自愿失业劳动力的影子工资应反映他们为了工作而放弃休闲愿意接受的最低工资金额，其数值应低于本项目的使用所支付的税后净工资并大于支付的最低生活保障收入。当缺少信息，可以按非自愿失业人员接受的最低生活保障收入和税后净工资率的平均值近似测算。

新增资源耗费是指劳动力在本项目新就业或由其他就业岗位转移到本项目而发生的经济资源消耗，而这种消耗与劳动者生活水平的提高无关，在分析中应根据劳动力就业的转移成本测算。

（3）影子工资的计算方法——换算系数法

影子工资也可通过影子工资换算系数得到，影子工资换算系数系指影子工资与项目财务分析中的劳动力工资之间的比值，影子工资可按下式计算：

$$影子工资＝财务工资×影子工资换算系数 \qquad (6-12)$$

影子工资的确定，应符合下列规定：

影子工资换算系数应根据项目所在地劳动力就业状况、劳动力就业或转移成本测定。

技术劳动力的工资报酬一般可由市场供求决定，即影子工资一般可以财务实际支付工资计算。

对于非技术劳动力，根据我国非技术劳动力就业状况，其影子工资换算系数一般取为 0.25～0.8；具体可根据当地的非技术劳动力供求状况确定，非技术劳动力较为富余的地区可取较低值，不太富余的地区可取较高值，中间状况可取 0.5。

3. 产出劳动力的影子价格

如果项目的产出效果表现为人力资本，生命延续或疾病预防等方面的影响，如教育项目、卫生项目、环境改善工程或交通运输项目等，应根据项目的具体情况，测算人力资本增值的价值，可能减少死亡的价值，以及对健康影响并将量化结果纳入项目经济费用效益分析的框架之中。如果货币量化缺乏可靠依据，应采用非货币的方法进行量化。

对于项目的实施可能引起人力资本增值的效果，如教育项目引起的人才培养和素质提高，在劳动力市场发育成熟的情况下，其价值应根据"有项目"和"无项目"两种情况下的税前工资率的差别进行估算。

对于项目的效果表现为增加或减少死亡的价值，应尽可能地分析由于死亡风险的增加或减少的价值，根据社会成员为避免死亡而愿意支付的价格进行计算。在缺乏估算人们对生命的支付意愿的资料时，可通过人力资本法，通过分析人员死亡所带来的为社会创造收入的减少来评价死亡引起的损失，以测算生命的价值，或者通过分析不同工种的工资差别来测算人们对生命价值的支付意愿。

对于项目的效果表现为对人们健康的影响时，一般应通过分析疾病发病率与项目影响之间的关系，测算发病率的变化所导致的收入损失，看病、住院、医药等医疗成本及其他各种相关支出的变化，并综合考虑人们对避免疾病而获得健康生活所愿意付出的代价，测算其经济价值。

4. 土地的影子价格

（1）土地影子价格的概念

土地影子价格系指建设项目使用土地资源而使社会付出的代价。在建设项目国民经济评价中以土地影子价格计算土地费用。

土地是一种重要的资源，项目占用的土地无论是否支付费用，均应计算其影子价格。项目所占用的农业、林业、牧业、渔业及其他生产性用地，其影子价格应按照其未来对社会可提供的消费产品的支付意愿及因改变土地用途而发生的新增资源消耗进行计算；项目所占用的住宅、休闲用地等非生产性用地，市场完善的应根据市场交易价格估算其影子价格；无市场交易价格或市场机制不完善的，应根据支付意愿价格估算其影子价格。

（2）土地影子价格的计算方法

1）生产性用地

生产性用地，主要指农业、林业、牧业、渔业及其他生产性用地，按照这些生产用地未来可以提供的产出物的效益及因改变土地用途而发生的新增资源消耗进行计算。

即：土地的经济成本＝土地机会成本＋新增资源消耗　　　　　（6-13）

其中，对土地机会成本的计算应按以下要求进行：

通过政府公开招标取得的国有土地出让使用权，以及通过市场交易取得的已出让国有土地使用权，应按市场交易价格计算其影子价格；

未通过正常市场交易取得的土地使用权，应分析价格优惠或扭曲情况，参照当地正常情况下的市场交易价格，调整或类比计算其影子价格；

当无法通过正常市场交易价格类比确定土地影子价格时，应采用收益现值法或以土地开发成本加开发投资应得收益确定；

由于土地开发规划许可的取得，会对土地市场价格产生影响，土地价值的估算应反映实际的或潜在的规划批准情况，应分析规划得到批准的可能性及其对地价的影响。如果土地用途受到限制，其影子价格就会被压低，应分析这些限制被解除的可能性，以及解除限制对土地价值的影响。

项目征用农村用地，应按土地征用费调整计算其影子价格。其中耕地补偿费及青苗补偿费应视为土地机会成本，地上建筑物补偿费及安置补偿费应视为新增资源消耗，这些费用如果与农民进行了充分协商并获得认可，可直接按财务成本计算其影子价格；若存在征地费优惠，或在征地中没有进行充分协商，导致补偿和安置补助费低于市场定价，应按当地正常征地补偿标准调整计算土地的影子价格。

在征地过程中收取的征地管理费、耕地占用税、耕地开垦费、土地管理费、土地开发费等各种税费，应视为转移支付，不列入土地经济费用的计算。

新增资源耗费应按照在"有项目"情况下土地的征用造成原有地上附属物财产的损失及其他资源耗费来计算。土地平整等开发成本应计入工程建设成本中，在土地经济成本估算中不再重复计算。

2）非生产性用地

对于非生产性用地，如住宅、休闲用地等，应按照支付意愿的原则，根据市场交易价格测算其影子价格。

在经济费用效益分析中，应根据项目计算期内未来土地用途的可能变化，合理预测项目占用土地的影子价格。

（3）计算的有关规定

土地影子价格应根据项目占用土地所处地理位置、项目情况以及取得方式的不同分别确定，具体应符合下列规定：通过招标、拍卖和挂牌出让方式取得使用权的国有土地，其影子价格应按财务价格计算。通过划拨、双方协议方式取得使用权的土地，应分析价格优惠或扭曲情况，参照公平市场交易价格，对价格进行调整。经济开发区优惠出让使用权的国有土地，其影子价格应参照当地土地市场交易价格类比确定。当难以用市场交易价格类比方法确定土地影子价格时，可采用收益现值法或以开发投资应得收益加土地开发成本确定。当采用收益现值法确定土地影子价格时，应以社会折现率对土地的未来收益及费用进行折现。

5. 外汇的影子价格——影子汇率

影子汇率系指能正确反映国家外汇经济价值的汇率。建设项目国民经济评价中，项目的进口投入物和出口产出物，应采用影子汇率换算系数调整计算进出口外汇收支的价值。

影子汇率可通过影子汇率换算系数得出。影子汇率换算系数系指影子汇率与外汇牌价之间的比值，影子汇率应按下式计算：

$$影子汇率＝外汇牌价×影子汇率换算系数 \qquad (6-14)$$

根据我国外汇收支、外汇供求、进出口结构、进出口关税、进出口增值税及出口退税补贴等情况，影子汇率换算系数为 1.08。

6. 自然资源的影子价格

自然资源是指自然形成的，在一定的经济、技术条件下可以被开发利用以提高人们生活福利水平和生存能力，并同时具有某种"稀缺性"的实物性资源的总称，包括土地资源、森林资源、矿产资源和水资源等。项目经济费用效益分析将自然资源分为资源资产和非资产性自然资源，在影子价格的计算中只考虑资源资产。

资源资产是指所有权已经界定，或者随着项目的实施可以界定，所有者能够有效控制并能够在目前或可预见的将来产生预期经济效益的自然资源。资源资产属于经济资产范畴，包括土地资产、森林资产、矿产资产、水资产等。经济费用效益分析中，项目的建设和运营需要投入的自然资源，是项目投资所付出的代价，这些代价要用资源的经济价值而不是市场价格表示，可以用项目投入物的替代方案的成本，对这些资源资产用于其他用途的机会成本等进行分析测算。

项目投入的自然资源，无论在财务上是否付费，在经济费用效益分析中都必须测算其经济费用。不可再生自然资源的影子价格应按资源的机会成本计算；可再生自然资源的影子价格应按资源再生费用计算。

6.2　社　会　评　价

任何建设项目都是在一定的社会环境条件下组织实施的，并会带来各种各样的社会影响。对于有明确社会发展目标的建设项目，或者项目的投资建设对其利益相关者可能带来明显社会影响的项目，在投资决策阶段建设项目决策者应通过社会评价来分析投资项目的社会影响，研究提出减少或避免不利社会影响的对策措施，使建设项目与其所处的社会环境保持和谐，为项目的成功实施创造理想的社会条件。

6.2.1　建设项目社会评价的目的、特点和主要内容

1. 社会评价的目的和特点

（1）社会评价的含义及特点

社会评价是识别、监测和评估投资项目的各种社会影响，促进利益相关者对项目建设活动的有效参与，优化项目建设实施方案，规避建设项目社会风险的重要工具和手段。社会评价主要应用社会学、人类学的一些理论和方法，通过系统地调查、收集与项目相关的各种社会因素和社会数据，分析项目实施过程中可能出现的各种社会问题，提出尽量减少或避免项目负面社会影响的建议和措施，以保证项目顺利实施并使项目效果持续发挥。对于高层次的项目管理专业人员，掌握建设项目社会评价的相关知识，培养处理项目建设中可能出现的各种社会问题的能力，是非常必要的。

作为项目外部性评价方法体系的重要组成部分，社会评价与建设项目的环境影响分析、经济影响分析等相比，存在较大差别，其主要特点有：

目标的多元性。环境影响分析的目的是确保项目做到达标排放，符合环境保护有关政策法规的要求，经济分析的目的是资源优化配置及投资项目的经济合理性分析，目标均比较单一，而社会评价由于涉及的社会因素复杂，具有多元化的追求目标，没有共同度量的标准。

评价工作的周期较长。社会评价贯穿于项目周期的各个环节和过程，而且要关注近期及远期与项目运行有关的各种社会发展目标，持续时间相对较长。

定量分析困难。一般以定性分析为主，从而要求社会评价专业人员必须具有丰富的经验，对各种社会问题具有高度的敏感性，否则将难以胜任社会评价工作。

行业和项目特殊要求明显。社会评价没有通用的方法，各行业部门、不同类型项目社会评价的内容、侧重点差异很大，从而增加了社会评价的难度。

间接效益与间接影响多。由于社会系统的复杂性及相互关联性，有关社会问题的波及效应比较明显，增加了社会评价的难度。

（2）社会评价的目的和任务

1）社会评价的主要目的

社会评价的主要目的是消除或尽量减少因项目的实施所产生的各种社会负面影响，使项目的内容和实施方案符合项目所在地区的社会发展规划、社会实际情况和目标人群的具体发展需要，为项目地区的人群提供更广阔的发展机遇，提高项目实施的社会效果，并使项目能为实现项目地区的区域社会发展目标，如减轻或消除贫困、维护社会稳定等做出贡献，促进经济与社会的协调发展。

对于政府投资项目及国际组织援助项目而言，社会评价历来受到高度重视。对于以追求企业利润为主要目标的企业投资项目而言，履行企业的社会责任、树立良好的社会形象、营造企业与当地社会协调发展的环境条件，也成为企业实现其商业目标所必备的社会条件之一。因此，对于一些追求长期发展目标的有远见的工商企业而言，通过社会评价来优化项目建设实施方案，通过协调各种社会关系来构建双赢乃至多赢格局，成为其实现商业目标的重要工具和手段。

2）社会评价的具体任务

建设项目社会评价需要考察、分析与项目的设计和实施方案有关的社会发展目标取向、潜在的社会负面影响和其他社会因素，如受益人的参与、贫困、性别平等、少数民族发展，以及征地拆迁的社会风险及对弱势群体的关注等。社会评价要求采用公众参与的方式，收集有关项目地区的社会经济数据、利益相关者的人口统计特征，以及在当地社会生活中对项目具有潜在影响的传统文化、风俗习惯、宗教信仰、社会组织和社会网络等方面的信息，分析影响项目实施效果的社会因素，以及项目实施可能带来的社会风险和社会后果，并提出优化项目设计方案、减少或避免负面社会影响、降低社会风险、提高项目实施效果的具体措施和建议。具体任务可以概括如下：

①识别关键利益相关者，包括项目影响群体和项目目标群体中的关键利益相关者，制定适当的框架机制使他们能够有效地参与到项目的方案选择、制定、实施、监测和评估等活动中去，尤其要为贫困和弱势群体的参与制定恰当的机制；

②确保目标受益人群能够理解并接受项目所设定的目标及项目实施所带来的社会变化，使项目的内容和方案设计能够考虑到弱势群体、不同民族及其他社会差异问题；

③评估建设项目的社会影响，并在确认有负面影响的情况下，提出减轻由项目活动产生的负面影响的行动方案，并使行动方案的实施措施和手段符合当地的社会习俗；

④加强目标群体在社区参与、冲突解决和服务提供等方面的能力。

（3）社会评价的作用

1）促进经济社会协调发展

通过社会评价，有利于项目的潜在社会问题在实施之前得以认识和解决，从而有利于项目预期目标的实现。有些项目具有很好的经济效益，但可能造成严重的生态环境污染，损害当地居民的利益，并引起社会矛盾，将不利于项目的顺利实施；有些项目在少数民族地区建设，没有充分了解当地的风俗习惯，导致当地居民和有关部门的不配合；有些项目由于移民安置解决不好，导致人民生活水平下降等，不利于社会经济的协调发展。实践证明，项目建设与社会发展能够协调配合，是促进经济发展目标和社会目标实现的基本前提，是建设和谐社会，实现以人为本的科学发展观的基本要求，也是企业能够保持持续稳定的建设项目财务收益水平的重要前提条件之一。

2）减少社会矛盾，提高项目社会效益

建设项目在客观上一般都存在对所在地区的有利影响和不利影响。有利影响与所在地区利益相协调，对地区社会发展和人民生活水平起到促进和推动作用，不利影响则会对地区的局部利益或社会环境带来一定的损害。分析有利影响和不利影响的大小，判断有利影响和不利影响在项目投资效果中的比例，是社会评价中判断一个项目好坏的标准，如一个水利项目，有利影响包括防洪防涝、发电、灌溉和水产养殖等，不利影响主要表现为由于库区建设而导致的土地征收征用和移民安置。库区迁移人口安置不当，致使当地人民生活水平下降，生活习惯改变，难以适应新的生活环境，从而引起移民的不满或过激行为，对当地社会稳定和项目的顺利进行都会产生不利的后果。因此，社会评价中应该始终把项目建设同当地人民的生活和发展联系起来，充分估计到项目建设可能造成的不利影响，预先采取适当的措施，把由项目建设引起的社会不利影响降至最低，以保证项目的顺利实施和有效运营，提高建设项目的社会效益。

3）规避社会风险，为建设项目多目标的实现创造条件

项目建设和运营的社会风险是指由于在项目评价阶段忽视对各种社会影响因素的分析和评价，致使在项目的建设和运营过程中与当地社区发生种种矛盾并得不到有效解决，导致工期拖延、投资加大，造成项目的投资建设、财务、经济等目标难以实现的风险。这就要求评价人员在进行社会评价时要重视分析项目是否适合当地人民的文化生活需要，包括文化教育、卫生健康、宗教信仰、风俗习惯等。考察当地人民的需求状况，对项目的态度如何，是支持还是反对。分析要广泛、深入、实际，并提出合理的针对性建议以减少项目的社会风险，只有消除了项目的不利影响，避免了社会风险，使项目与当地人群的需求相一致，才能保证项目的顺利实施，树立企业良好的社会形象，为实现建设项目的各种预期目标创造必要的社会环境条件。

2. 社会评价的主要内容

（1）需要进行社会评价的项目范围

任何建设项目都与人和社会有着密切的联系，因而从理论上讲，建设项目的社会评价适合于各类投资项目的评价。然而，项目的社会评价难度大、要求高，并且需要一定的资金和时间投入，因此也不是任何项目都有必要进行社会评价。一般而言，社会评价主要是针对那些对当地居民受益较大的社会公益性项目，对人民群众生活影响较大的基础设施项目，容易引起社会矛盾和风险的项目，扶贫项目。这些项目一般包括引发大规模征地拆迁和移民安置的项目，如交通、水利、采矿和油田项目，以及具有明确的社会发展目标的项目，如扶贫项目、区域性发展项目和社会服务项目（如教育、文化和公共卫生项目等）。这类项目可能由政府

直接投资建设，也可能由政府通过特许经营等方式委托企业进行投资建设，或政府与企业合作建设。对于具有较强商业盈利能力的项目，也可能完全由企业进行投资建设。

（2）社会评价应该关注的区域及人群范围

1）区域范围

为了有针对性地开展社会评价工作，需要通过项目建设地点及项目影响区域范围的分析，确定社会评价需要关注的空间区域范围。由于项目之间的区别很大，无法给出判断社会评价空间范围的通用方法。例如，有些项目只在单一地点进行建设，而有些项目可能涵盖多个省市；有些项目预期只会产生很小的社会影响，而有些项目带来的变化将随时间推移越来越大或覆盖越来越多的区域。因此，必须根据项目的具体情况研究其可能影响的区域范围。

项目影响区域是指在该区域内居住的人群可能受到项目的影响，或者这些人群可能对项目的进展施加影响的区域。项目影响区域包括项目的直接影响区域和各种可能的间接或潜在影响区域，社会评价的范围应尽可能扩大至能够涵盖所有潜在的影响因素，同时又尽可能下超出必要的范围，以便针对项目的影响区域开展社会评价工作，降低社会评价的费用支出。

例如，对于基础设施项目而言，项目直接影响区可能仅限于工程实施的区域，或者还包括一些辅助性的仓库或材料堆放区等，但是项目实施的目标不仅是基础设施的建设，还包括改善附近地区的社会经济环境条件，从而使项目的影响涉及到更广泛的区域。与土建工程许多方面不同的是，项目的影响区域无法通过系统而科学的方法进行明确界定，因此需要评价人员根据经验及对项目潜在的社会影响区域进行认真研究而确定。

2）人群范围

在项目影响区域内居住的人群受到项目影响的方式和程度不可能完全相同，有些人可能没有受到任何影响，有些人虽然受到影响，但影响程度并不大，而有些人则可能受到很大的影响。同时，在所有受到影响的人群中，所受影响的性质又有不同，有些人可能因项目受到不利影响，而有些人却因项目而受益。社会评价应谨慎考虑建设项目对社会和人口影响的分析评价范围，以便恰当评价拟建项目社会影响在年龄、性别、收入水平、民族等方面的差异。

然而，在社会评价的工作实践中不可避免地将会遇到的一个重要问题就是确定哪种人群将会受到显著的影响。这种确定往往依赖于人为的判断，由于项目的潜在影响种类繁多，或由于影响的效果可能需要多年以后才能显现出来，或由于不同的人群对影响程度的看法不一致，人为判断将相当困难。因此，在拟建项目的社会评价中，应就社会影响的范围和程度征求各利益相关者的看法。

（3）项目决策不同阶段的社会评价

1）项目建议书阶段的初步社会评价

初步社会评价的目的是识别对项目方案制定或实施具有重要影响的社会因素，并确定是否需要在项目可行性研究阶段进行详细社会分析。一般包括对关键利益相关者的识别，分析项目实施对不同利益相关者可能产生的社会影响（包括正面影响和负面影响），项目实施可能遇到的社会风险，判断是否需要进行详细的社会分析和评价，如有必要应确定详细社会分析和评价应重点关注的具体内容。

2）可行性研究阶段的详细社会分析与评价

详细社会评价的主要目的是为项目方案制定和实施提供有关社会组织和文化习俗方面的信息，为制定消除和减缓负面社会影响的行动方案提供详尽的社会经济数据，以确保项目方案优化分析的质量和实施的成功。在建设项目的社会评价中，收集和分析与社会发展相关的信息是一个相互作用和参与的过程。项目地区人群的社会文化和人口统计特征、他们的生产活动和社会组织状况，以及项目内容与他们的需求兼容的程度等，是影响项目能否成功的至关重要因素。详细社会分析的内容应根据初步社会评价的结论和建议进行确定，但通常情况下应侧重于以下几个方面：

进行详细的利益相关者分析，评价各利益相关者受项目影响的程度以及他们对项目的影响力；

当地社会组织结构分析，包括当地的正式和非正式社会组织类型、风俗习惯、群体之间的关系，社会动员机制、沟通协调机制、道德规范、价值观念和信仰体系等，其对项目方案制定和实施的影响和作用，以及克服当地社会组织结构障碍的途径和建议；

在调查分析的基础上，制定利益相关者参与项目方案制定、实施和管理的框架和途径；

制定详细的负面社会影响减缓计划及行动方案。

根据项目的具体目标，项目地区的社会发展目标和项目目标群体及项目影响群体的社会经济条件等因素，确定社会评价的监测指标和检测方法，对这些指标的现状进行基线调查，为项目实施阶段的社会问题监测评估提供依据。

6.2.2 建设项目利益相关者分析和公众参与

1. 利益相关者分析

（1）利益相关者的确定

利益相关者是指与拟建项目有利害关系的个人、群体或机构、利益相关者，包括以下几类：关键利益相关者，是指建设项目的直接受益者或直接受到损害的人员或机构；一般利益相关者，是指除关键利益相关者之外的与项目的方案规划设计、具体实施等存在直接或间接关系的人员或机构，如银行机构、政府部门、非政府组织等。利益相关者分析在社会评价中用于辨认项目利益相关群体，并分析他们对项目的实施及实现项目目标可能施与的影响，其中重点关注关键利益相关者。

社会评价对关键利益相关者的重点关注，主要是指对在项目的方案设计、投资决策及工程实施过程中具有重要影响的项目利益相关者，包括与项目有关的各种社会群体、公共和私有部门的正式和非正式机构，以及各类非政府组织予以重点关注。关键利益相关者可能会对项目产生重大的影响，或者对项目能否达到预定目标起着十分重要的作用。识别关键利益相关者可以从研究现有的项目资料入

185

手，发现与项目活动关系最为密切的群体、机构或个人，从而确认哪些机构或个人与项目息息相关。一般应通过各种社会调查，包括与相关事项的决策者、中央和地方政府代表、经验丰富的国内外社会学家以及当地的非政府组织等进行磋商，确定需要重点关注的关键利益相关者及其代表性人物或机构。

(2) 利益相关者的分析和评价

1) 利益相关者的利益构成调查

在对项目的关键利益相关者进行界定之后，需要对他们从项目实施中可能获得的利益以及可能对项目产生的影响进行分析。重点研究以下问题：

利益相关者对项目有什么期望？

项目将为他们带来什么样的益处？

项目是否会对他们产生不利影响？

利益相关者拥有什么资源以及他们是否愿意和能够动员这些资源来支持项目的建设？其拥有的资源可以是各类物质资源，但更重要的是各类社会资源，如在当地社会网络中的地位，对其他社会成员的影响力等。

利益相关者有没有与项目预期目标相冲突的任何利害关系，以及是否可能动员各类资源来阻碍项目的建设？

2) 利益相关者的影响力评价

获得所需信息之后，应从以下方面对利益相关者的影响力及其重要程度进行分析评价：

权利和地位的拥有程度；

组织机构的级别和层次；

对战略资源的控制力；

其他非正式的影响力；

与其他利益相关者的权利关系；

其影响力对项目取得成功的重要程度。

3) 为关键利益相关者制定项目参与沟通的方案

在利益相关者分析的基础上，通过制定利益相关者的参与方案，确保关键利益相关者能够积极参与到项目中来，发表其对项目的看法，将有价值的意见吸纳到项目的方案设计和实施中去，以保障其合理利益不受侵害。

2. 公众参与

(1) 参与的概念和方式

公众参与是社会评价的一个重要手段和方法。参与式方法是通过一系列的方法或措施，促使事物（事件、项目等）的相关群体积极地、全面地介入事物过程（决策、实施、管理和利益分享等过程）的一种方式方法。通过这些方法或措施的运用，使当地人（农村的和城市的）和外来者（专家、政府工作人员等）一起对当地的社会、经济、文化、资源状况进行分析评价，对所面临的问题和机遇进行研究，从而做出计划，制定行动方案并使方案付诸实施，并在实施中对计划和行动进行监测评价，最终使当地人从项目的实施中得到收益。参与式方法在社会评价中的具体运用包括参与式评价和参与式行动两个方面。

参与式评价，如参与式贫困评估、参与式规划、参与式监测评价等，主要强调乡土知识对专家知识的补充和完善，侧重于应用参与式的工具来进行数据的收集、分析，以弥补社会评价专家对项目所在地社会状况知识的不足。参与式评价包括收集关键利益相关者的信息，特别是那些受项目消极影响的机构或个人的信息，从而根据充分的信息资料制定出能够为他们所接受的项目方案。这样做能够最大程度地优化项目的运营效果，并为项目运营方案的制定和优化提供依据。

参与式行动强调利益相关者参与到项目的具体活动中去，以便从项目的实施和发展中受益。与参与式评价最主要的区别是：参与式行动更偏重于让项目的利益相关者在决策和项目实施中发挥作用，而参与式评价强调从专家评价项目的角度要注意听取拟建项目的利益相关者的意见。当某个项目的受益群体（即受项目积极影响的机构或个人）的积极参与对该项目的成败能够起到关键作用时，参与式行动所能发挥的作用就会更加明显。

（2）参与的理念和原则

1）应用参与式方法的理念

在社会评价中应用参与式方法，应牢记以下基本理念：外部的支持固然重要，但当地人在一般情况下有能力认识和解决自己的问题；每一个人，不论是当地人还是咨询专家，他们都具有自己特有的知识和技能，这些知识和技能在社会经济的发展中都应该同样地得到充分尊重和运用。

分享知识，共同决策，共同行动，共同发展。

2）应用参与式方法的原则

在行为与态度上，参与式方法的应用要求尊谊每个人以及每个人所拥有的知识，充分利用每个人的力量。参与项目投资决策分析评价的人员不能将自己看成无所不能的专家，应将所有的参与人员放在完全平等的位置上。在应用参与式方法时，社会评价人员应坚持以下原则：

尊重每一个人；尊重每一个人以及每一个群体的知识；站在当地人的观点和角度看问题，而不是外来者的观点；理解当地不同人群所面临的困难、问题及需求。

建设项目社会评价人员在应用参与式方法时应关注公平、公正、公开等问题，并重视倾听弱势人群的声音。此外，还要注意了解和理解政府机构对相关事项的决策过程和决策机制，理解他们的决策理念和政策导向，尽快理解当地人的文化、生计、经济状况，以及他们面临的问题、需求和希望得到的帮助；对于需要采取行动来缓解可能带来负面社会影响的项目，虽然由于资源有限而无法满足当地人的所有需求，但是可以通过相关群体的相互协调、共同探讨来提高资源利用的效率，尽量满足当地人的需求。

（3）参与机制的建立和完善

1）不同类型项目的参与范围和参与程度

针对特定受益人的项目，尤其对于目标受益人口是贫困人口、妇女和少数民族的项目，要求这类群体在项目的准备和实施阶段进行广泛参与，从而了解受益人群的社会、经济和文化特征，评价项目的需求和目标群体的需求之间的一致性和可能存在的差距。

对于提供公用服务的项目，如供水、灌溉、小额信贷、社区发展等项目，能否成功在很大程度上依赖于相关群体的支持和积极参与。对于具有明确的社会发展目标，如提供基础教育和医疗卫生等公众服务的项目，需要项目的关键利益相关者的广泛参与，以便了解利益相关者享受该项服务的主要渠道和障碍。利益相关者的广泛参与还有助于了解他们的特殊需求，最大限度地提高项目实施方案的质量。

如果项目需要征用土地或造成非自愿搬迁移民，就需要与受项目影响的人群及其代表进行广泛的磋商和对话。

对于防洪和环境保护等可能改变人们传统生产方式或谋生手段的项目，如项目方案中要求禁伐禁猎，这种改变可能导致他们从土地或水资源等获得收入的能力发生变化，并对他们的生活产生影响。在这种情况下，需要与受项目影响的个人、家庭和社区代表进行广泛磋商，从而选择对各个方面都最为有利的项目实施方案。

2）参与式评价结果的运用

参与式社会评价的结果最后将反馈给相关的部门和决策机构。一般而言，下列信息反馈是必须的：

改善项目规划设计方案的建议，如道路交通项目的通道、线路走向等，立体交叉的位置确定，防护设施方案的选择等；

项目涉及到的移民搬迁安置计划方案优化的建议，如安置点的选择、安置方式的确定、需要得到的外界支持（资金、技术）等；

未来发展计划的建议，如通过制定和优化未来发展计划，扩大项目的积极影响，这些建议主要供当地政府部门参考，并为企业参与当地社会发展项目的建设提供参考依据；

降低负面社会影响的计划建议，如通过受影响人群的讨论和调查，了解他们的想法和计划，了解当地的资源状况，为相关部门及企业制定减缓负面影响的措施提供依据。

3）参与式评价应注意的问题

通过参与式方法所收集的信息资料的表现形式多种多样，可能不如问卷调查等方式那样所获得的数据资料便于进行统计分析，并且还有可能存在参与者不具有代表性等情况，从而使得调查的结果出现片面性等风险。为了进一步验证研究结论的有效性和可靠性，应通过交叉检验等方法进行进一步抽样调查分析。在实地调查的最后阶段，应将调查结果提供给当地有关机构及相关人员进行沟通并征求他们的意见，对调查结论进行讨论，让当地人自己对调查结果进行验证。

参与式评价的另一个缺点是，这种方法与有组织的正式社会经济调查相比，所占用的时间往往较长，因此必须为进行适当的访谈和评价活动留有足够的时间。有些参与活动可能需要花费很长的时间，不能为节省时间而牺牲质量，对于一些重要的社会评价而言，必要的时间耗费也是非常值得的。

由于建设项目的不同利益相关者各自所关注的利益不同，来自各个群体的意见可能存在冲突，因此在应用参与式方法的过程中，有可能出现相互协调比较困难的情况。由于这种方法强调尽可能充分地了解当地人的意见、态度和倾向性，因此有可能使被调查者产生不易实现的、过高的期望值。这些问题都应在社会评价的实际工作中加以注意并设法予以解决。

6.2.3 特定群体为社会影响评价

社会评价涉及的内容非常广泛，这部分内容对受征地拆迁影响的非自愿移民和贫困人口等特定群体在社会评价中应关注的问题进行简单阐述。

1. 非自愿移民影响评价

（1）移民的社会影响

改变土地、水资源和其他资源使用方式的建设项目可能导致一系列的移民后果并造成移民损失。对于学校、医疗、输变电设施或小型抽水站等小型建设项目所需要的小块土地的征用所造成的移民后果可能是有限的。对于公路、铁路和航道等需要线型或者带状土地的建设项目可能会在沿线路两侧因征用土地而造成移民。这些项目的建设可能会破坏原有的社区网络，当地居民所拥有的土地会因这些公路、铁路、灌溉系统而受到分割。对于以供水、灌溉或水力发电为目的的水库建设项目，可能会造成大面积土地征用、企业搬迁及人口迁移。对于城镇道路、桥梁、供排水设施、能源设施以及排污管网等建设项目，可能会造成城市居民房屋、商业设施、企业不动产以及地上地下各种管网设施的拆除，并造成各种移民后果。不同类型的移民安置方式，例如就地安置、异地集中搬迁以及集中或分散迁入安置，都可能会造成不同的社会影响。远距离搬迁、由农村向城市的搬迁或者少数民族的搬迁可能会在原居住地与新安置地之间造成适应和社会融合方面的问题，并将涉及语言、食物、文化和生活方式等多个层面的社会及经济问题。

移民损失主要包括以下各种类型：生产性资产的损失，包括土地、收入和谋生手段的丧失；房屋，有可能是整个社区的建筑系统和各种服务基础设施的丧失；其他财产的损失和社区资源、栖息地、文化场所和物品等的损失。移民损失可能是永久性的，也可能是暂时性的。受影响的人群可以根据农村或城市社区、工作单位、家庭和个人等的不同社会属性分别进行研究界定。

（2）移民问题的社会评价

移民并不是一个孤立的事件。社会评价必须对移民的社会环境和制度背景进行分析。不同社会群体受到移民和征地的影响不同，其需求也因此而不同，社会评价必须正确界定他们的不同需求，采取适当的措施使他们能够维持生计，并在项目实施过程中界定、监督和评估项目实施所引发的移民问题及其可能带来的各种社会影响。

1）移民影响的社会经济调查

应根据移民安置计划编制的需要，确定社会经济调查的内容，其范围应为项目影响区和拟安置移民的地区。社会经济调查包括两部分内容，即项目影响的实物指标调查和项目影响地区的社会经济状况调查。前者是指由于项目建设，需征地拆迁所造成的损失调查，如土地、人口、房屋、专项设施等。后者是指对项目所在地区的社会经济状况、受影响户的基本信息、贫困及少数民族状况等的调查。

2）移民安置计划的编制

土地征收、征用和移民安置几乎涉及项目建设的全过程，社会评价重点必须放在那些最容易受到项目不利影响的移民上面。社会评价必须对征地和搬迁可能造成的有利和不利影响进行全面分析，并制订相应的政策和实施方案。征地拆迁和移民补偿政策的制定，应建立在与利益相关者进行全面协商的基础之上，在移民安置计划的制定过程中，应广泛征求利益相关者的意见。

3）移民效果的监测与评价

为了确保征地拆迁与移民安置活动有序、规范、高效地进行，有关各方能够及时了解征地拆迁与移民安置实施情况，发现和纠正征地拆迁与移民实施过程中存在的问题，确保征地拆迁与移民安置活动按照经过批准的征地补偿安置方案顺利地实施，最终达到移民安置目标，规范和指导土地管理部门、项目建设单位、移民安置实施机构进行征地拆迁与移民安置活动。根据需要，可以对征地拆迁与移民安置进行内部监测和外部监测评价工作。在项目决策阶段，应提出相应的监测实施方案。

完整的监测与评价过程包括信息收集、统计、综合分析和报告撰写等步骤。监测评价机构应采用多种方法和手段，包括文献调研、内部监测报告分析、入户访谈、座谈会、实地观察、典型调查、抽样调查等方式，收集移民实施的相关信息，进行监测评价。

2. 扶贫影响评价

拟建项目可能涉及的贫困人口，是项目业主和项目管理专业人员必须重点关注的重要问题之一。使贫困人口能够有机会分享建设项目可能带来的发展机遇并尽可能地从项目中受益，是社会评价追求的目标之一。

（1）贫困及其类型

为了在社会评价中能够对贫困问题进行科学判断，必须首先能够准确理解贫困的具体含义。贫困是多种因素引起的社会现象，可以从不同的侧面进行理解，在实践中，收入贫困和人类贫困这两个概念常常被用来描述贫困的最基本特征。

1）收入贫困

在我国，国家统计部门对贫困的定义是物质极度缺乏，致使一个人或一个家庭不能达到社会可接受的最低生活水平。因此，贫困线（满足人们在某一具体的时期、地点和社会环境中必需的物品和服务需求的最低生活支出）被用来衡量谁是贫困者或者谁不是贫困者的重要依据。

由于"社会可接受的最低生活水平"定义本身就不是一个可以比较的指标，不同的国家和社会有着不同的理解，因此不同国家的收入贫困线也各不相同。我国不同年份的农村贫困线是由国家统计部门测算并公布的。

2）人类贫困

除了收入和物质消费外，人类也需要诸如教育、医疗等基本的社会服务以及在社会中的社会关系。人类贫困针对的是非物质，有时甚至是更基本的人文需求等方面的贫困因素。教育、健康和权利是人类贫困中最重要的内容。

（2）致贫因素及其特征

  贫困人口通常可以根据他们在某些方面的不同特征被划分为不同类型。根据贫困人口的贫困程度可将贫困人口划分为绝对贫困人口、相对贫困人口和临界贫困人口。所谓临界贫困人口就是那些收入在绝对贫困线之上但很接近，并且当受到外部影响时，其收入水平极易下降到贫困线以下的人口。另外根据项目对贫困人口的影响程度不同还可以将贫困人口划分为项目目标受益贫困人口、潜在受益贫困人口和受损贫困人口。

  在建设项目的社会评价中要分析不同类型贫困人口所面临的不同问题，在项目方案设计中采取不同的措施以便达到项目的扶贫目的。

  贫困者的生活往往具有这种特征：他们不能获得足够的收入以维持其生计，他们的孩子由于缺乏营养而发育迟缓，周围的一切都对他们不利而使他们感到无望。贫困现象是多侧面的，而导致贫困的原因也是复杂多样的，并且这些因素在贫困的恶性循环中还相互加强，如果拟建项目所在地区的社会环境及项目的影响人群涉及下列导致贫困的因素，在社会评价中就应该予以重点关注。

  1）环境脆弱

  我国大多数的农村贫困人口居住在边远山区，那里气候恶劣（如寒冷、少雨）和环境脆弱（如土地坡度大、植被稀少），贫困和环境密切相关。我国各地区导致贫困的主要环境因素有：①西北地区少雨和严重干旱；②西南地区降雨集中导致的洪水和其他地质灾害；③高海拔地区的寒冷气候；④坡地和植被稀少导致的土壤流失。

  2）缺少物质财产

  物质财产的重要性体现在两个方面。首先，它们是生产、生活的基础和影响生产效率及生活质量的主要因素。其次，物质财产在处理家庭危机方面也起着重要的作用。这是因为当家庭急需食品或非食品消费（如教育和医疗时），一些财产可以在市场上变换成现金。另外，有些财产（房屋、饮用水设施等）是体现社会福利水平的直接指标。

  缺少下列物质财产或物质财产质量差是导致贫困的重要原因：可耕地资源有限，土地质量差；没有交通设施或离交通设施较远，即使有公路等设施，路况质量差，缺乏维护；缺少饮用水设施；缺少灌溉设施；缺少其他生产性财产，如大牲畜、机器和树木；房屋状况欠佳。

  3）缺少获得基本经济和社会服务的途径

  可以获得重要的经济和社会服务对所有的家庭而言都是极其重要的，因为这些服务要么可以创收、提高生产效率，要么可以改善生活水准。缺少以下服务是导致贫困产生的重要原因：由于对抵押品的要求和其他歧视贫困者的金融政策，贫困人口不能或几乎不能获得正规信贷；因为市场设施和营销组织（如合作社）不发达，贫困人口进入并参与市场活动较困难；因为学校设施缺乏、教师水平低以及上学费用高，贫困人口获得受教育的机会少、知识水平低；由于医疗保险制度不健全以及贫困者支付不起高昂的医疗费用，贫困人口的医疗保健保障程度较差。

  4）缺乏能力并与社会隔绝

　　一些边远地区的贫困人口往往很难融入社会主流，对影响他们的社区甚至是影响他们生计的各类社会问题几乎没有发言权。在历史上和文化上，存在着一种不正确的看法，即把贫困者看作是无能和无望的人，而没有看到是社会结构和文化关系使贫困者难以靠自己的努力摆脱贫困。就能力的获得而言，妇女和少数民族是相对较为弱势的群体。

　　5）易受自然、经济和社会风险的冲击

　　既然贫困者没有或几乎没有办法来处理各类风险，他们更加易受各种冲击的影响。由于缺少资产和储蓄，缺乏获得经济和社会服务的途径如信贷和卫生保健等服务条件，当风险（如自然灾害、产品价格变动、疾病等）出现时，贫困者非常容易陷入贫困的恶性循环之中。

　　（3）建设项目的扶贫目标

　　1）建设项目对贫困者的影响

　　既然贫困通常是由自然因素、经济因素和社会因素共同作用的结果，人们往往通过建设项目，尤其是有针对性地优化项目建设实施方案，为贫困者创造更多的脱贫致富机会，降低自然、经济和社会风险对他们的打击，取得长远的扶贫效果。项目给贫困者带来的帮助可以表现在以下方面：创收，包括直接提供就业机会或项目带来的其他相关就业机会；有利于创收的各项活动，如农作物生产、牲畜饲养和其他经营活动。新增资产建设，包括家庭财产建设，如土地、房屋、生产性固定资产数量的增加和质量的提高；社区建设，如道路、灌溉和饮用水设施、社区林业和其他土地资源、市政设施、学校、医疗设施的建设等。提供服务，包括农业技术的推广；信贷和储蓄服务；投入品和产出品的市场服务；儿童易获得教育的途径，特别是少数民族儿童；贫困者易获得医疗保健的途径，特别是妇女、残疾人和老人。能力培养，包括促进农民组织如信用合作、营销合作和技术协会的发展；进行生产技能、营养知识、自我意识、法律权利的培训；促进贫困者参与项目的设计、执行、监督和评估；促进贫困者参与社区决策过程。

　　2）项目扶贫目标的设计

　　除专门的扶贫项目之外，扶贫也可以作为其他项目的连带目标之一，如那些具有明确的社会发展目标的项目，造成大规模移民或征地拆迁的项目。对那些不以扶贫为主要目标的项目而言，通过贫困分析进行实施方案的优化设计，可以尽可能地使建设项目对扶贫做出直接或间接的贡献，因而扶贫可以以不同的方式成为项目的目标之一。

　　扶贫可以是扶贫项目的首要目标。这类项目瞄准的直接受益人就是贫困人口，也就是说这些项目的关键利益相关者和项目的主要受益人都是穷人。

　　扶贫可以是具有特定目标群体的发展项目的连带性次要目标。例如，一个农村发展项目可以把经济增长作为其首要目标，而把扶贫作为其次要目标。例如高速公路、铁路和水运项目，水利和电力项目，民用机场项目等，虽然扶贫不是其首要目标，但这些项目可能涉及征地拆迁等，扶贫可能作为这类项目的次要目标。

　　（4）建设项目的扶贫分析

　　项目周期不同阶段对社会评价中的贫困人口分析有不同的要求。在项目建议书编制阶段应重点了解项目对贫困者和其他群体可能造成的影响,应评估利益相关者对扶贫的具体需求。在编制可行性研究报告阶段,设计一个让贫困人口有效参与的良好制度和有效的激励机制对项目能否使贫困者受益起着决定性的作用。在项目实施及评价总结阶段,有效的监督评价不仅是项目达到预期目标的保证,也是实施机构改善项目实施方案及扶贫效果的重要基础,因此,在项目决策阶段就应对贫困监测评价的实施方案提出建议。

6.3 环 境 评 价

环境影响是建设项目外部影响的重要方面,是政府投资管理部门需要重点关注的内容,保护环境是企业应该履行的社会责任。为保护环境及贯彻有关可持续发展的政策法规规定,在项目建设方案的制定中,应重视环境保护设施建设方案的优化分析,以满足达标排放等的要求。对于可能对环境产生重大影响的建设项目,项目业主及其管理人员应重视建设项目环境影响的分析评价,分析拟建项目可能造成的环境影响后果,以保证项目在符合环境保护政策法规的前提下顺利实施。

6.3.1 环境影响评价的目的和评价制度

1. 环境影响评价的目的和特点

(1) 建设项目环境影响评价的指导思想

项目的建设是与资源环境密切关联的人类社会经济活动,对环境产生多方面的影响,包括对各种环境因素或环境介质的影响,对动植物和人类健康的影响,有时还涉及对社会、经济和文化的影响。为了反映和控制建设项目所造成的负面环境影响,需要进行环境影响评价。更具体地说,环境影响评价是对项目建设活动可能对环境产生的物理性、化学性或生物性作用及这些作用造成的环境变化(包括有利或不利变化)和对人类健康的可能影响所进行的系统分析和评价。

我国开展建设项目环境影响评价的指导思想是:落实科学发展观,贯彻循环经济理念,促进经济、社会与环境协调发展,构建和谐社会;污染防治与生态保护并重;谁污染,谁治理;节约资源、能源,实行清洁生产;污染物达标排放,满足排放总量控制要求。

(2) 环境影响评价的目的

建设项目环境影响评价的目的是通过评价查清项目拟在地区的环境质量现状,针对项目的工程特性和污染特征,预测项目建成后对当地环境可能造成的不良影响及其范围和程度,从而制定避免污染、减少污染和防止生态破坏的对策,为项目选址、空间布局、方案制定和结构优化提供科学依据。其目的主要体现在以下方面:

为项目选址提供依据。在项目布局及厂(场)址方案选择中,对拟建项目的环境影响后果以及环境对建设项目的制约因素给予全面考虑。

优化建设方案。通过将建设项目环境影响评价的结果反馈到建设方案研究中去，作为对拟选方案进行优化调整的重要依据。

多方案比选的基础。在一个项目存在多个建设地点和多种替代方案的情况下，环境影响评价也是进行多方案比选的基础之一。

（3）环境影响评价的特点

1）法律强制性

《中华人民共和国环境保护法》规定，建设污染环境的项目，必须遵循国家有关建设项目环境保护管理的规定，对建设项目产生的污染和对环境的影响做出评价。《中华人民共和国环境保护法》规定，在中华人民共和国领域和中华人民共和国管辖的其他海域内建设对环境有影响的项目，应依法进行环境影响评价。建设单位未依法报批建设项目环境影响评价文件擅自开工建设的，由有权审批该项目环境影响评价文件的环境保护行政主管部门责令停止建设，限期补办手续；逾期不补办手续的，处以罚款，对建设单位直接负责的主管人员和其他直接责任人员，依法给予行政处分。建设项目依法应当进行环境评价而未进行评价，或者环境影响评价文件未经依法批准，审批部门擅自批准该项目建设的，对直接负责的主管人员和其他直接责任人员，由上级机关或者监察机关依法给予行政处分；构成犯罪的，依法追究刑事责任。因此，开展建设项目的环境影响评价具有法律强制性。

2）政策严肃性

政府为了履行环境保护职责，确保环境影响评价相关法律的贯彻执行，制定了一系列环境保护的具体政策。环境影响评价必须严格执行环境保护的相关政策，要结合国家和地方政府部门制定的有关政策、标准、规范要求，提出切合实际的环境保护措施和对策，使其达到必须执行的规定标准。

对于项目的选址要根据产业政策，并结合环境保护总体规划及区域发展空间布局规划等，评价项目选址布局的合理性。

对于项目用地要结合国家土地利用政策和生态环境条件去评价其土地占用的合理性。

对于所选工艺和污染物排放状况要结合资源利用政策去评价其技术经济指标的先进性，尽可能在生产过程中把污染物减少到最低限度，满足清洁生产的要求。

对于环境保护措施和装备水平要结合现行技术政策去评价其环境效益、经济效益和社会效益的统一性，力求环境保护治理方案技术可行、经济合理。

对于环境质量要结合环境功能规划和质量指标去评价其可保证程度。要坚持污染物排放总量控制，达到国家或当地有关部门颁发的排放标准要求。

符合发展循环经济和资源节约综合利用的相关规定，对项目产生的废水、废气、固体废弃物等，尽可能提出回收利用方案，以提高资源利用效率。

3）内容针对性

建设项目对环境可能造成的影响表现为多个层面，环境影响评价内容因项目所在区域的环境条件及工程方案自身的特点不同，而表现出很大的差异性。环境影响评价必须针对具体项目的工程特征和所在地区的环境特征进行深入分析，并抓住危害环境的主要因素，进行有针对性的分析评价，以便为项目决策提供可靠的依据。

4）方法科学性

环境影响评价是由多学科结合而形成的综合性分析评价方法，在时间上具有顶测性，从现状调查、评价因子筛选到专题设置、监测布点、测试、取样、分析、数据处理、模式预测以及评价结论的提出都需要严守科学态度，认真完成各项任务。

为了增强环境影响评价工作的科学性，必须强调评价工作的区域性和系统性特征。区域性是指环境影响评价不能孤立地研究项目自身对环境的影响，应从区域范围内自然环境对污染因素的承受能力，既要考虑项目自身的环境问题，又要考虑对环境质量现状的叠加影响问题。系统性是指环境影响评价要把环境视为由多种要素组成，又受多种因素影响的大系统，既要考虑拟建项目与已有项目对环境影响的有机联系和新老污染对环境容量占用的动态平衡问题，又要考虑各环境要素之间的相互制约与相互影响的关系，从而制定出符合整体要求的防治对策，以达到系统优化的目的。

5）工作公正性

环境影响评价结论既是政府审批或核准项目的重要依据，也是企业对拟建项目进行投资决策的重要依据，同时还是贯彻执行"谁污染谁治理，谁破坏谁恢复"方针政策和处理环境污染纠纷的执法依据。因此，环境影响评价工作必须做到独立、客观、公正，不能受到外部因素的影响而带有主观倾向性。

2. 环境影响评价制度

建设项目的环境影响评价制度，是指根据有关法律法规要求，对拟建项目可能对周边环境造成的影响预先进行系统、科学地预测、分析和评估，制定防止或减轻环境损害的对策措施，编写环境影响评价文件，报经环境保护行政主管部门审核批准之后再进行工程设计和项目建设的各项规定的总称。现将我国环境影响评价制度的主要内容简述如下。

（1）环境影响评价管理程序

环境影响评价工作大体包括三个阶段：一是准备阶段，主要工作内容是研究有关文件，进行初步的工程分析和环境现状调查，筛选需要重点评价的内容，制定环境影响评价工作计划；二是正式工作阶段，主要工作内容是进一步进行工程分析和环境现状调查，并对拟建项目的环境影响进行预测、分析和评价；三是环境影响评价文件编写阶段，主要任务是汇总分析前一阶段工作所取得的各种资料、数据和结论，完成拟建项目环境影响评价文件的编写工作。

为了确保环境影响评价各阶段工作的有序开展，结合项目管理工作的实际需要，环境保护行政主管部门对环境影响评价各阶段的工作履行管理职能。环境影响评价管理程序是指导项目周期各阶段环境影响评价工作顺利实施的重要保证，是监管部门履行监督管理职能的重要手段。建设项目决策阶段环境影响评价管理的主要内容如下。

环境影响评价的确立和委托。建设单位应根据建设项目环境影响评价分类管理的要求，确定建设项目环境影响评价的类别，以委托或招标的方式确定环评单位，开展环境影响评价工作。

环境影响评价文件的编制。在委托确定环境影响评价单位后，环评单位应按照国家有关部门制定的环境影响评价各种标准规范的要求，筛选需要重点评价的内容，确定各单项环境影响评价的重点，开展环境影响评价工作，完成环境影响评价文件的编写。

环境影响评价文件的审批。对于不同类型的项目，向环境保护行政主管部门报批环境影响评价文件的时段有不同要求。实行审批制的建设项目，应在报送可行性研究报告前完成环境影响评价文件报批手续；实行核准制的建设项目，应在提交项目申请报告前完成环境影响评价文件报批手续；实行备案制的建设项目，应在办理备案手续后和项目开工前完成环境影响评价文件报批手续。

对于企业结合国家和地区中长期发展规划编制企业自身发展规划的，可先对该规划进行环境影响评价，但应按照一个整体的建设项目进行，评价深度要符合有关建设项目环境影响评价技术导则的要求。已经进行了环境影响评价的企业发展规划中所包含的具体建设项目，在进行环境影响评价时，评价内容可以适当简化。

除国家规定需要保密的情形之外，对环境可能造成重大影响的建设项目，建设单位应当在报批建设项目环境影响报告书前，举行论证会、听证会或者采取其他形式，建设单位应当在报批建设项目环境影响报告书前，征求有关单位、专家和公众的意见。环境影响报告书应当附具对有关单位、专家和公众意见采纳或者不采纳的说明。

环境影响评价文件经批准后，建设项目的性质、规模、地点、采用的生产工艺或者防止污染、防止生态破坏的措施发生重大变动的，建设单位应当重新报批环境影响评价文件。建设项目的环境影响评价文件自批准之日起超过 5 年，方决定该项目开工建设的，其环境影响评价文件应当报原审批部门重新审核。

（2）建设项目环境影响评价的分类管理

《中华人民共和国环境影响评价法》规定，国家根据建设项目对环境的影响程度，对建设项目的环境影响评价实行分类管理，区分不同情况分别要求编制环境影响报告书、环境影响报告表和填报环境影响登记表。

可能造成重大环境影响的建设项目，应当编制环境影响报告书，对产生的环境影响进行全面的评价。这类项目主要包括：原料、产品或生产过程中涉及的污染物种类多、数量大或毒性大、难以在环境中降解的建设项目；可能造成生态系统结构重大变化、重要生态功能改变或生物多样性明显减少的建设项目；可能对脆弱生态系统产生较大影响或可能引发和加剧自然灾害的建设项目；容易引起跨行政区环境影响纠纷的建设项目；所有流域开发、开发区建设、城市新区建设和旧区改建等区域性开发活动或建设项目。

可能造成轻度环境影响的建设项目，应当编制环境影响报告表，对建设项目产生的污染和对环境的影响进行分析或者专项评价。主要包括：污染因素单一，而且污染物种类少、产生量小或毒性较低的建设项目；对地形、地貌、水文、土壤、生物多样性等有一定影响，但不改变生态系统结构和功能的建设项目；基本不对环境敏感区造成影响的小型建设项目。

对环境影响很小，不需要进行环境影响评价的建设项目，应当填报环境影响登记表，主要包括：基本不产生废水、废气、废渣、粉尘、恶臭、噪声、振动、热污染、放射性、电磁波等不利环境影响的建设项目；基本不改变地形、地貌、水文、土壤、生物多样性等，不改变生态系统结构和功能的建设项目；不对环境敏感区造成影响的小型建设项目。

对于没有列入建设项目环境影响评价分类管理名录的建设项目，由省级环境保护行政主管部门根据上述原则，确定其环境影响评价管理类别，并报国家环境保护总局备案。

对环境敏感区的界定。建设项目环境影响评价分类管理所称的环境敏感区，是指具有下列特征的区域：需特殊保护地区，国家法律、法规、行政规章及规划确定或经县级以上人民政府批准的需要特殊保护的地区，如饮用水水源保护区、自然保护区、风景名胜区、生态功能保护区、基本农田保护区、水土流失重点防治区、森林公园、地质公园、世界遗产地、国家重点文物保护单位、历史文化保护地等。生态敏感与脆弱区，沙尘暴源区、荒漠中的绿洲、严重缺水地区、珍稀动植物栖息地或特殊生态系统、天然林、热带雨林、红树林、珊瑚礁、鱼虾产卵场、重要湿地和天然渔场等。社会关注区，人口密集区、文教区、党政机关集中的办公地点、疗养地、医院等，以及具有历史、文化、科学、民族意义的保护地等。

位于环境敏感区的建设项目，如其环境影响特征（包括污染因子和生态因子）对该敏感区环境保护目标不造成主要影响的，该建设项目环境影响评价是否按敏感区要求管理，由有审批权的环境保护行政主管部门征求当地环境保护部门意见后确认。

其他规定：以促进企业技术进步和调整产业结构为目标，用清洁生产工艺替代落后工艺，污染物排放总量明显减少，现有污染源排放符合国家和地方排放标准及总量控制要求的技术改造项目，经有审批权的环境保护行政主管部门同意后，环境影响评价工作可适当简化。纳入区域性开发的建设项目，如编制区域开发规划时进行了环境影响评价，其环境影响报告书已经环境保护行政主管部门批准，且建设项目的性质、规模、地点或采用的生产工艺符合区域开发总体要求的，经有审批权的环境保护行政主管部门同意后，环境影响评价工作可适当简化。跨行业复合型建设项目的环境保护管理类别按其中等级最严的确定。国家法律、法规及产业政策明令禁止建设或投资，如列入《淘汰落后生产能力、工艺和产品的目录》和《工商领域禁止重复建设目录》的建设项目，各级环保行政主管部门不得批准此类建设项目环境影响评价相关文件。

（3）环境影响评价文件编写内容要求

环境影响报告书的内容要求，环境影响报告书应包括以下内容：

1）总则。结合评价项目的特点，阐述编制环境影响报告书的目的，编制依据，采用的标准，包括国家标准、地方标准或拟参照的国外有关标准，以及污染控制与保护环境的目标。2）建设项目概况及工程分析，包括建设项目的名称、地点、建设性质、建设规模（扩建项目应说明原有规模）、占地面积及厂区平面布置

（附平面图）；职工人数和生活区布局；主要原料、燃料及其来源、储运和物料平衡，水的用量、平衡及回用情况；主要产品方案及工艺过程（附工艺流程图）；排放的废水、废气、废渣、颗粒物（粉尘）、放射性废物等的种类、排放量和排放方式，以及其中所含污染物的种类、性质、排放浓度；产生的噪声、振动的特点及数值等；废弃物的回收利用、综合利用和处理、处置方案；交通运输情况及场地的开发利用状况。3）建设项目周围环境现状，包括项目所处地理位置（附平面图）；地质、地形、地貌和土壤情况，河流、湖泊（水库）、海湾的水文情况，气候与气象情况；大气、地面水、地下水和土壤的环境质量状况；矿藏、森林、草原、水产和野生动植物、农作物等情况；自然保护区、风景游览区、名胜古迹、温泉、疗养区以及重要的政治文化设施情况；社会经济情况，包括现有企业及生活居住区的分布情况，人口密度，农业概况，土地利用情况，交通运输及其他社会经济活动情况；人群健康和地方病情况。4）环境影响预测和评价，包括预测的时段、范围、内容及预测方法；预测结果及其分析和说明；建设项目环境影响的特征、范围、程度和性质；如要进行多个厂址的选择，应综合评价每个厂址并进行分析比较。5）建设项目环境保护措施及其技术、经济论证，并提出各项措施的投资估算（列表）；建设项目对环境影响的经济损益分析；环境监测制度及环境管理、环境规划的建议；环境影响评价的结论。

不同类型项目环境影响评价报告书的内容会有所差异，有些项目需要包括环境风险分析、公众参与等章节，有些项目生态影响评价是重点。涉及水土保持的建设项目，还必须有经水行政主管部门审查同意的水土保持方案。

环境影响报告表（登记表）的内容要求，环境影响报告表一般包括以下内容：

1）建设项目基本情况，包括工程概况、建设内容及规模、与本项目有关的原有污染情况及主要环境问题等内容。2）建设项目所在地自然环境社会环境简况，包括自然环境简况，如地形、地貌、地质、气候、气象、水文、植被、生物多样性等；社会环境简况，如社会经济结构、教育、文化、文物保护等。3）环境质量状况，包括建设项目所在地区域环境质量现状及主要环境问题（环境空气、地面水、地下水、声环境、生态环境等），主要环境保护目标（列出名单及保护级别）评价适用标准，包括环境质量标准、污染物排放标准和总量控制指标。4）建设项目工程分析，包括工艺流程简述（图示）和主要污染工序。5）项目主要污染物产生及预计排放情况，包括大气污染物、水污染物、固体废弃物、噪声及其他污染物的排放源、污染物名称、处理前产生浓度及产生量、排放浓度及排放量；主要生态影响。6）环境影响分析，包括施工期环境影响简要分析和运营期环境影响分析。7）建设项目拟采取的防治措施及预期治理效果，包括对大气污染物、水污染物、固体废弃物、噪声及其他污染物的治理措施和预期治理效果，以及生态保护措施及预期效果。8）结论与建议。

环境影响登记表要求的内容相对简单，主要登记项目的基本情况、周围环境概况、项目排污情况及环境保护措施简述等信息。

（4）环境影响评价机构资质管理规定

我国对承担环境影响评价的机构实行资质管理，评价资质分为甲、乙两个等级。取得甲级评价资质的评价机构，可以在资质证书规定的评价范围之内，承担各级环境保护行政主管部门负责审批的建设项目环境影响报告书和环境影响报告表的编制工作。取得乙级评价资质的评价机构，可以在资质证书规定的评价范围之内，承担省级以下环境保护行政主管部门负责审批的环境影响报告书或环境影响报告表的编制工作。

（5）环境影响评价审批的原则

必须符合国家法律法规及国家环保政策的有关规定，必须依法取得相关部门的预审、审核意见，当涉及自然保护区、生活饮用水水源保护区、风景名胜区、文物保护单位等时，还应征得相关部门的同意。

应采用能耗少，无废或少废生产工艺，符合"清洁生产"的要求。在"清洁生产"的分析中，应对生产工艺和装备水平的先进性进行分析，将单位产品的物耗、能耗、水耗、污染物产生和排放量以及水重复利用效率等指标与国内外同类产品先进水平相对比，量化评价项目的"清洁生产"水平。

选址、选线必须符合地区总体规划布局和环境功能区划的要求。

必须达到国家或地方规定的排放标准，项目带来的环境影响不造成环境质量降级。

改扩建项目必须通过"以新带老"等措施，实现"增产不增污"或"增产减污"。

必须符合污染物排放总量控制指标，包括二氧化硫、尘（烟尘及粉尘）、COD、氨氮、工业固体废物等。

（6）环境影响评价文件的分级审批

根据有关规定，由国务院投资主管部门核准或审批的建设项目，或由国务院投资主管部门核报国务院核准或审批的建设项目，其环境影响评价文件原则上由国家环境保护总局审批。

对属于国家环境保护总局审批环境影响评价的建设项目目录内的、对环境可能造成重大影响的建设项目，无论是否由国务院或其投资主管部门核准或审批，其环境影响评价文件都应由国家环境保护总局审批。对环境可能造成轻度影响，且未列入国家环境保护总局审批范围内的建设项目，其环境影响评价文件由省级环境保护行政主管部门审批。其他建设项目的环境影响评价文件的审批权限，由省级环境保护行政主管部门按照建设项目的环境影响程度，结合地方情况提出，报省级人民政府批准。其中，化工、染料、农药、印染、酿造、制浆造纸、电石、铁合金、焦炭、电镀、垃圾焚烧等污染较重或涉及环境敏感区的项目的环境影响评价文件，应由地市级以上环境保护行政主管部门审批。

对国家明令淘汰和禁止发展的能耗物耗高、环境污染严重、不符合产业政策和市场准入条件的建设项目的环境影响评价文件，各级环境保护行政主管部门一律不得受理和审批。上级环境保护行政主管部门对下级环境保护行政主管部门超越法定职权、违反法定程序做出的环境影响评价审批决定，有权予以撤消。

6.3.2　项目建设方案的环境影响分析评价

对建设项目环境影响的分析评价，必须按照规定的标准进行。因此，在对拟建项目的环境影响进行预测、分析和评价时，必须首先明确评价适用的标准，包括环境质量标准、污染物排放标准、总量控制标准及有关环境保护的各类行业标准。主要标准类别包括基础标准、方法标准、评估评价标准、排放标准、产品标准、职业安全及卫生健康标准、认证认可标准及其他标准。根据环境影响评价技术导则等标准规范要求，对项目建设方案环境影响分析评价的主要内容简述如下：

1. 环境条件调查

（1）调查的原则和方法

环境条件现状调查应坚持下列原则：

根据建设项目所在地区的环境特点，结合各单项影响评价的工作等级要素的现状调查范围，并筛选出应调查的有关参数；

环境现状调查时，首先应搜集现有的资料，当这些资料不能满足要求时，再进行现场调查和测试；

环境现状调查中，对环境中与评价项目有密切关系的部分（如大气、地表水、地下水等）应全面、详细，对这些部分的环境质量现状应有定量的数据并做出分析或评价；对一般自然环境与社会环境的调查，应根据评价地区的实际情况进行适当增删。

环境现状调查的方法主要有收集资料法、现场调查法和遥感的方法。收集资料法应用范围广、收效大，比较节省人力、物力和时间。环境现状调查时，应首先通过此方法获得现有的各种有关资料，但此方法只能获得第二手资料，而且往往不能全面，不能完全符合要求，需要其他方法补充。现场调查法可以针对使用者的需要，直接获得第一手的数据和资料，以弥补收集资料法的不足。这种方法工作量大，需占用较多的人力、物力和时间，有时还可能受季节、仪器设备条件的限制。遥感的方法可从整体上了解一个区域的环境特点，可以弄清人类无法到达地区的地表环境情况，如一些大面积的森林、草原、荒漠、海洋等。此方法获得的资料准确性相对较差，不宜用于微观环境状况的调查，一般只用于辅助性调查。

（2）环境现状调查内容

地理位置。建设项目所处的经、纬度，行政区位置和交通位置（位于或接近的主要交通线），并附平面图。

地质状况。当地地层概况，地壳构造的基本形式（岩层、断层及断裂等）以及与其相应的地貌表现，物理与化学风化情况，当地已探明或已开采的矿产资源情况。若建设项目规模较小且与地质条件无关时，地质现状可不叙述。评价矿山以及其他与地质条件密切相关的建设项目的环境影响时，对与建设项目有直接关系的地质构造，如断层、断裂、坍塌、地面沉陷等，要进行较为详细的叙述，一些特别有危害的地质现象，如地震，也应加以说明，必要时，应附图辅助说明，若没有现成的地质资料，应进行现场调查。

地形地貌。建设项目所在地区海拔高度，地形特征（即高低起伏状况），周围的地貌类型（山地、平原、沟谷、丘陵、海岸等）以及岩溶地貌、冰川地貌、风成地貌等地貌的情况。崩塌、滑坡、泥石流、冻土等有危害的地貌现象，若不直接或间接危害到建设项目时，可概要说明其发展情况。若无可查资料，需进行简单的现场调查。当地形地貌与建设项目密切相关时，除应比较详细地叙述上述全部或部分内容外，还应附建设项目周围地区的地形图，特别应详细说明可能直接对建设项目有危害或将被项目建设诱发的地貌现象的现状及发展趋势，必要时还应进行一定的现场调查。

气候与气象。建设项目所在地区的主要气候特征，年平均风速和主导风向，年平均气温，极端气温与月平均气温（最冷月和最热月），年平均相对湿度，平均降水量、降水天数，降水量极值，日照情况，主要的天气特征（如梅雨、寒潮、雹和台风、飓风）等。

地面水环境。地面水状况，即地面水资源的分布及利用情况，地面水各部分（河、湖、库）之间及其与海湾、地下水的联系，地面水的水文特征及水质现状，以及地面水的污染来源。如果建设项目建在海边又无需进行海湾的单项影响评价时，应根据现有资料选择上述部分或全部内容概要说明海湾环境状况，包括海洋资源及利用情况，海湾的地理概况，海湾与当地地表水及地下水之间的联系，海湾的水文特征及水质现状、污染来源等。

地下水环境。当地地下水的开采利用情况，地下水埋深，地下水与地面的联系以及水质状况与污染来源。若需进行地下水环境影响评价，除要比较详细地叙述上述内容外，还应根据需要，选择以下内容进一步调查：水质的物理、化学特性，污染源情况，水的储量与运动状态，水质的演变过程与趋势，水源地及其保护区的划分，水文地质方面的蓄水层特性，承压水状况等。当资料不全时，应进行现场采样分析。

大气环境质量。建设项目周围地区大气环境中主要的污染物质及其来源，大气环境质量现状。

土壤与水土流失。建设项目周围地区的主要土壤类型及其分布，土壤的肥力与使用情况，土壤污染的主要来源及其质量现状，建设项目周围地区的水土流失现状及原因等。当需要进行土壤环境影响评价时，除要比较详细地叙述上述全部或部分内容外，还应根据需要选择以下内容进一步调查：土壤的物理、化学性质，土壤结构，土壤一次、二次污染状况，水土流失的原因、特点、面积、元素及流失量等，同时要附土壤图。

动、植物与生态。建设项目周围地区的植被情况（覆盖度、生长情况），有无国家重点保护的或稀有的、受危害的或作为资源的野生动、植物，当地的主要生态系统类型（森林、草原、沼泽、荒漠等）及现状。若建设项目规模较小，又不进行生态影响评价时，这一部分可不叙述。若需要进行生态影响评价，除应详细地叙述上面全部或部分内容外，还应根据需要选择以下内容进一步调查：本地区主要的动、植物清单，生态系统的生产力，物质循环状况，生态系统与周围环境的关系以及影响生态系统的主要污染来源。

噪声。如果建设项目不进行噪声环境的单项影响评价，一般可不叙述环境噪声现状；如需进行此类评价时，应根据噪声影响预测的需要决定现状调查的内容。

社会经济环境。主要根据现有资料，结合必要的现场调查，简要叙述下列部分或全部内容：人口，包括居民区的分布情况及分布特点，人口数量和人口密度等；工业与能源，包括建设项目周围地区现有厂矿企业的分布状况，工业结构，工业产值及能源的供给与消耗方式等；农业与土地利用，包括可耕地面积，粮食作物与经济作物构成及产量，农业总产值以及土地利用现状；若建设项目需进行土壤与生态环境影响评价，则应附土地利用图；交通运输，包括建设项目所在地区公路、铁路或水路方面的交通运输概况，以及与建设项目之间的关系。

文物与景观。主要调查建设项目周围有哪些重要文物与景观，相对于建设项目的位置和距离，其基本情况以及国家或当地政府的保护政策和规定。如果建设项目需进行文物或景观的影响专题评价，还应根据现有资料结合必要的现场调查，进一步叙述文物或景观对人类活动敏感部分的内容，包括它们易于受哪些物理的、化学的或生物学的影响，目前有无已损害的迹象及其原因，主要的污染或其他影响的来源，景观外貌特点，自然保护区或风景游览区中珍贵的动、植物种类，以及文物或珍贵景观的价值（包括经济的、政治的、美学的、历史的、艺术的和科学的价值等）。

人群健康状况。当建设项目规模较大，且拟排污染物毒性较大时，应进行一定的人群健康调查，根据环境中现有污染物及建设项目将排放的污染物的特性选定调查指标。

其他。根据当地环境情况及建设项目特点，决定电磁波、振动、地面下沉等情况是否需要进行调查。

2. 建设项目环境影响预测分析

（1）预测分析方法

预测分析环境影响时应尽量选用通用、成熟、简便并能满足准确度要求的方法。一般采用数学模型法、物理模型法、类比调查法和专业判断法进行预测。数学模型法能给出定量的预测结果，但需一定的计算条件和输入必要的参数、数据。选用数学模型时要注意模型的应用条件，如实际情况不能很好满足应用条件要求而又拟采用时，应对模型进行修正并验证。物理模型法定量化程度较高，能反映比较复杂的环境特征，但需要有合适的试验条件和必要的基础数据，且制作复杂的环境模型需要较多的人力、物力和时间投入。在无法利用数学模型法预测而又要求预测结果定量精度较高时，应选用此方法。类比调查法的预测结果属于半定量性质，如由于评价工作要求时间较短等原因，无法取得足够的参数、数据，不能采用前述两种方法进行预测时，可选用此方法。专业判断法则是定性地反映建设项目的环境影响。建设项目的某些环境影响很难定量估测（如对文物与珍稀景观的环境影响），或由于评价时间过短等原因无法采用上述三种方法时，可选用此方法。

（2）预测分析的范围和内容

分析预测范围的大小、形状等取决于评价工作的等级、工程和环境的特性。一般情况，预测范围等于或略小于现状调查的范围，其具体规定按照各单项环境影响评价技术导则的要求执行。在预测范围内应布设适当的预测点,通过预测这些点所受的环境影响,由点及面反映该范围所受的环境影响情况。预测点的数量与布置,因工程和环境的特点、当地的环保要求及评价工作的等级而不同。

对评价项目环境影响的预测,重点是对能代表评价项目的各种环境质量参数变化的预测。环境质量参数包括两类:一类是常规参数,一类是特征参数。前者反映该评价项目的一般质量状况,后者反映该评价项目与建设项目有联系的环境质量状况。各评价项目应预测的环境质量参数的类别和数目,与评价工作等级、工程和环境的特性及当地的环保要求有关。如建设项目需通过环境影响评价优选厂址时,应预测该项目建设在不同厂址时的环境影响,并经综合比较,提出选址意见。

3. 环境影响工程分析

(1) 工程分析的对象

主要从下列方面分析建设项目与环境影响有关的情况:

工艺过程,通过对工艺过程各环节的分析,了解各类影响的来源,各种污染物的排放情况,各种废物的治理、回收、利用措施及其运行与污染物排放间的关系等;资源、能源的储运,通过对建设项目资源、能源、废物等的装卸、搬运、储藏、预处理等环节的分析,掌握与这些环节有关的环境影响来源的各种情况;交通运输,分析由于建设项目的建设和运行,使当地及附近地区交通运输量增加所带来的环境影响;厂地的开发利用,通过调查拟建项目对土地的开发利用,分析土地利用现状和环境间的关系,以分析厂地开发利用带来的环境影响;对建设项目生产运行阶段的开车、停车、检修、一般性事故和漏泄等情况时的污染物不正常排放进行分析,找出这类排放的来源、发生的可能性及发生的频率等;其他情况。

(2) 工程分析的重点

工程分析应以工艺过程为重点,并不可忽略污染物的不正常排放。资源、能源的储运、交通运输及厂地开发利用是否需要进行分析以及分析的深度,应根据工程、环境的特点及评价工作要求决定。

(3) 工程分析的方法

当建设项目的规划、可行性研究等技术文件中记载的资料、数据等能够满足工程分析的需要和精度要求时,应通过复核校对后引用。对于污染物的排放量等可定量表述的内容,应通过分析尽量给出定量的结果。当这些技术文件不能满足评价要求时,应根据具体情况选用适当的方法进行工程分析,一般采用类比分析法、物料平衡计算法、资料查阅分析法等。类比分析法要求时间长,工作量大,所得结果较为准确。在评价时间允许,评价工作要求较高,又有可参考的相同或相似的现有工程时,应采用类比分析法进行分析。如果同类工程已有某种污染物的排放系数时,可以直接利用此系数计算建设项目该种污染物的排放量,不必再进行实测。物料平衡计算法以理论计算为基础,比较简单,但计算中设备运行均按理想状态考虑,所以计算结果有时偏低,因此这种方法的使用具有一定的局限性。资料查阅分析法最为简便,但所得数据准确性差,当评价时间短,且评价工

203

作要求较低时，或在无法采用以上两种方法的情况下，可采用此方法，此方法还可作为以上两种方法的补充。

4. 衡量环境影响质量的指标

用于衡量环境质量的主要评价指标如下：

(1) 空气质量评价指标

常规检测的空气污染物包括二氧化硫、一氧化碳、二氧化氮、臭氧和悬浮物等。悬浮物包括总悬浮颗粒物（TSP）和可吸入颗粒物（PM10）。可采用空气污染指数（Air Pollution Index，简称 API）、二氧化硫浓度、总悬浮颗粒（TSP）、可吸入颗粒物浓度（PM10）、二氧化氮浓度作为衡量空气质量的重要指标。

(2) 水环境质量评价指标

主要包括：物理指标，包括温度、臭、味、色、浊度、固体（总固体、悬浮性固体等）；化学指标，分为有机指标和无机指标，有机指标包括含盐量、硬度、pH 值、酸度及铁、锰、氯化物、硫酸盐、硫化物、重金属、氮、磷的含量等，无机指标包括 BOD5、CODcr、DO、酚、油等；生物指标主要有大肠杆菌含量等。

(3) 土壤环境质量评价指标

主要包括：土壤资源评价，用于判断由于土壤受侵蚀、肥力减退、荒漠化与沙漠化造成农业土壤、林业土壤和牧业土壤资源价值的退化程度；

土壤—农作物的污染评价，用于研究污染物在土壤中的迁移转化和累积过程以及污染物对植物的危害和毒性；

单项评价指标。主要包括：重金属及有毒非金属物质的含量，例如汞、镉、铅、铜、镍、砷、氟、氰等；有机毒物和致病菌的含量，例如有机氯、有机磷、酚、油、大肠杆菌等；酸碱度、全磷、全氮等。

综合指标。主要是各种综合污染指数等。

(4) 噪声污染指标

一般采用分贝对噪声污染的严重程度进行度量。分贝是衡量声压大小的相对单位，为声压与基准声压之比，取以 10 为底的对数，再乘以 20，计算出分贝数。

5. 环境影响效果定量分析的方法

根据建设项目环境影响评价的有关规定，应对建设项目环境影响的经济损益情况进行量化分析。建设项目的环境影响效果定量分析，一般采用直接市场法、替代市场法和意愿调查评价法进行量化分析。量化分析方法的选择应根据项目的具体情况而定，这里简要介绍直接市场法和意愿调查评价法。

(1) 直接市场法

直接市场法就是直接运用货币价格（市场价格或影子价格），对项目建设可能影响的环境质量变动进行观察和度量的方法。主要包括：

1) 市场价值法

建设项目对环境质量的影响，可能导致相关的商品产出水平发生变化，因而可以用产出水平的变动导致的商品销售额的变动来衡量环境价值的变动。例如，某种废弃物的排放会影响到其周围地区其他厂商的生产，因而就可以用其他厂商因减产而减少的产值来计算环境价值。如果环境质量变动影响到的商品是在市场机制的作用发挥得比较充分的条件下销售的，就可以直接利用该商品的市场价格来计量环境价值。如果环境质量变动影响到的商品是在市场机制不够完善的条件下销售的（比如存在着垄断或价格补贴，或者企业不自负盈亏，因而可以不顾市场供求状况和产品销售状况乱涨价等），应采用影子价格来计算环境影响价值。

2）人力资本法或收入损失法

环境质量变化对人类健康有着多方面的影响。这种影响不仅表现为因劳动者发病率与死亡率增加而给生产活动造成直接的损失（可采用市场价值法进行测算），而且还表现为因环境质量恶化而导致的医疗费开支的增加，以及因为人们过早得病或死亡而造成的收入损失等等。人力资本法或收入损失法是专门用于评估反映在人身健康上的环境价值评价方法，从经济学的角度看，人力资本是指体现在劳动者身上的资本，它主要包括劳动者的文化技术水平和健康状况。人力投资是对劳动者健康状况和文化技术水平所进行的投资，人力投资的成本（费用）包括个人和社会用于教育及卫生保健等方面的支出，人力投资的收益（效益）包括个人受教育和接受卫生保健后所带来的个人收入增加和社会效益。为简化计算，人力资本法只计算因环境质量的变化而可能导致的医疗费开支的增加，以及因劳动者过早生病或死亡而导致的个人收入损失。前者相当于因环境质量变化而增加的病人人数与每个病人的平均治疗费（按不同病症加权计算）的乘积，后者则相当于环境质量变动后可能对劳动者预期寿命和工作年限的影响与劳动者预期收入（扣除来自非人力资本的收入）的现值的乘积。

3）防护费用法

当建设项目有可能导致环境污染时，人们可以采取相应的措施来预防或治理环境污染。利用采取这些措施所需费用来评估环境价值的方法就是防护费用法，防护费用的负担可以有不同的方式，如采取"谁污染，谁治理"的方式，由污染者购买和安装环保设备自行消除污染，或采取"谁污染，谁付费"的方式，建立专门的污染物处理企业对污染物进行集中处理，也可以采取受害者自行购买相应设备（如噪声受害者在家安装隔声设备），而由污染者给予相应补偿的方式。所需费用就可以作为工程项目环境影响价值测算的一种依据。

4）恢复费用法或重置成本法

假如导致环境质量恶化的环境污染无法得到有效的治理，那么就不得不用其他方式来恢复受到损害的环境，以便使原有的环境质量得以保持。将受到损害的环境质量恢复到受损害以前状况所需要的费用就是恢复费用，恢复费用一般采用重置成本进行计算，以准确反映现实价格水平下的恢复成本。

（2）意愿调查评价法

如果找不到环境质量变动导致的可以观察和度量的结果（不论这种结果能够直接定价，还是需要间接定价），或者评估者希望了解被评估者对环境质量变动的支付意愿或接受补偿意愿，在这种情况下，可通过对受影响者的直接调查，通过分析他们对环境影响的支付意愿或受偿意愿，作为对环境价值进行量化分析的依据。

在估算环境质量的货币价值时，应该尽可能地采用市场法。如果采用市场法的条件不具备，可采用意愿调查评价法。

6.3.3　环境治理方案的优化分析

1. 制定环境污染治理方案的原则

在对环境影响进行分析评价的基础上，应按照国家有关环境保护法律、法规的要求，制定环境影响治理方案，并对其工程可行性及经济合理性进行分析论证。环境污染治理方案的制定应遵循以下原则：

反映废气、废水、固体废弃物、粉尘、噪声等不同污染源和排放污染物的性质特点，所采用的技术和设备应能满足先进性、适用性、可靠性等的要求；符合发展循环经济的要求，对项目产生的废气、废水、固体废弃物等，提出回收处理和再利用方案，提高资源综合利用效率；污染治理效果应能满足污染物达标排放和排放总量控制的要求；项目环境影响的监测、控制方案能够满足环境管理的要求。

2. 污染治理措施

按照有关规定，建设项目防止污染的措施，必须与主体工程同时设计，同时施工，同时投产使用。应根据项目的污染源和排放污染物的性质，采取不同的污染治理措施：

废气污染治理，可采取冷凝、吸附、燃烧和催化转化等方法。废水污染治理，可采用物理法（如重力分离、离心分离、过滤、蒸发结晶、高磁分离等）、化学法（如中和、化学凝聚、氧化还原等）、物理化学法（如离子交换、电渗析、反渗透、气泡悬上分离、气提吹脱、吸附萃取等）生物法（如自然氧池、生物滤化、活性污泥、厌氧发酵）等方法。固体废弃物污染治理，有毒废弃物可采用防渗漏池堆存；放射性废弃物可采用封闭固化；无毒废弃物可采用露天堆存；生活垃圾可采用卫生填埋、堆肥、生物降解或者焚烧方式处理；利用无毒害固体废弃物加工制作建筑物材料或者作为建材添加物，进行综合利用。粉尘污染治理，可采用过滤除尘、湿式除尘、电除尘等方法。噪声污染治理，可采用吸声、隔声、减振、隔振等措施。建设和生产运营引起的环境破坏，如岩体滑坡、植被破坏、地面塌陷、土壤劣化等，应提出相应治理方案。

3. 环境治理方案比选

对环境治理的各局部方案和总体方案进行技术经济比较，并进行综合评价，进行治理方案的比选，提出推荐方案，编制环境保护治理设施和设备表。

方案比选主要评价以下内容：技术水平对比，分析对比不同环境保护治理方案所采用的技术和设备的先进性、适用性和可靠性。治理效果对比，分析对比不同环境保护治理方案在治理前及治理后环境指标的变化情况，以及能否满足环境保护法律、法规的要求。管理及监测方式对比，分析对比各治理方案所采用的管理和监测方式的优缺点。环境效益对比，将环境治理保护所需投资和环保设施运行费用与所得的收益进行对比分析，并将分析结果作为方案比选的重要依据。

复习思考题

1. 国民经济评价的含义并总结它与财务评价有何异同？
2. 在国民经济评价中，如何识别费用和效益？
3. 影子价格的寻求思路？
4. 在国民经济评价中如何区分贸易货物和非贸易货物？
5. 社会评价的作用？
6. 社会评价中公众参与的方式有哪些？
7. 环境影响评价的特点？
8. 环境现状调查内容？
9. 环境影响效果定量分析的方法？

第7章 投资项目方案比较与优化

学习要点：通过对本章学习，应了解方案的相互关系、方案的资金约束、投资方案的经济比选的类型、价值工程的含义；掌握方案经济比选的方法与注意的问题、价值工程运作的程序；熟悉独立型、互斥型、混合型方案选择的方法。本章的主要目的是掌握工程经济领域中方案比较与优化方法的基本知识理论。

7.1 方案的相互关系与资金约束

在前面章节中我们涉及到的方案评价、方案之间的相互关系是比较简单的，并且对投资主体的资金利用也没有什么约束。在实践中，投资主体可能面对一组皆可利用的方案，方案之间也会有多种相互关系，且资金的利用也不是无限的。这时投资主体追求的不是单一方案的局部最优，而是方案组的整体最优。系统理论认为，单独每个方案的经济性往往不能反映整个方案组的经济性。因此，需要对方案的相互关系与资金约束作进一步的探讨，以便在各种约束条件下选出较为合理的方案组合。

7.1.1 方案的相互关系

在对投资方案进行比较与优化前，首先要清楚方案间的相互关系。从方案数量角度，有单一方案（独立型方案）与多方案之分。而对于一组可利用的多方案，方案之间的相互关系可分为互斥型方案、混合相关型方案、组合—互斥方案和互补型方案，如图7-1所示。其中独立型、互斥型、混合相关型方案最为普遍，本章着重介绍这几种关系下的方案选择与优化。

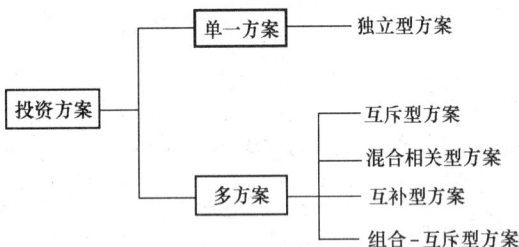

图7-1 评价方案的分类

互斥型方案是指方案之间具有互斥性，采纳方案组中的某一方案，就会自动排斥这组方案中的其他方案。如对于同一宗地是兴建住宅还是商店或办公楼的方案，就是互斥型方案。

独立型方案是指在经济上互不相关的方案。即接受或放弃某个方案，并不影响其他方案的取舍。如投资制药行业的方案与投资家电行业的方案就是两个互相独立的方案。

混合型方案是指方案组中有两个层次。高层次是一组独立型项目，每个独立型项目又可由若干个互斥型方案实现。如某总公司 S 有三个投资项目，一个是新药品项目 A，一个是家电项目 B，一个是房地产项目 C。A 项目可采用不同工艺方案 A_1，A_2，A_3；B 项目有不同的生产规模方案 B_1，B_2；C 项目有不同用途的房产方案 C_1，C_2，C_3。这样 S 公司就有如图 7-2 所示的混合方案群。

一般说来，工程技术人员遇到的问题多为互斥型方案的选择；高层计划部门遇到的问题多为独立型方案或混合型方案的选择。不论方案群中各方案是何种关系，方案经济评价的宗旨只有一个：最有效地分配有限资金，以获得最好的经济效益——有限投资总额的总体净现值最大。重要的是根据不同的方案关系类型正确地选择和使用简单的评价方法。

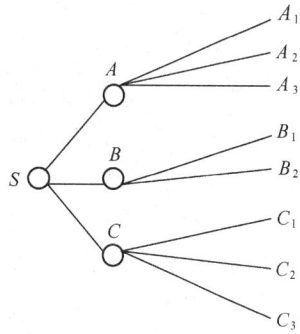

图 7-2　S 公司混合方案群

7.1.2　方案的资金约束

无论对于什么样的投资主体，可用于投资方案的资金也不可能是无限的。这就产生了所谓方案的资金约束问题。资金的约束可以理解为投资主体不能在一段时间内按某一固定不变的资金成本无限制地增加资金。当资金总额达到了某一临界点 C，在这点外，投资主体要付出越来越高的资金费用（图 7-3），这可能是贷款人在一段时间内对进一步提供投资感到风险增大而造成的。

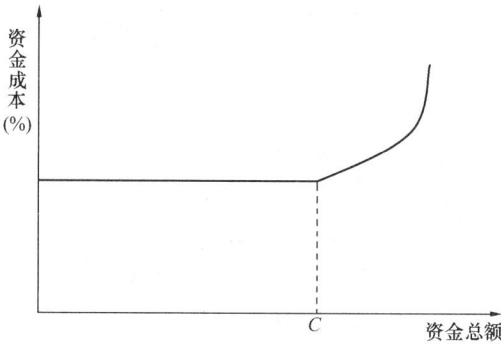

图 7-3　资金成本与资金总额曲线

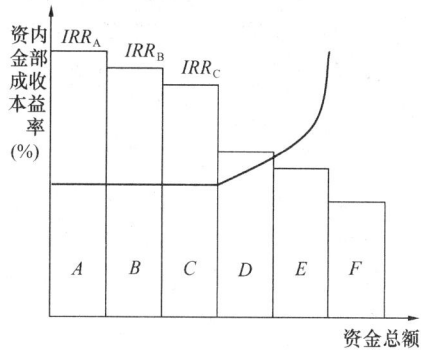

图 7-4　投资的边际方案示意图

资金费用的增高使得投资主体必须放弃 IRR 值接近增长了的资金成本的边际方案（如图 7-4 中的 D 方案）以及排在其后的各方案。尽管这些方案在无资金约束条件下，是满足各类评价标准的。

因此，在方案有资金约束的条件下，不可能采用所有"经济合理"的方案，而需考虑资金在各种方案组合间的优化分配问题。

7.2　投资方案的选择

方案经济比选是寻求合理的经济和技术方案的必要手段，也是项目评价的重要内容。建设项目的投资决策以及项目可行性研究的过程是方案比选和择优的过程，在可行性研究和投资决策过程中，对涉及到的各决策要素和研究方面，都应从技术和经济相结合的角度进行多方案分析论证，比选优化，如产品或服务的数量、技术和设备选择、原材料供应、运输方式、厂（场）址选择、资金筹措等方面，根据比较的结果，结合其他因素进行决策。项目经济评价中宜对互斥方案和可转化为互斥型方案的方案进行比选。

7.2.1　方案经济比选的类型

1. 互斥、独立和相关的方案的经济比选

互斥关系，是指各个方案之间存在着互不相容、互相排斥的关系，在进行比选时，在各个备选方案中只能选择一个，其余的均必须放弃，不能同时存在。独立关系，是指各个方案的现金流量是独立的不具相关性，其中任一方案的采用与否与其自己的可行性有关，而与其他方案是否采用没有关系。相关关系，是指在各个方案之间，某一方案的采用与否会对其他方案的现金流量带来一定的影响，进而影响其他方案的采用或拒绝。

相关关系有正相关和负相关。当一个项目（方案）的执行虽然不排斥其他项目（方案），但可以使其效益减少，这时项目（方案）之间具有负相关关系，项目（方案）之间的比选可以转化为互斥关系。当一个项目（方案）的执行使其他项目（方案）的效益增加，这时项目（方案）之间具有正相关关系，项目（方案）之间的比选可以采用独立方案比选方法。

2. 局部比选和整体比选

按比选范围分，项目方案比选可分为局部比选和整体比选。整体比选是按各备选方案所含的因素（相同因素和不同因素）进行定量和定性的全面的对比；局部比选仅就所备选方案的不同因素或部分重要因素进行局部对比。

局部比选通常相对容易，操作简单，而且容易提高比选结果差异的显著性，如果备选方案在许多方面都有差异，采用局部比选的方法工作量大，而且每个局部比选结果之间出现交叉优势，其比选结果多样性，难以提供决策，这时应采用整体比选方法。

3. 综合比选与专项比选

按目的分，项目方案比选可分为综合比选与专项比选。方案比选贯穿于可行性研究全过程中，一般项目方案比选是选择两个或三个备选方案进行整体的综合比选，从中选出最优方案作为推荐方案。在实际过程中，往往伴随着项目的具体情况，有必要进行局部的专项方案比选，如产品规模的确定、技术路线的选择、厂址比较等。

4. 定性比选与定量比选

按内容分，项目方案可分为定性比选与定量比选。

定性分析较适合于方案比选的初级阶段，在一些比选因素较为直观且不复杂的情况下，定性分析简单易操作。如在厂址方案比选中，环保政策允许性等可先一票否决，没有必要比较下去，定性分析能满足比选要求。在较为复杂系统方案比选工作中，一般先经过定性分析，如果直观很难判断各个方案的优劣，再通过定量分析，论证其经济效益的大小，据以判别方案的优劣。

有时，需要定性比选与定量比选相结合来判别方案的优劣。

7.2.2 方案经济比选的方法

方案经济比选可采用下列效益比选法、费用比选法和不确定性因素下方案比选采用的方法：

1. 效益比选法

效益比选方法包括净现值比较法、净年值比较法、差额投资内部收益率比较法。

（1）净现值比较法，比较备选方案的财务净现值或经济净现值，以净现值大的方案为优。比较净现值时应采用相同的折现率，多方案时要考虑方案寿命期相同。

（2）净年值比较法，比较备选方案的净年值，以净年值大的方案为优。比较净年值时应采用相同的折现率。

（3）差额投资财务内部收益率法，使用备选方案差额现金流，应按下式计算：

$$\sum_{t=1}^{n}[(CI-CO)_大-(CI-CO)_小](1+\Delta FIRR)^{-t}=0 \qquad (7-1)$$

式中　$(CI-CO)_大$——投资大的方案的财务净现金流量；

　　　$(CI-CO)_小$——投资小的方案的财务净现金流量；

　　　$\Delta FIRR$——差额投资财务内部收益率。

计算差额投资财务内部收益率（$\Delta FIRR$），与设定的基准收益率（i_c）进行对比，当差额投资财务内部收益率大于或等于设定的基准收益率时，以投资大的方案为优，反之，投资小的方案为优。在进行多方案比较时，应先按投资大小，由小到大排序，再依次就相邻方案两两比较，从中选出最优方案。

（4）差额投资经济内部收益率（$\Delta FIRR$）法，可采用经济净现金流量替代式（7-1）中的财务净现金流量，进行方案比选，如图7-5所示。

2. 费用比选法

费用比选方法包括费用现值比较法、费用年值比较法。

（1）费用现值比较法，计算备选方案的总费用现值并进行对比（多方案时要考虑寿命期相同），以费用现值较低的方案为优。

（2）费用年值比较法，计算备选方案的费用年值并进行对比，以费用年值较低的方案为优。

（3）最低价格（服务收费标准）比较法，在相同产品方案比选中，以净现值

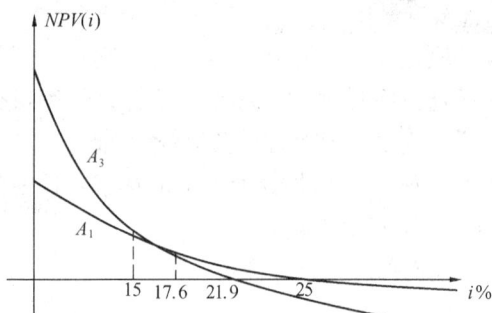

图 7-5 差额投资经济内部收益率

为零推算备选方案的产品最低价格（$P_{\min}$），应以最低产品价格较低的方案为优。

3. 不确定性因素下方案比选采用的方法

在多方案比较中，应分析不确定性因素和风险因素对方案比选的影响，判断其对比较结果的影响程度，必要时，应进行不确定性分析或风险分析，以保证比选结果的有效性。在比选时应遵循效益与风险权衡的原则。不确定性因素下的方案比选可采用下列方法：

（1）折现率调整法，调高折现率使备选方案净现值变为零，折现率变动幅度小的方案风险大，折现率变动幅度大的方案风险小。

（2）标准差法，对备选方案进行概率分析，计算出评价指标的期望值和标准差，在期望值满足要求的前提下，比较其标准差，标准差较高者，风险相对较大。

（3）累计概率法，计算备选方案净现值大于或等于零的累计概率，估计方案承受风险的程度，方案的净现值大于或等于零的累计概率值越接近于 1，说明方案的风险越小；反之，方案的风险大。

4. 方案比选方法的选择

（1）在项目无资金约束的条件下，一般采用净现值比较法、净年值比较法和差额投资内部收益率法。

（2）方案效益相同或基本相同时可采用最小费用法，即费用现值比较法和费用年值法。

（3）关于设定折现率。折现率是建设项目经济评价中的重要参数，可以从两个角度考虑设定折现率：一是从具体项目投资决策的角度，投资者对资金时间价值的估计，作为投资项目决策的判据；二是从投资者投资计划整体优化的角度，设定折现率应有助于选择投资方向，作出使全部投资净收益最大化的投资决策。本章所涉及的是前者，在可行性研究阶段，作为具体投资项目（或方案）的决策判据。方案比选中，通常采用与财务分析或经济费用效益分析统一的折现率基准。方案比选中通常使用设定的折现率。但在多方案的成本比较中，由于成本费用的节约，使得项目收益增加和风险减少，采用设定的折现率对不同年份的成本费用折算，可能会因使用的折现率过高而影响费用现值，因此，多方案比选时，应采用统一的折现率。

7.2.3　方案比选时应注意的问题

方案比选时应注意下列问题：

（1）备选方案提供的信息资料应可靠、均衡。

备选方案应满足的条件包括：

1）备选方案的整体功能应达到目标要求；

2）备选方案的经济效率应达到可以被接受的水平；

3）备选方案包含的范围和时间应一致，效益和费用计算口径应一致。

（2）同时进行财务分析和经济费用效益分析时，方案经济比选时应按经济费用效益分析的结论选择方案。

（3）备选方案的经济指标的取值比较差异不大时，不能依此判定方案的优劣，只有经济指标的取值存在足够的差异，而且估算和测算的误差不足以使评价结论出现逆转时，才能认定比较方案有显著的差异，并据此判定方案的优劣。

（4）备选方案的计算期不同时，宜采用净年值法和费用年值法。如果采用差额投资内部收益率法，可将各方案计算期的最小公倍数作为比较方案的计算期，或者以各方案中最短的计算期作为比较方案的计算期。在某些情况下还可采用研究期法。

（5）方案比选中注意经济评价指标的应用范围。

7.2.4 独立型方案的选择

当一组投资方案相互独立时，首先要考虑是否存在资金约束问题。如果没有资金约束，则投资决策是比较容易的。只需要分别计算各方案的净现值、年等值、净现值率或内部收益率中的任一指标，只要指标达到评价标准就可考虑接受。因为对于独立的常规方案，上述指标的评价结果都是一致的。具体的评价方法已在前面章节详细讨论，在此不再重述。

本节着重探讨的是有资金约束条件下的独立型方案选择问题，该问题有如下两种基本处理方法：

第一种是独立方案互斥化法，这是工程经济学的传统方法。

首先列出所有可能的方案组合，并从中取出投资额不大于总资金约束者，然后按互斥型方案的选择原则，选出最优项目组合。

第二种是效率指标排序法，这是由千住镇雄、伏见多美雄等人开创的日本的经济性工程学方法。它首先根据资源效率指标的大小确定独立项目的优先顺序，然后根据资源约束条件确定最优项目组合。这种方法是对传统技术经济学的互斥化方法的改进，简便且有效。

1. 独立方案互斥化法

由于在独立型方案选择中存在资金约束，选择了这个方案或方案组合就可能无资金再选另一方案或方案组合。这使得原来互不相关的方案或方案组合可能变为互斥的方案或方案组合。表 7-1 所列的三个独立方案就可以说明这一问题。

三个独立方案现金流量（单位：万元）　　　　　　　　　表 7-1

方　　案	年 末 现 金 流 量	
	0	1
A	−200	270
B	−300	375
C	−500	580

假如资金约束是 500 万元，尽管 A，B，C 三个方案是相互独立的方案，显然采用了方案 C，就排斥了 A，B 方案的采用；又由于方案的不可分性，采用了方案 A，也排斥了 C 方案。在方案和方案组之间出现了互斥化。

独立型方案的互斥化法就是将独立型方案组中所有可能的方案组合都排列出来，视其中每一组合都代表一个相互排斥的方案。删去超过约束条件的方案后，余下方案就可按互斥型方案的比选方法来比选了。

具体的比选是利用所谓"真值表"来构成所有可能的方案组合。以表 7-1A，B，C 三个方案为例，可列表 7-2 如下。

可能的方案组合的净现值计算（单位：万元）　　　　　　**表 7-2**

互斥方案	组合形式			年末现金流量		净现值
	A	B	C	0	1	
1	0	0	0	0	0	0
2	1	0	0	−200	270	45.5
3	0	1	0	−300	375	40.9
4	0	0	1	−500	580	27.3
5	1	1	0	−500	645	86.4
6	1	0	1	−700	850	—
7	0	1	1	−800	955	—
8	1	1	1	−1000	1225	—

真值表中 0 代表方案被拒绝，1 代表方案被接受。如 $i_c = 10\%$，资金约束为 500 万元。则表 7-2 中前 5 个方案为满足约束条件的方案组合。依互斥型方案的净现值比较法，第 5 方案组合（A，B 组合）为最优方案组合。

独立方案互斥化法在独立方案数目增加时，其可能的方案组合数会剧增。10 个独立项目可组合成 1024 个相互排斥的方案组合，这使得人工求解变得十分麻烦。但由于这种方法罗列了所有可能的方案组合，故可以保证不会漏掉已知条件下的最优方案组合。

2. 效率指标排序法

20 世纪 50 年代，日本在引入西方工程经济学的基础上，创造出适用广大工程技术人员掌握运用的经济性工程学。效率指标排序法就是其对独立项目比选的一种方法，也称千住—伏见—中村法。这种方法大大减少了独立项目互斥化法的计算量，其比选程序如下。

①计算各方案的 *IRR* 值。

②按 *IRR* 大小排序绘入资金—收益率直方图。

③计算资金成本，由小到大绘图。

④标注资金约束。

⑤选出满意的方案组合。

【例 7-1】　表 7-3 所示为 6 个相互独立的投资方案，寿命期均为 6 年，若投资资金在 100 万元之内，$i_c = 10\%$，投资每增加 100 万元，i_c 提高 4%，问选择哪些方案最有利?

相互独立的投资方案数据（单位：万元） 表 7-3

方　　案	初　始　投　资	1～6 年年净收益
A	60	18
B	55	11.9
C	45	15.2
D	80	21.7
E	75	28.3
F	70	17

①计算各方案 IRR。

$IRR_A = 20\%$

$IRR_B = 8\%$

$IRR_C = 25\%$

$IRR_D = 16\%$

$IRR_E = 30\%$

$IRR_F = 12\%$

②按 IRR 大小排序绘入资金—收益率直方图。

③计算资金成本由小到大绘图。

④标注资金约束。

由②，③，④可得图 7-6。

⑤选出满意的方案组合。

由图 7-6 可见，方案的 IRR 曲线与变动的资金成本线 i_c 相交于方案 D。这说明对于交点方案及以后方案所追加的投资额每单位增量对应的收益率增量 IRR 已小于对应的资金成本。这部分追加投资是不值得的。由于方案的不可分性，满意的方案组合为 E，C，A 方案。

效率指标排序法虽能大大简化独立方案的比选，但它所选出的满意解有可能不是净现值最大的方案组合，即它并不像独立方案互斥化法那样完全可靠。

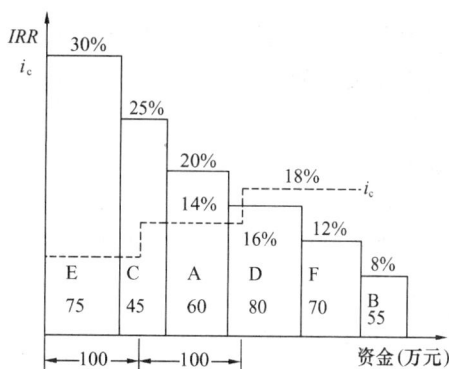

图 7-6　方案优劣顺序图

7.2.5　互斥型方案的选择

互斥型方案的选择不涉及资金约束问题，因为超过投资限额的方案不能参选，又因为方案之间的互斥性，故互斥型方案的选择实质上是在一组方案中选出一个最优方案的问题。

各个互斥型方案投入的原料、产出的产品及产品的品种、质量、数量、方案

215

的寿命期限都不尽相同。对于方案投入、产品的不同,在市场经济条件下,可以表现为方案投入和产出货币量上的变化,从而使方案中不同因素变为可比。因此,我们只按互斥型方案寿命期限是否相同,将其分为各方案寿命期相等和各方案寿命期不等两类进行讨论 (图 7-7)。在这两类中又按对各方案所含全部因素(相同因素和不同因素)比较全部经济效益的方法和只比较各方案不同因素产生的相对经济效益的方法,分为全面比较法和局部比较法。

全面比较法通常包括净现值法(NPV 法)、年等值法(AE 法)、投资差额净现值法(NPV_{j-i} 法)、投资差额内部收益率法(ΔIRR 法);局部比较法有费用现值法($PW-C$ 或 PC 法)和年费用法(AC 法)。

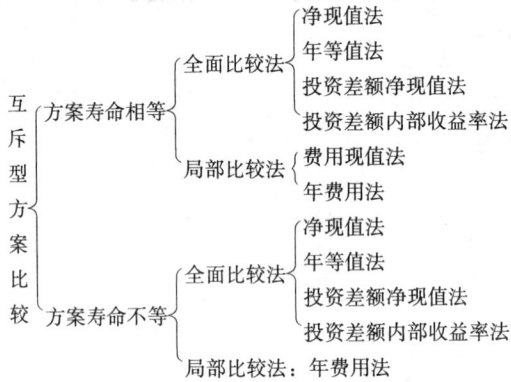

图 7-7　互斥型方案的比较方法

1. 寿命期相同的互斥型方案比较

(1) 全面比较法

当互斥型方案组中各方案的投入和产出皆可用货币单位统一度量时,宜采用全面比较法。全面比较法的实质是选出净现值最大的方案为方案组中的最优方案。

我们通过例 7-2 来说明在寿命期相等的情况下,全面比较各种评价方法的具体应用。

【例 7-2】　某投资项目有 A_1,A_2,A_3,A_4 四个可行方案。

四个方案的投资额皆不超过投资限额,寿命期同为 12 年。若基准收益率 i_c 为 10%,其他数据如表 7-4 所示,试用净现值法、年等值法、投资差额净现值法、投资差额内部收益率法选出最优方案。

四个可行方案的基本数据 (单位:万元) 表 7-4

方　案	A_1	A_2	A_3	A_4
初始投资 P	18	25	30	35
年收入 A	12.15	13.4	14	16.5
年费用 C	8.1	9.0	7.7	10

各方案的流量图形式如图 7-8 所示。

1) 净现值法

净现值法与第五章介绍的方法相同。

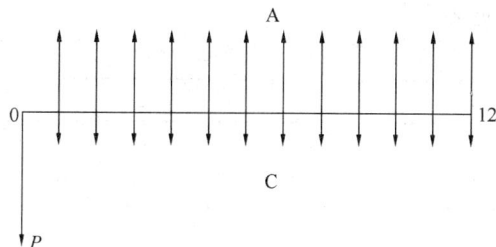

图 7-8　各方案的现金流量图

故

$NPV(10)_{A_1} = (12.15-8.1)(P/A,10,12)-18=9.595$ 万元

$NPV(10)_{A_2} = (13.4-9.0)(P/A,10,12)-25=4.980$ 万元

$NPV(10)_{A_3} = (14-7.7)(P/A,10,12)-30=12.926$ 万元

$NPV(10)_{A_4} = (16.5-10)(P/A,10,12)-35=9.289$ 万元

其中 A_3 方案净现值最大为最优方案。

2）年等值法

年等值法是净现值法的变形，它是将方案的净现值等值变换到寿命期各年呈等额支付系列形式后进行对比。其比选原则与净现值法相同，即在 $AE(i_c) \geqslant 0$ 的方案中选年等值最大的方案为最优方案。

故 $AE(10)_{A_1} = (12.15-8.1)-18(A/P,10,12)=1.144$ 万元

$AE(10)_{A_2} = (13.4-9.0)-25(A/P,10,12)=0.364$ 万元

$AE(10)_{A_3} = (14-7.7)-30(A/P,10,12)=4.843$ 万元

$AE(10)_{A_4} = (16.5-10)-35(A/P,10,12)=0.8496$ 万元

选 A_3 方案为最优方案。

3）投资差额净现值法

投资差额净现值法的比选原理是：以基准贴现率为基准，判定投资多的方案比投资少的方案所增加的投资是否值得。即投资差额部分与寿命期内增加的收益的现值之和是否大于或等于零。当然，除了投资差额部分应满足基准贴现率的收益水平外，两方案的相同部分（基础方案）必须首先满足这一基准水平。

在具体计算上，分为以下几步进行：

①先将寿命期相同的互斥型方案按投资额递升顺序排列。全不投资的方案 A_0 也被排入，以判定基础方案是否满足基准贴现率要求的收益水平。

②将投资额小的方案 A_i 作为临时最优方案，投资额大的方案 A_j 作为竞争方案（$j>i$）。按方案投资的递升顺序逐步计算两方案投资差额部分 A_j-A_i 的净现值 $NPV(i_c)_{A_j-A_i}$。若 $NPV(i_c)_{A_j-A_i} \geqslant 0$，则表明投资增额部分是值得的，即 A_j 方案优于 A_i 方案。故竞争方案取代原临时最优方案作为新的临时最优方案；若 $NPV(i_c)_{A_j-A_i}<0$，则竞争方案不如临时最优方案被淘汰。

③按顺序以新的竞争方案与临时最优方案比较，不断重复上述③步骤，直至所有方案比较完毕，找出最后最优方案。

对例 7-2 的计算如下：

先对方案排序，见表 7-5。

方案排序及其基本数据表（单位：万元）　　表 7-5

方　案	A_0	A_1	A_2	A_3	A_4
初始投资	0	18	25	30	35
1～12 年净收入	0	4.05	4.4	7.7	10

计算 A_1-A_0 方案净现值：

$NPV (10)_{A_1-A_0} = (4.05-0)(P/A, 10, 12) - (18-0) = 9.595$ 万元

$NPV (10)_{A_1-A_0} > 0$，故 A_1 方案为临时最优方案。

A_2 方案作为竞争方案与 A_1 方案比较

$NPV (10)_{A_2-A_1} = (4.4-4.05)(P/A, 10, 12) - (25-18) = -4.62$ 万元

$NPV (10)_{A_2-A_1} < 0$，A_2 方案被淘汰，A_1 仍为临时最优方案。

$NPV (10)_{A_3-A_1} = (6.3-4.05)(P/A, 10, 12) - (30-18) = 3.33$ 万元

$NPV (10)_{A_3-A_1} > 0$，A_3 方案为临时最优方案，A_1 方案被淘汰。

$NPV (10)_{A_4-A_3} = (6.5-6.3)(P/A, 10, 12) - (35-30) = -3.64$ 万元

$NPV (10)_{A_4-A_3} < 0$，故 A_3 方案为方案组中最优方案。

投资差额净现值法的比选程序可用图 7-9 表示。

4）投资差额内部收益率法

投资差额内部收益率法与投资差额净现值法的比选程序相同，区别只是投资差额内部收益率法计算的是两方案差额的内部收益率 ΔIRR_{j-i}。当 $\Delta IRR_{j-i} \geqslant i_c$ 时，j 方案为临时最优方案，i 方案被淘汰，反之则淘汰 j 方案。

投资差额内部收益率法计算过程非常复杂，但由于它可在不掌握确切 i_c 值，而只知 i_c 大致范围情况下进行方案比选，因此在实践中是非常实用的。

在以方案净现值最大为目标的互斥型方案比选中，不能直接用各方案的内部收益率大小排出最优方案。因为内部收益率最大的方案可能不是净现值最大的方案。表 7-6 表示了以上四种方法和单纯按各方案内部收益率对例 7-2 比选的结果。

各种方法对各方案比选的结果　　表 7-6

方　案	A_0	A_1	A_2	A_3	A_4
NPV（万元）	0 (5)	9.595 (2)	4.98 (4)	12.926 (1)	9.289 (3)
AE（万元）	0 (5)	1.144 (2)	0.364 (4)	4.843 (1)	0.850 (3)
ΔNPV 与 ΔIRR	(5)	(2)	(4)	(1)	(3)
IRR	10% (5)	20% (1)	14% (4)	18% (2)	18% (3)

括号中的数字为各比选方法得出的方案优先顺序。可见前四种方法的比选结果是一致的，而单纯按 IRR 比选，则首选的方案 NPV 并非最大。

（2）局部比较法

在实际中，经常遇到下面这类问题，例如，在水力发电和火力发电之间，在铁路运输和公路运输之间，在水泥结构的桥梁和金属结构的桥梁之间进行选择。

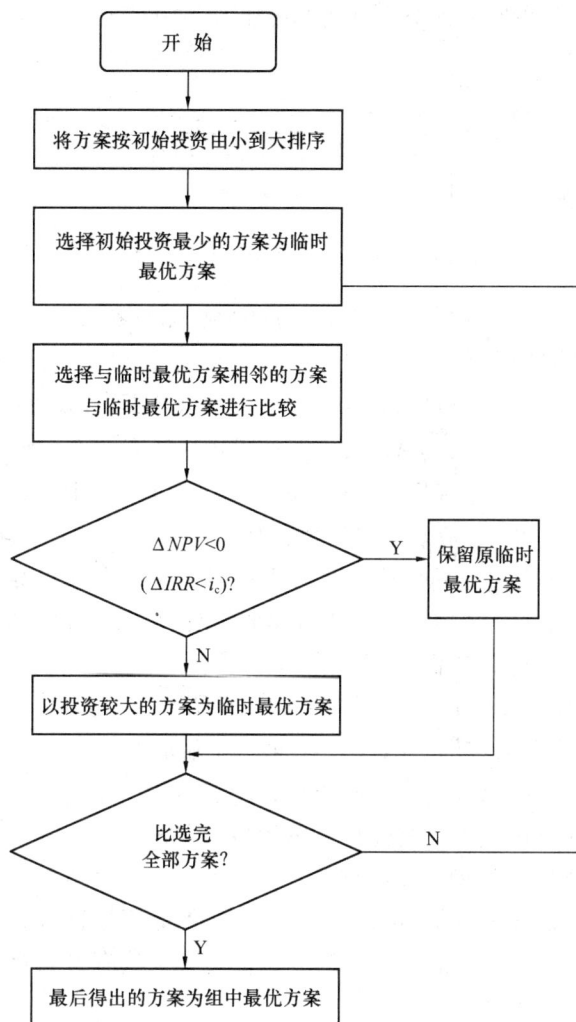

图 7-9　投资差额净现值法比选程序

这类问题的特点是，无论选择哪一种方案，其效益是相同的，或者是无法用货币衡量的。这时，在对各方案效益水平认可的前提下，我们不再考虑各方案效益这一相同因素，而只是比较各方案的不同因素——方案费用的大小，费用最小的方案就是最优方案。

在方案组中各方案寿命是相等的条件下，可使用费用现值法（PC 法，$PW-C$ 法，PW 法）比较方案间费用的不同，详见例 7-3。

【例 7-3】　某技改项目可采用三个工艺方案，寿命期皆为 8 年，三方案效益相同，其费用数据如表 7-7 所示。若基准收益率为 10%，试对方案进行选择。

某技改项目三个工艺方案的基本数据（单位：万元）　　　　　　　表 7-7

工　艺　方　案	A	B	C
初始投资	800	900	1400
年经营成本	260	200	110
残　值	120	110	550

依题有三个工艺方案的现金流量图形式如图 7-10 所示。

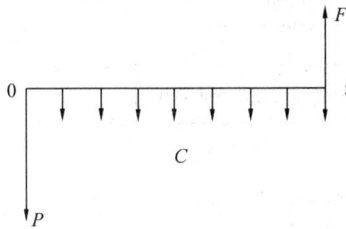

图 7-10　三个工艺方案的现金流量图

求三个方案的费用现值：

$PC (10)_A = 800 + 260 (P/A, 10, 8) - 120 (P/F, 10, 8) = 2131$ 万元

$PC (10)_B = 900 + 200 (P/A, 10, 8) - 110 (P/F, 10, 8) = 1827$ 万元

$PC (10)_C = 1400 + 110 (P/A, 10, 8) - 550 (P/F, 10, 8) = 1730$ 万元

得 $PC_C < PC_B < PC_A$，故 C 工艺方案最优。

对效益相同的方案进行局部比较也可用年费用法。将方案寿命期内各年费用等值变换为各年末发生的等额年金即为方案的年费用。对于例 7-3，可直接利用费用现值法中计算结果变换为年金。

$AC (10)_A = 2131 (A/P, 10, 8) = 399.35$ 万元

$AC (10)_B = 1827 (A/P, 10, 8) = 342.38$ 万元

$AC (10)_C = 1730 (A/P, 10, 8) = 324.2$ 万元

其中 C 方案年费用最少，故选 C 方案为最优方案。

2. 寿命期不同的互斥型方案比较

当几个互斥型方案寿命期不同时，方案之间不能直接比较。这时必须对方案的寿命期作适当处理，以保证时间上的可比性。其方法有方案重复法、年等值法和年费用法、研究期法。

（1）方案重复法

方案重复法也叫最小公倍数法。这种方法是将相比较的各方案重复执行若干次，直到彼此期限相等为止。即以各备选方案计算期的最小公倍数为各方案的共同计算期，假设各个方案均在这样一个共同的计算期内重复进行，对各方案计算期内各年的净现金流量进行重复计算，直至与共同的计算期相等。以净现值较大的方案为优。显然这一相等的期限就是各方案寿命期的最小公倍数。

【例 7-4】　某项目有 A，B 两个方案，方案 A 的初始投资为 900 万元，寿命期为 4 年，每年末净收益为 330 万元；方案 B 的对应数据为 1400 万元、8 年、400 万元。两方案均无残值，若基准收益率为 12%。试对比两方案。

两方案寿命期的最小公倍数为 8 年，故有两可比方案的现金流量图如图 7-11 所示。

由图 7-11 可得：

$NPV (12)_A = 330 (P/A, 12, 8) - 900 (P/F, 12, 4) - 900 = 167.49$ 万元

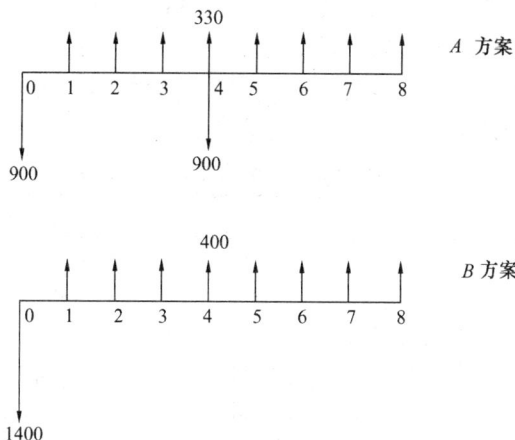

图 7-11 两可比方案的现金流量图

$NPV (12)_B=400 (P/A, 12, 8) -1400=587.2$ 万元

因为 $NPV (12)_B > NPV (12)_A$，故 B 方案为最优。

（2）年等值法和年费用法

寿命不等的方案比较也可用年等值法。年等值法实际也采用了方案重复法对寿命期的处理方法。只是由于无论方案重复多少次，所形成的寿命期相同的可比方案年等值都与原始方案的年等值相同。从各原始方案年等值的大小，即可判断方案效益的大小。年等值法对重复次数较多、计算复杂的方案尤为适用。

【例 7-5】 若在例 7-4 中尚有 C 方案，其初始投资为 1800 万元，寿命期为 11 年，每年末收益为 390 万元，寿命期末残值为 770 万元，试比较三个方案。

若采用方案重复法计算，寿命期的最小公倍数为 88 年，A 方案需重复执行 22 次，计算复杂，故采用年等值法。

$AE (12)_A=330-900 (A/P, 12, 4) =33.72$ 万元

$AE (12)_B=400-1400 (A/P, 12, 8) =118.18$ 万元

$AE (12)_C=390-1800 (A/P, 12, 11) +770 (A/F, 12, 11) =124.15$ 万元

因 $AE (12)_C > AE (12)_B > AE (12)_A$，故 C 方案为最优方案。

对于寿命期不同的互斥型方案，若其年效益相同，仅为方案初始投资和经常性支出不同，可用年费用法对方案进行局部比较。在此对方案寿命期的处理方法与年等值法相等，而具体比较方式与寿命期相同方案局部比较法中年费用法相同，故不赘述。

（3）研究期法

方案重复法、年等值法和年费用法都以假设方案能够重复执行至达到可比要求为前提。这种假设通常被认为是合理的，但在某些情况下并不符合实际，尤其是重复期数多、重复期限长的情况更是如此。因为技术是不断进步的，完全相同的方案不可能反复实施很多次。因此，这类方法带有夸大方案之间区别的倾向。

针对上述问题，一种比较可行的办法是研究期法，研究期法就是通过研究分

析，直接选取一个适当的计算期作为各个方案共同的计算期，计算各个方案在该计算期内的净现值，以净现值较大的为优。在实际应用中，为方便起见，往往直接选取诸方案中最短的计算期作为各方案的共同计算期，所以研究期法也可以称为最小计算期法。方案比选指标的应用见表 7-8。

方案比较中经济评价指标的应用范围 表 7-8

用 途 指 标	净 现 值	内 部 收 益 率
方案比选（互斥方案选优）	无资金限制时，可选择 NPV 较大者	一般不直接用，可计算差额投资内部收益率（ΔIRR），当 $\Delta IRR \geqslant i_c$（i_s）时，以投资较大方案为优
项目排队（独立项目按优劣排序的最优组合）	不单独排序	一般不采用（可用于排除项目）

通常根据对方案的了解程度，可采用两种方法：

1）预测未来价值法

当对寿命期长的方案在研究期末的价值有所估计时，宜采用此法。

【例 7-6】 若两方案数据如表 7-9 所示，基准贴现率为 15%，研究期定为 3 年，A 方案在研究期末可回收资金估计为 140 万元。试比较两方案。

某投资两方案基本数据（单位：万元） 表 7-9

年 末	A	B
0	−300	−240
1	100	110
2	110	110
3	130	110
4	100	—
5	80	—

两方案在研究期内的现金流量图如图 7-12 所示。

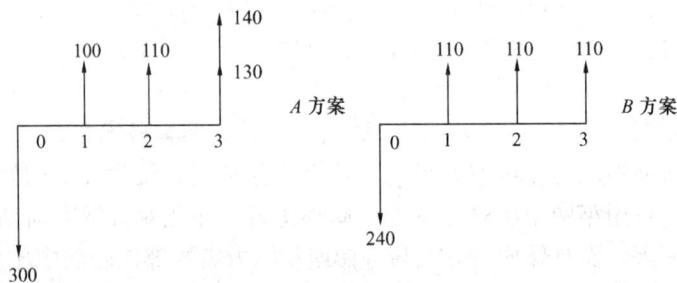

图 7-12 两方案的现金流量图

$NPV(15)_A = 100(P/F, 15, 1) + 110(P/F, 15, 2) + (130 + 140)(P/F, 15, 3) - 300 = 47.656$ 万元

$NPV(15)_B = 110(P/A, 15, 3) - 240 = 11.13$ 万元

由此得出 A 方案较优。

这种方法判断的是否准确，与方案在研究期末处理回收价值的准确性有关。

如重估值有困难，一般可用回收固定资产余值。

2）承认未使用价值法

将寿命期长于研究期的方案的初始投资依等值原理变换为年金计入寿命期各年，然后计算研究期内各方案的净现值加以比较。

仍以例 7-6 为例：

$NPV \ (15)_A = 100 \ (P/F, \ 15, \ 1) + 110 \ (P/F, \ 15, \ 2) + 130 \ (P/F, \ 15, \ 3) - 300 \ (A/P, \ 15, \ 5) \ (P/A, \ 15, \ 3) = 51.28$ 万元

$NPV \ (15)_B = 110 \ (P/A, \ 15, \ 3) - 240 = 11.13$ 万元

由此得出 A 方案较优。

7.2.6 混合型方案的选择

混合型方案的选择与独立型方案的选择一样，可以分为无资金约束和有资金约束两类。如果无资金约束，只要从各独立项目中选择净现值最大的互斥型方案加以组合即可。当资金有约束时，选择方法比较复杂。一种是传统的技术经济学方法——混合型方案的互斥化法；另一种是日本经济性工程学的千住—伏见—中村增量效率指标排序法。在此只简要介绍混合型方案的互斥化法。

混合型方案的互斥化法处理思路与独立方案互斥化法的思路是相同的，都是通过真值表将所有可能形成的互斥型方案组合全部列出来。计算出各方案组合所需的资金量，并按资金约束程度删除不合条件的方案组合，对余下的方案组合依互斥型方案评价方法进行评价，选出符合最优条件的方案组合。

【例 7-7】 S 公司有两个独立型项目 A，B，每个项目又各有两个互斥型方案 A_1，A_2，B_1，B_2，如图 7-13 所示。这个混合型方案的排它化可列成真值表给出的 9 个方案（表 7-10）。

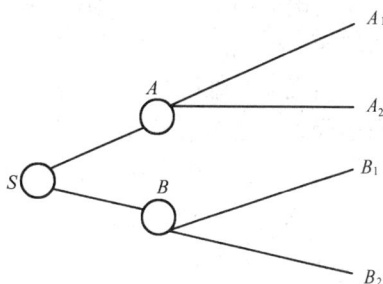

图 7-13 S 公司混合型方案

S 公司互斥型方案组合（单位：万元） 表 7-10

互斥型方案组合	方案			
	A_1	A_2	B_1	B_2
1	0	0	0	0
2	0	0	0	1
3	0	0	1	0
4	0	1	0	0
5	1	0	0	0
6	0	1	0	1
7	0	1	1	0
8	1	0	0	1
9	1	0	1	0

方案组合的选优方法与独立方案的相同。

如果 S 代表相互独立的方案数目，M_j 代表第 j 组中互斥型方案数目，则可以组成的互斥型方案组合数目 N 为：

$$N = \prod_{j=1}^{S}(M_j + 1) = (M_1 + 1)(M_2 + 1)(M_3 + 1)\cdots\cdots(M_S + 1) \qquad (7\text{-}2)$$

若有 10 个独立项目，每个项目各有两个互斥型方案，则可能组成的互斥型方案共有 59049 个，显然其计算量是巨大的。

7.3　价　值　工　程

7.3.1　价值工程概述

1. 价值工程的产生和发展

价值工程（Value Engineering）简称 VE，又叫价值分析（Value Analysis），简称 VA。它产生于 20 世纪 40 年代的美国。第二次世界大战期间，美国的军火工业迅速发展，市场供应不足，客观上产生了合理利用资源的需要。寻找和采购军工生产所需要的材料，便成了当时的困难工作。

在美国通用电气公司担任采购工作的设计工程师麦尔斯（L. D Miles）对产品成本问题的研究产生了兴趣。当时他正为这家公司采购一批石棉板，由于货源奇缺，价格飞涨，难以购进。为什么要买石棉板？它的作用是什么？是否可以用其他东西代替？麦尔斯经过研究分析后，了解到原来该公司生产车间在给产品上涂料时，为了防止发生火灾，要求工作场地必须铺垫石棉板。麦尔斯根据使用功能在市场上找到了一种价格便宜，市场供应量充足的不燃烧的纸，可以代替供应紧张的石棉板，并可使成本大大下降，成功地解决了材料短缺问题，为公司带来了显著的经济效益。此后，麦尔斯在取得成就的基础上，专门从事产品设计和降低成本的研究工作。他总结了多年的实践经验，于 1947 年发表了《价值分析》。以后价值分析内容又逐步得到丰富发展与完善，统称价值工程。

由于价值工程技术效果显著，得到了美国政府的重视。1954 年，美国海军造船部门首先采用价值工程技术，1956 年正式签订订货合同，第一年就节约了 3500 万美元。1958 年，美国国防部要求所属军工部门都制定价值工程计划。1964 年以后，政府各部门纷纷推广价值工程技术。据统计，从 1964 年到 1972 年，美国国防部由于开展价值工程活动，节约资金超过 10 亿美元。美国休斯飞机公司 1978 年有 4000 人参加价值工程活动，提出改革提案 3714 件，平均每件提案节约 31786 美元。20 世纪 50 年代后，价值工程技术传到日本和欧洲。20 世纪 60 年代，特别是 70 年代以后，价值工程方法得到了迅速发展。目前，各国应用价值工程的方法，不仅在产品研究、设计和生产领域，而且在工程组织、预算、服务等领域都得到广泛应用。

我国自 1978 年引进、推广和应用价值工程方法以来，已为很多企业应用，节约了大量能源、珍贵的原材料，同时降低了生产成本，提高了经济效益。价值工程技术抓住了产品成本 70% 以上是由设计决定的这一事实，从改进设计入手，寻求提高效益的途径，是企业提高竞争力的科学管理方法之一。

2. 价值工程的含义

价值工程是以最低的寿命周期成本（Life Cycle Cost）可靠地实现必要功能，着重于产品或作业的功能分析的有组织的技术经济活动。价值工程具有以提高产品价值为目的，以功能分析为核心，以开发集体智慧为动力，以创新为手段等四层含义。

（1）以提高产品价值为目的

价值工程着眼于寿命周期成本，谋求用最低的寿命周期费用，可靠地实现必要的功能，使用户、企业都得到最大的经济效益。产品寿命周期成本（总成本），是对经济寿命而言的，它包括产品的生产成本和使用成本。如图 7-14 所示。

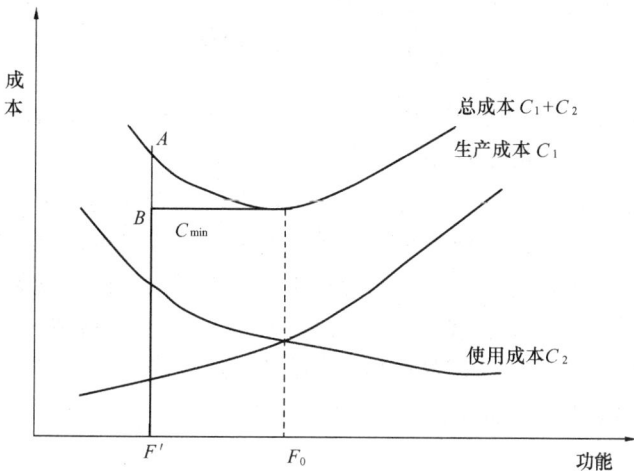

图 7-14　总成本与功能的关系

产品的生产成本随着功能的提高而增加，而使用成本随着功能的提高而下降。总成本存在一个最小值 C_{min}，与 C_{min} 对应存在着一个最佳功能 F_0，若功能超过 F_0，虽然使用成本较低，但生产成本增加，总成本因而增加；反之，功能过低，虽然生产成本可降低，但使用成本增加，因而总成本也增加。在功能 F_0，总成本为 C_{min} 时，为最理想状态。价值工程的目的就在于使总成本向最低点 C_{min} 下降，而使产品的功能趋于最佳功能。如图 7-14 中原产品的总成本是 A 点，则 AB 为总成本下降的潜力，F'，F_0 为在可靠地实现必要功能前提下改进功能的余地。

（2）以功能分析为核心

价值工程的目的是提高产品的价值，而提高产品价值的核心则是功能分析。所谓功能，是指一种产品（或作业）所起的作用、所负担的职能和所具有的使用价值。只有很好地研究和分析功能，才能正确地进行价值工程活动。

（3）以开发集体智慧为动力

价值工程强调依靠集体智慧，开展有组织、有领导的活动。由于提高产品价值，涉及到产品的设计、制造和使用过程；涉及到采购材料和设备、产品的销售；

涉及到各种组织与管理工作等等。所以，价值工程活动必须从系统的观点来分析问题。另外，从人的心理方面来说，只凭开拓个人的思路也是不够的，需要组织各种不同的人员参与研究，形成一个能产生创造行为的环境。特别是价值工程学是一门交叉科学，它不仅是管理科学和自然科学的交叉、经济与技术的交叉、艺术与技术的交叉，而且既有自然科学与自然科学的交叉，又有自然科学与社会科学的交叉。所以，价值工程学要求依靠集体智慧有组织地进行活动。

（4）以创新为手段

价值工程活动的实质，是"推陈出新"，在功能分析的前提下，否定原有的产品设计，打破原有的功能系统，开阔思路，以创造性的思维活动，运用多种创造性技巧与方法，改进老产品，开发新产品，促使产品不断更新换代，达到降低成本，提高价值的目的。

价值、功能和成本三者的关系是：

$$价值(V) = \frac{功能(F)}{成本(C)} \tag{7-3}$$

价值工程中所说的"价值"与马克思主义政治经济学中所说的价值是不同的。政治经济学中所说的价值是指凝结在商品中的一般的、无差别的人类劳动，是商品的基本属性之一。而价值工程所说的价值，更接近于人们日常生活中所说的价值概念。价值工程认为：一种产品是否具有价值，既要看产品的功能，又要看产品的成本，是评价事物与实现它的耗费相比较的合理的尺度。就像人们在购买商品时，通过产品的必要功能和产品总成本（产品寿命周期成本）之间相互比较，根据这个比值的高低，作为产品价值大小的标志，对产品作出买与不买的判断。这就是价值工程中价值的含义。

3. 价值工程的应用范围和原则

价值工程的应用范围非常广泛，它从原材料采购和代用品的研究开始，扩展到产品的开发、设计、生产装置和生产工艺的改进方面，后来又发展到改进作业方法、作业程序和管理体制等方面。总之，凡是有功能要求而需要付出资源的事物，都可以应用价值工程原理，用最低的总费用，可靠地实现事物的必要功能，提高产品价值，提高经济效益。

价值工程的创始人麦尔斯经过长期实践总结出了13条经验，即13条原则。在进行某项设计方案或产品分析时，可用这13条原则进行衡量。这13条原则是：

1）分析问题避免一般化、概念化；
2）收集一切可用的成本资料；
3）使用最可靠的情报资料；
4）打破框框进行创新和提高；
5）发挥真正的独创性；
6）辨明和克服各种障碍；
7）充分利用专家，扩大专业知识；
8）对重要的公差要换算成费用加以考虑；
9）尽量利用专业化工厂生产的现成产品；

10）利用和购买专业化工厂的技术和知识；

11）利用专门化的生产工艺；

12）尽量采用合适的技术标准；

13）要以"我是否这样花自己的钱"作为判断准则。

4. 价值工程的活动程序

推行价值工程，实质上就是分析问题、发现问题和解决问题的过程。也就是抓住价值工程的核心——功能分析这个实质性环节，制定方案、执行方案，使之达到提高价值的最终目的。一般来说，整个价值工程活动围绕以下七个基本问题展开，即：

1）这是什么？

2）它是干什么的？

3）它的成本是多少？

4）它的价值是多少？

5）有无其他方法来实现这种功能？

6）新方案成本是多少？

7）新方案能满足要求吗？

以上七个问题是价值工程所研究的内容，也是实际工作中要回答和解决的问题。它决定了价值工程活动的程序，如图7-15所示，即：

1）选择对象：从企业的全部产品或工作中，把改进功能、降低成本、提高价值等方面潜力较大，对企业生产经营活动具有重大影响的产品及工作选择出来作为价值工程对象。从而回答了这是什么的问题。

2）收集情报：围绕选定的对象，收集对一切开展价值工程有用的情报资料。

3）功能分析：对功能下定义，进行功能分类和整理，目的是弄清哪些是基本功能，哪些应该补充，哪些应该改进，哪些应该取消。回答了它是干什么的问题。

4）功能评价：根据功能定义，寻找实现功能的最低费用，评价功能价值。回答成本多少？价值多少？选择价值低或成本降低幅度大的功能做为价值工程的重点对象。

5）方案创造：以提高功能为中心，发挥专家的创造力，依靠集体智慧，尽量多地提出设想和方案。

6）概略评价：对提出的设想方案进行技术可行性及经济合理性概略评价，通过筛选淘汰，选其有价值者。

7）方案具体制定：将筛选出的方案进一步具体化。

8）详细评价：对方案从技术、经济、社会和综合性方面进一步评价，最后选定最优方案。

9）方案评审：将经过评选出的最优方案书写成正式报告，呈报上级机关批准，从全局的观点审查方案的可行性。

10）方案试验研究：对评选出来的方案，进行技术上的试验、研究和考察。对方案的优缺点进行全面的研究和分析，借此检验方案能否满足提高价值的预定要求。这一步骤很重要，是方案成败的关键。

11）方案实施：经过上级批准后的方案，组织小批量试生产，直到正式生产阶段为止。

12）成果总评：对价值工程的总投资和总成果进行对比，并进行总体评价。

这样，从选择对象到成果总评，经过反复对比认识，逐步深化，最终得出最优化方案，通过实践取得最佳经济效果，实现技术与经济、功能与成本、企业与用户的结合。

价值工程是现代企业管理科学的有机组成部分，在我国的现代化建设中必将起到越来越重要的作用。

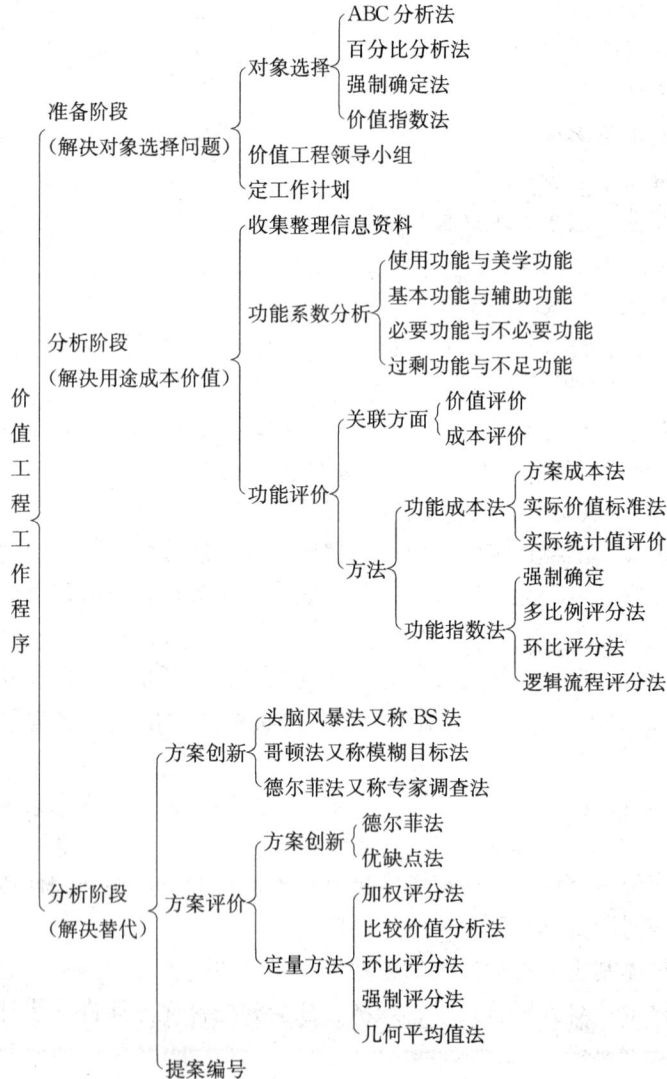

图 7-15 价值工程工作程序体系

7.3.2 对象选择和情报资料收集

选择对象是价值工程活动的关键步骤。在选择价值工程对象时，并不是对企业内部所有产品和过程都进行分析，而是合理地选择，重点进行，以提高价值工程活动的效果。

1. 选择价值工程对象的原则

（1）从重要性考虑

对国计民生影响大的产品；对企业生产经营目标影响大的产品和零部件；社会需求量大，竞争激烈的产品。

（2）从设计角度考虑

同类产品中技术指标差，设计落后的产品；投入力量小而收效快的简单产品；易得情报的产品，设计周期短的产品；因技术落后而有提高价值可能的产品；功能不完善的产品。

（3）从生产角度考虑

工艺复杂、工序多，有简化工艺、减少或合并工序可能的产品；占产品成本比重大的零部件；原材料种类多、价格贵且有可能替换的产品；成品率低和废品率高的构件和半成品；产量大而且今后有希望的产品。

（4）从经营销售方面考虑

用户意见多，要求退货多的产品；成本高、功能低，竞争力不强的产品；市场前景好，需扩大市场占有率的产品；顾客有特殊要求的产品。

2. 选择对象的方法

选择价值工程对象的方法很多。如经验分析法、用户评分法、费用比重法、ABC 法、F—C 图价值分析法、功能重要性分析法、价值系数法、最适合区域法、综合选择法、基点法等等。这里仅介绍常用的几种。

（1）经验分析法

经验分析法即因素分析法，是一种定性分析法。它凭价值工程活动人员的经验，选择和确定分析对象。对各种影响因素要进行综合分析，区分轻重、主次，既考虑需要，又要考虑可能。这种方法的优点是简便易行，缺点是精度差。为了克服缺点，要发挥集体智慧进行决策。

（2）ABC 法

ABC 分析法也叫成本比重分析法、重点法或巴雷特法。用 ABC 分析法选择价值工程对象时，将产品、零件或工序按其成本大小进行排队，通过分析比较局部成本在总成本中所占的比重大小，用"关键的少数和次要的多数"的关系确定价值工程对象，如图 7-16 所示。

关于 A，B，C 的分类，一般来说是这样的：

A 类：数种比率占 10% 左右，而它的成本费用占总成本的比重为 70% 左右。显然，这些种类的事物（产品或零件）占了成本比重的绝大部分，故应将其选为价值工程活动的对象。

B 类：数种比率占 20% 左右，它的成本占总成本比重为 20% 左右。这类事物是否选定为价值工程活动对象，需要根据具体情况决定。

C 类：数种比率占 70% 左右，它的成本占总成本比重为 10% 左右。一般不宜选作价值工程活动对象，但有时也要视其重要性而决定。

对于产品不易分为零部件的，可以从成本构成角度分类。

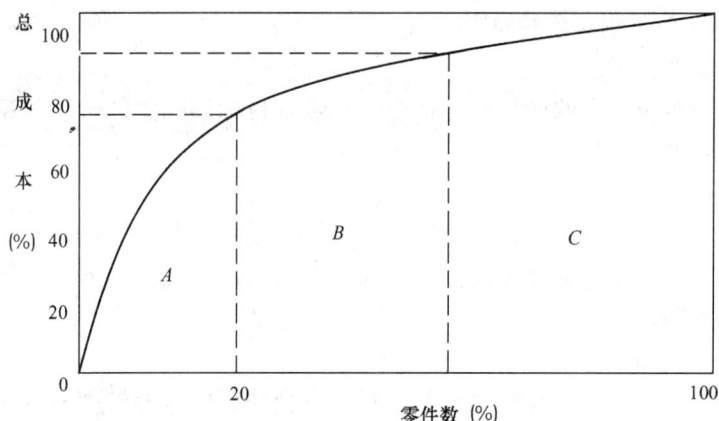

图 7-16　ABC 分析图

【例 7-8】　对某厂某连续产品进行 ABC 分类，见表 7-11。

某厂某连续产品成本构成分类表　　　　　　　　　表 7-11

费用项目	单项金额（万元）	占总额（%）	分　　类
原材料费	68	68	A
能源及动力费	20	20	B
工资及附加费	1.5	1.5	C
折旧费	3.5	3.5	C
其他开支	7	7	C
费用合计	100	100	

本例中原材料费为影响成本的关键因素，应做为价值工程活动的对象。

（3）费用比重分析法（百分比法）

费用比重分析法，也通常称百分比法，是通过分析产品的两个或两个以上的技术经济指标所占的百分比，发现问题的关键并选定价值工程分析对象的方法。这种比较可以从各种消耗费用和收益角度进行。

【例 7-9】　某厂有 6 种产品，它们的成本和利润的百分比如表 7-12 所示。

某厂产品成本利润百分比　　　　　　　　　表 7-12

产　　品	A	B	C	D	E	F	总计
成本（万元）	80	15	50	35	10	20	210
成本比重（%）	38.1	7.1	23.8	16.7	4.8	9.5	100
利润（万元）	26	5	6	12	4	7	60
利润比重（%）	43.3	8.3	10.0	20.0	6.7	11.7	100

从表 7-12 可见，C 产品成本占 6 种产品总成本的 23.8%，但其利润只占总利润的 10%，应选为价值工程的重点分析对象。

（4）功能重要性分析法

以功能系数大，增产收益大者为对象，见表7-13。

功能重要性分析表 表 7-13

(1) 采用增产措施	(2) 增产值	(3) 功能系数＝(2)/1600	优先顺序
A	600	0.375	1
B	400	0.25	2
C	300	0.187	3
D	150	0.094	4
E	100	0.063	5
F	50	0.031	6
合计	1600	1.00	

3. 情报资料的收集

要实现价值工程目标及其行动和决策，选择价值工程的对象，进行功能评价，选择最优方案，都需要大量迅速、准确、全面的情报资料。

价值分析所需要的资料，应围绕价值工程对象的要求来收集。一般情况下要涉及产品的研究开发、设计、生产、制造、安装、销售、维修和服务等方面的情况。一般收集以下几个方面的内容。

（1）用户要求方面的情报

用户使用产品的目的，使用环境和使用条件；用户对产品性能方面的要求；操作、维修、使用、保养条件；对价格、交货方式、配套件和技术服务方面的要求；用户对产品其他方面的要求。

（2）市场销售方面的情报

国家经济政策导向及产品市场销售量变化情况，市场容量，同类企业和同类产品的布局情况；同行业竞争对手产品的产量、质量、成本、价格、市场占有率、技术服务及市场竞争情况。

（3）技术方面情报

产品的功能、水平高低，实现功能的方式和方法，产品的成本；本企业产品设计、工艺、制造等技术档案资料；国内同类产品的设计方案、产品结构、加工工艺、设备、材料、标准；新技术、新材料、新工艺、新设备发展方面的情报；有关技术法规和标准的要求等。

（4）经济方面情报

产品的成本构成，包括生产费、销售费、运输费、贮存费，政策规定影响成本的项目。

（5）其他方面

国家有关法规、条例、政策、环境保护、防治公害等等有关影响产品成本的资料。

情报资料的收集要有明确的目标，收集的情报要求完整、可靠、及时，这就要求有计划地收集情报资料，并对取得的情报进行加工、分类，整理成可供分析利用的信息。

7.3.3　功能分析

价值工程的目的是提高产品的价值，而提高产品价值的核心环节是对产品进行功能分析。它是对产品的构成部件、零件或劳务的组成及其功能进行系统分析。其目的是准确掌握用户要求的功能，便于功能评价，有利于打开设计思路。功能分析包括功能定义、功能整理和功能评价。

1. 功能定义

功能定义就是用最简明的语言对价值工程对象的每一项功能作一个确切的描述，说明功能的实质，限定功能的内容，并与其他功能相区别。

功能定义中应注意以下三方面事项。

（1）功能定义是对功能本质进行思考的基础，必须做到简洁、明了、准确无误，一般用一个动词加一个名词来给功能下定义。如提升重物、固定位置、支持工件、保护表面、降低温度、变换速度、接通电源等等。

（2）功能定义要定量化，除上述对功能进行定义描述外，应该加入数量限定词，以表明功能的大小。如提升××kg 重物等。对不易准确量化的功能应尽量使用可测定数量的名词来定义。如提供热能、降低温度、变换速度等等，其中热能、温度、速度，可按不同需要进行测量。

（3）功能定义的表述要适当抽象，避免限定太死而影响创造性的发挥。如在提出任务时，用"压力夹紧"比"机械夹紧"的思路开阔些，可以采用机械的方法，也可以采用电磁的或液压的方法，均可达到夹紧的目的。又如，在工件上"打孔"比"钻孔"的思路宽广些，因为打孔既可以铣孔，也可以冲孔、钻孔等，而钻孔则思路窄得多。所以要尽量防止在功能定义中采用具体方案写实的表达方式。越是使用抽象的词汇，思路就越宽广，创造更多新方案的可能性就越大。

2. 功能整理

功能整理是将定义了的功能按一定的程序，根据功能之间的逻辑关系排列起来，使之系统化的工作。经过定义的功能可能很多，它们之间存在着内在联系，为了把这种内在联系表现出来，就必须将其系统化。功能整理的目的是搞清哪些是基本功能，哪些是使用功能，哪些是必要功能或不必要功能，还应补充哪些功能，并进一步搞清功能之间的关系，功能的上下关系和并列关系等。

功能的上下关系是指功能系统中存在的目的与手段的关系。甲功能是乙功能的目的，乙功能是甲功能的手段。起"目的"作用的功能叫上位功能，起"手段"作用的功能叫下位功能。以电炉加热为例，见图 7-17。

功能的并列关系是指在上位功能之后，有几个并列的功能存在，这些并列的功能又各自形成一个子系统，构成一个功能区。

按功能之间的上下关系与并列关系，即目的和手段关系，经整理后得到的全部功能体系，构成产品的逻辑功能体系，即为功能系统图，如图 7-18 所示。

利用功能系统图，可以从整体出发研究功能的联系和全貌。通过分析和整理，还可以调整功能的等级和功能区域。

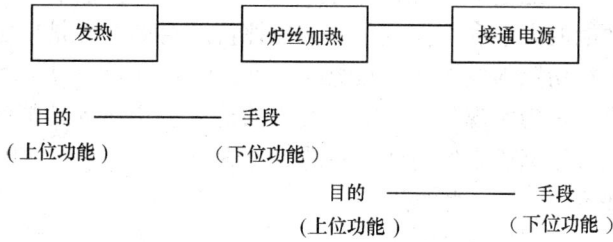

图 7-17 电炉加热并列关系

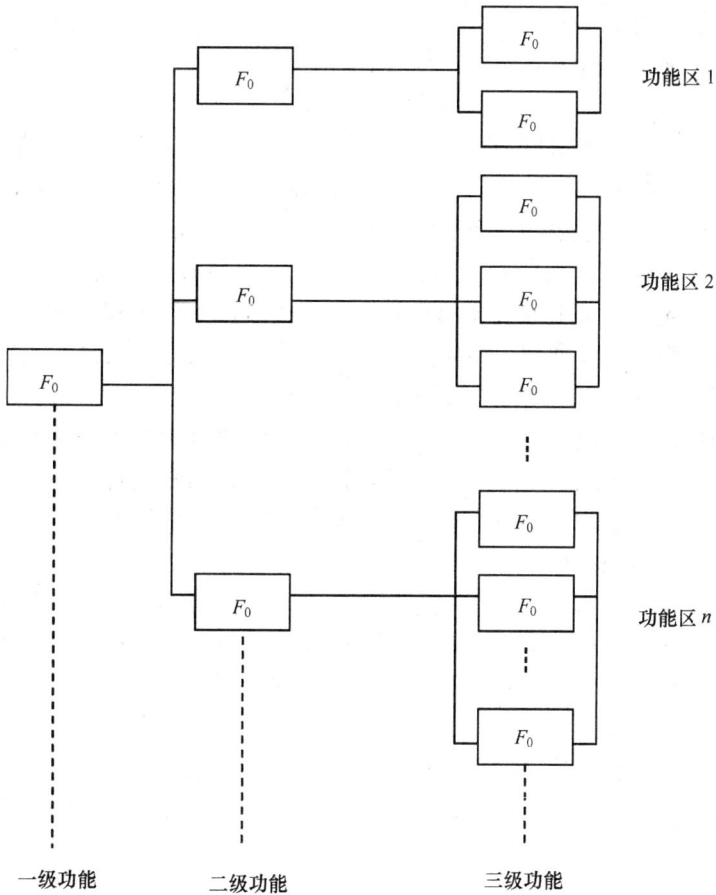

图 7-18 功能系统图

功能整理的方法为先编制功能卡片，根据功能之间关系绘制功能系统图。

①挑出基本功能，列在左端，按树枝状往右排，必要时可再连接辅助功能。

②明确功能关系（上下关系和并列关系）。

③对功能作必要的修改和补充。

④绘出功能系统图。

3. 功能评价

功能评价是在功能定义和功能整理的基础上，用数量化的方法进行定量分析，用数值来表示功能的大小和重要程度。功能评价的目的，一是用定量的方法来探讨功能价值，选择功能与成本不相匹配的，改善期望值（$C-F$）大的为开展价值工程对象；二是求得为实现某一功能所要求的最低费用作为功能的目标成本，通过功能评价能发现目标成本的高低，并进行调整。

进行功能评价的主要步骤如下。

①将功能数量化。用功率大小、承载能力、功能评分或功能系数等表示；

②求功能的现实成本 C；

③求功能评价值 F；

④求功能价值 $V=F/C$；

⑤计算改善期望值，即降低成本幅度。

$$H = C - F$$

当 $V=1$ 时，实现功能的现实成本与目标成本相符合，是理想的状况；当 $V<1$ 时，实现功能的现实成本高于目标成本，应设法降低现实成本，提高功能价值；

当 $V>1$ 时，应先检查功能价值 F 确定得是否得当，如 F 值确定得太高，应降低 F 值到合理程度；如果 F 值确定得合理，可再检查现实成本 C 值低的原因，如果属于设计先进，采用了新技术和新方法，或因技术先进和经营管理水平较高造成的，则可判定为较合理，如果是由于评价对象的功能不足造成的，应分析原因，增加现实成本，提高功能，以满足用户需要。

功能的现实成本比较容易确定，而功能评价值的确定则比较困难。功能评价工作主要是寻找、测定、计算功能评价值的工作，探讨功能评价方法，实际上主要是探求功能评价值的方法。下面介绍几种常用的功能评价方法。

（1）理论价值标准法

这是根据工程计算公式和费用定额资料，对功能成本中的某些费用进行定量计算的方法。例如，根据力学计算公式和材料费用资料，可以计算承受一定荷载时梁的最低费用；对于某个建筑施工方案，根据工时定额和人工费用资料，可以计算出某些加工功能的最低费用。

运用理论价值标准法，数字的研究有理论根据和公认标准，计算简便。但当功能成本中有些费用无法用理论公式和定额标准计算时，就不能完全依靠这种方法。

（2）实际价值标准法

这种方法就是在企业内外广泛搜集实现同样功能所需实际成本的资料，在此基础上选择最低的成本定为功能评价值。

实际价值标准法一般适用于能具体测定性能产品的功能评价。使用时要先搜集具有同样功能的同类产品的各种指标数据，如性能、质量、重量、可靠性、安全性、生产条件、生产批量、生产率以及成本数据，然后根据功能的实现程度、类似的生产前提以及相应的最低成本确定功能评价值。

（3）功能评价系数法

功能评价系数法也称相对值法，要求产品各构成部分都发挥最大功能，也就是使产品各构成部分的性能指标大致相同，即各部分价值系数大致相同。这就是从等价值的观点来进行功能评价。

功能系数的确定方法主要有直接评分法、强制决定法、倍数确定法等。

1) 直接评分法。由若干专家或用户对产品构成要素的功能，根据重要程度，采用 5 分制、10 分制或百分制进行评分，然后把对某要素打分的平均值与产品所有要素分数的和相比，即得功能系数。

这种方法的优点是简便易行，缺点是主观因素大，产品复杂时不便使用。

2) 强制决定法（Forced Decision，简称 FD 法。组织熟悉业务的若干专业技术人员，对组成产品的部件按其重要性一对一地进行比较，重要程度高的得 1 分，重要程度低的得 0 分。然后将各部件的得分结果进行统计，求出参加评分人员对同一部件的功能评分之和，再将所有部件的评分值加总，两者相比，即得某一部件的功能评价系数。用公式表示即为：

$$F_i = \frac{\sum_{j=1}^{m} f_{ij}}{\sum_{i=1}^{n} \sum_{j=1}^{m} f_{ij}} \quad (7-4)$$

式中　F_i——第 i 个部件的功能评价系数；

f_{ij}——第 j 位评分者给第 i 个部件的功能评分值；

m——参加评分人数；

n——部件个数。

成本系数计算公式为

$$C_i = \frac{c_i}{\sum_{i=1}^{n} c_i} \quad (7-5)$$

式中　C_i——第 i 个部件的成本系数；

c_i——第 i 个部件的现实成本。

价值系数的计算公式为：

$$V_i = \frac{F_i}{C_i} \quad (7-6)$$

式中　V_i——第 i 个部件的价值系数。

【例 7-10】　某项工程项目由 A，B，C，D，E 五个分项工程组成，现实成本分别为 180，80，80，110，250 万元，现组织 a，b，c，d，e 五人对各分项工程的重要性评分，在此基础上进行功能评价。

评委 a 对各分项工程重要性一对一比较的评分结果，如表 7-14 所示。

分项工程名称	一对一比较评分					累计得分	得分修正值
	A	B	C	D	E		
A	×	1	0	1	1	3	4
B	0	×	0	1	1	2	3
C	1	1	×	1	1	4	5
D	0	0	0	×	0	0	1
E	0	0	0	1	×	1	2

评委 a 对各分项工程的评分　　　　　　　　　　表 7-14

对评分结果的累计得分进行修正，是为了避免出现功能评价系数为零的不合理情况出现。

综合五个评委评分结果，并确定各分项工程的功能评价系数，如表 7-15 所示。

评分结果与确定功能评价系数　　　　　　　　表 7-15

分项工程名　称	评分人分值					合　计	功能评价系数
	a	b	c	d	e		
A	4	5	3	5	5	22	0.293
B	3	1	2	2	1	9	0.120
C	5	4	5	3	4	21	0.280
D	1	3	1	4	2	11	0.147
E	2	2	4	1	3	12	0.160
累计						75	1.000

成本系数计算及价值系数计算如表 7-16 所示。

成本系数及价值系数　　　　　　　　表 7-16

分项工程名称	现实成本（万元）	成本系数	功能评价系数	价值系数
A	180	0.26	0.293	1.13
B	80	0.11	0.120	1.03
C	80	0.11	0.280	2.54
D	110	0.16	0.147	0.92
E	250	0.36	0.160	0.44
合　计	700	1.00	1.000	

各分项工程功能评价值（目标成本）的确定如表 7-17 所示。

确定各分项工程的功能评价值　　　　　　　　表 7-17

分项工程名称	现实成本 (C)（万元）(1)	功能评价系数 (2)	根据现实成本和功能评价系数重新分配的成本 $(3)=(2)\times700$	功能评价值（目标成本） (F) (4)	成本降低目标 $(H=C-F)$ $(5)=(1)-(4)$	功能改善优先顺序
A	180	0.293	205	180	—	—
B	80	0.120	84	80	—	—
C	80	0.280	196	80	—	—
D	110	0.147	103	103	7	2
E	250	0.160	112	112	138	1
合计	700	1.000	700	555	145	—

3）倍数确定法。也叫 DARE 法（Dicision Alternative Ratio Evaluation）。它与 FD 法的不同之处是，FD 法是一对一地进行功能重要性对比，重要的打 1 分，次要的打 0 分，显然过分绝对。DARE 法则是根据重要性的大小灵活地按比例打分。DARE 法的步骤如下。

首先，根据功能系数图，决定评价功能的级别，确定功能区。假定有 4 个功能区 $F_1 \sim F_4$，见表 7-18。

其次，将上下两相邻功能的重要性进行对比打分。如 F_1 与 F_2 相比，F_1 打 3 分，F_2 与 F_3 相比，F_2 打 2 分，F_3 与 F_4 相比，F_3 打 1.5 分，最后 F_4 打 1 分，

这样打出的比分叫暂定重要性系数。

功能评价系数表   表 7-18

功 能 区	暂定重要性系数	修正重要性系数	功能评价系数
F_1	3	9	0.621
F_2	2	3	0.207
F_3	1.5	1.5	0.103
F_4		1	0.069
合　　计		$F=\Sigma F_i=14.5$	$\Sigma f_i=1.000$

再次，对暂定重要性系数进行修正。从最低分的 F_4 开始，将 F_3 至 F_1 的重要性系数按倍数递推上去，得到各功能的修正重要性系数。如 F_2 的修正系数为 $1\times1.5\times2=3$。

最后，将各功能的修正重要性系数除以其合计总数，即得出功能评价系数。如 F_2 的功能评价系数 $F_2=3/14.5=0.207$。得到功能评价系数后，即可确定功能评价值。

求出功能现实成本和功能评价值（目标成本）后，就可求算功能价值和功能成本改善期望值，并按功能改善期望值的大小确定功能改善的顺序。

7.3.4　方案制定

在价值工程工作程序中，经过对象选择、情报搜集、功能分析与评价之后，就转入改进方案的制定阶段。方案制定阶段的内容包括方案创造和方案评价。

1. 方案创造

方案创造就是寻找或构思最佳替代方案。在这个过程中，要依靠集体智慧，并注意以下几点。

①要优先考虑上位功能，上位功能的变动比下位功能的变动能取得较大的效果。

②优先考虑价值低的功能区，集中力量进行突破，可以取得较好的效果。

③优先考虑一级功能的实现手段。因为这一环节的功能比较抽象，受限制少，便于提出不同的构想，获得高价值方案的可能性较大。

提出方案或方案创造通常采用以下方法。

（1）头脑风暴法

这种方法是以会议的形式进行的。其特点在于创造一种没有顾虑、各抒己见和广泛发表意见的气氛，通过提案人自由奔放、打破常规、创造性地思考问题，发表新的创见。

（2）哥顿法

会议主持人对于所讨论的功能不作具体介绍，而是有意向大家提出一个抽象概念，以便使与会人能够开阔思路，打破框框，不受原有事物的约束。最后会议主持者再公布具体目的，做进一步研究选择。

（3）专家传阅会签法

这种方法是将提出改进的方案整理成书面材料，按一定次序传递给各方面有关专家传阅，最后汇总各方面意见决定取舍。

2. 方案评价

方案评价是指对新构思的方案进行技术、经济和社会三个方面的评价。技术评价围绕功能进行，内容是方案能否实现所需的功能及实现程度；经济评价围绕经济效果进行，内容是以成本为代表的经济可行性；社会评价针对社会效果进行，内容是方案对社会有利或不利的影响。在此基础上进行方案的综合评价，从中选出最优方案。

方案评价又分概略评价和详细评价。

概略评价是对新构思的方案进行初步研究。目的是从众多的设想方案中进行粗略的筛选，使注意力集中于优秀方案的评价。详细评价是对经过筛选出的少数方案再具体化，通过进一步评价，选出准备实施的最优方案。这种评价要取得全面确切的评价结果，作为方案审批的依据。

（1）技术评价

技术评价是以用户的功能需要为依据，包括：a. 功能的实现程度（性能、质量、寿命等）；b. 可靠性；c. 可维修性；d. 可操作性；e. 安全性；f. 整个系统的协调；g. 对与环境条件的协调等技术性能和要求进行评价。功能评价的方法有评分法、加权计分法等。

（2）经济评价

经济评价是将各方案的实际成本与理想成本相比较，来评价各方案的优劣。评价时采用经济价值系数 r 作为评价指标：

$$r = H_理 \cdot H \tag{7-7}$$

式中　r——经济价值系数；

　　$H_理$——理想成本；

　　H——实际成本。

从经济评价角度看，r 值大者为优，即实际成本越小越趋于理想成本，方案经济效益越好。

（3）技术经济综合评价

对每一个被评价方案，只从技术角度或经济角度分别来判断是不全面的。这就要在技术评价和经济评价之后，从技术经济角度作综合评价。价值工程中技术经济综合评价是将技术价值与经济价值合成一个综合评价系数，作为评价方案的尺度。

（4）社会评价是评价方案的社会效益。社会评价的内容十分广泛，应根据评价的对象来选择评价的内容，一般包括国家有关政策、法规、国防、对国家经济建设的贡献及资源、劳动保护、精神文明等方面的内容。

方案评价的方法请参照本书有关技术经济分析的章节。

7.3.5　应用分析

价值工程的方法比较简单，容易掌握，分析的对象可大可小。推行价值工程，一般不需要很多经费，但实践证明，取得的经济效益是十分显著的，因此，价值工程是提高经济效益的切实可行的有效方法。但就目前我国一些企业的现状看，并非掌握了价值工程的原理和方法，就能顺利推广和普及，推行价值工程与企业的经营管理条件、企业的生产管理条件、企业的领导条件以及推行价值工程的组织管理工作有密切关系。

1. 价值工程是具有多种效用的科学方法

价值工程所谋求的是提高产品或作业的"价值"，其目标是综合性的，即功能与成本的结合。特别是在工业生产中，又总结出了价值工程的一整套理论，形成了一系列专有工作程序、分析技术和评价方法，并且与专业技术紧密结合，形成了自己的一整套系统的理论和方法。

（1）它抓住了一切事物之所以有存在和发展的可能，主要是因为自身潜在或表现了某种特定的功能，从根本上揭示了一切研究、开发、设计、制造等生产过程的本质和目的。

（2）它又抓住了一个产品可能具有多种功能，而且不同物品又可能具有某种相同功能的特点，为物资、材料之间相互代替找到了可靠的依据。

（3）价值工程用功能与成本联系起来的方法作为评价事物的效益和选择方案的依据，这是技术与经济结合的最基本、最有效的方法。它是一切技术经济评价的理论基础。

（4）价值工程中必要功能与多余功能概念的提出，使得产品设计更为合理，而且排除多余功能，正是为了降低成本，节约与合理地利用资源。

（5）价值工程中的功能、成本以及价值间的关系，反映了生产、机构、体制等一切事物内部所涵有的关系。为此，价值工程的理论和思想不仅可以用于产品生产中的技术经济设计，而且可广泛用于改进工艺、工序，制定经营战略，以及其他许多经济与非经济的活动中。

2. 应用价值工程技术的条件

（1）企业的经营管理条件

对于目前属粗放经营的企业，即使效益好，也应从软件上下功夫，从管理方法上要效益，通过价值工程方法挖掘经济潜力，减少各种浪费；对于产品销路不畅，经营困难的企业，可以从老产品改造中寻求提高功能、降低成本的具体途径；也可以运用价值工程方法开发设计新产品，以提高本企业产品的市场竞争力；对于产品有市场，但利润低的企业，可以运用价值工程方法，对产品进行分析、改造，以便在降低成本、提高经济效益的前提下，扩大市场。

（2）企业的管理条件

推行价值工程离不开企业技术经济的基础工作。要开展价值工程活动，必须有良好的企业管理基础工作。特别是企业产品的成本资料、同行业的产品情报等是开展价值工程活动的前提。

（3）企业的领导条件

价值工程是一项复杂的系统工程，需要企业内部各部门的积极协同配合，因此，领导重视并亲自参加这项活动，是调动各方面积极性的前提。此外，企业领导还要具有较高的业务素质水平和经济意识。

3. 应用价值工程方法的组织管理工作

要把价值工程的理论与方法变成现实的技术经济活动，必须进行必要的组织工作。

（1）建立专门的领导机构和执行机构

建立健全推行价值工程的领导机构，是贯彻工作责任制的重要基础。协调技术、管理等各方面业务骨干组成执行机构，利用各方面人才的知识和专业技能，是推行价值工程技术上和组织上的保证。

（2）教育培训

首先应对领导干部进行培训，并进一步培训骨干，使价值工程技术成为技术人员和经营管理人员必备的知识和技能，逐步形成全员重视价值工程活动的氛围。

（3）组织实施和总结

要把推广价值工程的工作持之以恒地开展下去，必须建立价值工程活动的制度和程序，及时发布价值工程活动成果，采取物质与精神两方面措施，激发和调动一切有关人员参与价值工程活动的积极性。

4. 应用案例

【案例】 辽阳水表厂应用价值工程提高水表技术经济效果。

（1）选择对象

在开展价值工程活动中，选择了占该厂产量 60％ 以上的 Φ15 口径的水表，作为开展价值工程活动对象。

采用经验分析法和 ABC 分析法选出 Φ15 口径水表的 13 种零部件，按其成本的大小列出产品成本比重分析表，见表 7-19。ABC 分析图见图 7-19。

产品成本比重分析表　　　　　　　　　　　　　表 7-19

序号	零件名称	件数	累计件数	累计占零件总数（％）	原成本	累计金额	累计占全部成本（％）	备注
1	A	1	1	3.03	3.42	3.42	24.37	4 种 6 件占总件数的
2	B	1	2	6.06	2.61	6.03	42.97	18.18％，金额占
3	C	2	4	12.12	2.064	8.094	57.67	成本的 69.12％，
4	D	2	6	18.18	1.606	9.70	69.12	列为 A 类
5	E	18	24	72.72	1.80	11.50	81.94	5 种 22 件占总件数的
6	F	1	25	75.75	0.73	12.23	87.14	66.66％，金额占
7	G	1	26	78.78	0.67	12.90	91.92	成本的 27.43％，
8	H	1	27	81.81	0.33	13.23	94.27	列为 B 类
9	I	1	28	84.84	0.32	13.55	96.55	
10	J	1	29	87.87	0.19	13.74	97.91	4 种 5 件占总件数的
11	K	1	30	90.90	0.114	13.854	95.72	15.16％，金额占
12	L	2	32	96.96	0.10	13.954	99.43	成本的 3.45％，
13	M	1	33	100	0.08	14.034	100	列为 C 类
合计		33	33		14.034	14.034		

（2）功能分析，功能评价

收集产品的设计、工艺、制造、生产、成本、材料、市场销售以及技术经济指标、工艺水平等资料。充分发挥各职能部门作用，分工协作，资料汇总，做为价值工程功能分析的基本依据。

召开技术骨干会议，多次讨论分析水表功能、目的和手段，画出水表功能系统图（图 7-20）。

当功能定义明确后，进行功能评价，找出实现该功能的最低成本。根据水表零件成本表分析，再用强制确定法求出功能重要性系数，见表 7-20。

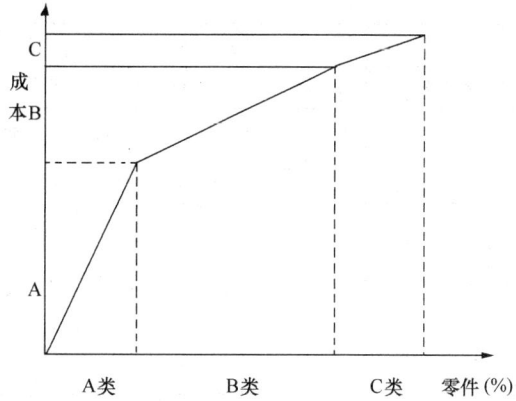

图 7-19 ABC 分析图

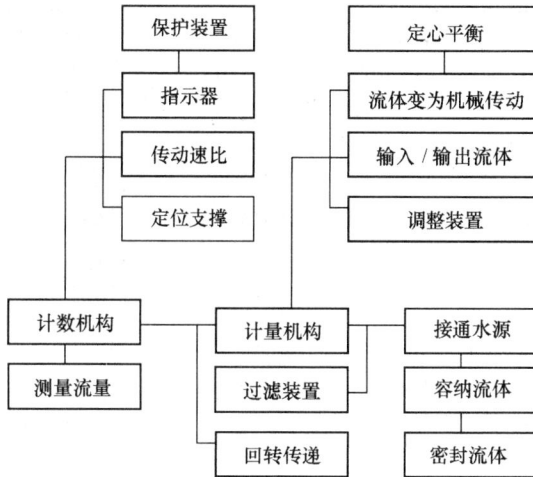

图 7-20 水表功能系统图

功能重要性系数表   表 7-20

序号 (1)	一对一比较结果（2）													零件名 (3)	得分累计 (4)	功能重要性系数 (5) = (4) /∑ (4)
	A	B	C	D	E	F	G	H	I	J	K	L	M			
1	×	0	1	1	1	0	1	1	0	0	1	1	1	A	8	0.1026
2	1	×	1	1	1	0	0	0	1	0	1	1	1	B	8	0.1026
3	0	0	×	0	0	0	0	0	0	0	1	1	1	C	3	0.0385
4	0	0	1	×	0	0	0	0	1	0	1	0	1	D	4	0.0513
5	0	0	1	1	×	0	0	0	0	0	1	1	1	E	5	0.0641
6	1	1	1	1	1	×	1	1	1	0	1	1	1	F	11	0.1410
7	0	1	1	1	1	0	×	1	1	1	1	1	1	G	10	0.1282

续表

序号 (1)	一对一比较结果（2）													零件名 (3)	得分累计 (4)	功能重要性系数 (5) ＝ (4) /Σ (4)
	A	B	C	D	E	F	G	H	I	J	K	L	M			
8	0	1	1	1	1	0	0	×	1	0	1	1	1	H	8	0.1026
9	1	0	1	0	1	0	0	0	×	0	1	1	1	I	6	0.0769
10	1	1	1	1	1	1	0	1	1	×	1	1	1	J	11	0.1410
11	0	0	0	0	0	0	0	0	0	0	×	0	1	K	1	0.0128
12	0	0	0	1	0	0	0	0	0	0	1	×	1	L	3	0.0385
13	0	0	0	0	0	0	0	0	0	0	0	0	×	M	0	0
合计	4	4	9	8	7	1	2	4	6	1	11	9	12		78	1.0000

根据表 7-20 列出功能评价表 7-21。

功 能 评 价 表 表 7-21

零件	功能重要性系数	现实成本	成本系数	价值系数	备　注
A	0.1026	3.42	0.244	0.458	3
B	0.1026	2.61	0.186	0.552	5
C	0.0285	2.064	0.147	0.262	1
D	0.00513	1.606	0.114	0.450	2
E	0.0641	1.80	0.128	0.500	4
F	0.141	0.73	0.052	2.712	
G	0.1282	0.67	0.048	2.671	
H	0.1026	0.33	0.024	4.275	
I	0.0769	0.32	0.023	3.343	
J	0.1410	0.19	0.014	10.071	
K	0.0128	0.114	0.008	1.600	
L	0.385	0.10	0.007	5.500	
M	0	0.08	0.006	0	
合计		14.034			

对 A 类零件中铜罩子进行功能分析。该零件基本功能是连接密封，要求不漏水，耐水压力为 $15kg/cm^2$。采用铜材质主要是为了使螺纹与铸铁壳连接不生锈，便于维修。因铜罩子尺寸偏大浪费铜材，所以将外径尺寸由 87mm 改为 86mm，高度由 28mm 改为 25mm，三道筋宽度由 8mm 改为 6mm，大凸面由 18mm 改为 6mm。罩子经 $22kg/cm^2$ 压力试验完好，符合设计要求。

（3）方案创造

讨论会畅所欲言，各抒己见，统一思想，确定改进项目，提出改进方案。

罩子材质方案创造，见表 7-22。

水表罩子方案创造表　　　　　　　　表 7-22

方案	铸造牌号	密度	合金成分				机械性能				应用范围	方案评价	成本	确定	备注
			铜	锌	铝	其他	抗拉 (kg/mm²)	延伸 (%)	HB (kg/mm²)	屈服强度 (kg/mm²)					
现方案			59	40	1		砂型 20 金属型 25	10 20	80 90	15	滚珠轴承耐海水腐蚀	成本高功能好	4.52	淘汰	案技术评价 经社济会评价 综合评价
方案二	铸黄铜 ZHpb—48—3—2—1	8.12	48	46.5	3	0.5					蜗轮轴瓦轴套	成本低功能好	3.60	选用	
方案三	铸铝 ZL 102	2.88				硅 10—其余为铝	14	4	5		薄壁铸件气密性高的零件	成本低功能差	2.86	淘汰	
方案四	铸铝 ZL 110	2.21	45—8			硅 4—6 镁 0.35 其余为铝	13		80		高温下的铸件	成本低功能好	3.2	试验	

（4）对改进方案实施试验

对确定的方案，采取三定的方法，即定人、定任务、定时间，限期实现。共提出改进措施 32 项，其中材料代用 10 项，改进工艺 7 项，修改设计 10 项，提高美学功能 5 项。

通过价值工程活动，功能评价，原 13 个零件成本为 14.034 元，采取改进措施后，水表 13 个零件总成本为 11.929 元，节约 2.105 元，见表 7-23。

辽阳水表厂应用价值工程方法指导水表的设计、工艺、生产、材料选择、供应工作，取得了明显的经济效益，增强了产品的市场竞争力。

价值分析表　　　　　　　　表 7-23

零件	功能重要性系数	现实成本	成本系数	价值系数	评价系数分配成本	相关成本指标	改进后实际成本	节约
A	0.1026	3.42	0.244	0.458	1.440	−1.980	3.03	0.390
B	0.1026	2.61	0.186	0.552	1.440	−1.170	2.61	0
C	0.0385	2.064	0.147	0.262	0.540	−1.524	2.02	0.044
D	0.0513	1.606	0.114	0.450	0.720	−0.886	1.412	0.194
E	0.0641	1.80	0.128	0.500	0.900	−0.900	1.08	0.720
F	0.1410	0.73	0.052	2.712	1.979	1.249	0.505	0.225
G	0.1282	0.67	0.048	2.671	1.799	1.129	0.645	0.025
H	0.1026	0.33	0.024	4.275	1.440	1.110	0.07	0.260
I	0.0769	0.32	0.023	3.343	1.079	0.759	0.32	0
J	0.1410	0.19	0.0141	0.071	1.979	1.789	0.14	0.050
K	0.0128	0.114	0.008	1.600	0.180	0.066	0.086	0.028
L	0.0385	0.10	0.007	5.500	0.540	0.440	0.001	0.099
M	0	0.08	0.006	0	0	−0.080	0.01	0.070
						6.542	11.929	−2.105
						−6.54		

复习思考题

1. 影响基准折现率的因素主要有哪些？

2. 内部收益率的经济涵义是什么？

3. 投资方案有哪几种类型，试举例说明。

4. 什么是价值工程？价值工程中的价值含义是什么？提高价值有哪些途径？

5. 什么是寿命周期和寿命周期成本？价值工程中为什么要考虑寿命周期成本？

6. 什么是功能？功能如何分类？

7. 功能分析的目的是什么？功能系统图的要点是什么？

8. 什么是功能评价？常用的评价方法有哪些？

9. 什么是价值工程对象的选择？ABC 分析法的基本思路是什么？

10. 功能改善目标如何确定？最合适区域法的基本思路是什么？

11. 某方案的现金流量如下所示，基准收益率为 15%，试计算

(1) 静态与动态的投资回收期；

(2) 净现值 NPV；

(3) 内部收益率；

年份	0	1	2	3	4	5
现金流量	−2000	450	550	650	700	800

12. 某公共事业拟定一个 15 年规划，分三期建成，开始投资 60000 元，5 年后再投资 50000 元，10 年后再投资 40000 元。每年的保养费：前 5 年每年 1500 元，次 3 年每年 2500 元，最后 5 年每年 3500 年，15 年年末残值为 8000 元，试用 8% 的基准收益率计算该规划的费用现值和费用年值。

13. 某投资方案初始投资为 120 万元，年销售收入为 100 万元，寿命为 6 年，残值为 10 万元，年经营费用为 50 万元。试求方案内部收益率。

14. 建一个临时仓库需 8000 元，一旦拆除即毫无价值，假定仓库每年净收益为 1360 元。

(1) 使用 8 年时，其内部收益率为多少？

(2) 若希望得到 10% 的收益率，则该仓库至少使用多少年才值得投资？

15. 已知方案 A、B、C 的有关资料如下，在基准折现率为 15% 时，试分别用净现值法与内部收益法对这三个方案选优。

（单位：万元）

方案	初始方案	年收入	年支出	经济寿命
A	3000	1800	800	5 年
B	3650	2200	1000	5 年
C	4500	2600	1200	5 年

16. 某施工机械有两种不同型号，其有关数据如下，利率为 10%，试问购买哪种型号的机械比较经济？

（单位：元）

方案	初始投资	年现金收入	年经营费	残值	寿命（年）
A	120000	70000	6000	20000	10
B	90000	70000	8500	10000	8

17. 为修建某河的大桥，经考虑有 A、B 两处可供选点，在 A 地建桥其投资为 1200 万元，年维护费 2 万元，水泥桥面每 10 年翻修一次需 5 万元，在 B 点建桥，预计投资 1100 万元，年维护费 8 万元，该桥每三年粉刷一次 3 万元，每 10 年整修一次 4 万元，若利率为 10%，试比较两个方案哪个为最优？

18. 有四个独立方案，其数据如下，若预算资金为 30 万元，各方案寿命均为 8 年，折现率为 12%，应选择哪些方案？

（单位：万元）

方案	A	B	C	D
初始投资	15	14	13	17
年净收益	5	4	3.5	5.5

19. 有 6 个方案的数据如下，设定资金限额为 30 万元，基准折现率为 10%，寿命为 5 年，现已知 A1、A2 互斥，B1、B2 互斥，C1、C2 互斥，B1、B2 从属于A1，C1 从属于 A2，C2 从属于 B1，试选择最优的投资组合方案。

（单位：万元）

方 案	A1	A2	B1	B2	C1	C2
初始投资	12	16	9	7	8	7
年净收益	4	5	3	2.5	3	2.5

第8章 风险管理与风险决策

学习要点：通过对本章学习，应了解风险不确定性与风险的含义和
区别、风险的特征、投资风险的含义、投资风险的控制目标与范围；掌
握不确定性分析的基本方法、投资风险的类型；熟悉投资风险的控制的
程序、风险管理的常用工具。本章的主要目的是掌握工程领域风险管理
与风险决策的基本知识理论，并了解工程管理领域中所涉及到的风险管
理与决策工作。

8.1 不确定性与风险

8.1.1 不确定性与风险的含义

项目经济评价所采用的数据大部分来自预测和估算，具有一定程度的不确定
性，为分析不确定性因素变化对评价指标的影响，估计项目可能承担的风险，应
进行不确定性分析与经济风险分析，提出项目风险的预警、预报和相应的对策，
为投资决策服务。

一个投资者在决定投资时往往着眼于由此带来的收益。投资确实能给投资者
带来收益，但也会使投资者遭受损失。投资者总是注重投资结束时的结果，并且
是合乎投资者愿望的好的结果——收益或财产的增值。而实际上，投资却是一个
过程。在这个过程中，由于市场上各种因素的作用，使投资可能会朝着与投资者
愿望相反的方向发展，以致出现投资者不愿看到的结果——损失。任何投资者都
不愿意接受这样一个结果，没有一个投资者是为了损失而投资的。但市场上各种
影响投资的因素是客观存在的，这也就使投资过程复杂多变，难以把握，因而投资
的结果也就难以确定。

投资总是伴随着风险，这已成为共识。但是，对某一具体的投资类型或项目
来说，情况又不尽相同。有些投资，如房地产投资、股票投资、外汇投资等是有
风险的，在某种情况下这些投资是会带来损失的，有些投资，如债券投资等好象
没有风险，因为在投资于债券时其未来的收益是确定的。那么，什么是风险呢？

美国学者威雷特（A. H. Willett）博士 1901 年首次对风险作了实质性的分析，
指出风险是关于不愿发生的事件发生的不确定性的客观体现。1921 年，美国经济
学家 F. H. 奈竺在《风险，不确定性和利润》一书中，将风险与不确定性进行了
重要的划分，并认为风险是可以通过一定的途径、方法、手段进行测定的不确定
性，而不可测定性才是真正意义上的不确定性。20 世纪中期，美国明尼苏达大学
教授 C. A. 威廉和 R. M. 汉斯进一步将风险与人们的主观认识联系起来。1983 年，

日本学者武井勋在《风险理论》一书中也对风险与不确定性、风险的客观存在及度量等进行了探讨。我们认为，风险是在经济活动中由于各种难以预测因素的作用及影响，使得行为主体的期望目标与实际状况之间发生的偏差，从而给行为主体造成经济损失的可能性。可见，风险强调的是一种面临着损失的可能状态，是要知道损失会不会发生，产生损失的可能性有多大及程度如何。所以，风险只是潜在的损失，这种损失有发生的可能，但是至今尚未发生，也许可能永远不会发生。

综上所述，风险的定义应具有四个基本要素。

1. 损失暴露。损失就是降低或者丧失具有某种价值的事物的存在。虽然损失是所有投资者都不愿看到的结果，但是，在涉及风险这个问题时，也只能客观、理性地从"可能带来的损失有多大"开始。因此，投资的风险往往是与投资中遭受意料不到的损失联系在一起的。当然，风险还只是不利结果产生的可能性，一旦不利的结果成为现实，那就不是风险，而是损失了。

2. 风险是客观存在的。风险是关于不愿发生的损失的客观体现，当人们对未来某事件的发生或变化有一致看法时，其风险就以客观存在的状况体现出来。它是预期未来收益和某一特定结果相互作用形成的，是不会依人们的主观愿望而消逝的。

3. 风险与不确定性。风险为投资的实际收益与期望的或要求的收益的偏差，它涉及到变动和可能性，而变动常常又可以用标准方差来表示，用以描述分散的各种可能收益与均值偏离的程度。一般说来，标准方差越小，各种可能收益的分布就越集中，投资风险也就较小。反之，标准方差越大，各种可能收益的分布就越分散，风险就越大。而不确定性，则意味着对于可能的情况无法估计其可能性。在这种情况下，对未来投资收益的估计就应该是定性的而非定量的。

4. 风险可以被测算。风险具有可测定性，是其区别于不可确定性的一个分水岭。对某一具体的投资项目，产生损失的可能性是符合一定的统计规律的，即可以通过概率来表示这种可能性的大小，且其有可能产生损失的最大值也是可以预先测定的。现代投资理论从各个方面对风险进行测定，建立了许多测量指标。

8.1.2 不确定性分析与风险分析的区别与联系

1. 项目经济评价所采用的基本变量都是对未来的预测和假设，因而具有不确定性。通过对拟建项目具有较大影响的不确定性因素进行分析，计算基本变量的增减变化引起项目财务或经济效益指标的变化，找出最敏感的因素及其临界点，预测项目可能承担的风险，使项目的投资决策建立在较为稳妥的基础上。

2. 风险是指未来发生不利事件的概率或可能性。投资建设项目经济风险是指由于不确定性的存在导致项目实施后偏离预期财务和经济效益目标的可能性。经济风险分析是通过对风险因素的识别，采用定性或定量分析的方法估计各风险因素发生的可能性及对项目的影响程度，揭示影响项目成败的关键风险因素，提出项目风险的预警、预报和相应的对策，为投资决策服务。经济风险分析的另一重要功能还在于它有助于在可行性研究的过程中，通过信息反馈，改进或优化项目设计方案，直接起到降低项目风险的作用。风险分析的程序包括风险因素识别、风险估计、风险评价与防范应对。

3. 不确定性分析与风险分析既有联系，又有区别，由于人们对未来事物认识的局限性，可获信息的有限性以及未来事物本身的不确定性，使得投资建设项目的实施结果可能偏离预期目标，这就形成了投资建设项目预期目标的不确定性，从而使项目可能得到高于或低于预期的效益，甚至遭受一定的损失，导致投资建设项目"有风险"。通过不确定性分析可以找出影响项目效益的敏感因素，确定敏感程度，但不知这种不确定性因素发生的可能性及影响程度。借助于风险分析可以得知不确定性因素发生的可能性以及给项目带来经济损失的程度。不确定性分析找出的敏感因素又可以作为风险因素识别和风险估计的依据。

8.1.3　风险的特征

1. 客观性

风险是由各种市场因素作用的结果，这些因素及其作用都是客观的，是不依人们的主观意志为转移的。人们无论愿意接受与否，都无法消除它，而只能通过一定的技术经济手段进行风险控制。以股市为例，一国的宏观经济形势和经济政策是影响股市的长期、基本的因素，这里就已经存在着市场因素。此外，参与股市交易的各方，由于对未来预期存在着差异，在股市中的操作就大不相同，从而形成了各种市场力量。这些市场力量会随着经济环境的变化、股市的变化而分化、重新组合，某一投资个人就有可能遭受损失。

2. 负面性

风险主要涉及可能发生的损失，是一些消极的、负面的可能性。一旦这种可能性发生，将会给投资者造成损失。这些损失包括：减少或者丧失占有的资产；未来收入的减少或者丧失；投资者的资金运用受到限制等。如参与债市的投资者，当他购入某种债券时其年实际收益率为 10%，债券的期限为 3 年。在他购入某种债券之后，市场利率上升至 12%。如果投资于中长期银行储蓄，其年利率 12%，储蓄的期限也为 3 年。由此，投资者选择了债券的投资方式，每年将减少 2% 的收入。

3. 偶然性

风险虽然是一种客观存在，但是它的发生是偶然的，是一种偶发事件。事故究竟发生与否，什么时候发生，以怎样的形式发生，其损失将会有多大等都是不确定的。

4. 相对性、可变性

承受风险的主体不同，时空条件不同，则风险的涵义也不同。汇率风险对于国际投资者来说可能是较大的风险，而对于国内投资者来说则算不上风险。同幅度的汇率的变化，由于人们主观上认识存在差异，使各类投资主体面临的风险也不相同。随着时空条件的变化，风险的形式和内容也会发生变化。这就是说，投资的风险是相对而言的。如购买债券与投资股票或期货相比，前者的收益是确定的、不变的，所以风险也就少得多。但是，风险的相对性并不否定风险的客观性，目前我国债券有固定利率、浮动利率（含有保值贴补率的），在交易市场买卖债券还要付交易费用，这些都将影响债券投资的收益率。一旦投资者选择 1995 年 3 年期含保值贴补率的债券，到期时保值贴补率又为 0 时，该投资者就可能比投资于不含保值贴补率的投资者少获得 0.5% 的利息。因而，风险的相对性是指风险的大小是相对于参照系来说的，参照系不同，风险大小也就不同。又如 20 世纪 70 年代中期，克莱斯勒公司在经营中遭受严重亏损，企业产品严重积压，最后在政府担保下通过举债 4 亿美元，才从困境中解脱出来。然而对于一个购买该公司股票的股民来说，假使在 1974 年以 44.5 美元/每股购得 2300 股，总金额为 102350 美元，到 1975 年初该种股票价格下跌至 7 美元，该投资者如果以这一价格抛售股票，将亏损 86250 美元。从绝对数字上比较，克莱斯勒公司的亏损肯定大得多。而从损失对两者的影响程度来说，前者还能得到 4 亿美元的巨额贷款摆脱困境，而后者就没有那么幸运。

此外，风险又具有可变性。对股民而言，投资于股票有可能被套牢。这个"套牢"实际上是账面亏损而非实际亏损。有经验的股民并不急于抛售手中的股票，而是等待时机解套。投资市场上各因素的运动变化有时会导致投资者的损失，有时又会使损失减少以致产生盈利。风险也就随着这种变化而增强、减弱，然而风险决不会完全消失。

5. 可测性与可控性

所谓可测性，是指根据过去的统计资料来判断某种风险发生的频率与风险造成经济损失的程度。风险的可测性为风险的控制提供了依据，人们可以根据对风险认识和估计或评估，采用不同的手段对风险进行控制，进行风险管理。

6. 风险与效益共生性

即是指对投资而言损失与收益的对立统一性，风险和效益是成正比的。人们可以根据对风险的认识和把握，选择适当的手段，实现其效益。风险越大，效益越高。对高效益的追求是现代风险投资蓬勃发展的内在动力。每逢我国金融政策作巨大调整的前后，或者在我国进行汇率制度改革的前后，汇率总是出现剧烈的波动，这种剧烈的波动对外汇交易中的多空双方来说常常导致其盈亏频繁转换、盈亏额增大。这种情势为投机者提供了良好的机会。对于谨慎的投资者来说，总希望风险小一点，收益是确定的。市场中还有一些是保值者，出于经营的需要，他们利用各种手段使自己的资产、收入等不会随着不希望出现的因素的变化而遭受损失，或者限定损失，不期望高收益。这两种参与者往往以减少甚至放弃获利机会作为代价，以求得降价或减少风险的目标。例如，D 公司作为一家美国公司，其未来有一笔加元收入，为了预防加元对美元汇率变化导致美元收入减少，该公司可以在 IMM 市场上购买同样数量、同一到期日的看跌期权以限定其盈亏。此时，该公司将首先付出一笔期权费。其结果有两种：

（1）当即期汇率高于期权的敲定价格时，D 公司放弃执行期权，而在外汇市场上将加元以较高价格售出，得到美元。

（2）当即期汇率低于期权的敲定价格时，D 公司将执行期权。此时，公司可能获得盈利，也可能亏损，但亏损额一般很小。

从上述分析可以看出，D 公司首先是以付出期权费作为代价获得卖出选择权的，在所有获得盈利的情况下都将被期权费侵蚀掉一部分，以至于获得微利时有可能因为期权费的支出而变成亏损。所以，购买期权的公司要获得较大盈利的可能性很少，但是，其最大损失也仅限于期权费。

8.1.4　不确定性分析

项目经济评价所采用的数据多数来自预测和估算。由于缺乏足够的信息，对有关因素和未来情况无法作出精确无误的预测，或者是因没有全面考虑所有可能的情况，因此项目实施后的实际情况难免与预测情况有所差异，这种差异有可能带来风险。也就是说，立足于预测和估算进行项目经济评价的结果有不确定性，而不确定性有可能带来风险。因此，在完成对所设想的基本方案的经济评价后，需要进行盈亏平衡分析、敏感性分析和风险分析（概率分析）。盈亏平衡分析只用于财务评价，敏感性分析和风险分析可同时用于财务评价和国民经济评价。

不确定性分析主要包括盈亏平衡分析和敏感性分析。经济风险分析应采用定性与定量相结合的方法，分析风险因素发生的可能性及给项目带来经济损失的程度，其分析过程包括风险识别、风险估计、风险评价与风险应对。

1. 盈亏平衡分析

盈亏平衡分析系指通过计算项目达产年的盈亏平衡点（BEP），分析项目成本与收入的平衡关系，判断项目对产出品数量变化的适应能力和抗风险能力。盈亏平衡分析是在一定的市场、生产能力的条件下，研究拟建项目成本与收益的平衡关系的方法，项目的盈利与亏损有个转折点，称为盈亏平衡点（BEP）。在这一点上，销售收入等于生产成本，项目刚好盈亏平衡。盈亏平衡分析就是要找出盈亏平衡点。盈亏平衡点越低，项目盈利的可能性就越大，造成亏损的可能性就越小。

盈亏平衡点的表达形式有多种。盈亏平衡点可以用实物产量、单位产品售价、单位产品的可变成本，以及年总固定成本的绝对量表示，也可以用某些相对值表示，例如生产能力利用率等。其中以产量和生产能力利用率表示的盈亏平衡点应用最为广泛。

根据方案间的关系，盈亏平衡分析可分为独立方案的盈亏平衡分析和互斥盈亏平衡分析；根据生产成本及销售收入与产量（销售量）之间是否呈线性关系，盈亏平衡分析又可进一步分为线性盈亏平衡分析和非线性盈亏平衡分析。

（1）独立方案的线性盈亏平衡分析

1）线性盈亏平衡分析的前题条件

产量等于销售量；

产量变化，单位可变成本不变，从而总生产成本是产量的线性函数；

产量变化，销售单价不变，从而销售收入是销售量的线性函数；

只生产单一产品，或者生产多种产品，但可以换算为单一产品计算。

假定以上四个条件成立，才可以进行线性盈亏平衡分析。

2）线性盈亏平衡分析方法

为进行盈亏平衡分析，必须将生产成本分为固定成本和可变成本。在特定的生产条件下，企业产品的成本函数是线性的，用 C_T 表示年总成本，C_F 表示年总固定成本，C_V 表示年总可变成本，C_n 表示单位产品的可变成本，N 表示年总产量，则有成本方程式：

$$C_T = C_F + C_V = C_F + C_n \cdot N \tag{8-1}$$

用 S 表示销售收入，S' 表示扣除销售税金后的销售收入，t' 表示销售税率，则可列方程式

$$S' = P \cdot N(1-t') \tag{8-2}$$

式中　P——产品的销售单价。

当盈亏平衡时，收入应与支出相等，即税后销售收入（S'）等于总成本（C_T），则：

$$C_F + C_n N^* = P N^* (1-t')$$

即 BEP（产量）$= N^* = \dfrac{C_F}{P - C_n - t} \tag{8-3}$

式中　t——单位产品的销售税金（$t = p \cdot t'$）。

把式（8-3）两边都除以设计（额定）产量 N_0，则得到以生产能力利用率表示的 BEP：

$$BEP（生产能力利用率）= \frac{N^*}{N_0} = \frac{C_F}{N_0(P - C_n - t)} = \frac{C_F}{S - C_V - T} \tag{8-4}$$

式中　T——年销售税金（$T = N_0 \cdot t$）；

　　　N_0——设计生产能力。

对于有技术转让费、营业外净支出及缴纳资源税的项目，在式（8-3）、式（8-4）的分母中应扣除这些费用。

盈亏平衡点还可用其他形式表示，以单位产品售价、单位产品可变成本或总固定成本表示的（销售税金）税后盈亏平衡点见下式：

$$BEP（单位产品售价）= P^* = \frac{C_F}{N} + C_n + t \tag{8-5}$$

$$BEP（单位产品可变成本）= C_n^* = P - t - \frac{C_F}{N} \tag{8-6}$$

$$BEP（总固定成本）= C_F^* = N(P - C_n - t) \tag{8-7}$$

当盈亏平衡点用相对值表示时则有：

$$\frac{N^*}{N_0} = \frac{C_F}{S - C_V - T} \tag{8-8}$$

$$\frac{P^*}{P} = \frac{1}{P}\left(\frac{C_F}{N} + C_n + t\right) \tag{8-9}$$

$$\frac{C_n^*}{C_n} = \frac{1}{C_n}\left(P - t - \frac{C_F}{N}\right) \tag{8-10}$$

$$\frac{C_F^*}{C_F} = \frac{N(P - C_n - t)}{C_F} \tag{8-11}$$

如果分别以 1 减去各盈亏平衡点相对值，便可得各预测值的允许降低（增加）

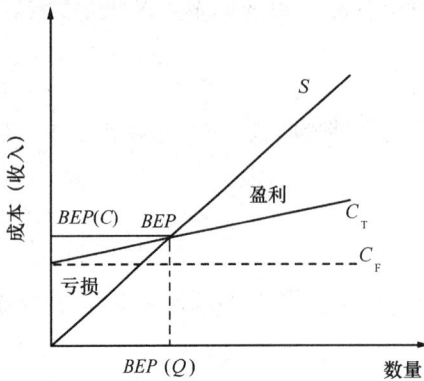

图 8-1　线性盈亏平衡图

率。盈亏平衡分析还可通过图解法进行，以年产量作横坐标，生产总成本或销售收入（税后）为纵坐标，将成本方程式和销售收入方程式作图，两线交点对应的坐标值，即表示相应的盈亏平衡点，见图 8-1。

3）盈亏平衡分析示例

【例 8-1】　　N 项目的年固定成本为 10894 万元，年收入为 33652 万元，年变动总成本为 11151 万元，年销售税金为 1578 万元，年产量为 52t，按式（8-4）计算盈亏平衡点。

解： BEP（生 产 能 力 利 用 率）$=$
$$\frac{10894}{33652-11151-1578}\times100\%=52.07\%$$

盈亏平衡点的产品产量为 $52\times52.07\%=27.08$ 万 t

盈亏平衡图见图 8-1。

【例 8-2】　　某设计方案年产量为 12 万 t，已知每吨产品的销售价格为 675 元，每吨产品缴付的税金为 165 元，单位可变成本为 250 元，年总固定成本是 1500 万元，试求盈亏平衡点和允许降低（增加）率。

解： $N^*=\dfrac{C_F}{P-C_n-t}=\dfrac{1500\times10^4}{675-250-165}=57692.3t$

$$P^*=\frac{C_F}{N}+C_n+t=\frac{1500\times10^4}{12\times10^4}+250+165=540\,元/t$$

$$C_n^*=P-t-\frac{C_F}{N}=675-165-\frac{1500\times10^4}{12\times10^4}=385\,元/t$$

$$C_F^*=N(P-C_n-t)=12\times10^4(675-250-165)=3120\times10^4\,元$$

将计算所得的各种方式表示的盈亏平衡点及允许降低（增加）率列于表 8-1中。

各种方式表示的盈亏平衡点及允许降低（增加）率　　　　表 8-1

项　目	产　量	售　价	单位可变费用	年固定费用
BEP（以绝对值表示）	57692.30t	540 元/t	385 元/t	3120 万元
BEP（以相对值表示，%）	$\dfrac{N^*}{N_0}=48$	$\dfrac{P^*}{P}=80$	$\dfrac{C_n^*}{C_n}=154$	$\dfrac{C_F^*}{C_F}=208$
允许降低（升高）率（%）	$100-\dfrac{N^*}{N_0}=52$	$100-\dfrac{P^*}{P}=20$	$100-\dfrac{C_n^*}{C_n}=-54$	$100-\dfrac{C_F^*}{C_F}=-108$

由表 8-1 可见，当其他条件保持不变时，产量可允许降低到 57692.3t，低于这个产量，项目就会发生亏损，即此项目在产量上有 52% 的余地。同样的售价上也可降低 20% 而不致亏损。单位产品的可变费用允许上升到 385 元/t，即可比原

来的 250 元/t 上升 54%，年固定费用最高允许 3120 万元，即可以允许上升 108%。

以上的讨论是在总生产成本与销售净收入和产量成线性关系的基础上进行的，因此，这种盈亏平衡分析又称为线性盈亏平衡分析。

（2）独立方案的非线性盈亏平衡分析

在实际工作中常常会遇到产品的年总成本与产量并不成线性关系，产品的销售也会受到市场和用户的影响，销售收入与产量也不呈线性变化。这时就要用非线性盈亏平衡分析，如图 8-2 所示。产品总生产成本与产量不再保持线性关系的原因可能是：当生产扩大到某一限度后，正常价

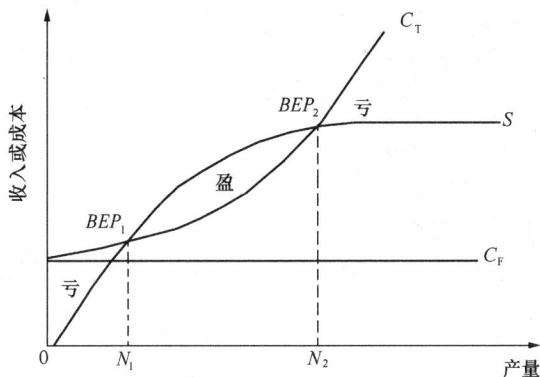

图 8-2　非线性盈亏平衡图

格的原料、动力已不能保证供应，企业必须付出较高的代价才能获得，正常的生产班次也不能完成生产任务，不得不加班加点，增大了劳务费用，此外，设备的超负荷运转也带来了磨损的增大、寿命的缩短和维修费用的增加等等，因此成本函数不再为线性而变成非线性了。

通常用一条二次曲线来表示非线性的成本函数，即：

$$C_T = C_F + dN + eN^2 \tag{8-12}$$

式中　d，e——常数。

造成产品年总成本与产量不成正比的原因，还可能是由于项目达到经济规模导致产量增加，而单位产品的成本有所降低。

在产品的销售税率不变的条件下，由于市场需求关系以及批量折扣也会使销售净收入与产量不成线性关系，这一关系也可用通过零点的一条二次曲线来表示，即：

$$S = fN + jN^2 \tag{8-13}$$

式中　f，j——常数。

在盈亏平衡点下，$C_T - S = 0$ 即得：

$$(e-j)N^2 + (d-f)N + C_F = 0$$

$$N = \frac{-(d-f)}{2(e-j)} \pm \frac{\sqrt{(d-f)^2 - 4(d-j)C_F}}{2(e-j)} \tag{8-14}$$

总成本曲线和销售净收入曲线有两个交点，即转亏为盈点和转盈为亏点。

利润最大时的产量是：

$$\frac{d(C_T - S)}{dN} = 2N(e-j) + (d-f) = 0$$

$$N_{利润最大} = \frac{-(d-f)}{2(e-j)} \tag{8-15}$$

【例 8-3】　某工厂拟生产小型空气压缩机，由类似工厂的历史数据及市场调研得知，总成本及销售净收入（元）可用下式表示：

$$C_T = 180000 + 150N - 0.02N^2$$

$$S = 350N - 0.04N^2$$

试计算盈亏平衡点产量。

解：盈亏平衡点 F　　　　　　$C_T - S = 0$

$$0.02N^2 - 200N + 180000 = 0$$

解得：$N_{BEP1} = 1000$ 台，$N_{BEP2} = 9000$ 台

当该厂的产量为 $1000 \sim 9000$ 台时，是盈利的；若产量小于 1000 台或大于 9000 台，则会亏损。

盈利最大（即利润最大）时的小型空气压缩机的产量为：

$$N_{利润最大} = \frac{200}{2 \times 0.02} = 5000 \text{ 台}$$

这时工厂预期可获最大利润，R 最大为：

$$R \text{ 最大} = S - C_T = 200N - 0.02N^2 - 180000 = 320000 \text{ 元}$$

从例 8-3 还可以看出，在总成本和销售收入与产量呈非线性的情况下，根据盈亏平衡分析可以找出盈利最大的年产量，因此盈亏平衡分析还可以用来确定一个项目的最经济（合理）的生产规模。

（3）互斥方案的盈亏平衡分析

如有某个共同的不确定性因素影响互斥方案的取舍时，可先求出两两方案的盈亏平衡点（BEP），再根据 BEP 进行取舍。

（4）盈亏平衡分析方法的优缺点

盈亏平衡分析是对拟建项目进行不确定性分析的方法之一。因为这时一方面需要对项目的一些主要参数如销售量（产量）、售价、成本等作出决定，而另一方面某些经济数据还不易确定，如总投资，收益率等，因此，用盈亏平衡分析法粗略地对高度敏感的产量、售价、成本、利润等因素进行分析，会有助于了解项目可能承担风险的程度。

从盈亏平衡的基本公式 BEP（产量）$= \dfrac{C_F}{P - C_n - t}$ 可知，BEP 的高低取决于年总固定成本 C_F，单位产品销售价格 P 和单位产品的可变成本 C_n 之差（设单位产品的税金 t 是一定值而不加考虑），因此，一个项目假定有几个不同方案可供选择，如果方案的 C_F 值相同，则 $P - C_n$ 值越小的方案，得到的盈亏平衡点值越高，反之则低，如果各方案的 $P - C_n$ 值相同，则 C_F 值越大，得到的 BEP 值也越高。BEP 值越高，则与设计的生产能力之间的差距越小，说明项目的风险越大，项目容易受生产（销售）水平变化的影响。

BEP 分析除了有助于确定项目的合理生产规模外，还可以帮助项目规划者对由于设备不同引起生产能力不同的方案，以及工艺流程不同的方案进行投资抉择。设备生产能力的变化，会引起总固定成本的变化，同样，工艺流程的变化则会影响到单位产品的可变成本。当采用技术上先进的工艺流程时，由于效率的提高，

原材料和劳务都会有所节约而使单位产品的可变成本降低。通过对这些方案 BEP 值的计算，可以为方案抉择提供有用的信息。

盈亏平衡分析的缺点是，它建立在生产量等于销售量的基础上。即产品能全部销完而无积压。此外它用的一些数据，是某一正常生产年份的数据。由于建设项目是一个长期的过程，所以用盈亏平衡分析法很难得到一个全面的结论。

尽管盈亏平衡分析有上述缺点，但由于它计算简单，可直接对项目的关键因素（盈利性）进行分析，因此，至今仍作为项目不确定性分析的方法之一而被广泛地采用。

2. 敏感性分析

敏感性分析是投资建设项目评价中应用十分广泛的一种技术，是研究建设项目主要因素发生变化时，项目经济效益发生的相应变化。用以考察项目涉及的各种不确定因素对项目基本方案经济评价指标的影响。这些可能发生变化的因素称为不确定因素。敏感性分析就是要找出项目的敏感因素，并确定其敏感程度，以预测项目承担的风险。一般进行敏感性分析所涉及的不确定因素有：产品产量（生产负荷）、产品售价、主要原材料价格、燃料或动力价格、可变成本、固定资产投资、建设期及外汇汇率等。敏感性分析不仅可以使决策者了解不确定因素对项目评价指标的影响，从而提高决策的准确性，还可以启发评价者对那些较为敏感的因素重新进行分析研究，以提高预测的可靠性。

敏感性分析步骤如下：

①根据项目特点，结合经验判断选择对项目效益影响较大且重要的不确定因素进行分析。经验表明，主要对产出物价格、建设投资、主要投入物价格或可变成本、生产负荷、建设工期及汇率等不确定因素进行敏感性分析。

②敏感性分析一般是选择不确定因素变化的百分率如 $\pm 5\%$、$\pm 10\%$、$\pm 15\%$、$\pm 20\%$ 等；对于不便用百分数表示的因素，例如建设工期，可采用延长一段时间表示，如延长一年。

③建设项目经济评价有一整套指标体系，敏感性分析可选定其中一个或几个主要指标进行分析，最基本的分析指标是内部收益率，根据项目的实际情况也可选择净现值或投资回收期评价指标，必要时可同时针对两个或两个以上的指标进行敏感性分析。

④敏感度系数系指项目评价指标变化的百分率与不确定因素变化的百分率之比。敏感度系数高，表示项目效益对该不确定因素敏感程度高。计算公式为：

$$S_{AF} = \frac{\Delta A/A}{\Delta F/F} \tag{8-16}$$

式中　S_{AF}——评价指标 A 对于不确定因素 F 的敏感系数；

　　$\Delta F/F$——不确定因素 F 的变化率；

　　$\Delta A/A$——不确定因素 F 发生 ΔF 变化率时，评价指标 A 的相应变化率。S_{AF} >0，表示评价指标与不确定因素同方向变化；$S_{AF}<0$，表示评价指标与不确定因素反方向变化。$|S_{AF}|$ 较大者敏感度系数高。

⑤临界点（转换值 switch value）是指不确定性因素的变化使项目由可行变为

不可行的临界数值，可采用不确定性因素相对基本方案的变化率或其对应的具体数值表示。当该不确定因素为费用科目时，即为其增加的百分率；当其为效益科目时为降低的百分率。临界点也可用该百分率对应的具体数值表示。当不确定因素的变化超过了临界点所表示的不确定因素的极限变化时，项目将由可行变为不可行。

临界点的高低与计算临界点的指标的初始值有关。若选取基准收益率为计算临界点的指标，对于同一个项目，随着设定基准收益率的提高，临界点就会变低（即临界点表示的不确定因素的极限变化变小）；而在一定的基准收益率下，临界点越低，说明该因素对项目评价指标影响越大，项目对该因素就越敏感。

从根本上说，临界点计算是使用试插法。当然，也可用计算机软件的函数或图解法求得。由于项目评价指标的变化与不确定因素变化之间不是直线关系，当通过敏感性分析图求得临界点的近似值时，有时有一定误差。

⑥敏感性分析结果在项目决策分析中的应用。将敏感性分析的结果进行汇总，编制敏感性分析表；编制敏感度系数与临界点分析表；绘制敏感性分析图；并对分析结果进行文字说明，将不确定因素变化后计算的经济评价指标与基本方案评价指标进行对比分析，结合敏感度系数及临界点的计算结果，按不确定性因素的敏感程度进行排序，找出最敏感的因素，分析敏感因素可能造成的风险，并提出应对措施。当不确定因素的敏感度很高时，应进一步通过风险分析，判断其发生的可能性及对项目的影响程度。

在项目规划阶段，用敏感性分析可以找出乐观的和悲观的方案，从而提供最现实的生产要素的组合。敏感性分析还可应用于方案选择。人们可以用敏感性分析区别出敏感性大的或敏感性小的方案，以便在经济效益相似的情况下，选取敏感性小的方案，即风险小的方案。根据项目经济目标，如经济净现值或经济内部收益率所做的敏感性分析叫做经济敏感性分析。同样，根据项目的财务目标所做的敏感性分析叫做财务敏感性分析。

敏感性分析包括单因素敏感性分析和多因素敏感性分析。单因素敏感性分析是指每次只改变一个因素的数值来进行分析，估算单个因素的变化对项目效益产生的影响；多因素分析则是同时改变两个或两个以上因素进行分析，估算多因素同时发生变化的影响。为了找出关键的敏感性因素，通常多进行单因素敏感性分析。

（1）单因素敏感性分析

每次只变动一个因素，而其他因素保持不变，即各因素之间是相互独立的，所进行的敏感性分析，叫做单因素敏感性分析。敏感性分析的计算结果，应采用敏感性分析表和敏感性分析图（图 8-3）表示。

【例 8-4】　某方案的投资额为 90000 元，其设备的使用年限为 3 年，使用期终了无残值，年净现金流量为 40000 元，基准收益率为 10%。经计算其净现值为 9480 元，内部收益率为 15.892%。其净现值大于零，内部收益率大于基准收益率，说明该方案是可行的，现进一步对其进行敏感性分析。

1）分析净现金流量变动对方案净现值和内部收益率的影响，分析时假定固定

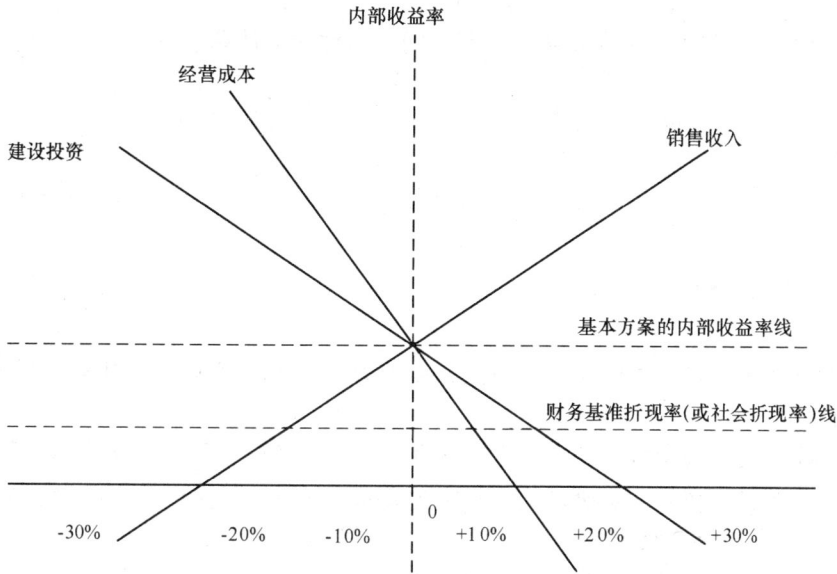

图 8-3 单敏感性分析图

资产使用年限不变。

首先计算每年现金净流量的变动幅度，即其下限为多少才不会影响方案的可行性，具体地说其下限为多少才不使方案的净现值为负数（至少为零）。其表达式如下：

$$NPV = -90000 + A \times (P/A, 10\%, 3) = 0$$
$$A = 90000/2.487 = 36188 \ 元$$

由上式可知，每年净现金流量的变动下限为 36188 元，只要其年净现金流量高于 36188 元，其方案都是可行的。

其次，分析净现金流量变动对净现值和内部收益率的影响。

通过上面的计算可知，当年净现金流量为 36188 元时，其净现值为零，内部收益率为 10%，年净现金流量为 40000 元时，其净现值为 9480 元，内部收益率为 15.892%；可见年净现金流量减少 3812 元（40000－36188＝3812），影响其净现值减少 9480 元（9480－0＝9480），内部收益率减少 5.892%（15.892%－10%＝5.892%）。

2）分析固定资产使用年限变动对方案的净现值和内部收益率的影响，分析时假定年净现金流量不变。

这一分析也与分析净现金流量变动一样，先计算其变动幅度，在什么幅度内变动，才不影响投资方案的可行性。

使用年限的下限就是不使方案的净现值为负数（至少为 0）的使用年限 N。其表达式如下：

$$-90000 + 40000 \times (P/A, 10\%, N) = 0$$
$$90000/40000 = (P/A, 10\%, N)$$

$$(P/A, 10\%, N) = 2.25$$

通过查表可知其 N 在 2 年与 3 年之间，通过插值计算求 N：

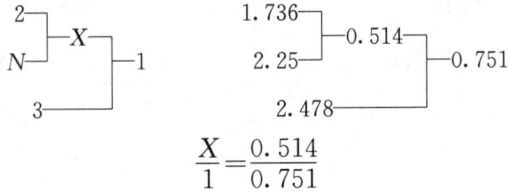

$$\left.\begin{array}{c} 2 \\ N \\ 3 \end{array}\right]\!\!\!\begin{array}{c} X \\ \\ \end{array}\!\!\!\right]1 \qquad \left.\begin{array}{c} 1.736 \\ 2.25 \\ 2.478 \end{array}\right]\!\!\!\begin{array}{c} 0.514 \\ \\ \end{array}\!\!\!\right]0.751$$

$$\frac{X}{1} = \frac{0.514}{0.751}$$

得 $X = 0.684$

$$N = 2 + 0.684 = 2.684$$

由此可见该方案的固定资产使用年限必须在 2.684 年以上，才能保证其方案是可行的。

其次，分析固定资产使用年限的变动对方案的净现值和内部收益率的影响。

由上式计算可知固定资产使用年限为 2.684 年时，其净现值为 0，内部收益率为 10%，固定资产使用年限为 3 年时，其净现值为 9480 元，内部收益率为 15.892%，由此可见固定资产使用年限减少 0.316 年（3−2.684＝0.316），影响其净现值 9480 元（9480−0＝9480），内部收益率减少 5.892%（15.892%−10%＝5.892%）。

以上只对年净现金流量和固定资产使用年限进行了敏感性分析，其他有关因素变动的分析也可仿此进行。

（2）多因素敏感性分析

进行多因素敏感性分析的假定条件是：同时变动的因素是相互独立的。

【例 8-5】　设某项目其固定资产投资（I_0）为 170000 元，年销售收入（S）为 35000 元，年经营费用（C）为 3000 元，项目寿命期为 10 年，固定资产残值（S_v）为 20000 元。基准收益率（i_c）为 13%。试就最关键的两个因素，初始投资和年销售收入，对该项目的净现值进行双因素的敏感性分析。

解：设 X 表示初始投资变化的百分数，Y 表示同时改变的年销售收入的百分数，则：

$$NPV(13\%) = -170000(1+X) + 35000(1+Y)(P/A, 13\%, 10)$$
$$- 3000(P/A, 13\%, 10) + 20000(P/F, 13\%, 10)$$

如果 $NPV(13\%) \geqslant 0$ 则该投资方案可盈利在 13% 以上。

$$NPV(13\%) \geqslant 0 \text{ 即 } 953.16 - 170000X + 189918.5Y \geqslant 0$$

化简得　　　　　　　　$Y \geqslant -0.0502 + 0.8951X$

把上述不等式绘于初始投资变化百分数 X 和年销售收入变化百分数 Y 的平面图上，则可以得到如图 8-4 所示的两个区域。斜线以上的区域，$NPV(13\%) > 0$，斜线以下的区域，$NPV(13\%) < 0$，显示了两因素允许同时变化的幅度。

从图 8-4 可以看出项目对投资的增加相当敏感。投资增加和年销售收入减少时，项目 $NPV(13\%) \geqslant 0$ 的区域如图 8-4 中描黑的区域，即对应的区域是极狭窄的。

如果我们把同时发生变化的因素扩大到三个，则需列出三维的敏感性分析的

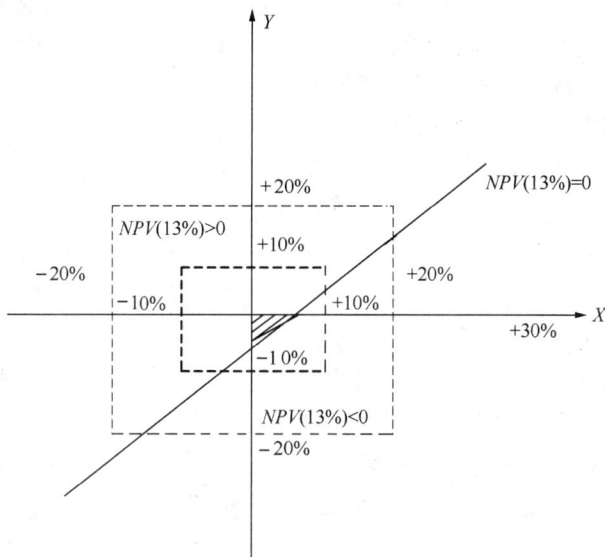

图 8-4 双因素敏感性分析图

数学表达式，但也可以采用降维的方法来简单地表示。

总之，通过敏感性分析，可以找出影响项目经济效益的关键因素，使项目评价人员将注意力集中于这些关键因素，必要时可对某些最敏感的关键因素重新预测和估算，并在此基础上重新进行经济评价，以减少投资的风险。

敏感性分析能够表明不确定因素对项目经济效益的影响，得到维持项目可行所能允许的不确定因素发生不利变动的幅度，从而预测项目承担的风险，但是并不能表明这种风险发生的可能性有多大。实践表明，不同的项目，各个不确定因素发生相对变动的概率是不同的。因此两个同样敏感的因素，在一定的不利的变动范围内，可能一个发生的概率很大，另一个发生的概率很小。很显然，前一个因素给项目带来的影响很大，后一个因素给项目带来的影响很小，甚至可忽略不计。这个问题是敏感性分析所解决不了的，为此，还需要进行风险和不确定条件下的投资分析，称为风险分析。

3. 风险分析

在现实社会里，一个拟建项目的所有未来结果都是未知的。因为项目所有的现金流量（销售收入、费用等）以及项目的寿命期限和资金成本等不但受控制变量（如企业的生产管理情况等）的制约，而且还受客观状态（自然状态）的影响（如市场的需求和产品的价格、市场的利率等）。因此，我们可以说不确定性是所有项目的固有的内在特性。只是对不同的项目，这种不确定性的程度有大有小。当偏离比较小时，可近似地按确定性项目来处理，并用盈亏平衡分析和敏感性分析来研究项目的不确定性。但当偏离较大时，偶然性作用较大，则需要用风险分析的方法来进一步进行预测。

风险分析，即根据经验设定各种情况发生的可能性（即概率）后，求取净现值的期望值及净现值大于或等于零的累计概率。如果净现值大于或等于零的累计概率大于要求的概率（即所要求发生的可能性），例如 0.9，就说明项目在所设想的不确定条件下仍然可以满足要求。总之，累计概率值越大，说明项目承担的风险就越小；反之，项目承担的风险就越大。

（1）净现值期望值的计算步骤

①列出各种欲考虑的不确定因素。例如销售价格、销售量、经营成本和投资等，需注意的是，这几种不确定因素应相互独立。

②设想各不确定因素可能发生的情况，即其数值发生变化的几种情况。

③分别确定各种可能发生情况产生的可能性，即概率。每种不确定因素的各种可能发生情况出现的概率之和必须等于 1。

④分别求出各年净现金流量的期望值。即将各年净现金流量所包含的各不确定因素的各可能发生情况下的数值与其概率分别相乘后再相加，得到各年净现金流量的期望值，然后求得净现值的期望值。也可直接计算净现值的期望值。

设各年的净现金流量为独立同分布随机变量 Y_t（$t=0,1,2,\cdots,n$），则

$$NPV = \sum_{t=0}^{n} Y_t (1+i_c)^{-t} \tag{8-17}$$

则：

$$E(NPV) = \sum_{t=0}^{n} E(Y_t) \cdot (1+i_c)^{-t} \quad [\because E(k\xi) = kE(\xi)] \tag{8-18}$$

$$D(NPV) = \sum_{t=0}^{n} D(Y_t) \cdot (1+i_c)^{-2t} \quad [\because D(k\xi) = k^2 D(\xi)] \tag{8-19}$$

$$\sigma(NPV) = \sqrt{D(NPV)}（\because 净现值的方差与净现值是不同的量纲，\therefore 用标准差）$$

$$\tag{8-20}$$

由中心极限定理，当 n 很大时，$NPV \sim N\,(E\,(NPV),\,D\,(NPV))$
作标准化处理：

$$\frac{NPV - E(NPV)}{\sigma(NPV)} \sim N(0,1) \tag{8-21}$$

（2）风险分析计算示例

【例 8-6】　当某方案下，$NPV \sim N\,(11.739,\,9.433^2)$，试对方案进行风险分析。

因为 $\dfrac{NPV-11.739}{9.433} \sim N\,(0,1)$，$P\,(NPV \geqslant 0) = 1-P\,(NPV<0) = 1-\Phi$ $\left(\dfrac{0-11.739}{9.433}\right) = 1-1+\Phi\,(1.24) = 0.8925$，可见改方案下净现值大于等于零的概率为 0.8925，通过该指标值可以衡量不同方案的风险大小。

【例 8-7】　某项目固定资产投资为 17000 万元，年销售收入为 35000 万元，年经营费用为 3000 万元，项目寿命期为 10 年，基准收益率为 10%，对该项目进行风险分析。

根据市场预测和经验判断，固定资产投资、销售收入和经营费用（三者之间相互独立）等各不确定因素可能发生的变化及其发生的概率值见表 8-2。

各不确定因素可能发生的变化及其概率值　　　　　　　　　　表 8-2

概　　　率　　　变化率　不确定因素	＋20％	0	－20％
固定资产投资	0.6	0.3	0.1
销售收入	0.5	0.4	0.1
经营费用	0.5	0.4	0.1

解：1) 净现值期望值的计算

净现值期望值的计算情况见表 8-3。表 8-3 中共有 27 个分支，其中每个组合都表示在上述不确定条件下可能发生的事件。如表 8-3 中第一个组合表示固定资产投资增加 20％，销售收入和经营费用同时也增加 20％的情况。以下将这种情况称为第一事件。

净现值期望值计算表　　　　　　　　　　表 8-3

发生的可能性（固定资产投资变化发生概率×销售收入变化发生概率×经营费用变化发生概率）	净现值（万元）	加权净现值（万元）
0.6×0.5×0.5＝0.15	31968	4795.20
0.6×0.5×0.4＝0.12	35655	4278.60
0.6×0.5×0.1＝0.03	39342	1180.26
0.6×0.4×0.5－0.12	－11047	－1325.64
0.6×0.4×0.4＝0.096	－7360	－706.56
0.6×0.4×0.1＝0.024	3673	－88.15
0.6×0.1×0.5＝0.03	－54062	－1621.86
0.6×0.1×0.4＝0.024	－50375	－1209.00
0.6×0.1×0.1＝0.006	－46688	－280.13
0.3×0.5×0.5＝0.075	65968	49476.00
0.3×0.5×0.4＝0.06	69655	4179.30
0.3×0.5×0.1＝0.015	73342	1100.13
0.3×0.4×0.5＝0.06	22953	1377.18
0.3×0.4×0.4＝0.048	26640	1278.72
0.3×0.4×0.1＝0.012	30327	363.92
0.3×0.1×0.5＝0.015	－20062	－300.93
0.3×0.1×0.4＝0.012	－16375	－196.50
0.3×0.1×0.1＝0.003	－12688	－38.06
0.1×0.5×0.5＝0.025	99968	2499.20
0.1×0.5×0.4＝0.02	103655	2073.10
0.1×0.5×0.1＝0.005	107342	536.71
0.1×0.4×0.5＝0.02	56953	113.91
0.1×0.4×0.4＝0.016	60640	970.24
0.1×0.4×0.1＝0.004	64327	257.31
0.1×0.1×0.5＝0.005	13938	69.69
0.1×0.1×0.4＝0.004	1762	570.50
0.1×0.1×0.1＝0.001	21312	21.31
合计 1.000		期望值 68874.45

净现值期望值的计算步骤如下（以第一事件为例）：

①分别计算各种可能发生事件发生的可能性，即发生的概率。

第一事件发生的概率＝P_1（固定资产投资增加 20％）

$\times P_2$（销售收入增加 20％）

$\times P_3$（经营费用增加 20％）

$$=0.6 \times 0.5 \times 0.5 = 0.15$$

式中　P——各不确定因素发生变化的概率。

以此类推计算出其他 26 个事件可能发生的概率，如表 8-3 中"发生的可能性"一列数字所示。该列数字合计数应等于 1。

②分别计算各可能发生事件的净现值。这种计算一般根据全部投资现金流量表进行。在项目原始数据的基础上，将产品销售收入，固定资产投资各年数值分别调增 20%，另将经营费用调增 20%，再按固定程序重新计算净现值（一般使用计算机进行计算），得净现值为 31968 万元，以此类推计算出其他 26 个可能发生事件的净现值，示于表 8-3 中"净现值"一列。

③将各事件发生的可能性与其净现值分别相乘，得出加权净现值，如表 8-3 中最后一列数字所示。然后将各个加权净现值相加，求得净现值的期望值。

在上述设定的条件下，该项目的期望值为 68874.45 万元。

2）净现值不小于零的概率的求法

对单个项目的概率分析应求出净现值大于或等于零的概率，由该概率值的大小可以估计项目承受风险的程度，该概率值越接近 1，说明项目的风险越小，反之，项目的风险越大。可以列表求得净现值大于或等于零的概率。

具体步骤为：将上边计算出的各可能发生事件的净现值按负值从大到小排列起来，到出现第一个正值为止；并将各可能发生事件发生的概率按同样顺序累加起来，求得累计概率，一并列入表 8-4 中。

净现值不小于零的概率的求法　　　　　　　　表 8-4

净现值（万元）	概率	累计概率
−54062.00	0.030	0.03
−50375.00	0.024	0.054
−46688.00	0.006	0.060
−20062.00	0.015	0.075
−16375.00	0.012	0.087
−12688.00	0.003	0.090
−11047.00	0.120	0.210
−7360.00	0.096	0.306
−3673.00	0.024	0.330
13938.00	0.005	0.335

根据表 8-4 可求得净现值小于零的概率为：

$$P(ENPV<0) = 0.33 + (0.335 - 0.33) \times \frac{3673}{3673 + 13938} \approx 0.331$$

净现值大于或等于零的累计概率按下式求得：

$$P(ENPV \geqslant 0) = 1 - P(ENPV < 0) = 1 - 0.331 = 0.669$$

计算得出净现值大于或等于零的概率为 66.9%，说明该项目承担的风险不算太大。此外，还有一些其他的风险分析方法，这里不作详细介绍。

8.2 投资风险及其控制

8.2.1 投资风险

投资风险是指在特定环境下和特定时期内客观存在的导致投资经济损失的可能性。商场如战场,投资的过程是如此复杂多变、险象环生,即使是全神贯注于其中,也难以避免遭受意想不到的损失,这就是投资的风险。投资的风险往往是与投资中遭受意料不到的损失联系在一起的,但是,风险还只是不利结果产生的可能性,一旦不利的结果成为现实,那就不是投资风险,而是损失了。

投资者有许多投资对象去选择,如债券、股票、期货、外汇、房地产等,而投资风险也有很多。可以说,投资对象有多少,投资风险就有多少;每一种投资对象又包括许多类型的风险。这些风险有些是共同的,有些是特殊的,只有某种投资对象才有。一般而言,对投资风险作如下分类。

1. 主观风险与客观风险

依据投资者对投资风险认识的不同,可以分为主观风险和客观风险。所谓主观风险是投资者个人心理上对风险的判断和估价,在作出这种判断时有时也是依据某些客观现象,但与风险本身有一定距离,存在着片面性,且难以用客观的尺度来衡量。主观风险更多地强调投资者个人对风险的心理感受,这与投资者的风险偏好程度有关。例如,有些投资者喜欢投资于风险大的投资对象,如金融衍生工具,并对由此造成的巨额损失(有时是账面上的损失)心理承受能力也很强。当然任何投资者的心理都或多或少地感受到风险的压力,并都要受其影响。当股民踏进证券营业所大门时,令人窒息的气氛常常导致股民心理剧烈变化,有些老练的股民可能表现得较为冷静、理智,而有些新入市的股民常常难以承受股价变化对心理的冲击。主观风险虽然看起来难以捉摸,但是在管理上恰恰是至关重要的,因为每项具体投资都必须依靠人去评价判断,去决策,去操作,去管理,所以人对投资风险的判断或评价就显得非常重要。

与主观风险相对的是客观风险,即投资风险的客观存在。任何投资风险都是独立于人的主观意识之外的客观存在,是可以用科学的方法或客观的尺度来衡量的。当然,由于人们对客观风险认识的有限性,要想在一个早晨就把投资风险的客观性全面、准确、及时地揭示出来是不可能的,但这并不能否定风险的客观存在。

2. 纯粹风险和投机风险

美国学者莫伯莱(A. H. Mowbray)最初提出了此种分类法。纯粹风险是指只有损失的可能性或没有损失的可能性,而不存在获利的可能性。而投机风险则存在着三种可能,即①没有损失;②损失;③利得。这是按损失的性质来划分的,前者有可能造成社会损失,但是却符合一定规律,如大数法则,因此是可管理的,保险学理论主要研究此类风险,保险业也主要提供此类风险的保险业务。而后者并不会减少原有的财产总量,只是重新分配原有的财产,从而造成有些人获利有些人损失。由于投机风险存在着获利的机会，所以，不少人甘愿承担风险。虽然投机风险不符合大数法则，也无法通过保险来规避或减少风险，更不可能在损失发生后得到补偿，但是，投机风险仍然是可以管理的，只不过管理的方法不同，如采用组合的方法、中和的方法等。

3. 静态风险和动态风险

静态风险是由于自然力量的不规则变动或由于人类的错误行为所致，如地震、海难、火灾、爆炸、死亡、残废、盗窃等。而动态风险则是由于经济或社会结构的变动所引起的，如产业结构、工业结构、贸易结构等；又如人口增长、文盲减少、消费者爱好的转移等。前者多属于纯粹风险，危险事故的出现比较规则，也符合大数法则；而后者则包括了纯粹风险和投机风险。

4. 个体风险与总体风险

从投资风险发生的范围来划分，又分为个体风险与总体风险。个体风险是指存在于个人、家庭或企业中的投资风险，而总体风险是指存在于政府或跨国公司中的投资风险。

5. 市场风险与经营风险

市场风险，是指由于投资市场各种因素的变化，比如利率升降、外汇涨跌、购买力强弱等因素，而导致投资者的盈利或亏损，这是由投资者市场环境的变化所引起的。有时市场的各种因素变化较大或较为频繁时，投资者遭受损失的数额或可能性也就变大。经营风险则主要是指企业或投资者个人在投资过程中对未来预期的偏差，导致决策不当操作失误，使企业或投资者个人破产的可能性变大。经营风险强调企业或投资个人在管理投资过程中因失误而遭受损失的可能性，其原因是由于主观判断、操作及管理失误导致的；另外，经营风险强调不利结果发生时的严重程度，即可能导致企业或投资者个人破产。

6. 自然风险、社会风险、经济风险及政治风险

风险林林总总，划分投资风险的种类及方法也很多。根据损失发生的原因划分，自然风险主要是指由物理的或物质的危险因素造成财产损失的风险，包括水灾、火灾、海啸、地震等。社会风险是指由于个人行为反常或不可预料的集体行为所致，包括盗窃、抢劫、罢工、动乱等。经济风险是指在经济运行过程中，由于外部的经济因素的变动或经营者的错误的判断，或者管理失当导致财产损失。政治风险主要是指起源于种族宗教冲突、叛乱、战争等所引起的风险。

7. 系统风险和非系统风险

系统风险是指某一投资领域内所有投资者都将共同面临的风险，是任何投资都无法回避的风险，如利率的变化对债券市场的影响，政府的某项政策将减少企业的收入，它将对所有股票价格产生影响。系统风险是由一些共同因素所致的，并且将影响某一系统内的所有投资对象，如股票、债券、期货、外汇等，不可能通过对系统内的投资品种进行多样化的组合来避免风险。非系统风险又称剩余风险，这部分风险是在总风险中，除了系统风险之外剩下的那部分偶发性风险。非系统性风险产生的原因是影响某一种投资品种收益的某些独特事件的发生，这种风险是可以通过投资多样化来避免的。

上述对投资风险的划分只是相对的、有条件的，它也只是反映投资风险的一种方法，且在内容上也存在着某些交叉。

8.2.2 投资风险控制

投资风险管理是投资管理的核心问题之一，并将直接影响到一系列投资以及一段时期内投资成功与否。风险管理于20世纪30年代起源于美国，现已成为一门独立的学科，并广泛应用于投资管理、工程项目管理和企业管理等领域。风险管理包括风险的辨识、评估、转移和控制等。风险对投资的行为具有相当重要的影响，一是令投资者根据投资风险的大小，确定其合理的投资收益水平；二是使其尽可能地归避、控制或转移风险。下面将详细探讨投资风险管理的原因、目标、管理及方法。

1. 投资风险控制的原因

投资者希望通过在金融市场上投入并且经营一定量的资金，从而使资金增值获得收益，这是投资者的主观愿望。与此同时，金融市场上的各种因素的变化会使这种希望或努力以损失而告终，这是市场本身的客观性。投资风险控制就是要使这种主观愿望与客观存在统一起来，从而达到投资者获利的目的。

（1）投资风险的客观存在性是投资风险控制的第一个原因。任何投资者只要把资金投入金融市场进行经营，他就将面临诸多风险。从总体上说，他无法消除风险，他只能选择是承担这个风险还是承担那个风险的问题。例如，对于一个跨国金融投资公司，外汇风险将是无法消除的。其中包括因货币资金国际间流动期间汇率的变动使本币价值发生变动的交易暴露，根据公认的会计准则，跨国企业在会计期末把海外子公司、分公司或其他附属机构以外币记账的财务报表合并到母公司或总公司以本币记账的报表时，由于形成资产与负债、收入与费用的历史汇率或交易日汇率与报表合并日的现行汇率或期末汇率不同，致使有关会计项目出现账面上的外汇损益，从而影响股东们及社会公众对公司经营成果或财务状况的评价；未预期到的汇率变动对以本国货币表示的海外企业未来的税后现金流的现值产生直接影响，以及对整个跨国公司的盈利能力及其价值产生潜在影响。这些外汇风险是客观存在的，任何一个跨国金融投资者都无法使本币与外币的比价固定不变，也无法消除时间因素。这就决定了外汇风险以及其他在金融投资中客观存在的风险，必须加以控制。

（2）投资风险的负面性是投资风险控制的第二个原因。在金融投资中，投资风险的负面性表现得相当突出。我们仍以上述的外汇风险为例。在国际金融投资中，一般伴随着大量货币资金国际间的流动。一旦投资结束以后，本金利润又将汇回母公司。在当前浮动汇率制下，前后的汇率完全一致的情况是极为少见的。因此，投资者可能在投资过程中已经获利，但是汇率的变化会使本金和利润流回母国时，由盈利变成亏损。即使在国外的投资结束后进入第二轮投资，而不把资金和利润汇回国内，那也可能产生风险。

（3）投资风险的可控制性是投资风险控制的第三个原因。投资风险无法消除，又具有负面性，能否及如何进行风险控制就显得非常重要了。现实中，我们可以采用各种方法控制风险，即采用回避、保留或承担、预防与抑制、中和、转移、集合或组合等等的方法可以减少损失或增加利润。当然这些都还只是一般意义上的控制风险之方法，就某一金融投资而言，还有许多与该金融投资本身相联系的一些技术和手段。仍以外汇风险控制为例：外汇风险控制包括内部技巧和外部技巧，前者主要指净额结算、配对管理、提前或延期结汇、定价政策，后者主要指套期保值、"福费廷（forfeiting）"、短期外币信贷安排与货币透支、制定保值条款及参加汇率保险等。在这些技巧和手段下，将能有效地减少风险发生的可能性，增加盈利的可能性，但并不能保证就一定能够达到这些目标。最后的效果就看投资者运用这些技巧的熟练程度以及市场变化情况。

2. 投资风险控制的风险因素

影响项目实现预期经济目标的风险因素来源于法律法规及政策、市场供需、资源开发与利用、技术的可靠性、工程方案、融资方案、组织管理、环境与社会、外部配套条件等一个方面或几个方面。影响项目效益的风险因素可归纳为下列内容：

（1）项目收益风险：产出品的数量（服务量）与预测（财务与经济）价格；

（2）建设风险：建筑安装工程量、设备选型与数量、土地征用和拆迁安置费、人工、材料价格、机械使用费及取费标准等；

（3）融资风险：资金来源、供应量与供应时间等；

（4）建设工期风险：工期延长；

（5）运营成本费用风险：投入的各种原料、材料、燃料、动力的需求量与预测价格、劳动力工资、各种管理费取费标准等；政策风险：税率、利率、汇率及通货膨胀率等；

（6）政策风险：税率、利率、汇率及通货膨胀等。

3. 投资风险控制的目标

进行投资的目的不同，对风险的看法不同，对风险控制的目的认识也不同。但从根本性而言，也有大致的基本规律。

（1）安全性是风险控制的基本目标。

对投资者而言，首先，是要保证投资资产的安全性。如果不能保证资产的安全性，不仅不可能获利，就连继续投资都会发生困难，这是任何投资者考虑问题的首发点。其次，要保证货币资金在投资过程中的安全。在金融投资市场上，其风险的主要表现形式是价格波动，投资者的盈亏更多地是由价格波动直接引起的。

（2）安全性要服从金融投资的整体目标。

金融投资的原则是：盈利性、流动性和安全性。在安全性一定的情况下，如储蓄、债券的投资，其盈利性主要受到流动性影响。储蓄中活期储蓄流动性最强，所以其盈利性最差；定期储蓄，储蓄时间长，流动性越小，其盈利就越大。如股票、期货等投资，其盈利性将受到安全性的影响和制约。安全性较差或风险较大的领域，其盈利的可能性就较大。作为投资者来说，盈利性是他追求的主要目标，而流动性和安全性则服从这个目标。投资者不可能为了安全而把其货币资金锁在保险柜里。因此，投资风险控制的目标主要是在投资—盈利的前提下，尽量回避或转移风险。如果为了回避或转移风险而失去了投资—盈利的机会，那就失去了投资风险控制的目标。

一般而言，投资风险控制的目标选择就是投资的目标选择（即盈利）。投资者在正常情况下都期望在短时期内获得较高的收益，那他就必须承担较大的风险。若投资者希望承担较小风险，其投资收益就比较低。投资者总是在收益与风险之间徘徊不定，以便找到收益与风险的最佳配比，从而在最短的时间里，以最小的风险获得最大的收益。风险控制的目标选择其实是对投资目标综合评价的结果，这种评价除了在投资的风险—收益之间进行权衡之外，其实也包括对投资目标的流动性及其交易方式的评价。

事实上，在讨论所及的各类金融投资市场中，我们很难按照风险的大小对投资对象进行排序。对金融投资对象的风险大小只能作大致的区别，有些投资对象很难比较其风险孰大孰小。例如，在房地产投资和现代租赁投资之间，风险性如何呢？虽然都是长期投资，投入货币资金的流动性较小，但是在风险的表现形式上却有很大的不同。现代租赁投资将主要面临两个风险：其一，利率向上波动；第二，承租人破产。虽然承租人一般都有银行担保，一旦承租人破产，投资人也将受到不同程度的负面影响。房地产投资也将面临两个风险，即利率上浮和市场供求状况的变化。这两类投资者要想从投资市场退出，都不容易，特别是前者几乎是不可能的。因此，这两类投资者在作出投资抉择时，必须把投资的流动性和交易方式考虑在内。这样，投资风险的目标选择就不再仅仅是在投资的风险大小及收益高低方面作权衡，而是必须在投资的风险、收益、流动及交易方式等方面作出全面而客观的评价，并且根据投资者所拥有的货币资金，才能真正选择投资对象。一旦投资对象被选定，投资的风险基本被确定，余下的问题就是如何采取适当的策略，对某一投资对象的整个投资过程的风险进行风险管理。

4. 投资风险控制的范围

一般而言，投资风险控制的范围包括：

（1）投资收益确定时的风险控制。投资者在投资中往往不断地进行分析和选择，以确定投资的风险和收益的最佳组合。当投资的目标一经确定，其风险的大小、形式也就随之确定。例如，投资者在债券投资、期货投资两者之间选择，当他以低风险的债券作为投资目标时，风险控制的最基本的范围也就确定了。

（2）投资策略制定过程中的风险控制。在投资的目标收益确定以后，投资的对象也就比较明确了。此后，投资者还要就具体的投资品种、投资的时机、货币资金投入量的大小、投资的先后顺序等等，作出一定的抉择，这就是所谓的投资的策略。制定投资策略的每一项内容，几乎都涉及到风险控制。其中，投资时机的选择是投资策略的核心内容。投资时机往往可以分为外在时机和内在时机。前者是指经济萧条或景气、利率下降或上升、物价上涨或下跌、失业率低或高等的外在经济因素；后者是投资品种的内在质量或价值与市价的差距。当投资者在选择投资时机时，往往需要对投资市场作出评估和判断，一旦这种评估与未来的发展相去甚远，就会影响到投资的收益。一般情况下，选择时机的好坏与短期投资关系密切，而对长期投资影响较小，长期投资具有更多的调整投资的机会。

（3）在投资操作过程中的风险控制。投资的操作过程，是实现利润或遭受损失的过程。这一期间的风险控制主要包括：根据实际的具体情况，对投资收益的目标进行调整；投资策略也将在投资过程中进行调整。投资的操作过程，并不完全是原定方案的实施过程，而是综合运用各种策略，实现利润最大化目标的过程。所以，一旦资金入市，就必须对市场的变化进行跟踪、评估和判断。此外，这时的风险控制还应包括选择经纪人时的风险控制，下达指令时的风险控制和成交以后的风险控制等。

（4）在损失发生时的风险控制。在损失发生时，投资者要面临着两个大的选择：一是继续投资，此时可能坚持原来的投资策略不变；或者改变策略；或者调整操作过程，如对所选经纪人作出调整等等。二是撤走投资，完全改变原来的投资目标、投资策略及投资的操作。撤走投资也有几种方式：全部撤走、部分撤走、一下子撤走、逐步撤走。

投资发生时，继续投资有可能扭亏为盈，也可能扩大亏损直至投资者破产；撤走投资可以达到止损的目的，也可能恰巧在投资者刚撤走投资时，市场局势发生逆转，从而失去一次扭亏为盈的机会。所以，损失发生时的风险控制也是相当重要的，属于一个特殊的关键时期。

5. 投资风险控制的程序

（1）风险识别

风险识别应采用系统论的观点对项目全面考察综合分析，找出潜在的各种风险因素，并对各种风险进行比较、分类，确定各因素间的相关判断其发生的可能性及对项目的影响程度，按其重要性进行排队，或赋予权重敏感性分析是初步识别风险因素的重要手段。

1）经济风险的各种风险因素的分析

经济风险的来源。建设项目的经济风险来源于法律、法规及政策变化，市场供需变化，资源开发与利用、技术的可靠性、工程方案、融资方案、组织管理、环境与社会、外部配套条件等一个方面或几个方面的共同影响，具体内容如下：

①政策方面：由于政府政策调整，使项目原定目标难以实现所造成的损失，如税收、金融、环保、产业政策等的调整变化，税率、利率、汇率、通货膨胀率的变化都会对项目经济效益带来影响。

②市场方面：由于市场需求的变化、竞争对手的竞争策略调整，项目产品销路不畅，产品价格低迷等，以至产量和销售收入达不到预期的目标，给项目预期收益带来的损失。

③资源方面：资源开发与利用的项目，由于矿产资源的储量、品位、可采储量、开拓工程量及采选方式等与原预测结果发生较大偏离，导致项目开采成本增高，产量降低或经济寿命期缩短，造成巨大的经济损失。在水资源短缺地区的投资建设项目，可能受水资源勘察不明、气候不正常等因素的影响。对于农业灌溉项目还可能有水资源分配问题等。

④技术方面：项目采用的技术，特别是引进技术的先进性、可靠性、适用性和经济性与原方案发生重大变化，导致项目不能按期进入正常生产状态，或生产

能力利用率降低，达不到设计要求，或生产成本提高，产品质量达不到预期要求等。

⑤工程方面：因工程地质和水文地质条件出乎预料的变化，工程设计发生重大变化，导致工程量增加、投资增加、工期延长所造成的损失；由于前期准备工作不足，导致项目实施阶段建设方案的变化；工程设计方案不合理，可能给项目的生产经营带来影响等，造成经济损失。

⑥融资方面：项目资金来源的可靠性、充足性和及时性不能保证；由于工程量预计不足，或设备材料价格上升导致投资增加；由于计划不周或外部条件等因素导致建设工期拖延；利率、汇率变化导致融资成本升高所造成的损失。

⑦组织管理方面：由于项目组织结构不当、管理机制不完善或是主要管理者能力不足等，导致项目不能按计划建成投产，投资超出估算；或在项目投产后，未能制定有效的企业竞争策略，在市场竞争中失败。

⑧环境与社会方面：对于许多项目，外部环境因素包括自然环境和社会环境因素的影响。如项目选址不当，项目对社区的影响、生态环境影响估计不足，或是项目环保措施不当，在项目建成后，可能对社区和生态带来严重影响，导致社区居民和社会的反对，造成直接经济损失。

⑨配套条件方面：建设项目需要的外部配套设施，如供水排水、供电供汽、公路铁路、港口码头以及上下游配套设施等，在可行性研究中虽都作了考虑，但是实际上仍然可能存在外部配套设施没有如期落实的问题，致使建设项目不能发挥应有效益，从而带来风险。

⑩其他方面：对于某些项目，应考虑特有的风险因素。例如，对于合资项目，要考虑合资对象的法人资格和资信问题；对于农业建设项目，要考虑因气候、土壤、水利等条件的变化对收成不利影响的风险因素等；许多无形成本和效益的度量是分析专家个人的主观价值判断，不能量化的外部或间接效果的定性判断完全是主观的。

经济风险因素。经济风险分析的任务之一，是通过对政策、市场、资源、技术、工程、资金、管理、环境、外部配套条件和其他等以上十个方面的分析找出风险因素。上述各方面经常是相互关联的，有时也难以分清。为寻找风险根源，有必要区分事件、后果和根源，如建设工期延误的原因和可能的后果，列于表 8-5。

建设工期延误的可能原因与后果 表 8-5

原　　因	事　　件	可能后果
资金短缺 建筑材料供应延误 熟练劳动力不足 恶劣的天气 设计变更，工程量增加 管理或协调不力	建设工期延误	投资超支 推迟建设 推迟投产 还款期延长 市场机会延误 项目破产

2）风险识别方法。风险识别应根据项目的特点选用适当的方法。常用的方法有问卷调查、专家调查法和情景分析等。具体操作中，一般通过问卷调查或专家调查法完成，建立项目风险因素调查表。

3）风险识别应注意的问题。

①建设项目的不同阶段存在的主要风险有所不同；

②风险因素依项目不同具有特殊性；

③对于项目的有关各方（不同的风险管理主体）可能会有不同的风险；

④风险的构成具有明显的递阶层次，风险识别应层层剖析，尽可能深入到最基本的风险单元，以明确风险的根本来源；

⑤正确判断风险因素间的相关性与独立性；

⑥识别风险应注意借鉴历史经验，要求分析者富有经验、创建性和系统观念。

（2）风险估计

风险估计应采用主观概率和客观概率的统计方法，确定风险因素的概率分布，运用数理统计分析方法，计算项目评价指标相应的概率分布或累计概率、期望值、标准差。

风险估计又称风险测定、测试、衡量和估算等。风险估计是在风险识别之后，通过定量分析的方法测度风险发生的可能性及对项目的影响程度。

1）风险估计与概率

风险估计是估算风险事件发生的概率及其后果的严重程度，因此，风险与概率密切相关。概率是度量某一事件发生的可能性大小的量，它是随机事件的函数。必然发生的事件，其概率为 1，不可能事件，其概率为零，一般的随机事件，其概率在 0 与 1 之间。风险估计分为主观概率（估计）和客观概率（估计）两种。

①主观概率（估计）是指人们对某一风险因素发生可能性的主观判断，用介于 0 到 1 的数据来描述。这种主观估计基于人们所掌握的大量信息或长期经验的积累，而不是随意"拍脑袋"。

②客观概率（估计）是根据大量的试验数据，用统计的方法计算某一风险因素发生的可能性，它是不以人的主观意志为转移的客观存在的概率，客观概率计算需要足够多的试验数据作支持。

③在项目评价中，要对项目的投入与产出进行从机会研究到投产运营全过程的预测。由于不可能获得足够时间与资金对某一事件发生的可能性作大量的试验，又因事件是将来发生的，也不可能做出准确的分析，很难计算出该事件发生的客观概率，但决策又需要对事件发生的概率做出估计，因此项目前期的风险估计最常用的方法是由专家或决策者对事件出现的可能性做出主观估计。

2）风险估计与概率分布

①风险估计的一个重要方面是确定风险事件的概率分布。概率分布用来描述损失原因所致各种损失发生可能性的分布情况，是显示各种风险事件发生概率的函数。概率分布函数给出的分布形式、期望值、方差、标准差等信息，可直接或间接用来判断项目的风险。

②常用的概率分布类型有离散概率分布和连续概率分布。当输入变量可能值

为有限个数，这种随机变量称为离散随机变量，其概率称离散概率，它适用于变量取值个数不多的输入变量。当输入变量的取值充满一个区间，无法按一定次序一一列举出来时，这种随机变量称连续随机变量，其概率称连续概率，常用的连续概率分布有正态分布、对数正态分布、泊松分布、三角分布、二项分布等。各种状态的概率取值之和等于1。

③在风险估计中，确定概率分布时，需要注意充分利用已获得的各种信息进行估测和计算，在获得的信息不够充分的条件下则需要根据主观判断和近似的方法确定概率分布，具体采用何种分布应根据项目风险特点而定。确定风险事件的概率分布常用的方法有概率树、蒙特卡罗模拟及 CIM 模型等分析法。

（3）风险评价

风险评价是对项目经济风险进行综合分析，是依据风险对项目经济目标的影响程度进行项目风险分级排序的过程。它是在项目风险识别和估计的基础上，通过建立项目风险的系统评价模型，列出各种风险因素发生的概率及概率分布，确定可能导致的损失大小，从而找到该项目的关键风险，确定项目的整体风险水平，为如何处置这些风险提供科学依据。风险评价的判别标准可采用两种类型：

1）以经济指标的累计概率、标准差为判别标准

①财务（经济）内部收益率大于等于基准收益率的累计概率值越大，风险越小；标准差越小，风险越小。

②财务（经济）净现值大于等于零的累计概率值越大，风险越小；标准差越小，风险越小。

2）以综合风险等级为判别标准

风险等级的划分既要考虑风险因素出现的可能性又要考虑风险出现后对项目的影响程度，有多种表述方法，一般应选择矩阵列表法划分风险等级。矩阵列表法简单直观，将风险因素出现的可能性及对项目的影响程度构造一个矩阵，表中每一单元对应一种风险的可能性及其影响程度。为适应现实生活中人们往往以单一指标描述事物的习惯，将风险的可能性与影响程度综合起来，用某种级别表示，见表 8-6。

该表是以风险应对的方式来表示风险的综合等级。所示风险等级亦可采用数学推导和专家判断相结合确定。

综合风险等级分类表　　　　　　　　　　　　　　　　表 8-6

综合风险等级		风险影响的程度			
		严重	较大	适度	低
风险的可能性	高				
	较高				
	适度				
	低				

综合风险等级分为 K、M、T、R、I 五个等级：

K（Kill）表示项目风险很强，出现这类风险就要放弃项目；

M（Modify plan）表示项目风险强，需要修正拟议中的方案，通过改变设计或采取补偿措施等；

T（Trigger）表示风险较强，设定某些指标的临界值，指标一旦达到临界值，就要变更设计或对负面影响采取补偿措施；

R（Review and reconsider）表示风险适度（较小），适当采取措施后不影响项目；

I（Ignore）表示风险弱，可忽略。

落在该表左上角的风险会产生严重后果；落在这个表左下角的风险，发生的可能性相对低，必须注意临界指标的变化，提前防范与管理；落在该表右上角的风险影响虽然相对适度，但是发生的可能性相对高，也会对项目产生影响，应注意防范；落在该表右下角的风险，损失不大，发生的概率小，可以忽略不计。

以上推荐的风险等级的划分标准并不是唯一的。其他可供选择的划分标准有很多，如常用的风险等级划分为 1～9 级等。

（4）风险应对

在经济风险分析中找出的关键风险因素，对项目的成败具有重大影响，需要采取相应的应对措施，尽可能降低风险的不利影响，实现预期投资效益。

1）选择风险应对的原则

①贯穿于项目可行性研究的全过程。可行性研究是一项复杂的系统工程，而经济风险来源于技术、市场、工程等各个方面，因此，应从规划设计上就采取规避防范风险的措施，才能防患于未然。

②针对性。风险对策研究应有很强的针对性，应结合行业特点，针对特定项目主要的或关键的风险因素提出必要的措施，将其影响降低到最小程度。

③可行性。可行性研究阶段所进行的风险应对研究应立足于现实客观的基础之上，提出的风险应对应在财务、技术等方面是切实可行的。

④经济性。规避防范风险是要付出代价的，如果提出的风险应对所花费的费用远大于可能造成的风险损失，该对策将毫无意义。在风险应对研究中应将规避防范风险措施所付出的代价与该风险可能造成的损失进行权衡，旨在寻求以最少的费用获取最大的风险效益。

2）决策阶段的风险主要应对

①提出多个备选方案，通过多方案的技术、经济比较，选择最优方案；

②对有关重大工程技术难题潜在风险因素提出必要研究与试验课题，准确地把握有关问题，消除模糊认识；

③对影响投资、质量、工期和效益等有关数据，如价格、汇率和利率等风险因素，在编制投资估算、制定建设计划和分析经济效益时，应留有充分的余地，谨慎决策，并在项目执行过程中实施有效监控。

3）建设或运营期的风险可建议采取回避、转移、分担、自留、抑制和集合措施

①风险回避。风险回避是彻底规避风险的一种做法，即断绝风险的来源。是指事先预料风险产生的可能性程度，判断导致其实现的条件和因素，在投资活动

中尽可能地避免它或改变投资的方向。风险回避是风险管理中进行风险控制的最彻底的方式，采取有效的风险回避措施可以完全消除某一特定风险，而其他风险控制手段仅在于通过减少风险概率和损失程度，来减轻风险的潜在影响。风险回避手段的实际运用，要受到一定的限制，因为它往往牵涉到放弃某种投资机会，从而相应失去与该投资相联系的利益。风险回避一般适用于以下两种情况，某种风险可能造成相当大的损失；风险应对防范风险代价昂贵，得不偿失。

②风险分担。风险分担是针对风险较大，投资人无法独立承担，或是为了控制项目的风险源，而采取与其他企业合资或合作等方式，共同承担风险、共享收益的方法。

③风险转移。风险转移是将项目业主可能面临的风险通过若干技术和经济手段将风险转移给他人承担，以避免风险损失的一种方法。转移风险有两种方式，一是将风险源转移出去，如将已做完前期工作的项目转给他人投资，或将其中风险大的部分转给他人承包建设或经营；二是只把部分或全部风险损失转移出去，包括保险转移方式和非保险转移方式两种。前者是指投资者向保险公司投保，以交纳保险费为代价，将投资风险转移给保险公司承担，当承保风险发生后，其损失由保险公司按约进行补偿；后者是指不是向保险公司投保而是利用其他途径将风险转移给别人。

④风险自留。风险自留就是将风险损失留给项目业主自己独立承担项目的风险，是指对一些无法回避和转移的风险采取现实的态度，在不影响投资者根本利益或大局利益的前提下承担下来。这实际上是一种积极的风险控制手段，它会使投资者为承受风险损失而事先做好种种准备工作，修改自己的行为方式，努力将风险损失降到最小程度。投资者已知有风险但由于可能获利而需要冒险时，同时又不愿意将获利的机会分给别人，必须保留和承担这种风险。

⑤风险抑制。风险抑制是指采取各种措施减少风险实现概率及经济损失的程度。风险抑制是投资者在分析风险的基础上，力图维持其原有决策，实施风险对抗的积极措施。

⑥风险集合。风险集合是指在大量同类风险发生的环境下，投资者联合行动分散风险损失，从而降低防范风险发生的成本。如国际贷款中的多边担保制。

上述风险应对不是互斥的，实践中常常组合使用。可行性研究中应结合项目的实际情况，研究并选用相应的风险对策。当然，任何风险控制的方法都是相对的、多维的。要在分析辨识和评估的基础上，从客观实际出发，经过比较研究，择优选用，并采取合适的方式进行风险控制。

8.3　风险管理工具

8.3.1　常用的风险管理工具

风险分析方法很多，本节简单扼要介绍几种常用方法的基本原理和基本操作步骤。常用的风险分析方法包括专家调查法、层次分析法、概率树、CIM 模型及蒙特卡罗模拟等分析方法，应根据项目具体情况，选用一种方法或几种方法组合使用。

1. 专家调查法

对风险的识别和评价可采用专家调查法。专家调查法简单、易操作，它凭借分析者（包括可行性研究人员和决策者等）的经验对项目各类风险因素及其风险程度做出定性估计。专家调查法可以通过发函、开会或其他形式向专家进行调查，对项目风险因素、风险发生的可能性及风险对项目的影响程度评定，将多位专家的经验集中起来形成分析结论。由于它比一般的经验识别法更具客观性，因此应用较为广泛。

采用专家调查法时，专家应熟悉该行业和所评估的风险因素，并能做到客观公正。为减少主观性，聘用的专家应有一定数量，一般应在 10～20 位左右。具体操作上，将项目可能出现的各类风险因素、风险发生的可能性及风险对项目的影响程度采取表格形式——列出，请每位专家凭借经验独立对各类风险因素的可能性和影响程度进行选择，最后将各位专家的意见归集起来，填写专家调查表。专家调查法是获得主观概率的基本方法。

2. 层次分析法

层次分析法（The Analytic Hierarchy Process）是美国著名运筹学家，匹兹堡大学教授 T. L Saaty 于 20 世纪 70 年代中期提出的一种定性与定量相结合的决策分析方法，简称 AHP 方法。层次分析法是一种多准则决策分析方法，在风险分析中它有两种用途：一是将风险因素逐层分解识别，直至最基本的风险因素，也称正向分解；二是两两比较同一层次风险因素的重要程度，列出该层风险因素的判断矩阵（判断矩阵可由专家调查法得出），判断矩阵的特征根就是该层次各个风险因素的权重（具体计算方法可参见介绍层次分析的书籍），利用权重与同层次风险因素概率分布的组合，求得上一层风险的概率分布，直至求出总目标的概率分布，也称反向合成。运用层次分析法解决实际问题一般包括四个步骤：

①建立所研究问题的递阶层次结构；

②构造两两比较判断矩阵；

③由判断矩阵计算被比较元素的相对权重；

④计算各层元素的组合权重；

⑤将各子项的权重与子项的风险概率分布加权叠加，即得出项目的经济风险概率分布。

3. CIM 方法

CIM 模型（CIM，Controlled Interval and Memory Model）是控制区间和记忆模型，也称概率分布的叠加模型，或"记忆模型"。它是 C. 钱伯曼（C. Chapman）和 D. 库泊（D. Cooper）在 1983 年提出的。CIM 模型包括串联响应模型和并联响应模型，它们分别是以随机变量的概率分布形式进行串联、并联叠加的有效方法。

CIM 方法的主要特点是：用离散的直方图表示随机变量概率分布，用和代替概率函数的积分，并按串联或并联响应模型进行概率叠加。在概率叠加的时候，

CIM 方法可将直方图的变量区间进行调整，即所谓的区间控制，一般是缩小变量区间，使直方图与概率解析分布的误差显著减小，提高了计算的精度。CIM 模型同时也可用"记忆"的方式考虑前后变量的相互影响，把前面概率分布叠加的结果记忆下来，应用"控制区间"的方法将其与后面变量的概率分布叠加，直至最后一个变量为止。应用 CIM 方法解决实际问题时可参照层次分析法的应用步骤进行（具体计算方法可参见介绍 CIM 模型的书籍）。

4. 概率树

概率树分析是假定风险变量之间是相互独立的，在构造概率树的基础上，将每个风险变量的各种状态取值组合计算，分别计算每种组合状态下的评价指标值及相应的概率，得到评价指标的概率分布，并统计出评价指标低于或高于基准值的累计概率，计算评价指标的期望值、方差、标准差和离散系数。可以绘制以评价指标为横轴，累计概率为纵轴的累计概率曲线。概率树计算项目净现值的期望值和净现值大于或等于零的累计概率的计算步骤：

①通过敏感性分析，确定风险变量；

②判断风险变量可能发生的情况；

③确定每种情况可能发生的概率，每种情况发生的概率之和必须等于 1；

随机参数的概率分布

a. 均匀分布。

均值：$E[X] = \dfrac{a+b}{2}$

$\left\{\begin{array}{l} a \text{ 为参数取值的最小值} \\ b \text{ 为参数取值的最大值} \end{array}\right.$ (8-22)

方差：$D[X] = \dfrac{(b-a)^2}{12}$

b. β 分布。

对参数作出三种估计值：悲观值 P、最可能值 M、乐观值 O

均值：$E[X] = \dfrac{P + 4M + O}{6}$ (8-23)

方差：$D[X] = \left(\dfrac{O-P}{6}\right)^2$ (8-24)

c. 正态分布。

$X \sim N(\mu, \sigma^2), E[X] = \mu, D[X] = \sigma^2$ (8-25)

④求出可能发生事件的净现值、加权净现值，然后求出净现值的期望值；

⑤可用插入法求出净现值大于或等于零的累计概率。

5. 蒙特卡罗模拟法

蒙特卡罗模拟法（Monte-Carlo Simulation）又称随机模拟法或统计试验法，是一种通过对随机变量进行统计试验和随机模拟，求解数学、物理以及工程技术等有关问题的近似的数学求解方法。

蒙特卡罗模拟技术，是用随机抽样的方法抽取一组满足输入变量的概率分布特征的数值，输入这组变量计算项目评价指标，通过多次抽样计算可获得评价指标的概率分布及累计概率分布、期望值、方差、标准差，计算项目可行或不可行的概率，从而估计项目投资所承担的风险。模拟过程：

①通过敏感性分析，确定风险变量；

②构造风险变量的概率分布模型；

③为各输入风险变量抽取随机数；

④将抽得的随机数转化为各输入变量的抽样值；

⑤将抽样值组成一组项目评价基础数据；

⑥根据基础数据计算出评价指标值；

⑦整理模拟结果所得评价指标的期望值、方差、标准差和它的概率分布及累计概率，绘制累计概率图，计算项目可行或不可行的概率。

8.3.2 常用的风险管理工具的选择

根据项目特点及评价要求，风险分析可区别下列情况进行：

①财务风险和经济风险分析可直接在敏感性分析的基础上，采用概率树分析和蒙特卡罗模拟分析法，确定各变量（如收益、投资、工期、产量等）的变化区间及概率分布，计算项目内部收益率、净现值等评价指标的概率分布、期望值及标准差，并根据计算结果进行风险评估。

②建设项目需要进行专题风险分析时，风险分析应按该专题风险特殊性步骤进行。

③在定量分析有困难时，可对风险采用定性的分析。

风险分析操作的简要过程：

在具体操作过程中，经济风险分析区别两种情况：

第一种情况：项目经济风险分析在敏感性分析的基础上进行，只需要分析敏感因素发生的可能性及对经济评价指标的影响程度，没有必要再进行详细的风险识别，可选择适当的方法估计风险发生的概率，然后进行风险估计、风险评价与应对研究。

进行经济风险分析时，风险因素主观概率的估计是在给定风险因素的变化区间后，由专家估计风险因素在不同区间变化的可能性，填入概率分布统计表，表格格式见表 8-7。各变化区间数值和应等于 1。

财务现金流量分析风险因素变化区间的概率分布统计表 表 8-7

序号	风险因素	−20% −15%	−15% −10%	−10% −5%	−5% −0%	0%	0% 5%	5% 10%	10% 15%	15% 20%
1	现金流入									
1.1	产出品价格			0.1	0.2	0.5	0.1	0.1		
1.2	产量	0.01	0.04	0.1	0.15	0.4	0.15	0.10	0.04	0.01
	………									
2	现金流出									
2.1	设备价格	0	0	0.05	0.1	0.2	0.3	0.2	0.1	0.05
2.2	土地价格	0	0	0	0	0.05	0.35	0.3	0.2	0.1
2.3	材料消耗量	0	0.1	0.2	0.4	0.2	0.1	0	0	0
2.4	原材料价格									
	………									

由以上调查统计表得出各个风险因素的概率分布后,可以利用蒙特卡罗模拟法计算经济评价指标的概率分布,以及相应的累计概率、期望值和标准差等指标。

第二种情况:项目需要进行系统的专题经济风险分析时,应按前述四个阶段的要求进行。采用专家调查与层次分析相结合的方法识别风险因素,建立风险因素调查统计表,估计风险因素出现的可能性和对项目的影响程度,确定各个风险因素等级的概率分布。

8.3.3 国外投资项目风险管理工具及其选择

对投资风险的管理工具主要体现在投资风险的评价方法方面,其研究始于20世纪60年代末,经过20多年,已经形成了多种广为采用的评价方法。概括起来主要有:冷热图法、等级尺度法、道氏评估法、多因素和关键因素评估法、相似度法、国家风险评级法和综合评价法。

1. 冷热图法

冷热图法是由美国学者伊西阿·利特法克和彼德·班廷于1968年提出来的。其基本方法是:从投资者和投资国的立场出发,选定诸投资环境因素,据此对目标国家逐一进行评估并将之由"热"至"冷"依次排列,热国表示投资环境优良,冷国则表示投资环境欠佳。

该方法把投资环境分为七大因素:

①政治稳定性——关键是要有一个由社会各阶层代表所组成的、深得民心的、能够创造和保持适宜的工商环境的政府。一国政治稳定性高时,此为一"热"因素。

②市场机会——须有众多的顾客对本公司产品有尚未满足的要求,且有购买力。市场机会大时,此为一"热"因素。

③经济增长及成就——所处的经济发展阶段、增长率、效率及稳定性等。

④文化一体化——一国内各阶层人民的相互关系以及风俗习惯、价值观、宗教信仰等方面的差异程度。文化统一良好时,此为一"热"因素。

⑤法律阻碍——一国法律的完善、繁简程度给企业经营带来的困难,以及对今后工商环境造成的影响。法律阻碍大时,此为一"冷"因素。

⑥实质阻碍——一国的地形等对有效经营产生的阻碍。实质阻碍高时,此为一"冷"因素。

⑦地理及文化差距——两国距离远时,文化、社会观念及语言上存有差异等,都会对相互沟通和联系产生不利影响。地理及文化差距大时,此为一"冷"因素。

冷热图法是最早提出的一种投资环境评估方法,虽然在因素(指标)的选择及其评判上有失系统性,但它却为投资环境评估方法的形成和完善奠定了基础。

2. 等级尺度法

等级尺度法是由美国学者罗伯特·斯托包夫于1969年提出的。这种方法是将投资环境因素分为八个方面,即:①资本抽回自由;②外商股权比例;③对外商的管理制度;④货币稳定性;⑤政治稳定性;⑥给予关税保护的态度;⑦当地资金的可供能力；⑧近五年的通货膨胀率。每个方面又分为 4～7 种不同情况（共有 48 种情况）。根据每个方面的重要程度，定出从最差到最好的各种情况的分级标准，最好的情况评分为 12、14、20 分不等，最差的情况为 0、2、4 分不等。评估投资环境时，先按各种情况打分，然后将各方面的分值相加，得出投资环境总分：8～100 分。分数越高，投资环境越佳。

等级尺度法主要着眼于东道国对外商投资的态度优惠和限制，以及吸收外资的能力。它主要考察了外国投资者在生产经营过程中直接与投资使用有关的主要影响因素，但没有考虑影响项目建设和企业生产经营的外部因素。然而，大多数发展中国家基础设施、法律制度和行政机关的办事效率恰恰是影响投资环境的重要因素，故采用这种方法评估发展中国家的投资环境就会有明显的片面性。

3. 道氏评估法

道氏评估法，是美国道氏化学公司根据自己在海外投资的经历提出的。该种方法把在海外投资的风险分为两类：一是"正常企业风险"，或称为"竞争风险"。例如，自己的竞争对手可能生产出一种更好的产品，或者竞争对手的生产技术更先进，生产成本更低，产品价格也就越低廉等。任何一种基本稳定的企业环境中都存在这一类风险。二是"环境风险"，即某些可以使企业环境本身发生变化的经济、政治和社会事件。因此，道氏评估法把影响投资环境的因素按其形成的原因和作用范围分为两部分：一是企业从事生产经营的业务条件；二是有可能引起这些条件变化的主要压力。

道氏评估法的评估过程分为四个步骤：第一，评估影响企业业务条件的诸因素；第二，评估引起变化的诸主要压力因素；第三，在前两步的基础上，进行有利因素和假设条件的汇总，从中挑出 8～10 个在某个国家的某个项目能获得成功的关键因素；第四，在确定各关键因素及其假设条件后，可以提出 4 套项目预测方案。第一套是根据未来七年中各关键因素"最可能"的变化而提出的预测方案；第二套是假设各关键因素的变化比预期的好，而提出的"乐观"预测方案；第三套是假设各关键因素的变化比预期的差，而提出的"悲观"预测方案；最后一套是各关键因素的变化最坏可能导致公司"遭难"的预测方案。在各预测方案提出后，请专家对某一套方案可能出现的概率进行预测。

道氏评估法为个别企业进行国际直接投资提供了一个实用性很强的评价东道国投资环境的方法。

4. 多因素和关键因素评估法

多因素评估法和关键因素评估法是两个前后关联的评估方法，由香港中文大学闵建蜀教授提出。

（1）多因素评估法

多因素评估法把投资环境因素分为 11 类，即：政治环境、经济环境、财务环境、市场环境、基础设施、技术条件、辅助工业、法律制度、行政机构效率、文化环境、竞争环境。每一类因素又由一系列子因素构成，如政治环境包括的子因素有政治稳定性、国有化的可能性、当地政府的外资政策等（表 8-8）。

影响投资环境的因素及其子因素　　　　　　　　　　　　　表 8-8

影 响 因 素	子 因 素
1. 政治环境	政治稳定性；国有化可能性；当地政府的外资政策
2. 经济环境	经济增长；物价水平
3. 财务环境	资本与利润外调；对外汇价；集资与借款的可能性
4. 市场环境	市场规模；分销网点；营销的辅助机构；地理位置
5. 基础设施	国际通讯设备；交通与运输；外部经济
6. 技术条件	科技水平；适合工资的劳动生产力；专业人才的供应
7. 辅助工业	辅助工业的发展水平；辅助工业的配套情况等
8. 法律制度与法制	商法、劳工法、专利法等各项法律是否健全；法律是否得到很好执行
9. 行政机构效率	机构的设置；办事程度；工作人员的素质等
10. 文化环境	当地社会是否接纳外资公司及对其的信任与合作程度；外资公司是否适应当地社会风俗等
11. 竞争环境	当地的竞争对手的强弱；同类产品进口额在当地市场所占份额

在评价投资环境时，先对各类因素的子因素作出综合评价，然后据此对该类因素作出优、良、中、可、差的判断，最后按下列公式计算投资环境总分：

$$投资环境总分 = \sum_{i=1}^{11} W_i(5a_i + 4b_i + 3c_i + 2d_i + e_i) \qquad (8-26)$$

式中　　　　W_i——第 i 类因素的权重；

a_i, b_i, c_i, d_i, e_i——分别是第 i 类因素被评为优、良、中、可、差的百分比，且 $a_i + b_i + c_i + d_i + e_i = 1(i = 1, 2\cdots, 11)$。

投资环境总分的取值范围在 1～5 之间，愈接近 5，说明投资环境愈佳，反之，愈接近 1，则说明投资环境愈劣。

（2）关键因素评估法

多因素评估法只是对投资环境作一般性评价，而从具体投资项目的投资动机出发来考察投资环境。关键因素评估法恰恰是从具体投资项目的动机出发，从影响投资环境的一般因素中，找出影响投资动机实现的关键因素，然后依据这些因素对投资环境作出评价。此方法把投资动机划分为六种：a. 降低成本；b. 发展当地市场；c. 获得原料的供应；d. 分散风险；e. 追逐竞争者；f. 获得当地的生产技术和管理技术。每种投资动机又包含若干影响投资环境的关键因素（表 8-9）。根据挑选出的关键因素，仍采用多因素评估法计算总分的方式来评价投资环境。

闵氏根据不同的投资动机列出的影响投资环境的关键因素　　　表 8-9

投 资 动 机	影 响 投 资 环 境 的 关 键 因 素
降低成本	①适合当地工资水平的劳动生产率；②土地费用；③原料价格；④运输成本
发展当地市场	①市场规模；②营销辅助机构；③文化环境；④地理位置；⑤运输条件；⑥通讯条件
获得原料的供应	①资源；②当地货币汇率的变化；③当地的通货膨胀率；④运输条件
风险分散	①政治稳定性；②国有化可能性；③货币汇率；④通货膨胀率
追随竞争者	①市场规模；②地理位置；③营销的辅助机构；④法律制度等
获得当地的生产技术和管理技术	①科技发展水平；②劳动生产率

5. 相似度法

相似度法，是以若干特定的相对指标为统一尺度，运用模糊综合评判原理，确定评价标准值，得出一个地区（城市）在诸指标上与标准值的相似度，据以评判该地区（城市）投资环境优劣的一种方法。

(1) 评价指标的确定

运用相似度法评价某一地区（城市）的投资环境，一般要确定并采用以下指标：

投资获得利率 (H)。亦称投资系数，即投资额与在一定时间内所获得的利润额之比率。若 T 为投资额，利润为 P，则 $H = P/T$。投资系数 H 越大，投资效果越好。

投资乘数 (C)。即投资增量与获利增量的比率。以一个社会为总体来考虑时，C 也可用居民收入与投资的比例来表示。它表明，居民的消费水平倾向越大，则投资乘数越大，投资环境越好。

边际耗费倾向 (B)。即消费增加额与收益增加额的比率。

投资饱和度 (D)。就微观和具体投资项目而言，它是指投资的边际效率和利润之比。其中，投资边际效率，是指投资每增加一个单位时，这一增加单位中所预料获得的最大利润。就客观（如一个城市）而言，它是指某一投资领域已投入的资金与该领域投资容量的比值。

基础设施适应度 (J)。假定各项基础设施完全适应投资项目需要时定为 1，则：

$$J = \frac{k_1 a_1 + k_2 a_2 + \cdots + k_i a_i + \cdots + k_n a_n}{n} \qquad (8-27)$$

式中　　　　　　n——基础设施项目个数；

$k_i (i = 1, 2 \cdots, n)$——各项基础设施的权重；

$a_i (i = 1, 2 \cdots, n)$——各项基础设施与 1 对比的适应程度。

投资风险度 (F)。即对投资风险的估计。它的确定方法是：一是先确定各风险因素；二是依据来自各方面的信息；拟订出若干假设方案和估计值；三是进行敏感度分析，逐个变换风险因素的假设估计值，看会引起什么样的变化结果；四是求出各种假设方案的数学期望，最大的数学期望与最小的数学期望之比即为投资风险度。各种假设方案的数学期望之间差别越小，说明投资风险度越小，投资环境越稳定，反之亦然。

有效需求率 (Y)。其计算公式为：

$$Y = \frac{社会平均利润或利息}{产品销售收入 - 成本} \qquad (8-28)$$

国民消费水平 (G)。即一个区域内国民收入与居民储蓄额之间的比值。

资源增值率 (Z)。其计算公式为：

$$Z = \frac{资源加工产品价值总额}{资源初级产品价值总额} \qquad (8-29)$$

优化商品率 (S)。指一个地方的商品总数与创地方、国家、国际名优商品总数之比率。

（2）评价过程

在考虑上述 10 个因素时，采用模糊综合评判原理，对投资环境的优劣作出系统评价。其具体步骤如下：

将上述 10 个指标表示为一个集合：

$$U = \begin{Bmatrix} U_1 & U_2 & U_3 & U_4 & U_5 & U_6 & U_7 & U_8 & U_9 & U_{10} \\ H & C & B & D & J & F & Y & G & Z & S \end{Bmatrix} \qquad (8\text{-}30)$$

对投资环境的评价划分为五级，即"很好、好、一般、较差、差"，并将它们的集合记为：

$$V = \begin{Bmatrix} V_1 & V_2 & V_3 & V_4 & V_5 \\ 很好 & 好 & 一般 & 较差 & 差 \end{Bmatrix} \qquad (8\text{-}31)$$

选择出各国公认的投资环境较好的一些城市，分别收集其上述 10 个指标，并作出评价标准值。依据模糊体的隶属原则，建立隶属函数表达式，用于表示各因素 U_i 隶属于标准值的程度：

$$\mu(x) = \begin{cases} \dfrac{1}{1+[a(x-c)]^b} & 当 x < c, a > 0, b > 0 \\ 1 & 其他 \end{cases} \qquad (8\text{-}32)$$

式中　$\mu(x)$——隶属度；

　　　c——标准值；

　　　x——变量；

　　　$a，b$——经验系数。

求取 10 个因素的隶属度值以后，划分出评价投资环境等级域。从单因素评价入手建立起从 U 到 V 的 $n \times m$ 阶模糊关系单因素组合矩阵 R。

$$V = \{V_1, V_2, \cdots, V_m\} \qquad (8\text{-}33)$$

$$U = \begin{Bmatrix} U_1 \\ \vdots \\ U_n \end{Bmatrix} (n=11, m=5) \qquad (8\text{-}34)$$

$$(R_{ij}) = \begin{bmatrix} r_{11} & r_{12} & \cdots & r_{1m} \\ \vdots & \vdots & & \vdots \\ r_{n1} & r_{n2} & \cdots & r_{nm} \end{bmatrix} \quad \begin{matrix} (i=1,2,\cdots,n) \\ (j=1,2,\cdots,m) \end{matrix} \qquad (8\text{-}35)$$

R_{ij} 表示从第 i 因素着眼，对它作出第 j 种评语的可能程度。

依据模糊变换原理，为了使单因素组合矩阵变换为综合评价的复合矩阵 B，应给出 10 个评价指标的权重，可用相关分析等方法求出这 10 个因素的权重，并进行归一化处理，可得到权重分配矩阵 A。

由 A 与 R 的并交运行。任给 U 上的 A，便可确定 V 上的 B。$B = A \times R$。

$$相似度 = B_i \Big/ \sum_{i=1}^{n} B_i \qquad (8\text{-}36)$$

这样，就可以求出一系列城市对于投资环境好的城市的相似度，然后再依据相似的大小来判断该城市投资环境的优劣性。

相似度法将数量经济学方法应用于投资环境评价工作之中，并试图以尽量少的相对指标为客观尺度来进行定量评价，是对投资环境评价方法的一种创新。但是，它存在着一些明显的不足：一是指标过于笼统，难以反映投资环境这一复杂系统的整体面貌；二是指标存在结构性缺陷，没有包容国际投资者普遍重视的政治、社会文化、外资政策及相关法律因素等指标；三是受评价方法的制约，没法引入一些不可缺少的主观指标。因而，相似度法主要适用于国内的地区（城市）投资环境的评价和比较。

6. 国家风险评级法

为了给各国的投资者和工商界人士提供必要的决策依据，一些世界著名的研究咨询机构和杂志社都定期公布其组织进行的国家风险评级（信用评级）结果。下面主要简单地介绍一下日本公债研究所的国家风险评级法。

（1）评级程序和标准

日本公债研究所国家风险评级法，是一种由专家评判、打分的评估方法，采用的是十分五级制，根据其经验，该所认为，较之复杂的数学模型和记分体系，专家打分法是评定国家风险的最佳方法。

具体程序是：日本公债研究所牵头，由银行、商社、工业公司等组成 14 个专家集团。每个专家集团分别以打分方式，对各个单项风险和综合风险作出评价。

单项风险和综合风险都分为 A 至 E 级。单项风险的各级分数分别为：A 级 10 分、B 级 8 分、C 级 6 分、D 级 4 分、E 级 2 分。以简单算术平均数求得 14 个集团的评分均值，即为各国单项风险的得分。综合风险的五个级别的标准为：9 分以上为 A 级，8.9～7.0 分为 B 级，6.9～5.0 分为 C 级，4.9～3 分为 D 级，2.9 分以下为 E 级。不论单项风险还是综合风险，都是以分数的高低排列名次，分数越高，风险越小；分数越低，风险越大。

各单项风险独立地与综合风险同步打分，同时公布。这样做的好处是：a. 各专家是在分析了大量资料之后作出单项风险评价的。在这个基础上评价综合风险，可避免主观随意性，能比较真实地反映被评国的情况。

使用国家风险评级资料的行业不同、目的不同、侧重点也不同。同步打分，同时公布，既能让使用者对一个国家整体风险程度有所了解，又能了解主要风险之所在，易于满足一些投资、融资者或贸易商的重点需要。

（2）评级内容和尺度

日本公债研究所每年对 100 个国家和地区进行两次国家风险评级。评级的依据和内容，可以概括为政治和社会的稳定性及对外支付能力等三个方面。具体又将它们分解为 14 个单项风险，归纳为一个综合风险。即：

发生内乱和革命的可能性：A. 完全没有；B. 估计没有；C. 有隐约的兆头；D. 发生的可能性很大（含已经发生）。

现政权（体制）的稳定性：A. 极其稳定；B. 稳定；C. 差不多；D. 存在不稳定的方面（因素）；E. 极其不稳定。

因政权更迭而影响政策的连续性：A. 根本不会影响；B. 大体上能保持连续性；C. 曾有摩擦，但变动不大；D. 可能改变某些政策；E. 会发生剧烈的政策变动。

工（产）业的成熟程度：A. 高度成熟；B. 比较成熟；C. 差不多；D. 有些不成熟；E. 不成熟。

经济活动的扭曲性（通货膨胀、失业等）：A. 扭曲现象少；B. 扭曲比较少；C. 一般；D. 扭曲性大；E. 扭曲性极大。

财政政策的有效性。

金融政策的有效性。

这两项的评分尺度均为：A. 可以高度评价；B. 可给予一定评价；C. 差不多；D. 不充分；E. 极不充分。

经济增长的潜力：A. 有极其优越的条件；B. 有优越的条件；C. 差不多；D. 略嫌不足；E. 明显的缺乏潜力。

战争的危险：A. 根据不存在；B. 估计没有；C. 有隐约的兆头，但估计不会发生；D. 存在着危险的兆头；E. 处于一触即发状态。

国际交流中的可信赖程度（遵守国际协调、国际合同的态度）：A. 姿态极高；B. 姿态高；C. 过得去；D. 缺乏可信赖的因素（方面）；E. 完全不可信赖。

国际收支结构。

对外支付能力。

以上两项的评分均为：A. 极好，可以放心；B. 良好，人体上可放心；C. 尚可；D. 有些担心；E. 极其不好，很不放心。

外资政策：A. 极为妥善，可以放心；B. 妥善，大体上放心；C. 有些问题，但还可以；D. 存在一些问题，不放心；E. 排外政策随时、随地可见，很不放心。

汇价政策：A. 一贯是升势；B. 暂时疲软，趋向是升势；C. 币值能保持稳定；D. 存在着小幅度下跌的可能性；E. 存在着大幅度下跌的可能性。

综合风险的尺度为：A. 完全可以放心；B. 可以放心；C. 存在着令人担心的因素，但问题不大；D. 令人担心；E. 令人十分担心。

7. 综合评价法

综合评价法的基本思想是：运用现代决策分析中的定量方法，为各类评价者提供科学的评价分析方法；模拟各因素变化对投资环境的确切影响，从中找出影响各类外商投资的各个关键因素；同其他地区投资环境进行对比分析，找出各自的优势和不足；预测投资环境的发展变化趋势，对投资环境进行监测。投资环境综合价值按下式计算，其数值越大，表明投资环境越好。

$$G = \sum_{j=1}^{m} W_j U_j \qquad (8\text{-}37)$$

式中　G——投资环境的综合评分值；

　　W_j——第 j 个指标的权重；

　　U_j——第 j 个指标的评分值；

　　m——指标个数。

（1）各指标权重的确定

由于东道国与外商个体在吸引外资的目的和动机方面存在差异，导致对投资环境的期望和要求各异，这必然使他们对各指标的重要程度产生不同的看法。这样，人们对投资环境的不同期望和要求，就可以通过对同一指标赋以不同的权重，在评价模型中反映出来。同样地，通过评价者（投资者）对各指标赋以的权重，我们也能看出他们的投资动机及其对投资环境的要求。可见权重的确定是相当重要和很有意义的，甚至可以认为，它是投资环境评价中的关键环节。

为了确定各指标的权重，这里拟采用 AHP 法和专家咨询法。具体步骤如下：

计算单一准则下同层各指标的权重。按照式（8-37）的结构，自左而右逐层计算。假设上层指标 A_1，A_2，$\cdots A_m$ 的总权重为 $a_1, a_2, \cdots a_m$，紧接着下层指标为 $B_1, B_2, \cdots B_n$，先计算相对于上层元素 A_k（$k=1$, 2, $\cdots$, m）的下层 B_1，B_2，$\cdots$ B_n 的单权重 $b_1^{(k)}, b_2^{(k)}, \cdots, b_m^{(k)}$，（$k=1$, 2, $\cdots$, m）。

设与 A_k 关联的下层指标为前 s 个元素 B_1，B_2，$\cdots B_s$。由评估小组（投资者、研究人员组成）确定 B_i 指标相对重要性：

认为 B_i 与 B_j 同样重要，则取 $b_{ij}=1$，$b_{ji}=1$；

认为 B_i 与 B_j 稍微重要，则取 $b_{ij}=3$，$b_{ji}=1/3$；

认为 B_i 与 B_j 明显重要，则取 $b_{ij}=5$，$b_{ji}=1/5$；

认为 B_i 与 B_j 重要很多，则取 $b_{ij}=7$，$b_{ji}=1/7$；

认为 B_i 与 B_j 绝对重要，则取 $b_{ij}=9$，$b_{ji}=1/9$；

若属它们之中，可取 2、4、6、8 和 1/2、1/4、1/6、1/8 各值。这样，就可得一两个比较判断矩阵：

$$K_{A-B} = (b_{ij})s \times s \tag{8-38}$$

利用幂法可计算出 K_{A-B} 的最大特征值 $\lambda_{max}^{(k)}$ 及相应的规范化特征向量：

$$W^{(k)} = (b_1^{(k)}, b_2^{(k)}, \cdots, b_s^{(k)}) \tag{8-39}$$

且满足 $K_{A-B} \cdot W^{(k)} = \lambda_{max}^{(k)} \cdot W^{(k)}$ $\tag{8-40}$

并规定，当 B_j 指标与 A_k 无关时，定义 $b_j^{(k)}=0$。于是就得到单一准则 A_k 下的下层元素 $B_1, B_2, \cdots B_n$ 的单权重为：$b_1^{(k)}, b_2^{(k)}, \cdots, b_s^{(k)}, b_{s+1}^{(k)}, \cdots, b_n^{(k)}$。

对判断矩阵进行一致性经验，当判断矩阵满足：

$C \cdot R_k = \dfrac{C \cdot I_k}{R \cdot I_k} < 0.1$ 时，认为它的一致性是满意的。其中，$C \cdot I_k = (\lambda_{max}^{(k)} - n)/(n-1)$；而 $R \cdot I$ 如表 8-10 所示（其中 n 为判断矩阵的阶数）。

				$R \cdot I_k$ 表				表 8-10	
n	1	2	3	4	5	6	7	8	9
$R \cdot I_k$	0	0	0.58	0.90	1.12	1.26	1.36	1.41	1.46

计算各层指标的总权重。B_i 指标的总权重为：$b_i = \sum_{k=1}^{m} a_k b_i^{(k)} (i=1,2,\cdots,n)$。同样，确定总权重数时也要进行一致性检验，在满足下述条件时，满足一致性。

$$C \cdot R = \frac{C \cdot I}{R \cdot I} < 0.1 \tag{8-41}$$

其中：　$C \cdot I = \sum_{k=1}^{m} a_k \cdot (C \cdot I_k)$；$R \cdot I = \sum_{k=1}^{m} a_k \cdot (R \cdot I_k)$；

若不能满足一致性条件，则需对判断矩阵进行调整。

由上述步骤从上至下逐层递推，直至算出最下层各指标的总权重。

（2）各指标的评分

每一指标，不论其为定性还是定量指标，评价者对它的表现水平的评价不可能完全相同。例如，某国的年通货膨胀率为10％，有些人可能会认为它较高，影响了该国经济、社会的稳定发展，对该国的投资环境将产生不良影响；但另外一些人也可能认为，在该国特定的经济环境下，这属于适度通货膨胀，将促进该国的经济发展，对该国的投资环境将产生有益影响。这就要求我们在对各指标进行评分时，应充分考虑和综合各方面的意见，对其作出较为客观、公正的评价。具体步骤如下：

规定评价者对 j 指标的评价结果为：优、良、中、差之一。根据评价对 j 指标表现水平的评价，可得到：

$$R_j = (r_{j1}, r_{j2}, r_{j3}, r_{j4})。 \tag{8-42}$$

式中　　r_{j1}——认为 j 指标为优的评价者占全部评价者的比例；

$\quad\quad r_{j2}$——认为 j 指标为良的评价者占全部评价者的比例；

$\quad\quad r_{j3}$——认为 j 指标为中的评价者占全部评价者的比例；

$\quad\quad r_{j4}$——认为 j 指标为差的评价者占全部评价者的比例。

综合考虑全部评价者对 j 指标的评价，j 指标的评分按下式计算：

$$U_j = 4r_{j1} + 3r_{j2} + 2r_{j3} + r_{j4} \tag{8-43}$$

用这种方法计算出的 j 指标的评分值在4分至1分之间。

在确定各指标权重和评分后，用上式可计算出投资环境的综合评价 G，G 的分值也是在4分至1分之间，分值越高，对投资环境的综合评价也就越好。

（3）灵敏度分析

运用公式，对几个地点的投资环境对比分析时，可用表8-11的形式表示，根据 G 值的大小可得出各地点投资环境的相对优劣顺序。在此基础上，可进一步进行灵敏度分析。

利用以上提出的灵敏度分析法，还能进行模拟和投资环境变化趋势预测。当提出某项方针和政策后，可预先估计它对投资环境的哪些指标发生影响，这些指标的评分值变化后，各类评价者（投资者）对投资环境的评价又会出现何种变化。这样，我们就能预先充分预测该项方针和政策实施后，对投资环境所产生的各种影响，做到心中有数，预先做好各项准备工作。

综 合 评 分 表　　　　　　　　表8-11

投　资　地　点 \ 指标　评　分　指标权重	1 W_1	2 W_2	…	m W_m	各地点投资环境的综合评分
A_1	U_{11}	U_{12}	…	U_{1m}	G_1
A_2	U_{21}	U_{22}	…	U_{2m}	G_2
⋮	⋮	⋮	⋮	⋮	⋮
A_n	U_{n1}	U_{n2}	…	U_{nm}	G_n

总之，综合评价法不仅仅是一种投资环境的科学的评价手段，还是一种进行投资环境比较分析的有效工具；同时，它还具备某种对投资环境变化进行监测、预警和预报的功能。基于其方法的科学性和功能的综合性，我们认为，在条件允许的情况下，综合评价法应成为东道国或投资者评价投资环境所优先采用的方法。

复习思考题

1. 风险分析和不确定性分析有何区别和联系？

2. 风险测度的基本方法有哪些？

3. 风险决策的最显著特征是什么？

4. 风险控制的基本方法有哪些？

5. 线性盈亏平衡分析的前提假设是什么？盈亏平衡点的生产能力利用率说明什么问题？

6. 敏感性分析的目的是什么？要经过哪些步骤？敏感性分析有什么不足之处？

7. 某企业生产某种产品，设计年产量为 6000 件，每件产品的出厂价格估算为 50 元，企业每年固定性开支为 66000 元，每件产品成本为 28 元，求企业的最大可能盈利，企业不盈不亏时最低产量，企业年利润为 5 万元时的产量。

8. 某厂生产一种配件，有两种加工方法可供选择，一为手工安装，每件成本为 1.2 元，还需分摊年设备费用 300 元；一种为机械生产，需投资 4500 元购置机械，寿命为 9 年，预计残值为 150 元，每个配件需人工费 0.5 元，维护设备年成本为 180 元，如果其他费用相同，利率为 10%，试进行加工方法决策。

9. 某投资项目其主要经济参数的估计值为：初始投资 15000 元，寿命为 10 年，残值为 0，年收入为 3500 元，年支出为 1000 元，投资收益为 15%，（1）当年收入变化时，试对内部收益率的影响进行敏感性分析；（2）试分析初始投资、年收入与寿命三个参数同时变化时对净现值的敏感性。

10. 某项投资活动，其主要经济参数如习题表 8-12 所示，其中年收入与贴现率为不确定性因素，试进行净现值敏感性分析。

经济活动参数表　　　　　　　　　　　　　　　表 8-12

参　　数	最不利 P	很可能 M	最有利 O
初始投资（万元）	−10000	−10000	−10000
年收入（万元）	2500	3000	4000
贴现率	20%	15%	12%
寿命（年）	6	6	6

11. 某方案需投资 25000 元，预期寿命为 5 年，残值为 0，每年净现金流量为随机变量，其可能发生的三种状态的概率及变量值如下：5000 元（$P=0.3$）；

10000 元（$P=0.5$）；12000 元（$P=0.2$）；若利率为 12%，试计算净现值的期望值与标准差。

12. 某投资方案，其净现值的期望值 $E[NPV]=1200$ 元，净现值方差 $D[NPV]=3.24×10^6$，试计算：（1）净现值大于零的概率；（2）净现值小于 1500 元的概率。

第9章 综合评价与建设项目后评价

学习要点：通过对本章学习，熟悉综合评价的程序，熟悉建设项目后评价的概念、特点和作用以及建设项目后评价与前评价的关系，掌握建设项目后评价的基本内容、程序和方法。

本章的主要目的是掌握综合评价的指标体系和内容以及综合评价的方法，为决策者选择最优方案提供依据。

9.1 综 合 评 价

9.1.1 综合评价的概念与必要性

综合评价是借助现代科学手段和方法，把方案的社会、技术、经济、风险等因素有机联系起来，全面衡量，综合评价，使技术经济、社会协调发展，取得综合性的最佳效果，为决策者选择最优方案提供依据。

建设项目方案不仅仅谋求某一指标或几个指标的最优值，应谋求整体目标功能的最优。综合评价的必要性在于：

1. 各种方案的复杂性要求进行建设项目方案综合评价

事物本身是复杂的，对各种方案，大多数不可能很容易就分清优劣，特别是存在多方案时，各种方案均有其优缺点，不能兼得。有时各种指标互相矛盾，如质量好但成本高，经济效益好但社会效果差等。这样，就要在充分调查研究，取得大量可靠数据的基础上，事前预测方案对各方面的影响，可能产生什么效果，综合评价利害得失，用尽可能少的社会劳动消耗，获得尽可能多的经济效益和社会效益，以求得到最可能满意的方案。

2. 各种科学技术和社会经济因素的关联性要求进行建设项目方案综合评价

科学技术、经济和社会过程的一体化正在日益增长，从一项新的科学发现，到将新技术引入社会推广应用，它将产生直接与间接的经济、社会、环境等各方面的重大影响，都必须进行全面和系统的预测、描述和评价。通过评价，产生各种对策和方案，以期将负效果最大限度地减少，使正效果最大可能地发挥，并指引技术发展的方向，造福于人类。

3. 大型工程项目的特殊性要求进行建设项目方案综合评价

随着项目规模的扩大，影响范围的增大，涉及的因素越来越多。因此，在大型工程项目决策中，仅根据技术上可行、经济效益良好来选择方案就不够全面，有时甚至会造成许多没有料想到的不良后果。为了保证方案选择的合理性和总体决策的正确性，为方案选择提供可靠的依据，我们必须对建设项目方案进行综合评价。

9.1.2 综合评价原则和程序

1. 综合评价原则

综合评价应遵循下列原则：

（1）科学性原则。项目综合评价的科学性主要体现在评价目标的确立、评价指标体系的建立、各指标值的测定以及指标的合理综合等关键环节上。为处理好这些环节，必须遵循系统观点，对评价对象作系统分析，包括评价对象的构成要素以及各构成要素之间的相互联系与作用。

（2）客观性原则。客观性是项目综合评价的生命。离开了客观性，评价就失去了意义。实现客观性的难点是对那些模糊的、难以量化指标的处理，应切忌主观随意性。影响客观性的另一个难点是对系统逻辑结构、层次及因果关系的正确分析。逻辑关系搞错了，就失去了真实性。

（3）可比性原则。项目综合评价通常是对若干备选方案作横向分析比较，因此，评价目标、评价指标体系、评价模型、指标价值的测定以及综合方法，都要具备可比性，只有这样，才能作出公平的评价结果。

（4）可行性原则。即项目综合评价的一整套方法应具有可操作性。

2. 综合评价程序

尽管评价对象种类繁多，特性、目标各异，但综合评价的程序大体上是一致的。

（1）确定评价对象的评价目标。应对评价对象的总目标及分目标给予明确定义，使其内涵外延边界清晰并明确目标之间的主次和隶属关系。目标的确定通常要考虑到未来、效果、全局与可行性。若将目标选错，将影响整个方案的效果，甚至导致失败。目标的确定本身就是一项评价内容，要通过反复比较，权衡利弊后才能确定。

（2）建立综合评价指标体系和标准。评价指标是目标内涵的体现及衡量测定的尺度。指标的设立，不仅与方案的目标、特点、类型、规模等有关，而且与其所处的级别（层次）有关。站在不同的角度，评价的侧重点也不同，有时还会得出相反的结论。指标的设立过程也是一个评价的过程。

选定评价指标后，应制定相应的评价标准。评价不能依靠主观直觉，要有共同的评价尺度。根据过去的实际经验和科学依据，制定出可行的标准。每一个评价指标，都应有详细的评价标准。其中的金额、人员、时间等指标，可进行定量的评价。对社会的精神、文化的影响等指标，可进行定性的评价。对各项评价标准做适当的说明，并规定计算的方法。

（3）指标数据的标准化处理。指标数据的标准化处理有两项内容，一是将指标定义数量化；二是将指标值标准化。

（4）确定指标权重。由于各指标对目标的相对重要程度不同，或者说各指标对目标的贡献不同，因此，对不同指标应赋予不同的权值。

（5）选择综合评价方法。综合评价结果不是各指标值的简单加总，需要根据一定的数学方法进行处理，其数学方法亦称为评价模型。

（6）综合评价结果排序。在明确的目标和范围内，根据建立的指标和判据，以及选择的方法，进行综合评价。这包括一系列的预测、分析、评定、协调、计算、模拟、综合等工作，而且是交叉地反复进行。如在既定的目标和范围内，预测某一方案对科学、技术、经济、社会所产生的影响、效果和发展趋势，分析其原因，评定它的程度，协调各种因素、各类指标的关系，计算其数值，模拟各种状态，最后对被评价的各个方案按综合评价结果进行排序，作出方案的选择和决策。

9.1.3　综合评价指标体系的建立

评价指标体系是被评价对象的目标及衡量这些目标的指标按照其内在的因果和隶属关系构成的树状结构。指标的名称和指标值是指标质和量的规定。一般情况下，指标体系是一个递阶层次结构。

1. 建立综合评价指标体系的原则

为了全面、真实反映被评价对象的价值的构成，并使评价指标体系便于操作运算，建立评价指标体系时应遵循下列原则：

（1）系统性原则。综合评价的指标体系，一方面要尽可能完整、全面系统地反映投资项目的全貌；另一方面又要力求抓住主要因素，突出重点，不搞面面俱到。

（2）科学性和实用性原则。指标体系应能正确反映评价对象各价值构成要素的因果、主辅、隶属关系及客观机制，在满足完备性要求的前提下，指标的设置应力求简练、含义明确和便于操作。

（3）互斥性与有机结合原则。指标体系中应排除指标间的相容性，消除重复设置指标而造成评价结果失真的不合理现象。不应出现过多的信息包容、涵盖而使指标内涵重叠，但指标完全独立无关就构不成一个有机的整体，因此指标之间有逻辑关系。

（4）动态与稳定性原则。为了进行综合的、历史的比较，指标设置应是静态、动态相结合，并具有相对稳定性，以便借助指标体系探索系统发展变化的规律。

（5）可比性原则。综合评价的目的是要鉴别方案优劣，选择最优方案。因此，方案比较必须建立共同的比较基础和条件，符合可比性原则，主要包括满足需要的可比、消耗费用的可比、价格的可比和时间的可比等。

建立指标体系除应遵循上述原则外，还应遵循定量指标与定性指标相结合原则、绝对量指标与相对量指标相结合原则、直接效益指标与间接效益指标相结合原则。

2. 综合评价指标体系和内容

建设项目方案的评价，特别是重大建设项目的评价，不仅是单纯的技术和经济评价问题，而且涉及到政治、社会、国防、环境和资源等许多方面，是综合性的评价问题，即对项目及其方案要进行全面、系统的整体性评价，应设立综合评价指标体系。综合评价指标体系和内容见表 9-1。

综合评价指标体系和内容   表 9-1

一级指标	二级指标	三级指标
综合评价指标体系	社会评价	就业率
		生活水平
		卫生保健水平
		文化教育程度
		精神文明程度
		社会治安水平
		环境保护
		生态平衡
		污染防治
		资源保护
		资源开发
		资源合理利用
	技术评价	可行性
		可靠性
		先进性
		适用性
		科学技术进步意义
		学术水平
		技术情报
	经济评价	经济规律
		经济效益
		技术经济
		财务评价
		国民经济评价
		不确定性分析
	风险分析	国家风险
		技术风险
		市场风险
		生产风险
		资金风险

有了综合评价指标体系和内容，就可用来衡量每个方案的各项评价内容的满足程度。显然，不同方案对评价内容满足的程度是不同的，有的满足程度高，方案综合效益高；有的满足程度差，方案综合效益差。

综合评价，就是衡量和判断拟建项目及其方案对上述各个方面或其中几个主要方面的评价标准满足程度的大小。因此，这实质上是一个多目标的评价决策问题。

（1）社会评价。社会评价是建设项目方案对社会带来的利益和影响。社会评价的内容包括社会经济、自然资源利用、生态平衡与资源环境保护等。

（2）技术评价。技术评价是以投资项目中所采用的技术措施为评价对象，如技术措施、工艺路线、生产设备、生产组织方式等。评价的目的是考虑技术措施能否实现系统的整体功能及实现的程度。评价的内容包括技术的先进性、可行性、适用性、可靠性、成功率、标准化、系列化、技术的负效应、实现技术措施的生产技术条件、协作条件及物资供应条件等。不同的技术方案有不同的技术评价内容，应结合专门技术进一步具体化。

（3）经济评价。经济评价是以技术和其他投入要素对经济的发展与增长的作用为评价对象，并对一组经济指标作出定量描述。技术的先进性将直接表现在产品的功能、产量和结构工艺方面，最终将反映到产品的成本费用和收益上，即经济合理性上。经济评价的内容包括企业经济评价（又称财务评价）、国民经济评价和不确定性分析等。

（4）风险评价。风险是指由于某些随机因素引起的投资项目的总体实际效果与预测效果之间的差异以及这种差异的程度和出现这种差异的可能性大小。社会、市场千变万化及各类信息的不完备性和不准确性，必然导致项目投资带有不确定性和风险性。因此，在项目综合评价时，风险评价必不可少。只有充分认识与项目相关的各类风险的来源与本质特征，并进行科学的预测分析，采取必要的措施予以防范，才能使项目风险降到最小，并取得最大风险收益。

3. 综合评价指标体系建立的方法

针对具体建设项目方案，建立一个具有科学性、完备性及实用性的综合评价指标体系，是一件复杂而又困难的工作。建立综合评价指标体系一般需经过三个阶段：初步拟定阶段、专家评议筛选阶段及确定阶段，可参考下列步骤进行。

（1）系统分析。拟定综合评价指标体系时，必须首先对评价对象作深入的系统分析。从分析建设项目方案的结构、要素及各种因素的逻辑关系入手，以建设项目方案的功能系统、价值结构为核心，对建设项目方案作出条理清晰、层次分明的系统分析。

（2）目标分解。在系统分析的基础上，对建设项目方案的目标按照其内在的因果、依存、隶属、主辅等逻辑关系进行分解，并形成符合建设项目方案价值构成关系的目标层次结构。这是拟定综合评价指标体系的关键工作。对同一个建设项目方案，由于观察角度不同，价值标准不同，所构思的目标体系就不同。作为综合评价，应从整体最优原则出发，以局部服从整体、宏观与微观相结合、长远与近期相结合的原则，综合多种因素，确定投资项目的总目标。系统的总目标要通过一组子目标来体现。必要时，子目标还可进一步分解。分解的目的，是寻求系统完整的目标体系。

（3）征询专家意见确定评价指标体系。通过系统分析，初步拟出评价指标体系之后，应进一步征询有关专家的意见，对指标体系进行筛选、修改和完善。常用德尔菲法，它是运用专家的知识、智慧、经验、信息和专家的价值观，对初步拟出的评价指标体系进行匿名评价，提出修改意见。

9.1.4　综合评价方法

1. 综合评分法

建设项目方案的综合评价，不仅要进行深入的定性分析，而且还要尽可能地进行定量分析，也就是说，要对那些非定量的评价标准，采用量化的方法尽可能地进行定量计算和分析论证。

对于建设项目方案的定量计算和分析论证，目前主要是采用评分法把多指标评价问题转化为综合的单一目标评价值，然后再依据综合单目标评价值—即评分后的得分值的多少，判断各方案的优劣好坏、整体效益的高低，以及方案的可行与否。

评分的方法多种多样，即有多种多样的打分方法，如百分制、五级分制、0～1分制、0～4分制、百分比以及混合量化评分法等。

评分的原则，一般地讲，是按每个方案满足评价标准的程度的高低进行打分，满足程度高，得分就多，满足程度低，得分就少。评分标准可参考表9-2的数据选用。

评　分　标　准　　　　　　　　　　　　　　　表9-2

得分 评分制 　　　　　 满足程度	优	良	中	差	最差
百分制	100	80	60	40	0
0～4分制	4	3	2	1	0
五级分制	5	4	3	2	1

评分标准除参考表9-2所列数据外，亦可根据需要另设其他评分标准，只要能分辨方案满足评价标准的程度高低即可。

各方案的综合单目标评价值的计算，可采用的方法通常有：

(1) 加法评分方法。所谓加法评分方法，就是计算求出每个方案满足各项评价指标得分总平均值，以总平均值高者或者超过规定得分值的方案为最优方案。

加法评分法的优点是：计算比较简单、直观，当评价指标的重要程度不同时，可以用权重加以明显的区别。加法评分法的缺点：一是在评价打分中出现"0"分时，不能从计算结果中立刻明显地加以否定。因为虽然有一项或两项评价指标的满足程度最差而得了"0"分，但总得分值还不是"0"，所以不能一下子就作出否定；二是不同评价标准得分高低的差距大小，在总平均值中不能明显的反映出来，即得分的离散程度不明显。

(2) 乘法评分法。所谓乘法评分法，就是对每个方案满足各项评价指标的得分值互相连乘后再开方所得到的综合单目标评价值，其中最大者或达到或超过规定值的方案，即是最优方案。

乘法评分法的优点：一是当评价指标中出现评分为"0"时，则计算所得的总分也是"0"，故对方案可立刻加以否定；二是不同评价指标得分高低之间的差距大小，可以在得分中得到较明显的反映，差距越大，得分就越小，反之差距越小，

293

得分就越大，即对评分值离散程度的反映明显。乘法评分法的缺点：一是乘法计算比较复杂；二是各评价指标的重要程度不易明显的反映出来，即使给予不同的权重，也不能明显的在得分中反映出来。

（3）加法与乘法混合评分法。为了克服单纯加法或单纯乘法的缺点，采取加法与乘法评分的混合计算，以综合评价值最高的方案为最佳方案。

2. 模糊优选模型

对于建设项目方案综合评价，有时要给出一个清晰的数量化形式的目标是不太可能的，因为有许多定性的因素，描述起来比较抽象，评价标准往往由决策者主观决定。所以，对于这类问题，采用多目标模糊决策方法比较合适，该方法主要是选用评价函数来定量描述在方案集合中选取不同的方案时，究竟能在多大程度上达到目标。由于建设项目方案综合评价由许多因素组成，各因素间是有关联的，为将这一复杂问题简化，可将各因素间的相互关联影响及隶属关系按不同层次聚集组合，形成一个多层次的分析结构模型，这即是层次分析法的基本思想。将以上两种方法相结合，就构成了项目综合评价数学模型，我们称之为多指标模糊综合评判方法模型。

9.2　建设项目后评价

9.2.1　建设项目后评价概述

1. 建设项目后评价的概念

项目后评价是指对已经完成的项目的目的、执行过程、效益、作用和影响等所进行的系统、客观的分析。具体说，项目后评价是指在项目完成后，对项目的立项决策、建设目标、设计施工、竣工验收、生产经营全过程所进行的系统综合分析及对项目产生的财务、经济、社会和环境等方面的效益和影响及其持续性进行客观全面的再评价。通过项目后评价，全面总结投资项目的决策、实施和运营情况，分析项目的技术、经济、社会、环境影响，考察项目投资决策的正确性以及投资项目达到理想效果的程度，把后评价信息反馈到未来项目中去，为新的项目宏观导向、政策和管理程序反馈信息；同时分析项目在决策、实施、经营中出现的问题，总结经验教训，并提出改进意见与对策，从而达到提高投资效益的目的。

2. 建设项目后评价的特点

项目后评价主要有以下特点。

（1）现实性。项目后评价分析研究的是项目实际情况，所依据的数据资料是现实发生的真实数据或根据实际情况重新预测的数据。

（2）全面性。在进行项目后评价时，既要分析其投资过程，也要分析其经营过程；不仅要分析项目投资经济效益，而且要分析其经营管理和发掘项目的潜力。

（3）探索性。项目后评价要分析企业现状，发现问题并探索未来的发展方向，因而要求项目后评价人员要具有较高的素质和创造性，把握影响项目效益的主要因素，并提出切实可行的改进措施。

（4）反馈性。项目后评价的主要目的在于为有关方面反馈信息，为今后项目管理、投资计划和投资政策的制定积累经验，并用来检测项目投资政策正确与否。

（5）合作性。项目后评价需要更多方面的合作，如专职评估人员、项目经理、企业经营管理人员、投资项目主管部门等。只有各方融洽合作，项目后评价工作才能顺利进行。

3. 项目后评价的作用

项目后评价的作用主要表现在以下几个方面。

（1）总结项目管理的经验教训，提高项目管理水平。投资项目管理是一项十分复杂的活动，它涉及到银行、计划、主管部门、企业、物资供应、施工等许多部门，只有这些部门密切合作，项目才能顺利完成。如何协调各部门间的关系，采取什么样的具体协作形式等都尚在不断摸索的过程中，项目后评价通过对已经建成项目实际情况的分析研究，总结项目管理经验，指导未来项目管理活动，从而可以提高项目管理水平。

（2）提高项目决策科学化水平。通过建立完善的项目后评价制度和科学的方法体系，一方面可以增强前评价人员的责任感，促使评价人员努力做好前评价工作，提高项目预测的准确性；另一方面可以通过项目后评价的反馈信息，及时纠正项目决策中存在的问题，从而提高未来项目决策的科学化水平。

（3）为国家投资计划、投资政策的制订提供依据。通过项目后评价能够发现宏观投资管理中的不足，从而国家可以及时地修正某些不适合经济发展的技术经济政策，修订某些已经过时的指标参数。同时，国家还可以根据后评价所反馈的信息，合理确定投资规模和投资流向，协调各产业、各部门之间及其内部的各种比例关系。

（4）为银行部门及时调整信贷政策提供依据。通过开展项目后评价，及时发现项目建设资金使用过程中存在的问题，分析研究贷款项目成功或失败的原因，从而为银行部门调整信贷政策提供依据，并确保投资资金的按期收回。

（5）可以对企业经营管理进行诊断，促使项目运营状态的正常化。项目后评价是在项目运营阶段进行，因而可以分析和研究项目投产初期和达到生产能力时期的实际情况，比较实际情况和预测情况的偏差距离，探索产生偏差的原因，提出切实可行的措施，从而促进项目运营状态正常化，提高项目的经济效益和社会效益。

4. 项目后评价的原则

为了充分实现和发挥项目后评价的作用，进行项目后评价时必须遵循下列基本原则：

（1）公正性和独立性原则。项目后评价必须保证公正性和独立性，公正性标志着后评价及评价者的信誉，避免在发现问题、分析原因和做结论时避重就轻，作出不客观的评价。独立性标志着后评价的合法性，后评价要避免项目决策者和管理者自己评价自己，以免造成掩盖问题、夸大成绩、避重就轻，作出不客观的评价，这是后评价的一条重要原则。

(2) 可信性原则。项目后评价的可信性取决于评价者的专业素质和经验水平，取决于采用方法的精确性和评价过程的透明度，取决于所用资料信息的可靠性和评价方法的适用性。可信性的一个重要标志是应同时反映出项目成功的经验和失败的教训，这就要求评价者具有广泛的阅历和丰富的经验，所收集的资料应准确、可靠、真实、齐全，评价者要有高度的责任感，项目执行者和管理者应参与后评价，以利于收集资料和查明情况。

(3) 实用性原则。为了使项目后评价成果对建设项目决策者能真正产生作用，项目后评价报告必须具有可操作性和针对性，文字简练明确，突出重点，避免引用过多的专业术语。

(4) 科学性原则。项目后评价工作必须具有科学的评价方法、工作程序和组织管理以及科学的评价结论，首先要求评价所依据的资料数据必须真实可靠，应以项目实施监测的实际资料为依据，建立全面系统的资料信息库，以保证资料的实时性；针对存在的问题所提出的改进意见要切实可行；评价的结论和总结的经验教训要经得起实践的检验和推敲，并有益于指导今后的项目决策和建设工作。

5. 项目后评价的主体和客体的选择

(1) 项目后评价主体的选择。项目后评价的主体即项目后评价工作的组织者，为了实现社会资源的优化配置，不断提高资源的利用效率，市场的主体都会在自身利益目标的驱动下对投资项目后评价工作提出不同的要求和需要。

第一，投资者要对项目进行后评价。随着投资体制的改革和政府职能的转换，形成了多元化的投资主体和分层次决策的管理模式，各级地方政府以及国有企业、集体企业、私营企业、外商投资企业等已逐步成为直接投资的主体，项目决策的集中审批制度也发生了重大变化，因此多元化的投资主体都要在利益最大化和财产最大化的目标驱使下深入研究投资机会，确立准确的投资方向，同时不断总结投资项目建设与生产经验，及时发现问题并采取有效措施，保证已建项目的投资效益。

第二，投资中介机构要对投资项目进行后评价。在传统的经济体制下，没有明确的产权归属关系，各设计单位、评估公司只能按照企业的主观需要，进行"可行性研究"，于是各种"钓鱼"项目比比皆是。在这种情况下，根本不可能开展后评价工作。市场经济要求市场的主体必须进入市场，参与竞争。因此投资咨询公司、评估公司及设计部门等中介机构不仅对前期评价要实事求是，对投资项目的效益分析有充分的预见能力，确实能为投资者提供科学的决策依据，以赢得市场，而且要认真探讨、深入研究后评价的理论与方法，积极开展后评价工作，以便发现前期评价中存在的问题，及时总结经验，提高投资决策的预见性、可靠性，改进投资评价质量。同时也能为决策者提供有效措施，保证项目的预期目标得以顺利实现。

第三，商业银行等金融机构要对项目进行后评价。商业银行间接融资是竞争性项目融资的重要渠道，因此商业银行必须对投资项目进行认真的审查和充分的评价论证。对已贷款投产的项目，要作项目后评价，分析投资的效益与存在的风险，以指导改进未来的投资重点和投资方向，避免或减少投资风险。

第四，项目建设施工企业要对项目进行后评价。传统体制下施工建设企业的经费来源主要靠国家拨款，企业既不关心自身的管理和职工队伍素质的提高，也不关心施工建设质量，因此不可能进行后评价工作。在市场经济条件下，项目建设施工企业必须面向市场，公平竞争，通过项目后评价，进而发现建设过程中存在的问题，采取有效措施及时改进，并总结经验教训，不断提高建设施工质量和效益。

（2）项目后评价客体的选择。项目后评价客体是指进行后评价的投资项目。由于受经费、人力、评价目的等不同条件的约束，不可能对一切投资项目都进行后评价，这就面临着后评价项目的选择问题。一般来讲，应本着改进投资管理计划、政策，提高投资效益的目的，确定需要进行后评价的项目。主要包括以下几类：

第一，具有特殊性的项目。某地区、某行业的第一个项目，特别成功或特别不成功的项目，公众非常关心的项目、大型或特大型项目，特别复杂的项目，重大技术改造及技术实验性项目等，需要进行项目后评价。

第二，具有代表性的项目。有代表性的国家重点建设项目和大中型项目中有代表性的建设项目，需要进行项目后评价。

第三，具有可能性的项目。考虑到后评价人员和经费的可能性，以及综合考虑评价投入的代价与可获得的效益之间的权衡关系而选定的项目，需要进行后评价。

6. 项目后评价与前评价的关系

项目前评价是指项目决策之前，在深入细致的调查研究、周密规划、设计、科学预测和技术经济论证的基础上，分析建设项目的建设条件、建设的必要性、技术的先进性、可靠性、经济的合理性及建设的可能性，其目的是为建设项目的决策服务。项目后评价与前评价的关系可以从二者的相同点和不同点两方面进行分析。

（1）项目后评价与前评价的相同点。项目后评价与前评价的相同点有以下几个方面。

第一，评价的目的相同，即都是为了提高投资效益。

第二，评价的方法相同，都是采用定性分析与定量分析相结合并以定量分析为主、静态分析与动态分析相结合并以动态分析为主的方法。

第三，评价指标基本相同。

（2）项目后评价与前评价的不同点。由于项目前评价和后评价在项目建设的全过程中所处的工作阶段不同，因此两者的区别也是很明显的，具体表现在以下几方面。

第一，评价的主体不同。项目前评价主要由投资主体及其主管部门组织实施；项目后评价是以投资运行的监督管理机构或后评价权威机构组织主管部门会同计划、财政、审计、银行、设计、质量、司法等有关部门进行，按照项目单位自我评价、行业主管部门评价和国家评价三个层次组织实施，以确保后评价的公正性和客观性。

第二，评价的阶段不同。项目前评价是在项目决策前的前期工作阶段进行，其评价结果作为投资决策的依据；项目后评价则是在项目投产运营一段时间后，对项目全过程（包括建设期和生产期）的效益及影响进行评价。

第三，评价的内容不同。项目前评价主要是通过对项目建设的必要性、可能性、技术方案、建设条件进行分析以及对项目未来的经济效益和社会效益进行科学预测，论证项目是否可行；项目后评价除了对上述内容进行评价外，还要对项目立项决策、实施效率及实施运行状况进行评价。

第四，评价的性质不同。项目前评价主要是以定量指标为主，侧重于项目经济效益的评价，可以直接作为项目投资决策的重要依据；项目后评价要结合行政、法律、经济、社会、建设、生产、决策、实施等各方面进行综合性评价，它以实际事实为依据，以提高效益为目的，以法律为准绳，通过对项目实施结果的鉴定，为项目提供反馈信息，并间接作用于未来项目的投资决策。

第五，评价的依据不同。项目前评价主要以历史资料和经验性资料以及国家和部门颁发的政策、规定和参数等文件为依据；项目后评价主要依据建成投产后项目实施的实际资料，并把历史资料和现实资料结合起来进行对比分析，要求准确程度较高。

9.2.2　建设项目后评价的基本内容

项目后评价位于项目周期的末端，它又可视为另一个新项目周期的开端。项目后评价的作用主要表现在其反馈功能上，它一方面总结了项目全过程中的经验教训，另一方面又对在建和新建项目起着指导作用。

项目后评价的基本内容一般包括：目标评价、实施过程评价、效益评价、影响评价、持续性评价五个方面。

1. 项目目标评价

评价项目立项时原来预定目标的实现程度，是项目后评价的主要任务之一。项目后评价要对照原定目标完成的主要指标，检查项目实际实现的程度，即对地区、行业或国民经济、社会发展的总体影响和作用。目标评价的另一任务是对项目原定决策目标的正确性、合理性和实践性进行分析，有些项目原定的目标不明确，或不符合实际情况，项目实施过程中可能会发生重大变化，如政策性变化或市场变化等，项目后评价要给予重新分析。

2. 项目实施过程评价

过程评价一般应对照项目立项时所确定的目标和任务，分析和评价项目执行过程的实际情况，从中找出产生变化的原因，总结经验教训。其主要内容包括前期工作评价、建设实施评价、生产运行评价和项目管理评价。

（1）项目前期工作评价。项目前期工作评价是指对立项决策、项目建设内容与规模、勘察设计、准备工作和决策程序等的评价。立项决策评价主要是评价立项条件和决策依据是否正确，要根据评价时国内外市场的供求状况来论证项目前评价时所作的市场预测是否正确，包括分析该种产品、服务的市场容量，本项目的市场占有率，产品价格、质量、售后服务，产品或服务的市场综合竞争能力方面的变化，并作出新的趋势预测；项目建设内容与规模评价主要评价项目是否按照预定的建设内容和规模进行建设，分析与预定内容及规模发生偏差的原因以及当初预定的建设规模和能力的合理性；勘察设计评价是评价勘察设计的工作程序、依据，包括标准、定额、规范是否严格执行国家现行的有关法规、政策，引进的工艺和设备是否采用了国家现行标准或工业发达国家的先进标准；另外，前期工作评价还包括决策程序是否符合规定，设计方案的优化情况，技术上的先进性和可行性，经济上的合理性等。

（2）项目建设实施评价。项目建设实施评价是指对设备采购、工程建设、竣工验收和生产准备等各个阶段工作的评价，具体包括对施工准备、招标投标、工程进度、工程质量、工程造价、工程监理以及各种合同执行情况及生产运行准备情况等的评价。

（3）项目生产运行评价。项目生产运行评价是指对项目从正式投产到后评价期间项目的运行情况进行评价，主要包括对项目产品市场情况、原材料、燃料供应情况、生产条件情况等进行评价。项目产品市场情况评价是将项目产品的市场经营、竞争能力与项目评价时的市场预测数据和结论进行比较分析；原材料、燃料供应情况评价是将项目生产用原材料、燃料动力、辅助材料等来源、质量、消耗指标，与项目评价的相应内容进行比较分析；生产条件情况评价是将项目生产条件、配套能力及实际产销情况与项目评价的相应内容进行比较分析。

（4）项目管理评价。项目管理评价是指对项目实施全过程中各阶段管理者的工作水平作出评价，主要分析和评价管理者是否能有效地管理项目的各项工作，是否与政策机构和其他组织建立了必要的联系；人才和资源是否使用得当；是否有较强的责任感等。从中总结出项目管理的经验教训，并对如何提高管理水平提出改进措施和建议。

3. 项目效益评价

项目效益评价包括项目财务后评价和项目国民经济后评价两部分，目的是通过对项目财务评价指标和国民经济评价指标的重新计算来确定原来的测算结果是否符合实际，并找出发生变化的主要原因。

（1）项目财务后评价。项目财务后评价是从企业角度对项目投产后的实际财务效益进行再评价，根据现行财务制度规定及项目建成投产后投入物和产出物的实际价格水平，重点分析总投资、产品成本、企业收益率、贷款偿还期与当初预测值之间的差距，剖析原因，并作出新的预测。

项目财务后评价指标体系包括三类：第一类是反映项目实际财务效果的指标，与前评价中的指标一致；第二类是反映项目后评价与前评价两者之间财务效果指标偏离程度的指标，如净现值变化率、内部收益率变化率、投资利润率变化率等；第三类是分析财务指标偏离原因的指标，包括：固定资产投资变化率、产品销售收入变化率、产品经营成本变化率等。

在项目后评价时，对已发生的现金流量要采用实际数值，并将不同时点的现金流量折算到评价当时的数值，扣除通货膨胀因素对现金流量、财务内部收益率、财务净现值等指标的影响，因为前评价时计算的财务指标是不含通货膨胀因素的，对后评价数据要采取同样的处理，使后评价的数据和评价指标与前评价具有可比性。对后评价以后的项目现金流量，采用按评价当时物价水平下的预测值。

（2）项目国民经济后评价。国民经济后评价是从宏观国民经济角度出发，采用影子价格、影子汇率、影子工资和社会折现率等参数，对项目投产后的国民经济效益进行再评价，重点分析项目的实际成本效益与预测成本效益之间的差别及产生的原因，包括投资的国民收入分析、直接外汇效益分析、调价的经济分析、社会效益分析和环境效益评价等。项目后评价中的国民经济评价与前评价中的国民经济评价的方法与内容是一致的，效益与费用的计算要建立在数据资料同期性的基础上。

4. 项目影响评价

项目影响评价是站在国家的宏观立场上，评价项目投产后对其周围经济、技术、环境和社会四方面所产生的作用和影响，重点分析项目与整个社会发展的关系。

（1）项目经济影响评价。项目经济影响评价主要分析和评价项目对所在地区及国家等外部经济环境发展的作用和影响，主要包括分析项目对国民经济结构的影响，对提高宏观经济效益以及对国民经济长远发展的影响；评价项目对国家、地方生产力布局、产业结构调整及产业结构合理化的影响；根据我国国情，分析项目效益在各利益主体（中央、地方、外商、公众、其他利益集团）之间的分配比例是否合理，其衡量方法是在财务评价基础上，将效益与费用分别按出资比例进行分配，评价指标为各利益主体分享的净现值比例。

（2）项目科技进步影响评价。项目科技进步影响评价主要用于衡量项目所选用的技术的先进性和实用性；项目对技术开发、技术创新、技术改造的作用，技术引进的合理性及消化吸收程度；项目对高新技术产业化、商品化和增强我国国际竞争力的作用，以及对推动国家、地区、行业技术进步的作用；对本部门、本地区技术进步的作用和取得的潜在效益。

（3）项目建设对环境的影响评价。项目建设对环境的影响评价主要是对照前评价时的环境影响报告，重新审查项目实施后对环境产生的实际影响，审查项目环境管理的决策、规定、规范和参数的可靠性和实际效果。环境影响评价主要包括项目的污染控制、区域的环境质量、自然资源的利用、区域的生态平衡和环境管理能力等五个方面。

（4）项目的社会影响评价。项目的社会影响评价主要是从社会发展的角度来分析项目对社会发展目标所作的贡献和产生的影响，包括有形的和无形的影响。评价的内容主要包括项目对当地的直接就业效果和间接就业效果；对居民生活质量（收入变化、人口、计划生育、住房、服务设施、教育、卫生、体育、文化、娱乐）的影响；受益者的范围及对该项目的反应，当地参与态度，对社区发展、妇女、民族、宗教信仰的影响等。社会影响评价采取定量分析与定性分析相结合的方法，在评价分析基础上，最后对项目的社会影响作出综合评价。有些项目的社会影响可能要在较长时间内才能显现出来，因此可在较晚的时候单独进行社会影响评价。

5. 项目持续性评价

项目的持续性是指项目完成之后，项目的既定目标是否还可以持续，项目是否可以顺利地持续实施，项目业主是否愿意并可以依靠自己的能力持续实现既定的目标。项目的持续性评价就是根据政府的相关政策，从财务、技术、社会文化、环境和生态以及外部因素等各个方面来评价项目是否能持续发挥投资效益、企业的发展潜力及内涵性改造的前景，并提出项目持续发挥效益需具备的内外部条件和需要采取的措施。

项目持续性评价主要包括下面几个方面：

（1）政府政策因素。根据政府的政策，重点分析政府政策对项目效益、目标的影响。

（2）管理、组织与参与因素。根据项目各机构的管理能力、效率来分析项目的持续性，如管理人员的素质、能力、管理机构的制度、组织形式、人员培训、地方政府和群众的参与等各个方面。

（3）财务分析。在进行经济财务持续性分析时应把评价时点前的投资均视为沉没成本，项目是否持续的决策只能在对项目未来的收益、费用的合理预测及现有资产重估值的基础上进行，通过资产负债表计算项目的清偿能力、实际还贷能力，通过对项目未来的不确定性分析，确定项目持续性的条件。

（4）技术因素。技术持续性评价根据项目前评价中的技术因素分析，确定关键技术的内容和条件，从技术培训、当地对装备维修条件的实际情况等方面，分析项目是否满足所选技术装备的需要，分析技术选择与运行操作、配件费用与汇率变动的关系，分析新技术推广的潜力、新产品开发能力等。

（5）社会、文化、环境、生态持续性。社会、文化、环境、生态的持续性评价着重分析这几方面出现的负面作用与影响及值得以后借鉴的经验与教训。

9.2.3 建设项目后评价的程序和方法

1. 建设项目后评价的程序

项目后评价的程序一般包括提出问题、筹划准备、收集资料、分析研究、编写报告等五个阶段。具体可概括为以下几个步骤。

（1）提出问题。明确项目后评价的具体对象、评估目的及具体要求。项目后评价的提出单位可以是国家计划部门、银行部门、各主管部门，也可以是企业（项目）自身。

（2）筹划准备。问题提出后，项目后评价的提出单位或者委托其他单位进行项目后评价，或者自己组织实施。项目后评价的承担单位进入筹划准备阶段。筹划准备阶段的主要任务是组建一个评估领导小组，并按委托单位的要求制定一个详细的项目后评价计划，后评价的计划内容包括项目评估人员的配备、建立组织机构的设想、时间进度的安排、内容范围与深度的确定、预算安排评估的选定等。

（3）深入调查，收集资料。本阶段的主要任务是制定详细的调查提纲，确定调查对象和调查方法并开展实际调查工作，收集整理后评价所需要的各种资料和数据。

（4）分析研究。围绕项目后评价内容，采用定量分析和定性分析方法，发现问题，提出改进措施。项目后评价所采用的定量研究方法较多，如指标计算法、指标对比法、因素分析法、准试验方法、回归分析法等。

（5）编制项目后评价报告。将分析研究的成果汇总，编制出项目后评价报告，并提交委托单位和被评估单位。

2. 建设项目后评价的方法

项目后评价的方法是进行后评价的手段和工具，没有切实可行的后评价方法，就无法开展后评价工作。后评价与前期评价在方法上都采用定量分析与定性分析相结合的方法。但是评价选用的参数及比较的对象不同，决定了后评价方法具有不同于前期评价的特殊性。项目后评价最常用的方法主要有对比分析法、逻辑框架法、成功度评价法。

（1）对比分析法。项目后评价采用的对比分析法有前后对比法、有无对比法及横向对比法。

前后对比法是指项目可行性研究和评估阶段所计算的项目的投入、产出、效益、费用和相应的评价指标与项目实施后的评价指标进行对比分析，用以发现前后变化的数量、变化的原因，以揭示计划、决策和实施的质量。

有无对比法是在项目后评价的同一时点上，将有此项目时实际发生的情况与无此项目时可能发生的情况进行对比，以度量此项目的真实效益、影响和作用。这种对比一般用于对项目的效益评价和影响评价，是后评价的一个重要方法。有无对比的关键是要求投入费用与产出效果的口径一致，也就是说，所度量的效果真正是由该项目所产生的。采用有无对比法进行项目后评价，需要大量可靠的数据，最好有系统的项目监测资料，也可引用当地有效的统计资料。在进行对比分析时，先要确定评价内容和主要指标，选择可比的对象，通过建立对比表，用科学的方法收集资料。

横向对比法在国外有关项目后评价的方法中很少提及，但实践中有时需要将项目实施后所达到的技术经济指标与国内同类项目的平均水平、先进水平、国际先进水平进行比较，尤其在世界经济一体化的年代里，这一点显得十分必要，也为项目持续性评价提供了更高的参考。运用横向对比法进行项目后评价时，必须注意可比性的问题，由于项目前评价、后评价的数据资料来自不同时间，受物价因素的影响，资料没有可比性，因此在比较时要把后评价的数据资料折算到前评价的同一时期，使项目前评价和后评价的价格基础保持同期性，同时也要保持费用、效益等计算口径相同。这既是技术经济效益分析的基本原则，也是项目后评价时必须遵循的原则。

（2）逻辑框架法。逻辑框架法（Logical Framework Approach，LFA）是美国国际开发署在 1970 年开发并使用的一种设计、计划和评价的工具。目前已有三分之二的国际组织把该方法应用于援助项目的计划管理和后评价。逻辑框架法不是一种机械的方法程序，而是一种综合、系统地研究和分析问题的思维框架，它将几个内容相关且必须同步考虑的动态因素组合起来，通过分析相互之间的关系，从设计、策划、目标等方面来评价项目。逻辑框架法的核心是分析项目营运、实施的因果关系，揭示结果与内外原因之间的关系。

逻辑框架法把目标及因果关系分为四个层次。一是目标，通常是指高层次的目标，即宏观计划、规划、政策和方针等，该目标可以由几个方面的因素来实现；二是目的，目的是指建设项目的直接效果和作用，一般应考虑项目为受益群体带来的效果；三是产出物，产出物是指项目建成后提供的可直接计量的产品或服务；四是投入物和活动，即指该项目实施过程中的资源投入量、项目建设的起止时间及工期。

项目后评价通过逻辑框架法来分析项目原定的预期目标、各种目标的层次、目标实现的程度和原因，评价项目的效果、作用和影响，国际上很多组织把逻辑框架法作为项目后评价的方法论原则之一。

（3）成功度评价法。成功度评价法是一种综合评价方法，是根据逻辑框架法分析的项目目标的实现程度、经济效益分析的结论，以项目目标和效益为核心的综合评价的方法，得出项目成功程度的结论。

进行项目成功度分析首先必须明确项目成功的标准。一般来说，成功度可以分为五个等级，各个等级的标准如下：

1）完全成功。表明项目各个目标都已经全面实现或超过，与成本相比，项目取得了巨大效益和影响。

2）成功的。表明项目的大部分目标已经实现，与成本相比，项目达到了预期的效益和影响。

3）部分成功的。表明项目实现了原定的部分目标，与成本相比，项目只取得了一定的效益和影响，未取得预期的效益。

4）不成功的。表明项目实现的目标非常有限，主要目标没有达到，与成本相比，项目几乎没有产生什么效益和影响。

5）失败的。表明项目的目标无法实现，即使建成后也无法正常营运，目标不得不终止。

项目的成功度评价是项目后评价中一项重要的工作，是项目评价专家组对项目后评价结论的集体定性。一个大型项目一般要对十几个重要的和次重要的综合评价因素指标进行定性分析，断定各项指标的等级。

3. 建设项目后评价的主要指标

（1）实际项目决策周期。它是指建设项目从提出项目建议书到项目可行性研究批准所实际经历的时间，是表示项目决策率的一个指标，一般以月来表示。

（2）项目决策周期变化率。表示项目决策周期与预计项目决策周期相比的变化程度的指标。指标小于零时，表明实际决策周期长于预计决策周期；指标大于零时，表明实际决策周期短于预计决策周期。

（3）实际设计周期。指从建设单位与设计单位签订委托设计合同生效之日起至设计完毕并提交建设单位所实际经历的时间，一般也以月来表示。

（4）设计周期变化率。表示实际设计周期与预计（合同）设计周期相比偏差程度的指标。

（5）实际建设工期。指建设项目从开工之日起至竣工验收止所实际经历的有效日历天数，它不包括开工后停建、缓建所间隔的时间。实际建设工期是反映项目实际建设速度的指标，工期长短对项目投资效益影响极大。

（6）竣工项目定额工期率。它是反映项目实际建设工期与国家统一制定的定额工期，或与设计确定的、计划安排的计划工期偏离程度的指标。通过它可对竣工项目实际建设速度作出正确的评价。

（7）单位工程平均定额工期率。它是考核建筑安装各单位工程施工平均速度的一项指标。

（8）实际建设成本。它是竣工项目物化劳动和活劳动消耗在内的实际劳动总消耗，是对竣工项目以价值量形式表现的总投入。

（9）实际建设成本变化率。它是反映实际建设成本与批准的预算所规定的建设成本偏离程度的指标，它可反映项目预算的实际执行情况。

（10）实际工程合格品率。它是指实际工程质量达到国家（或合同）规定的合格标准的单位工程个数占验收的单位工程总个数的百分比，是用国家（或合同）规定的标准对实际工程质量进行评价的指标。

（11）实际工程优良品率。它是指达到国家规定的优良品的单位工程个数占验收的单位工程总数的百分比，是衡量实际工程质量的一个指标。

（12）实际返工损失率。它是指项目累计质量事故停工返工增加项目投资额与项目累计完成投资额的百分率，是衡量项目因质量事故造成实际损失大小的相对指标。

（13）实际投资额。它是指项目竣工投产后重新核定的实际完成投资额，包括固定资产投资和流动资产投资。

（14）实际总投资变化率。它是反映实际投资额与项目前评价中预计的投资总额偏差大小的指标。

（15）实际单位生产能力投资。它是反映竣工项目实际投资效果的一项综合指标。它是项目实际投资总额与竣工项目实际形成的综合生产能力或单项生产能力的比率。

（16）实际达产年限。它是指投产的建设项目，从投产之日起到实际产量达到设计生产能力止所经历的全部时间。实际达产年限的长短是衡量和考核投产项目实际投资效益的一项重要指标。

（17）实际达产年限变化率。它是反映实际达产年限与设计规定的达产年限偏离程度的一个指标。

（18）拖延达产年限损失。它是衡量项目未按设计规定达产能力而造成实际经济损失大小的指标。

（19）实际产品价格变化率。它是衡量项目前评价价格预测水平的指标。

（20）实际产品成本变化率。它是衡量项目前评价成本预测水平的指标。

（21）实际销售利润变化率。实际销售利润是综合反映项目实际投资效益的主要指标之一。实际销售利润变化则是衡量项目实际投资效益和预测投资效益偏离程度的指标。

（22）实际投资利润率。它是指项目达到设计生产能力的年实际利润总额与项目实际投资总额的比率。

（23）实际投资利润率变化率。它是衡量项目实际投资利润率与预测投资利润率或国内外其他同类项目实际投资利润率偏离程度的指标。

（24）实际投资利税率。它是指项目达到设计生产能力后实际年利税总额与实际总投资的比率，表明单位实际投资实现利税的能力。

（25）实际投资利税率变化率。它是衡量项目实际投资利税率与预测投资利税率或国内外其他同类项目实际投资利税率偏差的指标。

（26）实际净现值。净现值是反映项目寿命期内获利能力的动态评价指标，是按照一定的折现率，将各年净现金流量折现到建设期初的现值之和。实际净现值的计算是依据项目投产后的年实际的净现金流量或根据实际情况重新预测的项目寿命期内各年的净现金流量，并按重新选定的折现率，将各年净现金流量折现到建设期初的现值之和。

（27）实际净现值变化率。它是衡量项目实际净现值与前评价预测净现值或其他同类项目实际净现值偏离程度的指标。

（28）实际净现值率。它是衡量项目实际动态投资效果的一个相对指标，表明单位实际投资现值实际带来的净现值的多少。它是项目实际净现值与实际动态投资总额的比率。实际净现值率可以用于不同规模项目间投资效果的比较。

（29）实际净现值率变化率。它是衡量项目实际净现值率与预测净现值率或其他项目实际净现值率偏差大小的指标。

（30）实际投资回收期。它是以项目实际产生的净收益或根据实际情况重新预测的项目净收益抵偿实际投资总额所需要的时间。

（31）实际投资回收期变化率。它是衡量实际投资回收期与预测投资回收期或其他同类项目实际投资回收或部门基准投资回收期偏离程度的指标。

（32）实际内部收益率。它是根据实际发生的年净现金流量和重新预测的项目寿命期各年净现金流量现值总和等于零时的折现率。

（33）实际内部收益率变化率。它是衡量项目实际内部收益率与预测内部收益率或其他同类项目内部收益率偏差程度的指标。

（34）实际借款偿还期。它是衡量项目实际清偿能力的一个指标。

（35）实际借款偿还期变化率。它是衡量项目实际借款偿还期与预测借款偿还期或其他同类项目借款偿还期偏离程度的指标。

9.2.4 建设项目后评价报告的内容及格式

项目后评价报告是把后评价发现的事实和吸取的经验教训形成文件，是这些信息反馈的载体。一般建设项目后评价报告的内容主要包括：

1. 简述

对项目进行简单介绍，分析项目实施的经验、结果、吸取的教训、建议及将来运行的计划，这部分主要供决策者使用，应力求简练。

2. 目录

3. 主体

项目后评价的主体包括以下方面内容：

①项目背景及基本情况。项目背景包括项目的历史及地理位置；项目的实际

执行情况，投入的人力、资金和成本，以及时间进度计划、预期结果和影响。

②概述。选择项目进行后评价的理由，后评价的范围和主要目的；后评价的执行方法和手段。

③前期工作评价。包括对立项决策、项目建设内容与规模、勘察设计、准备工作和决策程序等方面的评价。

④项目建设实施评价。包括对施工准备、招标投标、工程进度、工程质量、工程造价、工程监理、各种合同执行情况及生产运行准备情况等的评价。

⑤项目生产经营评价。包括对项目产品市场情况、原材料、燃料供应情况、生产条件情况等进行评价。

⑥项目管理水平评价。主要分析和评价项目管理者是否能有效地管理项目的各项工作，是否与政策机构和其他组织建立了必要的联系，人才和资源是否使用得当，是否有较强的责任感等。

⑦项目的效益评价。包括项目的财务评价、项目的国民经济评价。

⑧项目的影响评价。包括项目经济影响评价、科技进步影响评价、项目建设对环境的影响评价、项目的社会影响评价。

⑨项目持续能力评价。包括对政府政策、管理组织、社区群众的参与、财务、技术、社会文化、环境和生态以及外部因素等各个方面进行评价。

⑩项目后评价的结论和经验教训。通过以上分析，得出项目后评价的结论，结论应有分析和实证，要具有说服力，建议应与结论分开。若有必要，有些项目可以单独提出评价建议。

4. 信息收集表

项目后评价所采用的数据信息资料。

5. 附件

包括项目后评价任务书及备忘录，后评价单位名称，主要评价者姓名职务，项目自我评价报告，地方部门的审批意见书，项目竣工验收报告及其批准文件，项目可行性研究报告及评估报告，其他有关的文件和技术文件等。

复习思考题

1. 什么是综合评价？为什么要进行综合评价？
2. 简述综合评价的程序。
3. 简述综合评价的指标体系和内容。
4. 综合评价方法有哪些？
5. 什么是建设项目后评价？建设项目后评价的特点有哪些？
6. 建设项目后评价的作用是什么？
7. 建设项目后评价与前评价的关系如何？
8. 建设项目后评价的基本内容有哪些？
9. 简述建设项目后评价的程序。
10. 建设项目后评价的方法有哪些？
11. 简述建设项目后评价报告的主要内容。

附录　间断复利表

$$i=1\%$$

年份 n	一次支付终值系统 $(1+i)^n$ $(F/P,i,n)$	一次支付现值系数 $\dfrac{1}{(1+i)^n}$ $(P/F,i,n)$	等额系列终值系数 $\dfrac{(1+i)^n-1}{i}$ $(F/A,i,n)$	偿债基金系数 $\dfrac{i}{(1+i)^n-1}$ $(A/F,i,n)$	资金回收系数 $\dfrac{i(1+i)^n}{(1+i)^n-1}$ $(A/P,i,n)$	等额系列现值系数 $\dfrac{(1+i)^n-1}{i(1+i)^n}$ $(P/A,i,n)$	均匀梯度系列系数 $\dfrac{1}{i}-\dfrac{n}{(1+i)^n-1}$ $(A/G,i,n)$
	1	2	3	4	5	6	7
1	1.0100	0.9901	1.0000	1.0000	1.0100	0.9901	0
2	1.0201	0.9803	2.0100	0.4975	0.5075	1.9704	0.4975
3	1.0303	0.9706	3.0301	0.3300	0.3400	2.9410	0.9934
4	1.0406	0.9610	4.0604	0.2463	0.2563	3.9020	1.4976
5	1.0510	0.9515	5.1010	0.1960	0.2060	4.8534	1.9801
6	1.0615	0.9420	6.1520	0.1625	0.1725	5.7955	2.4710
7	1.0721	0.9327	7.2135	0.1386	0.1486	6.7282	2.9602
8	1.0829	0.9235	8.2857	0.1207	0.1307	7.6517	3.4478
9	1.0937	0.9143	9.3685	0.1067	0.1167	8.5660	3.9337
10	1.1046	0.9053	10.4622	0.0956	0.1056	9.4713	4.4179
11	1.1157	0.8963	11.5668	0.0865	0.0965	10.3676	4.9005
12	1.1268	0.8874	12.6825	0.0788	0.0888	11.2551	5.3815
13	1.1381	0.8787	13.8093	0.0724	0.0824	12.1337	5.8607
14	1.1495	0.8700	14.9474	0.0669	0.0769	13.0037	6.3384
15	1.1610	0.8613	16.0969	0.0621	0.0721	13.8651	6.8143
16	1.1726	0.8528	17.2579	0.0579	0.0679	14.7179	7.2886
17	1.1843	0.8444	18.4304	0.0543	0.0643	15.5623	7.7613
18	1.1961	0.8360	19.6147	0.0510	0.0610	16.3983	8.2323
19	1.2081	0.8277	20.8109	0.0481	0.0581	17.2260	8.7017
20	1.2202	0.8195	22.0190	0.0454	0.0554	18.0456	9.1694
21	1.2324	0.8114	23.2392	0.0430	0.0530	18.8570	9.6354
22	1.2447	0.8034	24.4716	0.0409	0.0509	19.6604	10.0998
23	1.2572	0.7954	25.7163	0.0389	0.0489	20.4558	10.5626
24	1.2697	0.7876	26.9735	0.0371	0.0471	21.2434	11.0237
25	1.2824	0.7798	28.2432	0.0354	0.0454	22.0232	11.4831
26	1.2953	0.7720	29.5256	0.0339	0.0439	22.7952	11.9409
27	1.3082	0.7644	30.3209	0.0324	0.0424	23.5596	12.3971
28	1.3213	0.7568	32.1291	0.0311	0.0411	24.3164	12.8516
29	1.3345	0.7493	33.4504	0.0299	0.0399	25.0658	13.3044
30	1.3478	0.7419	34.7849	0.0287	0.0387	25.8077	13.7557
31	1.3613	0.7346	36.1327	0.0277	0.0377	26.5423	14.2052
32	1.3749	0.7273	37.4941	0.0267	0.0367	27.2696	14.6532
33	1.3887	0.7201	38.8690	0.0257	0.0357	27.9897	15.0995
34	1.4026	0.7130	40.2577	0.0248	0.0348	28.7027	15.5441
35	1.4166	0.7059	41.6603	0.0240	0.0340	29.4086	15.8871
40	1.4889	0.6717	48.8864	0.0205	0.0305	32.8347	18.1776
45	1.5648	0.6391	56.4811	0.0177	0.0277	36.0945	20.3273
50	1.6446	0.6030	64.4632	0.0155	0.0255	39.1961	22.4363

$$i=1.5\%$$

年份 n	一次支付终值系统 $(1+i)^n$ $(F/P,i,n)$	一次支付现值系数 $\dfrac{1}{(1+i)^n}$ $(P/F,i,n)$	等额系列终值系数 $\dfrac{(1+i)^n-1}{i}$ $(F/A,i,n)$	偿债基金系数 $\dfrac{i}{(1+i)^n-1}$ $(A/F,i,n)$	资金回收系数 $\dfrac{i(1+i)^n}{(1+i)^n-1}$ $(A/P,i,n)$	等额系列现值系数 $\dfrac{(1+i)^n-1}{i(1+i)^n}$ $(P/A,i,n)$	均匀梯度系列系数 $\dfrac{1}{i}-\dfrac{n}{(1+i)^n-1}$ $(A/G,i,n)$
	1	2	3	4	5	6	7
1	1.0150	0.9852	1.0000	1.0000	1.0150	0.9352	0
2	1.0302	0.9707	2.0150	0.4963	0.5113	1.9559	0.4963
3	1.0457	0.9563	3.0452	0.3284	0.3434	2.9122	0.9901
4	1.0614	0.9422	4.0909	0.2444	0.2594	3.8544	1.4814
5	1.0773	0.9283	5.1523	0.1941	0.2091	4.7826	1.9702
6	1.0934	0.9145	6.2296	0.1605	0.1755	5.6972	2.4566
7	1.1098	0.9010	7.3230	0.1366	0.1516	6.5982	2.9405
8	1.1265	0.8877	8.4328	0.1186	0.1336	7.4859	3.4219
9	1.1434	0.8746	9.5593	0.1046	0.1196	8.3605	3.9008
10	1.1605	0.8617	10.7027	0.0934	0.1084	9.2222	4.3772
11	1.1779	0.8489	11.8633	0.0843	0.0993	10.0711	4.8512
12	1.1956	0.8364	13.0412	0.0767	0.0917	10.9075	5.3227
13	1.2136	0.8240	14.2368	0.0702	0.0852	11.7315	5.7917
14	1.2318	0.8118	15.4504	0.0647	0.0797	12.5434	6.2582
15	1.2502	0.7999	16.6821	0.0599	0.0749	13.3432	6.7223
16	1.2690	0.7880	17.9324	0.0558	0.0708	14.1313	7.1839
17	1.2880	0.7764	19.2014	0.0521	0.0671	14.9076	7.6431
18	1.3073	0.7649	20.4894	0.0488	0.0638	15.6726	8.0997
19	1.3270	0.7536	21.7967	0.0459	0.0609	16.4262	8.5539
20	1.3469	0.7425	23.1237	0.0432	0.0582	17.1686	9.0057
21	1.3671	0.7315	24.4705	0.0409	0.0559	17.9001	9.4550
22	1.3876	0.7207	25.8376	0.0386	0.0537	18.6208	9.9018
23	1.4084	0.7100	27.2251	0.0367	0.0517	19.3309	10.3462
24	1.4295	0.6995	28.6335	0.0349	0.0499	20.0304	10.7881
25	1.4509	0.6892	30.0630	0.0333	0.0483	20.7196	11.2276
26	1.4727	0.6790	31.5140	0.0317	0.0467	21.3986	11.8646
27	1.4948	0.6690	32.9867	0.0303	0.0453	22.0676	12.0992
28	1.5172	0.6591	34.4815	0.0290	0.0440	22.7267	12.5313
29	1.5400	0.6494	35.9987	0.0278	0.0428	23.3761	12.9610
30	1.5631	0.6398	37.5387	0.0266	0.0416	24.0158	13.3883
31	1.5865	0.6303	39.1018	0.0256	0.0406	24.6461	13.8131
32	1.6103	0.6210	40.6883	0.0246	0.0396	25.2671	14.2355
33	1.6345	0.6118	42.2986	0.0236	0.0386	25.8790	14.6555
34	1.6590	0.6028	43.9331	0.0228	0.0378	26.4817	15.0731
35	1.6829	0.5939	45.5921	0.0219	0.0369	27.0756	15.4882
40	1.8140	0.5513	54.2679	0.0184	0.0334	29.9158	17.5277
45	1.9542	0.5117	63.6142	0.0157	0.0307	32.5523	19.5074
50	2.1052	0.4750	73.6828	0.0136	0.0286	34.9997	21.4277

$$i=2\%$$

年份 n	一次支付终值系统 $(1+i)^n$ $(F/P,i,n)$	一次支付现值系数 $\dfrac{1}{(1+i)^n}$ $(P/F,i,n)$	等额系列终值系数 $\dfrac{(1+i)^n-1}{i}$ $(F/A,i,n)$	偿债基金系数 $\dfrac{i}{(1+i)^n-1}$ $(A/F,i,n)$	资金回收系数 $\dfrac{i(1+i)^n}{(1+i)^n-1}$ $(A/P,i,n)$	等额系列现值系数 $\dfrac{(1+i)^n-1}{i(1+i)^n}$ $(P/A,i,n)$	均匀梯度系列系数 $\dfrac{1}{i}-\dfrac{n}{(1+i)^n-1}$ $(A/G,i,n)$
	1	2	3	4	5	6	7
1	1.0200	0.9804	1.0000	1.0000	1.0200	0.9804	0
2	1.0404	0.9612	2.0200	0.4950	0.5150	1.9416	0.4950
3	1.0612	0.9423	3.0604	0.3268	0.3468	2.8839	0.9868
4	1.0824	0.9238	4.1216	0.2426	0.2626	3.8077	1.4752
5	1.1041	0.9057	5.2040	0.1922	0.2122	4.7135	1.9604
6	1.1262	0.8880	6.3081	0.1585	0.1785	5.6014	2.4423
7	1.1487	0.8706	7.4343	0.1345	0.1545	6.4720	2.9208
8	1.1717	0.8535	8.5830	0.1165	0.1365	7.3255	3.3961
9	1.1951	0.8368	9.7546	0.1025	0.1225	8.1622	3.8681
10	1.2190	0.8203	10.9497	0.0913	0.1113	8.9826	4.3367
11	1.2434	0.8043	12.1687	0.0822	0.1022	9.7868	4.8021
12	1.2682	0.7885	13.4121	0.0746	0.0946	10.5753	5.2642
13	1.2936	0.7730	14.6803	0.0681	0.0881	11.3484	5.7231
14	1.3195	0.7579	15.9739	0.0626	0.0826	12.1062	6.1736
15	1.3459	0.7430	17.2934	0.0578	0.0778	12.8493	6.6309
16	1.3728	0.7284	18.6393	0.0537	0.0737	13.5777	7.0799
17	1.4002	0.7142	20.0121	0.0500	0.0700	14.2919	7.5256
18	1.4282	0.7002	21.4123	0.0467	0.0667	14.9920	7.9681
19	1.4568	0.6864	22.8406	0.0438	0.0638	15.6785	8.4073
20	1.4859	0.6730	24.2974	0.0412	0.0612	16.3514	8.8433
21	1.5157	0.6598	25.7833	0.0388	0.0588	17.0112	9.2760
22	1.5460	0.6468	27.2990	0.0366	0.0566	17.6580	9.7055
23	1.5769	0.6342	28.8450	0.0347	0.0547	18.2922	10.1317
24	1.6084	0.6217	30.4219	0.0329	0.0529	18.9139	10.5547
25	1.6406	0.6095	32.0303	0.0312	0.0512	19.5235	10.9745
26	1.6734	0.5976	33.6709	0.0297	0.0497	20.1210	11.3910
27	1.7069	0.5859	35.3443	0.0283	0.0483	20.7069	11.8043
28	1.7410	0.5744	37.0512	0.0270	0.0470	21.2813	12.2145
29	1.7758	0.5631	38.7922	0.0258	0.0458	21.8444	12.6214
30	1.8114	0.5521	40.5681	0.0246	0.0446	22.3965	13.0251
31	1.8476	0.5412	42.3794	0.0236	0.0436	22.9377	13.4257
32	1.8845	0.5306	44.2270	0.0226	0.0426	23.4683	13.8230
33	1.9222	0.5202	46.1116	0.0217	0.0417	23.9886	14.2172
34	1.9607	0.5100	48.0338	0.0208	0.0408	24.4986	14.6083
35	1.9999	0.5000	49.9945	0.0200	0.0400	24.9986	14.9961
40	2.2080	0.4529	60.4020	0.0166	0.0366	27.3555	16.8885
45	2.4379	0.4102	71.8927	0.0139	0.0339	29.4902	18.7034
50	2.6916	0.3715	84.5794	0.0118	0.0318	31.4236	20.4420

$$i=2.5\%$$

附表4

年份 n	一次支付终值系统 $(1+i)^n$ $(F/P,i,n)$	一次支付现值系数 $\dfrac{1}{(1+i)^n}$ $(P/F,i,n)$	等额系列终值系数 $\dfrac{(1+i)^n-1}{i}$ $(F/A,i,n)$	偿债基金系数 $\dfrac{i}{(1+i)^n-1}$ $(A/F,i,n)$	资金回收系数 $\dfrac{i(1+i)^n}{(1+i)^n-1}$ $(A/P,i,n)$	等额系列现值系数 $\dfrac{(1+i)^n-1}{i(1+i)^n}$ $(P/A,i,n)$	均匀梯度系列系数 $\dfrac{1}{i}-\dfrac{n}{(1+i)^n-1}$ $(A/G,i,n)$
	1	2	3	4	5	6	7
1	1.0250	0.9756	1.0000	1.0000	1.0250	0.9756	0
2	1.0506	0.9518	2.0250	0.4938	0.5188	1.9274	0.4938
3	1.0769	0.9286	3.0756	0.3251	0.3501	2.8560	0.9835
4	1.1038	0.9060	4.1525	0.2408	0.2658	3.7620	1.4691
5	1.1314	0.8839	5.2563	0.1902	0.2152	4.6458	1.9506
6	1.1597	0.8623	6.3877	0.1565	0.1815	5.5081	2.4280
7	1.1887	0.8413	7.5474	0.1325	0.1575	6.3494	2.9013
8	1.2184	0.8207	8.7361	0.1145	0.1395	7.1701	3.3704
9	1.2489	0.8007	9.9545	0.1005	0.1255	7.8709	3.8355
10	1.2801	0.7812	11.2034	0.0893	0.1143	8.7521	4.2965
11	1.3121	0.7621	12.4835	0.0801	0.1051	9.5142	4.7534
12	1.3449	0.7436	13.7956	0.0725	0.0975	10.2578	5.2062
13	1.3785	0.7254	15.1404	0.0660	0.0910	10.9832	5.6549
14	1.4130	0.7077	16.5190	0.0605	0.0855	11.6909	6.0995
15	1.4483	0.6905	17.9319	0.0558	0.0808	12.3814	6.5401
16	1.4845	0.6736	19.3802	0.0516	0.0766	13.0550	6.9766
17	1.5216	0.6572	20.8647	0.0479	0.0729	13.7122	7.4091
18	1.5597	0.6412	22.3863	0.0447	0.0697	14.3534	7.8375
19	1.5987	0.6255	23.9460	0.0418	0.0668	14.9789	8.2619
20	1.6386	0.6103	25.5447	0.0391	0.0641	15.5892	8.6823
21	1.6796	0.5954	27.1833	0.0368	0.0618	16.1845	9.0986
22	1.7216	0.5809	28.8629	0.0346	0.0596	16.7654	9.5110
23	1.7646	0.5667	30.5844	0.0327	0.0577	17.3321	9.9193
24	1.8087	0.5529	32.3490	0.0309	0.0559	17.8850	10.3237
25	1.8539	0.5394	34.1578	0.0293	0.0543	18.4244	10.7241
28	1.9003	0.5262	36.0117	0.0278	0.0528	18.9506	11.1205
27	1.9478	0.5134	37.9120	0.0264	0.0514	19.4640	11.5130
28	1.9965	0.5009	39.8598	0.0251	0.0501	19.9649	11.9015
29	2.0464	0.4887	41.8563	0.0239	0.0489	20.4535	12.2861
30	2.0976	0.4767	43.9027	0.0228	0.0478	20.9303	12.6668
31	2.1500	0.4651	46.0003	0.0217	0.0467	21.3954	13.0436
32	2.2038	0.4538	48.1503	0.0208	0.0458	21.8492	13.4166
33	2.2589	0.4427	50.3540	0.0199	0.0449	22.2919	13.7856
34	2.3153	0.4319	52.6129	0.0190	0.0440	22.7238	14.1508
35	2.3732	0.4214	54.9282	0.0182	0.0432	23.1452	14.5122
40	2.6851	0.3724	67.4026	0.0148	0.0398	25.1028	16.2620
45	3.0379	0.3292	81.5161	0.0123	0.0373	26.8330	17.9185
50	3.4371	0.2909	97.4843	0.0103	0.0353	28.3626	19.4839

$$i=3\%$$

年份 n	一次支付终值系统 $(1+i)^n$ $(F/P,i,n)$	一次支付现值系数 $\dfrac{1}{(1+i)^n}$ $(P/F,i,n)$	等额系列终值系数 $\dfrac{(1+i)^n-1}{i}$ $(F/A,i,n)$	偿债基金系数 $\dfrac{i}{(1+i)^n-1}$ $(A/F,i,n)$	资金回收系数 $\dfrac{i(1+i)^n}{(1+i)^n-1}$ $(A/P,i,n)$	等额系列现值系数 $\dfrac{(1+i)^n-1}{i(1+i)^n}$ $(P/A,i,n)$	均匀梯度系列系数 $\dfrac{1}{i}-\dfrac{n}{(1+i)^n-1}$ $(A/G,i,n)$
	1	2	3	4	5	6	7
1	1.0300	0.9709	1.0000	1.0000	1.0300	0.9709	0
2	1.0609	0.9426	2.0300	0.4926	0.5226	1.9135	0.4926
3	1.0927	0.9151	3.0909	0.3235	0.3535	2.8286	0.9803
4	1.1255	0.8885	4.1836	0.2390	0.2690	3.7171	1.4631
5	1.1593	0.8626	5.3091	0.1884	0.2184	4.5797	1.9409
6	1.1941	0.8375	6.4684	0.1546	0.1846	5.4172	2.4138
7	1.2299	0.8131	7.6625	0.1305	0.1605	6.2303	2.8819
8	1.2668	0.7894	8.8923	0.1125	0.1425	7.0197	3.3450
9	1.3048	0.7664	10.1591	0.0984	0.1284	7.7861	3.8032
10	1.3439	0.7441	11.4639	0.0872	0.1172	8.5302	4.2565
11	1.3842	0.7224	12.8078	0.0781	0.1081	9.2526	4.7049
12	1.4258	0.7014	14.1920	0.0705	0.1005	9.9540	5.1485
13	1.4685	0.6810	15.6178	0.0640	0.0940	10.6350	5.5872
14	1.5126	0.6611	17.0863	0.0585	0.0885	11.2961	6.0210
15	1.5580	0.6419	18.5989	0.0538	0.0838	11.9379	6.4500
16	1.6047	0.6232	20.1569	0.0496	0.0796	12.5611	6.8742
17	1.6528	0.6050	21.7616	0.0460	0.0760	13.1661	7.2936
18	1.7024	0.5874	23.4144	0.0427	0.0727	13.7535	7.7081
19	1.7535	0.5703	25.1169	0.0398	0.0698	14.3238	8.1179
20	1.8061	0.5537	26.8704	0.0372	0.0672	14.8775	8.5229
21	1.8603	0.5375	28.6765	0.0349	0.0649	15.4150	8.9231
22	1.9161	0.5219	30.5368	0.0327	0.0627	15.9369	9.3186
23	1.9736	0.5067	32.4529	0.0308	0.0608	16.4436	9.7093
24	2.0328	0.4919	34.4265	0.0290	0.0590	16.9355	10.0954
25	2.0938	0.4776	36.4593	0.0274	0.0574	17.4131	10.4768
26	2.1566	0.4637	38.5530	0.0259	0.0559	17.8768	10.8535
27	2.2213	0.4502	40.7096	0.0246	0.0546	18.3270	11.2255
28	2.2879	0.4371	42.9309	0.0233	0.0533	18.7641	11.5930
29	2.3566	0.4243	45.2189	0.0221	0.0521	19.1885	11.9558
30	2.4273	0.4120	47.5754	0.0210	0.0510	19.6004	12.3141
31	2.5001	0.4000	50.0027	0.0200	0.0500	20.0004	12.6678
32	2.5751	0.3883	52.5028	0.0190	0.0490	20.3888	13.0169
33	2.6523	0.3770	55.0778	0.0182	0.0482	20.7658	13.3616
34	2.7319	0.3660	57.7302	0.0173	0.0473	21.1318	13.7018
35	2.8139	0.3554	60.4621	0.0165	0.0465	21.4872	14.0375
40	3.2620	0.3066	75.4013	0.0133	0.0433	23.1148	15.6502
45	3.7816	0.2644	92.7199	0.0108	0.0408	24.5187	17.1556
50	4.3839	0.2281	112.7969	0.0089	0.0389	25.7298	18.5575

$i=4\%$　　　　　　　　　　　　　　　　　　　　　附表 6

年份 n	一次支付终值系统 $(1+i)^n$ $(F/P,i,n)$	一次支付现值系数 $\dfrac{1}{(1+i)^n}$ $(P/F,i,n)$	等额系列终值系数 $\dfrac{(1+i)^n-1}{i}$ $(F/A,i,n)$	偿债基金系数 $\dfrac{i}{(1+i)^n-1}$ $(A/F,i,n)$	资金回收系数 $\dfrac{i(1+i)^n}{(1+i)^n-1}$ $(A/P,i,n)$	等额系列现值系数 $\dfrac{(1+i)^n-1}{i(1+i)^n}$ $(P/A,i,n)$	均匀梯度系列系数 $\dfrac{1}{i}-\dfrac{n}{(1+i)^n-1}$ $(A/G,i,n)$
	1	2	3	4	5	6	7
1	1.0400	0.9615	1.0000	1.0000	1.0400	0.9615	0
2	1.0816	0.9246	2.0400	0.4902	0.5302	1.8861	0.4902
3	1.1249	0.8890	3.1216	0.3203	0.3603	2.7751	0.9739
4	1.1699	0.8548	4.2465	0.2355	0.2755	3.6299	1.4510
5	1.2167	0.8219	5.4163	0.1846	0.2246	4.4518	1.9216
6	1.2653	0.7903	6.6330	0.1508	0.1908	5.2421	2.3857
7	1.3159	0.7599	7.8983	0.1266	0.1666	6.0021	2.8433
8	1.3686	0.7307	9.2142	0.1085	0.1485	6.7327	3.2944
9	1.4233	0.7026	10.5828	0.0945	0.1345	7.4353	3.7391
10	1.4802	0.6756	12.0061	0.0833	0.1233	8.1109	4.1773
11	1.5395	0.6496	13.4864	0.0741	0.1141	8.7605	4.6090
12	1.6010	0.6246	15.0258	0.0666	0.1066	9.3851	5.0343
13	1.6651	0.6006	16.6268	0.0601	0.1001	9.9856	5.4533
14	1.7317	0.5775	18.2919	0.0547	0.0947	10.5631	5.8659
15	1.8009	0.5553	20.0236	0.0499	0.0899	11.1184	6.2721
16	1.8730	0.5339	21.8245	0.0458	0.0858	11.6523	6.6720
17	1.9479	0.5134	23.6975	0.0422	0.0822	12.1667	7.0656
18	2.0258	0.4936	25.6454	0.0390	0.0790	12.6593	7.4530
19	2.1068	0.4746	27.6712	0.0361	0.0761	13.1339	7.8342
20	2.1911	0.4564	29.7781	0.0336	0.0736	13.5903	8.2091
21	2.2788	0.4388	31.9692	0.0313	0.0713	14.0292	8.5779
22	2.3699	0.4220	34.2480	0.0292	0.0692	14.4511	8.9407
23	2.4647	0.4057	36.6179	0.0273	0.0673	14.8568	9.2973
24	2.5633	0.3901	39.0826	0.0256	0.0656	15.2470	9.6479
25	2.6658	0.3751	41.6459	0.0240	0.0640	15.6221	9.9925
26	2.7725	0.3607	44.3117	0.0226	0.0626	15.9828	10.3312
27	2.8834	0.3468	47.0842	0.0212	0.0612	16.3296	10.6640
28	2.9987	0.3335	49.9676	0.0200	0.0600	16.6631	10.9909
29	3.1187	0.3207	52.9663	0.0189	0.0589	16.9837	11.3120
30	3.2434	0.3083	56.0849	0.0178	0.0578	17.2920	11.6274
31	3.3731	0.2965	59.3283	0.0169	0.0569	17.5885	11.9371
32	3.5081	0.2851	62.7015	0.0159	0.0559	17.8736	12.2411
33	3.6484	0.2741	66.2095	0.0151	0.0551	18.1476	12.5396
34	3.7943	0.2636	69.8579	0.0143	0.0543	18.4112	12.8324
35	3.9461	0.2534	73.6522	0.0136	0.0536	18.6646	13.1198
40	4.8010	0.2083	95.0255	0.0105	0.0505	19.7982	14.4765
45	5.8412	0.1712	121.0294	0.0083	0.0483	20.7200	15.7047
50	7.1067	0.1407	152.6671	0.0066	0.0466	21.4822	16.8122

$i=5\%$

年份 n	一次支付 终值系统 $(1+i)^n$ $(F/P,i,n)$	一次支付 现值系数 $\dfrac{1}{(1+i)^n}$ $(P/F,i,n)$	等额系列 终值系数 $\dfrac{(1+i)^n-1}{i}$ $(F/A,i,n)$	偿债基金 系数 $\dfrac{i}{(1+i)^n-1}$ $(A/F,i,n)$	资金回收 系数 $\dfrac{i(1+i)^n}{(1+i)^n-1}$ $(A/P,i,n)$	等额系列 现值系数 $\dfrac{(1+i)^n-1}{i(1+i)^n}$ $(P/A,i,n)$	均匀梯度 系列系数 $\dfrac{1}{i}-\dfrac{n}{(1+i)^n-1}$ $(A/G,i,n)$
	1	2	3	4	5	6	7
1	1.0500	0.9524	1.0000	1.0000	1.0500	0.9524	0
2	1.1025	0.9070	2.0500	0.4878	0.5378	1.8534	0.4878
3	1.1576	0.8638	3.1525	0.3172	0.3672	2.7232	0.9675
4	1.2155	0.8227	4.3101	0.2320	0.2820	3.5460	1.4391
5	1.2763	0.7835	5.5256	0.1810	0.2310	4.3295	1.9025
6	1.3401	0.7462	6.8019	0.1470	0.1970	5.0757	2.3579
7	1.4071	0.7107	8.1420	0.1228	0.1728	5.7864	2.8052
8	1.4775	0.6768	9.5491	0.1047	0.1547	6.4632	3.2445
9	1.5513	0.6446	11.0266	0.0907	0.1407	7.1078	3.6758
10	1.6289	0.6139	12.5779	0.0795	0.1295	7.7217	4.0991
11	1.7103	0.5847	14.2068	0.0704	0.1204	8.3064	4.5144
12	1.7959	0.5568	15.9171	0.0628	0.1128	8.8633	4.9219
13	1.8856	0.5303	17.7130	0.0565	0.1065	9.3936	5.3215
14	1.9799	0.5051	19.5986	0.0510	0.1010	9.8986	5.7133
15	2.0789	0.4810	21.5786	0.0463	0.0963	10.3797	6.0973
16	2.1829	0.4581	23.6575	0.0423	0.0923	10.8378	6.4736
17	2.2920	0.4363	25.8404	0.0387	0.0887	11.2741	6.8423
18	2.4066	0.4155	28.1324	0.0355	0.0855	11.6896	7.2034
19	2.5270	0.3957	30.5390	0.0327	0.0827	12.0853	7.5569
20	2.6533	0.3769	33.0660	0.0302	0.0802	12.4622	7.9030
21	2.7860	0.3589	35.7193	0.0280	0.0780	12.8212	8.2416
22	2.9253	0.3418	38.5052	0.0260	0.0760	13.1630	8.5730
23	3.0715	0.3256	41.4305	0.0241	0.0741	13.4886	8.8971
24	3.2251	0.3101	44.5020	0.0225	0.0725	13.7986	9.2140
25	3.3864	0.2953	47.7271	0.0210	0.0710	14.0939	9.5238
26	3.5557	0.2812	51.1135	0.0196	0.0696	14.3752	9.8266
27	3.7335	0.2678	54.6691	0.0183	0.0683	14.6430	10.1224
28	3.9201	0.2551	58.4026	0.0171	0.0671	14.8981	10.4114
29	4.1161	0.2429	62.3227	0.0160	0.0660	15.1411	10.6936
30	4.3219	0.2314	66.4388	0.0151	0.0651	15.3725	10.9691
31	4.5380	0.2204	70.7608	0.0141	0.0641	15.5928	11.2381
32	4.7649	0.2099	75.2988	0.0133	0.0633	15.8027	11.5005
33	5.0032	0.1999	80.0638	0.0125	0.0625	16.0025	11.7566
34	5.2533	0.1904	85.0670	0.0118	0.0618	16.1929	12.0063
35	5.5160	0.1813	90.3203	0.0111	0.0611	16.3742	12.2498
40	7.0400	0.1420	120.7998	0.0083	0.0583	17.1591	13.3775
45	8.9850	0.1113	159.7002	0.0063	0.0563	17.7741	14.3644
50	11.4674	0.0872	209.3480	0.0048	0.0548	18.2559	15.2233

$i=6\%$ 附表 8

年份 n	一次支付 终值系统 $(1+i)^n$ $(F/P,i,n)$	一次支付 现值系数 $\dfrac{1}{(1+i)^n}$ $(P/F,i,n)$	等额系列 终值系数 $\dfrac{(1+i)^n-1}{i}$ $(F/A,i,n)$	偿债基金 系数 $\dfrac{i}{(1+i)^n-1}$ $(A/F,i,n)$	资金回收 系数 $\dfrac{i(1+i)^n}{(1+i)^n-1}$ $(A/P,i,n)$	等额系列 现值系数 $\dfrac{(1+i)^n-1}{i(1+i)^n}$ $(P/A,i,n)$	均匀梯度 系列系数 $\dfrac{1}{i}-\dfrac{n}{(1+i)^n-1}$ $(A/G,i,n)$
	1	2	3	4	5	6	7
1	1.0600	0.9434	1.0000	1.0000	1.0600	0.9434	0
2	1.1236	0.8900	2.0600	0.4854	0.5454	1.8334	0.4854
3	1.1910	0.8396	3.1836	0.3141	0.3741	2.6730	0.9612
4	1.2625	0.7921	4.3746	0.2286	0.2886	3.4651	1.4272
5	1.3382	0.7473	5.6371	0.1774	0.2374	4.2124	1.8836
6	1.4185	0.7050	6.9753	0.1434	0.2034	4.9173	2.3304
7	1.5036	0.6651	8.3938	0.1191	0.1791	5.5824	2.7676
8	1.5938	0.6274	9.8975	0.1010	0.1610	6.2098	3.1952
9	1.6895	0.5919	11.4913	0.0870	0.1470	6.8017	3.6133
10	1.7908	0.5584	13.1808	0.0759	0.1359	7.3601	4.0220
11	1.8983	0.5268	14.9716	0.0668	0.1268	7.8869	4.4213
12	2.0122	0.4970	16.8699	0.0593	0.1193	8.3838	4.8113
13	2.1329	0.4688	18.8821	0.0530	0.1130	8.8527	5.1920
14	2.2609	0.4423	21.0151	0.0476	0.1076	9.2950	5.5635
15	2.3966	0.4173	23.2760	0.0430	0.1030	9.7122	5.9260
16	2.5404	0.3936	25.6725	0.0390	0.0990	10.1059	6.2794
17	2.6928	0.3714	28.2129	0.0354	0.0954	10.4773	6.6240
18	2.8543	0.3503	30.9057	0.0324	0.0924	10.8276	6.9597
19	3.0256	0.3305	33.7600	0.0296	0.0896	11.1581	7.2867
20	3.2071	0.3118	36.7856	0.0272	0.0872	11.4699	7.6051
21	3.3996	0.2942	39.9927	0.0250	0.0850	11.7641	7.9151
22	3.6035	0.2775	43.3923	0.0230	0.0830	12.0416	8.2166
23	3.8197	0.2618	46.9958	0.0213	0.0813	12.3034	8.5099
24	4.0489	0.2470	50.8156	0.0197	0.0797	12.5504	8.7951
25	4.2919	0.2330	54.8645	0.0182	0.0782	12.7834	9.0722
26	4.5494	0.2198	59.1564	0.0169	0.0769	13.0032	9.3414
27	4.8223	0.2074	63.7058	0.0157	0.0757	13.2105	9.6029
28	5.1117	0.1956	68.5281	0.0146	0.0746	13.4062	9.8568
29	5.4184	0.1846	73.6398	0.0136	0.0736	13.5907	10.1032
30	5.7435	0.1741	79.0582	0.0126	0.0726	13.7648	10.3422
31	6.0881	0.1643	84.8017	0.0118	0.0718	13.9291	10.5704
32	6.4534	0.1550	90.8898	0.0110	0.0710	14.0840	10.7988
33	6.8406	0.1462	97.3432	0.0103	0.0703	14.2302	11.0166
34	7.2510	0.1379	104.1838	0.0096	0.0696	14.3681	11.2276
35	7.6861	0.1301	111.4348	0.0090	0.0690	14.4982	12.4319
40	10.2857	0.0972	154.7620	0.0065	0.0665	15.0463	12.3590
45	13.7646	0.0727	212.7435	0.0047	0.0647	15.4558	13.1413
50	18.4202	0.0543	209.3359	0.0034	0.0634	15.7619	13.7964

$i=7\%$　　　　　　　　　　　　　　　　　　　　　　附表 9

年份 n	一次支付终值系统 $(1+i)^n$ $(F/P,i,n)$	一次支付现值系数 $\dfrac{1}{(1+i)^n}$ $(P/F,i,n)$	等额系列终值系数 $\dfrac{(1+i)^n-1}{i}$ $(F/A,i,n)$	偿债基金系数 $\dfrac{i}{(1+i)^n-1}$ $(A/F,i,n)$	资金回收系数 $\dfrac{i(1+i)^n}{(1+i)^n-1}$ $(A/P,i,n)$	等额系列现值系数 $\dfrac{(1+i)^n-1}{i(1+i)^n}$ $(P/A,i,n)$	均匀梯度系列系数 $\dfrac{1}{i}-\dfrac{n}{(1+i)^n-1}$ $(A/G,i,n)$
	1	2	3	4	5	6	7
1	1.0700	0.9346	1.0000	1.0000	1.0700	0.9346	0
2	1.1449	0.8734	2.0700	0.4831	0.5531	1.8080	0.4831
3	1.2250	0.8163	3.2149	0.3111	0.3811	2.6243	0.9549
4	1.3108	0.7629	4.4399	0.2252	0.2952	3.3872	1.4155
5	1.4026	0.7130	5.7505	0.1739	0.2439	4.1002	1.8650
6	1.5007	0.6663	7.1533	0.1398	0.2098	4.7665	2.3032
7	1.6058	0.6227	8.6540	0.1156	0.1856	5.3893	2.7304
8	1.7182	0.5820	10.2598	0.0975	0.1675	5.9713	3.1465
9	1.8385	0.5439	11.9780	0.0835	0.1535	6.5152	3.5517
10	1.9672	0.5083	13.8164	0.0724	0.1424	7.0236	3.9461
11	2.1049	0.4751	15.7836	0.0634	0.1334	7.4987	4.3296
12	2.2522	0.4440	17.8885	0.0559	0.1259	7.9427	4.7025
13	2.4098	0.4150	20.1406	0.0497	0.1197	8.3577	5.0648
14	2.5785	0.3878	22.5505	0.0443	0.1143	8.7455	5.4167
15	2.7590	0.3624	25.1290	0.0398	0.1098	9.1079	5.7583
16	2.9522	0.3387	27.8881	0.0359	0.1059	9.4466	6.0897
17	3.1588	0.3166	30.8402	0.0324	0.1024	9.7632	6.4110
18	3.3799	0.2959	33.9990	0.0294	0.0994	10.0591	6.7225
19	3.6165	0.2765	37.3790	0.0268	0.0968	10.3356	7.0242
20	3.8697	0.2584	40.9955	0.0244	0.0944	10.5940	7.3163
21	4.1406	0.2415	44.8652	0.0223	0.0923	10.8355	7.5990
22	4.4304	0.2257	49.0057	0.0204	0.0904	11.0612	7.8725
23	4.7405	0.2109	53.4361	0.0187	0.0887	11.2722	8.1369
24	5.0724	0.1971	58.1767	0.0172	0.0872	11.4693	8.3923
25	5.4274	0.1842	63.2490	0.0158	0.0858	11.6536	8.6391
26	5.8074	0.1722	68.6765	0.0146	0.0846	11.8258	8.8773
27	6.2139	0.1609	74.4838	0.0134	0.0834	11.9867	9.1072
28	6.6488	0.1504	80.6977	0.0124	0.0824	12.1371	9.3289
29	7.1143	0.1406	87.3465	0.0114	0.0814	12.2777	9.5427
30	7.6123	0.1314	94.4608	0.0106	0.0806	12.4090	9.7487
31	8.1451	0.1228	102.0730	0.0098	0.0798	12.5318	9.9471
32	8.7153	0.1147	110.2182	0.0091	0.0791	12.6466	10.1381
33	9.3253	0.1072	118.9334	0.0084	0.0784	12.7538	10.3219
34	9.9781	0.1002	128.2588	0.0078	0.0778	12.8540	10.4987
35	10.6766	0.0937	138.2369	0.0072	0.0772	12.9477	10.6687
40	14.9745	0.0668	199.6351	0.0050	0.0750	13.3317	11.4233
45	21.0025	0.0476	285.7493	0.0035	0.0735	13.6055	12.0360
50	29.4570	0.0339	406.5289	0.0025	0.0725	13.8007	12.5287

$i=8\%$　　　　　　　　　　　　　　　　　　　　　　　　　　附表 10

年份 n	一次支付终值系统 $(1+i)^n$ $(F/P,i,n)$	一次支付现值系数 $\dfrac{1}{(1+i)^n}$ $(P/F,i,n)$	等额系列终值系数 $\dfrac{(1+i)^n-1}{i}$ $(F/A,i,n)$	偿债基金系数 $\dfrac{i}{(1+i)^n-1}$ $(A/F,i,n)$	资金回收系数 $\dfrac{i(1+i)^n}{(1+i)^n-1}$ $(A/P,i,n)$	等额系列现值系数 $\dfrac{(1+i)^n-1}{i(1+i)^n}$ $(P/A,i,n)$	均匀梯度系列系数 $\dfrac{1}{i}-\dfrac{n}{(1+i)^n-1}$ $(A/G,i,n)$
	1	2	3	4	5	6	7
1	1.0800	0.9259	1.0000	1.0000	1.0800	0.9259	0
2	1.1664	0.8573	2.0800	0.4808	0.5608	1.7833	0.4808
3	1.2597	0.7938	3.2464	0.3080	0.3880	2.5771	0.9487
4	1.3605	0.7350	4.5061	0.2219	0.3019	3.3121	1.4040
5	1.4693	0.6806	5.8666	0.1705	0.2505	3.9927	1.8465
6	1.5869	0.6302	7.3359	0.1363	0.2163	4.6229	2.2763
7	1.7138	0.5835	8.9228	0.1121	0.1921	5.2064	2.6937
8	1.8509	0.5403	10.6366	0.0940	0.1740	5.7466	3.0985
9	1.9990	0.5002	12.4876	0.0801	0.1601	6.2469	3.4910
10	2.1589	0.4632	14.4866	0.0690	0.1490	6.7101	3.8713
11	2.3316	0.4289	16.6455	0.0601	0.1401	7.1390	4.2395
12	2.5182	0.3971	18.9771	0.0527	0.1327	7.5361	4.5957
13	2.7196	0.3677	21.4953	0.0465	0.1265	7.9038	4.9402
14	2.9372	0.3405	24.2149	0.0413	0.1213	8.2442	5.2731
15	3.1722	0.3152	27.1521	0.0368	0.1168	8.5595	5.5945
16	3.4259	0.2919	30.3243	0.0330	0.1130	8.8514	5.9046
17	3.7000	0.2703	33.7502	0.0296	0.1096	9.1216	6.2037
18	3.9960	0.2502	37.4502	0.0267	0.1067	9.3719	6.4920
19	4.3157	0.2317	41.4463	0.0241	0.1041	9.6036	6.7697
20	4.6610	0.2145	45.7620	0.0219	0.1019	9.8181	7.0369
21	5.0338	0.1987	50.4229	0.0198	0.0998	10.0168	7.2940
22	5.4365	0.1839	55.4568	0.0180	0.0980	10.2007	7.5412
23	5.8715	0.1703	60.8933	0.0164	0.0964	10.3711	7.7786
24	6.3412	0.1577	66.7648	0.0150	0.0950	10.5288	8.0066
25	6.8485	0.1460	73.1059	0.0137	0.0937	10.6748	8.2254
26	7.3964	0.1352	79.9544	0.0125	0.0925	10.8100	8.4352
27	7.9881	0.1252	87.3508	0.0114	0.0914	10.9352	8.6363
28	8.6271	0.1159	95.3388	0.0105	0.0905	11.0511	8.8289
29	9.3173	0.1073	103.9659	0.0096	0.0896	11.1584	9.0133
30	10.0627	0.0994	113.2832	0.0088	0.0888	11.2578	9.1897
31	10.8677	0.0920	123.3459	0.0081	0.0881	11.3498	9.3584
32	11.7371	0.0852	134.2135	0.0075	0.0875	11.4350	9.5197
33	12.6760	0.0789	145.9506	0.0069	0.0869	11.5139	9.6737
34	13.6001	0.0730	158.6267	0.0063	0.0863	11.5869	9.8208
35	14.7853	0.0676	172.3168	0.0058	0.0858	11.6546	9.9611
40	21.7245	0.0460	259.0565	0.0039	0.0839	11.9246	10.5699
45	31.9204	0.0313	386.5056	0.0026	0.0826	12.1084	11.0447
50	46.9016	0.0213	573.7702	0.0017	0.0817	12.2335	11.4107

$$i=9\%$$

年份 n	一次支付终值系统 $(1+i)^n$ $(F/P,i,n)$	一次支付现值系数 $\dfrac{1}{(1+i)^n}$ $(P/F,i,n)$	等额系列终值系数 $\dfrac{(1+i)^n-1}{i}$ $(F/A,i,n)$	偿债基金系数 $\dfrac{i}{(1+i)^n-1}$ $(A/F,i,n)$	资金回收系数 $\dfrac{i(1+i)^n}{(1+i)^n-1}$ $(A/P,i,n)$	等额系列现值系数 $\dfrac{(1+i)^n-1}{i(1+i)^n}$ $(P/A,i,n)$	均匀梯度系列系数 $\dfrac{1}{i}-\dfrac{n}{(1+i)^n-1}$ $(A/G,i,n)$
	1	2	3	4	5	6	7
1	1.0900	0.9174	1.0000	1.0000	1.0900	0.9174	0
2	1.1881	0.8417	2.0900	0.4785	0.5685	1.7591	0.4785
3	1.2950	0.7722	3.2781	0.3051	0.3951	2.5313	0.9426
4	1.4116	0.7084	4.5731	0.2187	0.3087	3.2397	1.3925
5	1.5386	0.6499	5.9847	0.1671	0.2571	3.8897	1.8282
6	1.6771	0.5963	7.5233	0.1329	0.2229	4.4859	2.2498
7	1.8280	0.5470	9.2004	0.1087	0.1987	5.0330	2.6574
8	1.9926	0.5019	11.0285	0.0907	0.1807	5.5348	3.0512
9	2.1719	0.4604	13.0210	0.0768	0.1668	5.9952	3.4312
10	2.3674	0.4224	15.1929	0.0658	0.1558	6.4177	3.7978
11	2.5804	0.3875	17.5603	0.0569	0.1469	6.8052	4.1510
12	2.8127	0.3555	20.1407	0.0497	0.1397	7.1607	4.4910
13	3.0658	0.3262	22.9534	0.0436	0.1336	7.4869	4.8182
14	3.3417	0.2992	26.0192	0.0384	0.1284	7.7862	5.1326
15	3.6425	0.2745	29.3609	0.0341	0.1241	8.0607	5.4346
16	3.9703	0.2519	33.0034	0.0303	0.1203	8.3126	5.7245
17	4.3276	0.2311	36.9737	0.0270	0.1170	8.5436	6.0024
18	4.7171	0.2120	41.3013	0.0242	0.1142	8.7556	6.2687
19	5.1417	0.1945	46.0185	0.0217	0.1117	8.9501	6.5236
20	5.6044	0.1784	51.1601	0.0195	0.1095	9.1285	6.7674
21	6.1088	0.1637	56.7645	0.0176	0.1076	9.2922	7.0006
22	6.6586	0.1502	62.8733	0.0159	0.1059	9.4424	7.2232
23	7.2579	0.1378	69.5319	0.0144	0.1044	9.5802	7.4357
24	7.9111	0.1264	76.7898	0.0130	0.1030	9.7066	7.6384
25	8.6231	0.1160	84.7009	0.0118	0.1018	9.8226	7.8316
26	9.3992	0.1064	93.3240	0.0107	0.1007	9.9290	8.0156
27	10.2451	0.0976	102.7231	0.0097	0.0997	10.0266	8.1906
28	11.1671	0.0895	112.9682	0.0089	0.0989	10.1161	8.3571
29	12.1722	0.0822	124.1354	0.0081	0.0981	10.1983	8.5154
30	13.2677	0.0754	136.3075	0.0073	0.0973	10.2737	8.6657
31	14.4618	0.0691	146.5752	0.0067	0.0967	10.3428	8.8083
32	15.7633	0.0634	164.0370	0.0061	0.0961	10.4062	8.9436
33	17.1820	0.0582	179.8003	0.0056	0.0956	10.4644	9.0718
34	18.7284	0.0534	196.9823	0.0051	0.0951	10.5178	9.1933
35	20.4140	0.0490	215.7108	0.0046	0.0946	10.5668	9.3085
40	31.4094	0.0318	337.8824	0.0030	0.0930	10.7574	9.7957
45	48.3273	0.0207	525.8587	0.0019	0.0919	10.8812	10.1603
50	74.3575	0.0134	815.0836	0.0012	0.0912	10.9617	10.4295

$i=10\%$　　　　　　　　　　　　　　　　　　　　　　　　附表 12

年份 n	一次支付 终值系统 $(1+i)^n$ $(F/P,i,n)$	一次支付 现值系数 $\dfrac{1}{(1+i)^n}$ $(P/F,i,n)$	等额系列 终值系数 $\dfrac{(1+i)^n-1}{i}$ $(F/A,i,n)$	偿债基金 系数 $\dfrac{i}{(1+i)^n-1}$ $(A/F,i,n)$	资金回收 系数 $\dfrac{i(1+i)^n}{(1+i)^n-1}$ $(A/P,i,n)$	等额系列 现值系数 $\dfrac{(1+i)^n-1}{i(1+i)^n}$ $(P/A,i,n)$	均匀梯度 系列系数 $\dfrac{1}{i}-\dfrac{n}{(1+i)^n-1}$ $(A/G,i,n)$
	1	2	3	4	5	6	7
1	1.1000	0.9091	1.0000	1.0000	1.1000	0.9001	0
2	1.2100	0.8264	2.1000	0.4762	0.5762	1.7355	0.4762
3	1.3310	0.7513	3.3100	0.3021	0.4021	2.4869	0.9366
4	1.4641	0.6830	4.6410	0.2155	0.3155	3.1699	1.3812
5	1.6105	0.6209	6.1051	0.1638	0.2638	3.7908	1.8101
6	1.7716	0.5645	7.7156	0.1296	0.2293	4.3553	2.2236
7	1.9487	0.5132	9.4872	0.1054	0.2054	4.8684	2.6216
8	2.1436	0.4665	11.4359	0.0874	0.1874	5.3349	3.0045
9	2.3579	0.4241	13.5795	0.0736	0.1736	5.7590	3.3724
10	2.5937	0.3855	15.9374	0.0627	0.1627	6.1446	3.7255
11	2.8531	0.3505	18.5312	0.0540	0.1540	6.4951	4.0641
12	3.1384	0.3186	21.3843	0.0468	0.1468	6.8137	4.3884
13	3.4523	0.2897	24.5227	0.0408	0.1408	7.1034	4.6988
14	3.7975	0.2633	27.9750	0.0357	0.1357	7.3667	4.9955
15	4.1772	0.2394	31.7725	0.0315	0.1315	7.6061	5.2789
16	4.5950	0.2176	35.9497	0.0278	0.1278	7.8237	5.5493
17	5.0545	0.1978	40.5447	0.0247	0.1247	8.0216	5.8071
18	5.5599	0.1799	45.5992	0.0219	0.1219	8.2014	6.0526
19	6.1159	0.1635	51.1591	0.0195	0.1195	8.3649	6.2861
20	6.7275	0.1486	57.2750	0.0175	0.1175	8.5136	6.5081
21	7.4002	0.1351	64.0025	0.0156	0.1156	8.6487	6.7189
22	8.1403	0.1228	71.4027	0.0140	0.1140	8.7715	6.9189
23	8.9543	0.1117	79.5430	0.0126	0.1126	8.8832	7.1085
24	9.8497	0.1015	88.4973	0.0113	0.1113	8.9847	7.2881
25	10.8347	0.0923	98.3471	0.0102	0.1102	9.0770	7.4580
26	11.9182	0.0839	109.1818	0.0092	0.1092	9.1609	7.6186
27	13.1100	0.0763	121.0999	0.0083	0.1083	9.2372	7.7704
28	14.4210	0.0693	134.2099	0.0075	0.1075	9.3066	7.9137
29	15.8631	0.0630	148.6309	0.0067	0.1067	9.3696	8.0489
30	17.4494	0.0573	164.4940	0.0061	0.1061	9.4269	8.1762
31	19.1943	0.0521	181.9434	0.0055	0.1055	9.4790	8.2962
32	21.1138	0.0474	201.1378	0.0050	0.1050	9.5264	8.4091
33	23.2252	0.0431	222.2515	0.0045	0.1045	9.5694	8.5152
34	25.5477	0.0391	245.4767	0.0041	0.1041	9.6086	8.6149
35	28.1024	0.0356	271.0244	0.0037	0.1037	9.6442	8.7086
40	45.2593	0.0221	442.5926	0.0023	0.1023	9.7791	9.0962
45	72.8905	0.0137	718.9048	0.0014	0.1014	9.8628	9.3740
50	117.3909	0.0085	1163.9085	0.0009	0.1009	9.9148	9.5704

$$i=12\%$$

年份 n	一次支付终值系统 $(1+i)^n$ $(F/P,i,n)$	一次支付现值系数 $\dfrac{1}{(1+i)^n}$ $(P/F,i,n)$	等额系列终值系数 $\dfrac{(1+i)^n-1}{i}$ $(F/A,i,n)$	偿债基金系数 $\dfrac{i}{(1+i)^n-1}$ $(A/F,i,n)$	资金回收系数 $\dfrac{i(1+i)^n}{(1+i)^n-1}$ $(A/P,i,n)$	等额系列现值系数 $\dfrac{(1+i)^n-1}{i(1+i)^n}$ $(P/A,i,n)$	均匀梯度系列系数 $\dfrac{1}{i}-\dfrac{n}{(1+i)^n-1}$ $(A/G,i,n)$
	1	2	3	4	5	6	7
1	1.1200	0.8929	1.0000	1.0000	1.1200	0.8929	0
2	1.2544	0.7972	2.1200	0.4717	0.5917	1.6901	0.4717
3	1.4049	0.7118	3.3744	0.2963	0.4163	2.4018	0.9246
4	1.5735	0.6355	4.7793	0.2092	0.3292	3.0373	1.3589
5	1.7623	0.5674	6.3528	0.1574	0.2774	3.6048	1.7746
6	1.9738	0.5066	8.1152	0.1232	0.2432	4.1114	2.1720
7	2.2107	0.4523	10.0890	0.0991	0.2191	4.5638	2.5515
8	2.4760	0.4039	12.2997	0.0813	0.2013	4.9676	2.9131
9	2.7731	0.3606	14.7757	0.0677	0.1877	5.3282	3.2574
10	3.1058	0.3220	17.5487	0.0570	0.1770	5.6502	3.5847
11	3.4785	0.2875	20.6546	0.0484	0.1684	5.9377	3.8953
12	3.8960	0.2567	24.1331	0.0414	0.1614	6.1944	4.1897
13	4.3635	0.2292	28.0291	0.0357	0.1557	6.4235	4.4683
14	4.8871	0.2046	32.3926	0.0309	0.1509	6.6282	4.7317
15	5.4736	0.1827	37.2797	0.0268	0.1468	6.8109	4.9803
16	6.1304	0.1631	42.7533	0.0234	0.1434	6.9740	5.2147
17	6.8660	0.1456	48.8837	0.0205	0.1405	7.1196	5.4353
18	7.6900	0.1300	55.7497	0.0179	0.1379	7.2497	5.6427
19	8.6128	0.1161	63.4397	0.0158	0.1358	7.3658	5.8375
20	9.6463	0.1037	72.0524	0.0139	0.1339	7.4694	6.0202
21	10.8038	0.0926	81.6987	0.0122	0.1322	7.5620	6.1913
22	12.1003	0.0826	92.5020	0.0108	0.1308	7.6446	6.3514
23	13.5523	0.0738	104.6029	0.0096	0.1296	7.7184	6.5010
24	15.1786	0.0659	118.1552	0.0085	0.1285	7.7843	6.6406
25	17.0001	0.0588	133.3339	0.0075	0.1275	7.8431	6.7708
26	19.0401	0.0525	150.3339	0.0067	0.1267	7.8957	6.8921
27	21.3249	0.0469	169.3740	0.0059	0.1259	7.9426	7.0049
28	23.8839	0.0419	190.6989	0.0052	0.1252	7.9844	7.1098
29	26.7499	0.0374	214.5828	0.0047	0.1247	8.0218	7.2071
30	29.9599	0.0334	241.3327	0.0041	0.1241	8.0552	7.2974
31	33.5551	0.0298	271.2926	0.0037	0.1237	8.0850	7.3811
32	37.5817	0.0266	304.8477	0.0033	0.1233	8.1116	7.4586
33	42.0915	0.0238	342.4292	0.0029	0.1229	8.1354	7.5302
34	47.1425	0.0212	384.5210	0.0026	0.1226	8.1566	7.5965
35	52.7996	0.0189	431.6635	0.0023	0.1223	8.1755	7.6577
40	93.0510	0.0107	767.0914	0.0013	0.1213	8.2438	7.8988
45	163.9876	0.0061	1358.2300	0.0007	0.1207	8.2825	8.0572
50	289.0022	0.0035	2400.0182	0.0004	0.1204	8.3045	8.1597

$i=15\%$ 附表 14

年份 n	一次支付终值系统 $(1+i)^n$ $(F/P,i,n)$	一次支付现值系数 $\dfrac{1}{(1+i)^n}$ $(P/F,i,n)$	等额系列终值系数 $\dfrac{(1+i)^n-1}{i}$ $(F/A,i,n)$	偿债基金系数 $\dfrac{i}{(1+i)^n-1}$ $(A/F,i,n)$	资金回收系数 $\dfrac{i(1+i)^n}{(1+i)^n-1}$ $(A/P,i,n)$	等额系列现值系数 $\dfrac{(1+i)^n-1}{i(1+i)^n}$ $(P/A,i,n)$	均匀梯度系列系数 $\dfrac{1}{i}-\dfrac{n}{(1+i)^n-1}$ $(A/G,i,n)$
	1	2	3	4	5	6	7
1	1.1500	0.8696	1.0000	1.0000	1.1500	0.8696	0
2	1.3225	0.7561	2.1500	0.4651	0.6151	1.6257	0.4651
3	1.5209	0.6575	3.4725	0.2880	0.4380	2.2832	0.9071
4	1.7490	0.5718	4.9934	0.2003	0.3503	2.8550	1.3263
5	2.0114	0.4972	6.7424	0.1483	0.2983	3.3522	1.7228
6	2.3131	0.4323	8.7537	0.1142	0.2642	3.7845	2.0972
7	2.6600	0.3759	11.0668	0.0904	0.2404	4.1604	2.4498
8	3.0590	0.3269	13.7268	0.0729	0.2229	4.4873	2.7813
9	3.5179	0.2843	16.7858	0.0596	0.2096	4.7716	3.0922
10	4.0456	0.2472	20.3037	0.0493	0.1993	5.0188	3.3832
11	4.6524	0.2149	24.3493	0.0411	0.1911	5.2337	3.6549
12	5.3503	0.1869	29.0017	0.0345	0.1845	5.4206	3.9082
13	6.1528	0.1625	34.3519	0.0291	0.1791	5.5831	4.1438
14	7.0757	0.1413	40.5047	0.0247	0.1747	5.7245	4.3624
15	8.1371	0.1229	47.5804	0.0210	0.1710	5.8474	4.5650
16	9.3576	0.1069	53.7175	0.0179	0.1679	5.9542	4.7522
17	10.7613	0.0929	65.0751	0.0154	0.1654	6.0472	4.9251
18	12.3755	0.0808	75.8364	0.0132	0.1632	6.1280	5.0843
19	14.2318	0.0703	88.2118	0.0113	0.1613	6.1982	5.2307
20	16.3665	0.0611	102.4436	0.0098	0.1598	6.2593	5.3651
21	18.8215	0.0531	118.8101	0.0084	0.1584	6.3125	5.4883
22	21.6447	0.0462	137.6316	0.0073	0.1573	6.3587	5.6010
23	24.8915	0.0402	159.2764	0.0063	0.1563	6.3988	5.7040
24	28.6252	0.0349	184.1678	0.0054	0.1554	6.4338	5.7979
25	32.9190	0.0304	212.7930	0.0047	0.1547	6.4641	5.8834
26	37.8568	0.0264	245.7120	0.0041	0.1541	6.4906	5.9612
27	43.5353	0.0230	283.5688	0.0035	0.1535	6.5135	6.0319
28	50.0656	0.0200	327.1041	0.0031	0.1531	6.5335	6.0906
29	57.5755	0.0174	377.1697	0.0027	0.1527	6.5509	6.1541
30	66.2118	0.0150	434.7451	0.0023	0.1523	6.5660	6.2066
31	76.1435	0.0131	500.9569	0.0020	0.1520	6.5791	6.2541
32	87.5651	0.0114	577.1005	0.0017	0.1517	6.5905	6.2970
33	100.6998	0.0099	664.6655	0.0015	0.1515	6.6005	6.3357
34	115.8048	0.0086	765.3654	0.0013	0.1513	6.6091	6.3705
35	133.1755	0.0075	881.1702	0.0011	0.1511	6.6166	6.4019
40	267.8635	0.0037	1779.0903	0.0006	0.1506	6.6418	6.5168
45	538.7693	0.0019	3585.1285	0.0003	0.1503	6.6543	6.5830
50	1083.6574	0.0009	7217.7163	0.0001	0.1501	6.6605	6.6205

$i=20\%$　　　　　　　　　　　　　　　　　　　

年份 n	一次支付终值系统 $(1+i)^n$ ($F/P,i,n$)	一次支付现值系数 $\dfrac{1}{(1+i)^n}$ ($P/F,i,n$)	等额系列终值系数 $\dfrac{(1+i)^n-1}{i}$ ($F/A,i,n$)	偿债基金系数 $\dfrac{i}{(1+i)^n-1}$ ($A/F,i,n$)	资金回收系数 $\dfrac{i(1+i)^n}{(1+i)^n-1}$ ($A/P,i,n$)	等额系列现值系数 $\dfrac{(1+i)^n-1}{i(1+i)^n}$ ($P/A,i,n$)	均匀梯度系列系数 $\dfrac{1}{i}-\dfrac{n}{(1+i)^n-1}$ ($A/G,i,n$)
	1	2	3	4	5	6	7
1	1.2000	0.8333	1.0000	1.0000	1.2000	0.8333	0
2	1.4400	0.6944	2.2000	0.4545	0.6545	1.5278	0.4545
3	1.7280	0.5787	3.6400	0.2747	0.4747	2.1065	0.8791
4	2.0736	0.4823	5.3680	0.1863	0.3863	2.5887	1.2742
5	2.4883	0.4019	7.4416	0.1344	0.3344	2.9906	1.6405
6	2.9860	0.3349	9.9299	0.1007	0.3007	3.3255	1.9788
7	3.5832	0.2791	12.9159	0.0774	0.2774	3.6046	2.2902
8	4.2998	0.2326	16.4991	0.0606	0.2606	3.8372	2.5756
9	5.1598	0.1938	20.7989	0.0481	0.2481	4.0310	2.8364
10	6.1917	0.1615	25.9587	0.0385	0.2385	4.1925	3.0739
11	7.4301	0.1346	32.1504	0.0311	0.2311	4.3271	3.2893
12	8.9161	0.1122	39.5805	0.0253	0.2253	4.4392	3.4841
13	10.6993	0.0935	48.4966	0.0206	0.2206	4.5327	3.6597
14	12.8392	0.0779	59.1959	0.0169	0.2169	4.6106	3.8175
15	15.4070	0.0649	72.0351	0.0139	0.2139	4.6755	3.9588
16	18.4884	0.0541	87.4421	0.0114	0.2114	4.7296	4.0851
17	22.1861	0.0451	105.9306	0.0094	0.2094	4.7746	4.1976
18	26.6233	0.0376	128.1167	0.0078	0.2078	4.8122	4.2975
19	31.9480	0.0313	154.7400	0.0065	0.2065	4.8435	4.3861
20	38.3376	0.0261	186.6880	0.0054	0.2054	4.8696	4.4643
21	46.0051	0.0217	225.0256	0.0044	0.2044	4.8913	4.5334
22	55.2061	0.0181	271.0307	0.0037	0.2037	4.9094	4.5941
23	66.2474	0.0151	326.2369	0.0031	0.2031	4.9245	4.6475
24	79.4968	0.0126	392.4842	0.0025	0.2025	4.9371	4.6943
25	95.3962	0.0105	471.9811	0.0021	0.2021	4.9476	4.7352
26	114.4755	0.0087	567.3773	0.0018	0.2018	4.9563	4.7709
27	137.3706	0.0073	681.8528	0.0015	0.2015	4.9636	4.8020
28	164.8447	0.0061	819.2233	0.0012	0.2012	4.9697	4.8291
29	197.8136	0.0051	984.0680	0.0010	0.2010	4.9747	4.8527
30	237.3763	0.0042	1181.8816	0.0008	0.2008	4.9789	4.8731
31	284.8516	0.0035	1419.2579	0.0007	0.2007	4.9824	4.8908
32	341.8219	0.0029	1704.1095	0.0006	0.2006	4.9854	4.9061
33	410.1863	0.0024	2045.9314	0.0005	0.2005	4.9878	4.9194
34	492.2235	0.0020	2456.1176	0.0004	0.2004	4.9898	4.9308
35	590.6682	0.0017	2948.3411	0.0003	0.2003	4.9915	4.9406
40	1469.7716	0.0007	7343.8578	0.0001	0.2001	4.9966	4.9728
45	3657.2620	0.0003	18281.3099	0.0001	0.2001	4.9986	4.9877
50	9100.4382	0.0001	45497.1908	0.0000	0.2000	4.9995	4.9945

$$i=25\%$$

年份 n	一次支付终值系统 $(1+i)^n$ $(F/P,i,n)$	一次支付现值系数 $\dfrac{1}{(1+i)^n}$ $(P/F,i,n)$	等额系列终值系数 $\dfrac{(1+i)^n-1}{i}$ $(F/A,i,n)$	偿债基金系数 $\dfrac{i}{(1+i)^n-1}$ $(A/F,i,n)$	资金回收系数 $\dfrac{i(1+i)^n}{(1+i)^n-1}$ $(A/P,i,n)$	等额系列现值系数 $\dfrac{(1+i)^n-1}{i(1+i)^n}$ $(P/A,i,n)$	均匀梯度系列系数 $\dfrac{1}{i}-\dfrac{n}{(1+i)^n-1}$ $(A/G,i,n)$
	1	2	3	4	5	6	7
1	1.2500	0.8000	1.0000	1.0000	1.2500	0.8000	0
2	1.5625	0.6400	2.2500	0.4444	0.6944	1.4400	0.4444
3	1.9531	0.5120	3.8125	0.2623	0.5123	1.9520	0.8525
4	2.4414	0.4096	5.7656	0.1734	0.4234	2.3616	1.2249
5	3.0518	0.3277	8.2070	0.1218	0.3718	2.6893	1.5631
6	3.8147	0.2621	11.2588	0.0888	0.3388	2.9514	1.8683
7	4.7684	0.2097	15.0735	0.0663	0.3163	3.1611	2.1424
8	5.9605	0.1678	19.8419	0.0504	0.3004	3.3289	2.3872
9	7.4506	0.1342	25.8023	0.0388	0.2888	3.4631	2.6048
10	9.3132	0.1074	33.2529	0.0301	0.2801	3.5705	2.7971
11	11.6415	0.0859	42.5661	0.0235	0.2735	3.6564	2.9663
12	14.5519	0.0687	54.2077	0.0184	0.2684	3.7251	3.1145
13	18.1899	0.0550	68.7596	0.0145	0.2645	3.7801	3.2437
14	22.7374	0.0440	86.9495	0.0115	0.2615	3.8241	3.3559
15	28.4217	0.0352	109.6868	0.0091	0.2591	3.8593	3.4530
16	35.5271	0.0281	138.1085	0.0072	0.2575	3.8874	3.5366
17	44.4089	0.0225	173.6357	0.0058	0.2558	3.9099	3.6084
18	55.5112	0.0180	218.0446	0.0046	0.2546	3.9279	3.6698
19	69.3889	0.0144	273.5558	0.0037	0.2537	3.9424	3.7222
20	86.7362	0.0115	342.9447	0.0029	0.2529	3.9539	3.7667
21	108.4202	0.0092	429.6809	0.0023	0.2523	3.9631	3.8045
22	135.5253	0.0074	538.1011	0.0019	0.2519	3.9705	3.8365
23	169.4066	0.0059	673.6264	0.0015	0.2515	3.9764	3.8634
24	211.7582	0.0047	843.0329	0.0012	0.2512	3.9811	3.8861
25	264.6978	0.0038	1054.7912	0.0009	0.2509	3.9849	3.9052
26	330.8722	0.0030	1319.4890	0.0008	0.2508	3.9879	3.9212
27	413.5903	0.0024	1650.3612	0.0006	0.2506	3.9903	3.9346
28	516.9879	0.0019	2063.9515	0.0005	0.2505	3.9923	3.9457
29	646.2349	0.0015	2580.9394	0.0004	0.2504	3.9938	3.9551
30	807.7936	0.0012	3227.1743	0.0003	0.2503	3.9950	3.9628
31	1009.7420	0.0010	4034.9678	0.0002	0.2502	3.9960	3.9693
32	1262.1774	0.0008	5044.7098	0.0002	0.2502	3.9968	3.9746
33	1577.7218	0.0006	6306.8872	0.0002	0.2502	3.9975	3.9791
34	1972.1523	0.0005	7884.6001	0.0001	0.2501	3.9980	3.9828
35	2465.1903	0.0004	9856.7613	0.0001	0.2501	3.9984	3.9858

$i=30\%$ 附表 17

年份 n	一次支付终值系统 $(1+i)^n$ $(F/P,i,n)$	一次支付现值系数 $\dfrac{1}{(1+i)^n}$ $(P/F,i,n)$	等额系列终值系数 $\dfrac{(1+i)^n-1}{i}$ $(F/A,i,n)$	偿债基金系数 $\dfrac{i}{(1+i)^n-1}$ $(A/F,i,n)$	资金回收系数 $\dfrac{i(1+i)^n}{(1+i)^n-1}$ $(A/P,i,n)$	等额系列现值系数 $\dfrac{(1+i)^n-1}{i(1+i)^n}$ $(P/A,i,n)$	均匀梯度系列系数 $\dfrac{1}{i}-\dfrac{n}{(1+i)^n-1}$ $(A/G,i,n)$
	1	2	3	4	5	6	7
1	1.3000	0.7692	1.0000	1.0000	1.3000	0.7692	0
2	1.6900	0.5917	2.3000	0.4348	0.7348	1.3609	0.4348
3	2.1970	0.4552	3.9900	0.2506	0.5506	1.8161	0.8271
4	2.8561	0.3501	6.1870	0.1616	0.4616	2.1662	1.1783
5	3.7129	0.2693	9.0431	0.1106	0.4106	2.4356	1.4903
6	4.8268	0.2072	12.7560	0.0784	0.3784	2.6427	1.7654
7	6.2749	0.1594	17.5828	0.0569	0.3569	2.8021	2.0063
8	8.1573	0.1226	23.8577	0.0419	0.3419	2.9247	2.2156
9	10.6045	0.0943	32.0150	0.0312	0.3312	3.0190	2.3963
10	13.7858	0.0725	42.6195	0.0235	0.3235	3.0915	2.5512
11	17.9216	0.0558	56.4053	0.0177	0.3177	3.1473	2.6833
12	23.2981	0.0429	74.3270	0.0135	0.3135	3.1903	2.7952
13	30.2875	0.0330	97.6250	0.0102	0.3102	3.2233	2.8895
14	39.3738	0.0254	127.9125	0.0078	0.3078	3.2487	2.9685
15	51.1859	0.0195	167.2863	0.0060	0.3060	3.2682	3.0344
16	66.5417	0.0150	218.4722	0.0046	0.3046	3.2832	3.0892
17	86.5042	0.0116	285.0139	0.0035	0.3035	3.2948	3.1345
18	112.4554	0.0089	371.5180	0.0027	0.3027	3.3037	3.1718
19	146.1920	0.0068	483.9734	0.0021	0.3021	3.3105	3.2025
20	190.0496	0.0053	630.1655	0.0016	0.3016	3.3158	3.2275
21	247.0645	0.0040	820.2151	0.0012	0.3012	3.3198	3.2480
22	321.1839	0.0031	1067.2796	0.0009	0.3009	3.3230	3.2646
23	417.5391	0.0024	1388.4635	0.0007	0.3007	3.3254	3.2781
24	542.8008	0.0018	1806.0026	0.0006	0.3006	3.3272	3.2890
25	705.6410	0.0014	2348.8033	0.0004	0.3004	3.3286	3.2979
26	917.3333	0.0011	3054.4443	0.0003	0.3003	3.3297	3.3050
27	1192.5333	0.0008	3971.7776	0.0003	0.3003	3.3305	3.3107
28	1550.2933	0.0006	5164.3109	0.0002	0.3002	3.3312	3.3153
29	2015.3813	0.0005	6714.6042	0.0001	0.3001	3.3317	3.3189
30	2619.9956	0.0004	8729.9855	0.0001	0.3001	3.3321	3.3219
31	3405.9943	0.0003	11349.9811	0.0001	0.3001	3.3324	3.3242
32	4427.7926	0.0002	14755.9755	0.0001	0.3001	3.3326	3.3261
33	5756.1304	0.0002	19183.7681	0.0001	0.3001	3.3328	3.3276
34	7482.9696	0.0001	24939.8985	0.0000	0.3000	3.3329	3.3288
35	9727.8604	0.0001	32422.8681	0.0000	0.3000	3.3330	3.3297

$$i=40\%$$

年份 n	一次支付终值系统 $(1+i)^n$ $(F/P,i,n)$	一次支付现值系数 $\dfrac{1}{(1+i)^n}$ $(P/F,i,n)$	等额系列终值系数 $\dfrac{(1+i)^n-1}{i}$ $(F/A,i,n)$	偿债基金系数 $\dfrac{i}{(1+i)^n-1}$ $(A/F,i,n)$	资金回收系数 $\dfrac{i(1+i)^n}{(1+i)^n-1}$ $(A/P,i,n)$	等额系列现值系数 $\dfrac{(1+i)^n-1}{i(1+i)^n}$ $(P/A,i,n)$	均匀梯度系列系数 $\dfrac{1}{i}-\dfrac{n}{(1+i)^n-1}$ $(A/G,i,n)$
	1	2	3	4	5	6	7
1	1.4000	0.7143	1.0000	1.0000	1.4000	0.7143	0
2	1.9600	0.5102	2.4000	0.4167	0.8167	1.2245	0.4167
3	2.7440	0.3644	4.3600	0.2294	0.6294	1.5889	0.7798
4	3.8416	0.2603	7.1040	0.1408	0.5408	1.8492	1.0923
5	5.3782	0.1859	10.9455	0.0914	0.4914	2.0352	1.3580
6	7.5295	0.1328	16.3238	0.0613	0.4613	2.1680	1.5811
7	10.5414	0.0949	23.8535	0.0419	0.4419	2.2628	1.7664
8	14.7579	0.0678	34.3948	0.0291	0.4291	2.3306	1.9185
9	20.6610	0.0484	49.1525	0.0203	0.4203	2.3790	2.0422
10	28.9255	0.0346	69.8138	0.0143	0.4143	2.4136	2.1419
11	40.4957	0.0247	98.7393	0.0101	0.4101	2.4383	2.2215
12	56.6939	0.0176	139.2348	0.0072	0.4072	2.4559	2.2845
13	79.3715	0.0126	195.9288	0.0051	0.4051	2.4685	2.3341
14	111.1201	0.0090	275.3003	0.0036	0.4036	2.4775	2.3729
15	155.5681	0.0064	386.4203	0.0026	0.4026	2.4839	2.4030
16	217.7953	0.0046	541.9883	0.0018	0.4018	2.4885	2.4262
17	304.9135	0.0033	759.7838	0.0013	0.4013	2.4918	2.4441
18	426.8789	0.0023	1064.6973	0.0009	0.4009	2.4941	2.4577
19	579.6304	0.0017	1491.5760	0.0007	0.4007	2.4958	2.4682
20	836.6825	0.0012	2089.2065	0.0005	0.4005	2.4970	2.4761
21	1171.3556	0.0009	2925.8890	0.0003	0.4003	2.4979	2.4821
22	1639.8978	0.0006	4097.2445	0.0002	0.4002	2.4985	2.4866
23	2295.8569	0.0004	5737.1423	0.0002	0.4002	2.4989	2.4900
24	3214.1997	0.0003	8032.9993	0.0001	0.4001	2.4992	2.4925
25	4499.8796	0.0002	11247.1990	0.0001	0.4001	2.4994	2.4944
26	6299.8314	0.0002	15747.0785	0.0001	0.4001	2.4996	2.4959
27	8819.7640	0.0001	22046.9100	0.0000	0.4000	2.4997	2.4969
28	12347.6700	0.0001	30866.6750	0.0000	0.4000	2.4998	2.4977
29	17286.7373	0.0001	43214.3433	0.0000	0.4000	2.4999	2.4983
30	24201.4323	0.0000	60501.0808	0.0000	0.4000	2.4999	2.4988

$i=50\%$　　　　　　　　　　　　　　　　　　　　附表 19

年份 n	一次支付终值系统 $(1+i)^n$ $(F/P,i,n)$	一次支付现值系数 $\dfrac{1}{(1+i)^n}$ $(P/F,i,n)$	等额系列终值系数 $\dfrac{(1+i)^n-1}{i}$ $(F/A,i,n)$	偿债基金系数 $\dfrac{i}{(1+i)^n-1}$ $(A/F,i,n)$	资金回收系数 $\dfrac{i(1+i)^n}{(1+i)^n-1}$ $(A/P,i,n)$	等额系列现值系数 $\dfrac{(1+i)^n-1}{i(1+i)^n}$ $(P/A,i,n)$	均匀梯度系列系数 $\dfrac{1}{i}-\dfrac{n}{(1+i)^n-1}$ $(A/G,i,n)$
	1	2	3	4	5	6	7
1	1.5000	0.6667	1.0000	1.0000	1.5000	0.6667	0
2	2.2500	0.4444	2.5000	0.4000	0.9000	1.1111	0.4000
3	3.3750	0.2963	4.7500	0.2105	0.7105	1.4074	0.7368
4	5.0625	0.1975	8.1250	0.1231	0.6231	1.6049	1.0154
5	7.5938	0.1317	13.1876	0.0758	0.5758	1.7366	1.2417
6	11.3906	0.0878	20.7812	0.0481	0.5481	1.8244	1.4226
7	17.0859	0.0585	32.1718	0.0311	0.5311	1.8829	1.5648
8	25.6289	0.0390	49.2578	0.0203	0.5203	1.9220	1.6752
9	38.4434	0.0260	74.8868	0.0134	0.5134	1.9480	1.7596
10	57.6650	0.0173	113.3300	0.0088	0.5088	1.9653	1.8235
11	86.4976	0.0116	170.9952	0.0058	0.5058	1.9769	1.8713
12	129.7463	0.0077	257.4926	0.0039	0.5039	1.9846	1.9068
13	194.6195	0.0051	387.2390	0.0026	0.5026	1.9897	1.9329
14	291.9293	0.0034	581.8586	0.0017	0.5017	1.9931	1.9519
15	437.8939	0.0023	873.7878	0.0011	0.5011	1.9544	1.9657
16	656.8408	0.0015	1311.6816	0.0008	0.5008	1.9970	1.9756
17	985.2613	0.0010	1968.5226	0.0005	0.5005	1.9980	1.9827
18	1477.8919	0.0007	2953.7838	0.0003	0.5003	1.9986	1.9878
19	2216.8378	0.0005	4431.6756	0.0002	0.5002	1.9991	1.9914
20	3325.2567	0.0003	6648.5134	0.0002	0.5002	1.9994	1.9940
21	4987.8851	0.0002	9973.7702	0.0001	0.5001	1.9996	1.9958
22	7481.8276	0.0001	14961.6552	0.0001	0.5001	1.9997	1.9971
23	11222.7414	0.0001	22443.4828	0.0000	0.5000	1.9998	1.9980
24	16834.1122	0.0001	33666.2244	0.0000	0.5000	1.9999	1.9986
25	25251.1682	0.0000	50500.3364	0.0000	0.5000	1.9999	1.9990

主要参考文献

1. 刘亚臣. 工程经济学. 大连：大连理工大学出版社，2005.

2. 刘亚臣. 工程经济. 沈阳：东北大学出版社，2001.

3. 刘亚臣. 工程项目融资. 大连：大连理工大学出版社，2004.

4. 刘亚臣. 技术经济学. 沈阳：东北大学出版社，1997.

5. ［美］Blank Leland T，Tarquin. Engineering Economy，5th Ed. 工程经济学（第 5 版）（影印版）——国外大学优秀教材·工业工程系列. 北京：清华大学出版社，2005.

6. ［美］William G. Sullivan，Elin M. Wicks，James T. Luxhoj. 工程经济学（第 12 版）——清华经济学系列英文版教材. 北京：清华大学出版社，2005.

7. 《建设项目经济评价方法与参数》（第三版）编写组. 建设项目经济评价方法与参数（第三版）. 北京：中国计划出版社，2006.

8. 《投资项目可行性研究指南》编写组. 投资项目可行性研究指南. 北京：中国电力出版社，2002.

9. 《现代咨询方法与实务》编写组. 现代咨询方法与实务. 北京：中国计划出版社，2003.

10. 《项目决策分析与评价》编写组. 项目决策分析与评价. 北京：中国计划出版社，2003.

11. 刘家林. 投资建设项目决策（全国投资建设项目管理师职业水平考试教材）. 北京：中国计划出版社，2006.

12. 中国国际工程咨询公司. 中国投资项目社会评价指南. 北京：中国计划出版社，2004.

13. 欧洲联盟欧洲委员会，中国国际工程咨询公司组织翻译. 发展项目财务与经济分析手册. 北京：中国计划出版社，2004.

14. 黄渝祥等. 政府投资项目经济评价方法与参数研究. 北京：中国计划出版社，2004.

15. 全国一级建造师执业资格考试用书编写委员会. 建设工程经济. 北京：中国建筑工业出版社，2004.

16. 张凯. 循环经济理论研究与实践. 北京：中国环境科学出版社，2004.

17. 刘年丰. 生态容量及环境价值损失评价. 北京：化学工业出版社，2005.

18. 程胜高，张聪辰. 环境影响评价与环境规划. 北京：中国环境科学出版社，1999.

19. 马克思.《资本论》第 1 卷. 北京：人民出版社，1973.